TRAUNER VERLAG
BILDUNG
Bildung, die begeistert!

Die Jungsommeliers

- Getränke
- Service
- Getränkemanagement

JÜRGEN KIRCHNER
ANDREA KRIEGER
ERICH STÖGER
HERBERT KRAMMER
SABINE REHAK

Wir weisen darauf hin, dass das Kopieren zum Schulgebrauch aus diesem Buch verboten ist – § 42 Absatz (3) der Urheberrechtsgesetznovelle 1996: „Die Befugnis zur Vervielfältigung zum eigenen Schulgebrauch gilt nicht für Werke, die ihrer Beschaffenheit und Bezeichnung nach zum Schul- oder Unterrichtsgebrauch bestimmt sind.“

Dieses Buch wurde auf FSC-zertifiziertes Papier gedruckt.

FSC www.fsc.org FSC® C030157

Das Zeichen für verantwortungsvolle Waldwirtschaft

Impressum

Kirchner u. a., Die Jungsommeliers

2. Auflage 2014

Alle Drucke der 1. und 2. Auflage sind im Unterricht parallel verwendbar.

TRAUNER Verlag, Linz

Das Autorenteam

Jürgen Kirchner
Höhere Bundeslehranstalt für Tourismus, Retz

Andrea Krieger
Höhere Bundeslehranstalt für wirtschaftliche Berufe 19, Straßergasse, Wien

Erich Stöger
Höhere Bundeslehranstalt für Tourismus, Krems

Herbert Krammer
PANNONEUM Wirtschafts- und Tourismusschulen, Neusiedl am See

Sabine Rehak
OSZ Gastgewerbe, Brillat-Savarin-Schule, Berlin

Dieses Schulbuch wurde auf der Grundlage eines Rahmenlehrplanes erstellt; die Auswahl und die Gewichtung der Inhalte erfolgen durch die Lehrer und Lehrerinnen.

Lektorat/Produktmanagement:
Birgit Prammer
Korrektorat: Johann Schlapschi
Grafik und Gestaltung:
Bettina Victor, Teresa Foissner
Covergestaltung: Bettina Victor
Schulbuchvergütung/Bildrechte:
© Bildrecht GmbH/Wien
Gesamtherstellung:
TRAUNER Druck GmbH & Co KG, Linz

ISBN 978-3-99033-123-1
www.trauner.at

Für Lehr- und Lernerfolg

Liebe Lehrerinnen und Lehrer!

Beim vorliegenden Buch handelt es sich um ein komplettes Kompendium für die Zusatzausbildung „Jungsommelier/-sommelière". Gleichzeitig eignet sich dieses Buch als ideale Vorstufe zur Ausbildung zum Sommelier bzw. zur Sommelière.

Eine fundierte didaktisch-methodische Aufbereitung sowie eine klare und präzise Gestaltung stehen dabei im Mittelpunkt. Die Inhalte werden durch zahlreiche auf den Text abgestimmte Abbildungen ergänzt.

In den Randspalten finden Sie Fachausdrücke und Fremdwörter leicht verständlich erklärt sowie wertvolle Hintergrundinformationen und Tipps. Seitenverweise und Piktogramme ermöglichen das schnelle Auffinden verwandter Themenbereiche und erleichtern die Orientierung. Links zu weiterführenden Sites dienen der Informationsbeschaffung und bieten zugleich über den Kernlernstoff hinausgehende Zusatzinformationen.

Folgende Piktogramme haben wir zur leichteren Orientierung verwendet:

Arbeitsaufgaben

Wissenswertes

Schreibaufgaben

Tipps und Zusatzinformationen

Diskussion

Verknüpfungen zu anderen Kapiteln

Download aus dem TRAUNER-Kompetenzportal für Lehrerinnen und Lehrer

Rechenaufgabe

Meine Ziele
Die Ziele am Anfang sollen den Lernenden zeigen, was sie nach Bearbeitung des Kapitels können werden.

Ziele erreicht?
Am Ende des Kapitels können sie überprüfen, ob sie ihre Ziele erreicht haben. Die Fragestellungen entsprechen dem offiziellen Prüfungskatalog.

Die Farbskala hilft Ihnen bei der Selbsteinschätzung:
- einfache Aufzählung, Basiswissen, leichte Wissenswiedergabe
- zentrale, umfangreichere Informationen, intensivere Wissenswiedergabe
- auf dem erarbeiteten Wissen basierende selbstständige Themenerweiterung mit entsprechend aufwändigen Aufgabenstellungen

TRAUNER KOMPETENZPORTAL
Ihre Online-Ergänzungen zum Lehrbuch

Um sich registrieren zu können, benötigen Sie einen Lizenz-Key für Ihr persönliches Online-Begleitpaket. Sie erhalten diesen unter kompetenzportal@trauner.at

Wir wünschen Ihnen ein erfolgreiches Arbeiten mit diesem Buch!

Das Autorenteam

Inhaltsverzeichnis

Allgemeine Getränkekunde

Getränke sind die wahren Umsatzmacher in der Gastronomie. Der Umsatz basiert auf der Zufriedenheit der Gäste und diese wiederum hängt von Ihrer Kompetenz ab.

Zufriedene Gäste kommen wieder!

Neben dem Wissen über Herstellung, Zusammensetzung, Einkauf und Lagerung der Getränke sollten Sie vor allem ihren richtigen Service beherrschen. Dieses Kapitel vermittelt Ihnen das dafür nötige Basiswissen.

Meine Ziele

Nach Bearbeitung dieses Kapitels kann ich

- über Wasser im Allgemeinen Auskunft geben;
- deutsche und internationale Mineralwassermarken aufzählen;
- die Ausdrücke Fruchtsaft und Fruchtnektar erläutern;
- mindestens drei Arten von Limonaden nennen;
- nähere Erklärungen zu Erfrischungsgetränken geben;
- Ausschankanlagen für alkoholfreie Getränke beschreiben;
- wichtige Kaffeeanbauländer aufzählen;
- viele spezielle Qualitäten von Kaffee erklären;
- Faktoren nennen, die für einen guten Kaffee wichtig sind;
- „Tee" und „Kakao" und die Qualitäten dieser Getränke definieren;
- die Teeherstellung schildern;
- Kräutertees und ihre Wirkung beschreiben;
- über Bier, Biersorten und Biererzeugung referieren;
- Biertypen aufzählen und die nötige Glaspflege durchführen;
- Champagner von Sekt unterscheiden;
- Methoden der Schaumweinerzeugung darstellen;
- über Likörweine, besonders Sherry und Portwein, referieren;
- Spirituosen einteilen und Besonderheiten der einzelnen Gruppen erklären.

1 Alkoholfreie Getränke

Linda wird von einem Gast gefragt, ob sie auch einen alkoholfreien Cocktail als Aperitif anbieten kann. Linda überlegt erstmals bewusst, welche Zutaten dafür in Frage kommen.

1.1 Wasser

Wasser ist eine geruch-, farb- und geschmacklose Flüssigkeit und die Basis allen Lebens! Drei Viertel der Erdoberfläche bestehen aus Wasser. Der Mensch kann wochenlang ohne Nahrung auskommen, aber nur wenige Tage ohne Wasser überleben.

Das zunehmende Körperbewusstsein trägt dazu bei, dass Wasser nicht nur als Ernährungsbestandteil, sondern auch als Lifestyleprodukt wahre Höhenflüge erlebt. Das spiegelt sich auch in der Gastronomie wider. Wasser ist heute fester Bestandteil einer gepflegten Tischkultur. Mineralwasser ist das ganz besondere zum Trend mutierte Getränk.

⚠ Der tägliche Flüssigkeitsbedarf des Menschen liegt bei zwei bis drei Litern. 1 bis 1 1/2 l sollen mit Getränken und 3/4 bis 1 l Flüssigkeit durch Speisen gedeckt werden (Lebensmittel enthalten 10 bis 95 % Wasser).

Bedeutung des Wassers für den menschlichen Körper

Baustoff	Der menschliche Körper besteht zu ca. 60 bis 70 % aus Wasser. Ein Wasserverlust von über 20 % führt zum Tod.
Lösungsmittel	Beim Verdauen von Nahrung müssen die Nährstoffe herausgelöst werden, damit sie durch die Darmwand ins Blut gelangen können.
Transportmittel	Nährstoffe und Sauerstoff werden zu den Zellen transportiert, Abfallprodukte werden zu den Ausscheidungsorganen gebracht (Stoffwechsel).
Wärmeregler	Wasser reguliert die Körpertemperatur. So wird bei Hitze Wasser über die Schweißdrüsen abgegeben, das verdunstende Wasser kühlt die Haut ab.
Reinigung	Äußerlich wird Wasser zur Körperpflege benötigt.

In vielen südlichen Ländern wie Italien, Spanien, Griechenland sollte das Leitungswasser nicht getrunken werden, um gesundheitliche Schäden zu vermeiden! Das Wasser für den menschlichen Verzehr wird dort meist in Flaschen verkauft.

Härte des Wassers

Je nach Kalkgehalt und der Menge an gelösten Stoffen unterscheidet man zwischen **hartem** und **weichem** Wasser.

Die Härte des Wassers wird in deutschen Härtegraden (°dH) gemessen:

- Bis 4 °dH: sehr weiches Wasser, schmeckt schal; hat große Lösungskraft, ist daher gut geeignet zum Kochen und für Kaffee.
- Über 30 °dH: sehr hartes Wasser, guter, frischer Geschmack, daher gutes Trinkwasser; aber wenig Lösungskraft, es kommt zu Ablagerungen in den Rohren und Kesseln.

Schal = fad; ohne Geschmack.

⚠ Einige Gerätehersteller verwenden in den Betriebsanleitungen nicht deutsche Härtegrade, sondern Millimol pro Liter (mmol/l), wobei 1 mmol/l 5,6 °dH entspricht.

Wozu wird Wasser in der Gastronomie verwendet?

- Als Willkommensgruß oder Aufmerksamkeit (auch im Hotelzimmer)
- Als Durstlöscher bzw. idealer Begleiter zu allen Speisen
- Zum Mischen mit alkoholfreien und alkoholischen Getränken
- Als Begleitung zu Wein

- Zum Neutralisieren des Geschmacks (z. B. bei einem Weinwechsel)
- Als Begleitung zu Kaffee
- Zum Kochen und zur Reinigung

Trinkwasserarten

Trinkwasser

Die Eignung von Wasser aus Brunnen (Grundwasser) oder Quellen (Quellwasser) bzw. aus Seen und Flüssen (Oberflächenwasser) als Trinkwasser muss durch eine Untersuchung von einer staatlichen Stelle festgestellt werden. Abgefülltes Trinkwasser wird industriell aufbereitet und abgefüllt.

Trinkwasser ist Süßwasser und muss

- farb- und geruchlos, geschmacksneutral,
- frei von Krankheitserregern und nicht gesundheitsschädigend sowie
- frei von ekelerregenden Stoffen sein und
- neutral und gut schmecken (durch den Mindestgehalt an Mineralien).

Tafelwasser

Tafelwasser ist Trink- oder Mineralwasser, das mit Mineralsalzen, Sole (also Salzwasserlösung) und Kohlensäure versetzt werden darf. Im Gegensatz zu Mineralwasser braucht es keine amtliche Anerkennung und muss nicht am Quellort abgefüllt werden. Sind zusätzlich mindestens 570 mg/l Natriumhydrogencarbonat enthalten, darf es sich Sodawasser nennen.

Quellwasser

Dieses Wasser muss aus einem unterirdischen, natürlichen Vorkommen stammen und am Quellort abgefüllt sein. Jedoch werden bezüglich seiner ursprünglichen Reinheit nicht so hohe Ansprüche gestellt wie an Natürliches Mineralwasser. Es bedarf im Vergleich zu diesem auch keiner amtlichen Anerkennung.

Natürliches Mineralwasser

Es muss aus unterirdischen, vor jeglicher Verunreinigung geschützten Wasservorkommen stammen und am Quellort (am Etikett angegeben) abgefüllt werden. Zusätzlich muss es den in der gesamten Europäischen Union (EU) geltenden strengen mikrobiologischen, chemischen und chemisch-physikalischen Richtlinien des Lebensmittelkodex entsprechen. Gekennzeichnet ist es durch seinen Gehalt an Mineralstoffen und seiner dadurch bedingten ernährungsphysiologischen Wirkung. Zusammensetzung und Temperatur müssen im Rahmen natürlicher Schwankungen konstant sein.

Etikettensprache

1. Analyseinstitut
2. Inhaltsstoffe
3. Abfüller
4. EAN Code
5. Füllmenge
6. Marke
7. Verkehrsbezeichnung

Das sogenannte **Granderwasser** wird in der Gastronomie immer beliebter.
Es wird nicht nur als Trinkwasser hoch geschätzt – auch der Spül- und Reinigungsmitteleinsatz wird durch Granderwasser reduziert.
www.grander.com

Leitungswasser ist Trinkwasser aus Leitungen, dessen Gehalt an Mineralien meist gering ist.

In der Gastronomie wird Sodawasser meist direkt von Thekenzapfgeräten entnommen.

Mineralwasser hat ein Mindesthaltbarkeitsdatum!
Es ist in ungeöffnetem Zustand etwa zwei Jahre haltbar.

www.wasser-sommelier.de

Wussten Sie, dass ...
Arno Steguweit 2003 im berühmten Berliner Hotel Adlon erstmals eine eigene Mineralwasserkarte präsentierte? Er wurde daher von der Fachpresse zum ersten Wassersommelier Europas gekürt. Heute sind immer mehr Aqua-Experten gefragt.

Thermalwasser und destilliertes Wasser sind zur Deckung des Flüssigkeitsbedarfs ungeeignet. Beide sind aber in üblichen Mengen nicht gesundheitsschädlich, wie irrtümlich oft vermutet wird.

Wasser ist nicht gleich Wasser – manche Wässer schmecken beinahe salzig, andere wiederum säuerlich. Manche sind stark kohlensäurehaltig, andere sind sehr mild. Der unterschiedliche Geschmack von Mineralwässern ergibt sich aus der Konzentration der Inhaltsstoffe, wie Magnesium, Natrium oder Kalzium, die das Wasser beim Durchsickern durch die Gesteinsschichten aufnimmt.

Heilwasser

Heilwasser stammt wie Mineralwasser aus unterirdischen Wasservorkommen und zeichnet sich durch eine nachgewiesene Heilwirkung aus. Die gesetzlichen Vorschriften für Heilwasser sind in der Arzneimittelverordnung geregelt.

Arbeitsaufgaben

Was erfreut einen Gast in Bezug auf Wasser, nachdem er Platz genommen hat?

1. Er erhält unaufgefordert eine ____________ ____________ an den Tisch gebracht.
2. Er bekommt eine Auswahl an ____________ bzw. sogar eine eigene ____________.
3. Wasser wird in passenden, dekorativen ____________ serviert.
4. Zu gewählten Weinen werden ____________ Mineralwässer empfohlen.

Amerikanische und japanische Gäste sind es gewohnt, dass Eiswasser zum Essen eingestellt wird.

Cloud Juice ist wohl das exotischste Wasser der Welt. Es stammt von der Südspitze der kleinen Insel King Island, die zwischen Australien und Tasmanien liegt. Cloud Juice besteht aus 100 % Regenwasser – so die Angabe des Abfüllers. Die Luft um King Island ist so sauber, dass sie als Maßstab für Luftreinheit genommen wird. Und das ist auch der Grund für die außergewöhnliche Reinheit des Wassers.

Mineralwässer

Säuerling	Das Wasser aus der Quelle muss mehr als 250 mg/l CO_2 aufweisen (deutsche Begriffsdefinition).
Sprudel	Säuerling, der unter natürlichem Gasdruck an die Oberfläche tritt. Oft ist diese deutsche Bezeichnung auch Teil des Quellnamens.
Stilles (mildes, sanftes) Mineralwasser	Wasser mit weniger Kohlensäure – üblicherweise zwischen 1,5 und 2,5 mg/l (viele Mineralwässer werden auch in dieser Form angeboten).
„Geeignet für die Zubereitung von Säuglingsnahrung"	Hier gelten besonders strenge gesetzliche Bestimmungen für die Höchstmenge der Inhaltsstoffe oder ihre Zusammensetzung.
Aromatisiertes Mineralwasser (Flavoured Water)	Mineralwässer mit geschmacksgebenden Zusätzen zählen eigentlich zur Gruppe der Limonaden (z. B. Gerolsteiner Linée Litschi-Limette, Lichtenauer Plus Lemon, Apollinaris Mint).

Selters wird von vielen oft als Oberbegriff für Mineralwasser verwendet. Es handelt sich jedoch auch um eine eigenständige Mineralwassermarke, die in Selters an der Lahn produziert wird.

Welches Wasser passt zu welchem Wein?

Manche Inhaltsstoffe von Mineralwässern können den Weingeschmack erheblich beeinträchtigen. Je weicher und neutraler ein Wasser schmeckt, desto besser passt es zum Wein. Entscheidend sind also der Mineral- und der Kohlensäuregehalt.

Ein Beispiel: Ein höherer Natrium- oder ein höherer Kaliumanteil hinterlässt auf der Zunge eine salzige Geschmacksnote. Das wirkt sich wiederum auf den Weingenuss aus: Der Wein schmeckt bitter!

Prickelnd, mild oder ohne Kohlensäure?

- Duftige, fruchtbetonte, leichte Weißweine wie Riesling, Silvaner etc. vertragen ein Wasser mit milder bis prickelnder Kohlensäure.
- Gehaltvolle Weißweine – z. B. Grauburgunder und Traminer – harmonieren dagegen besser mit kohlensäurefreier bis leicht kohlensäurehaltiger Begleitung. Das gilt auch für leichte, fruchtige Rotweine wie Portugieser und leichte Cuvées.
- Für kräftige Rotweine mit stärkerem Tanningehalt ist ein Wasser ganz ohne Kohlensäure zu empfehlen.

Bekannte Mineralwassermarken

Deutschland: Apollinaris, Christinen Brunnen, Elisabethen Quelle, Extaler, Fürst-Bismarck-Quelle, Gerolsteiner, Glashäger, Hella, Lichtenauer, Oppacher, Selters, Spreequell
Österreich: Vöslauer, Gasteiner, Montes, Preblauer, Güssinger, Römerquelle
Frankreich: Badoit, Evian, Perrier, Vittel, Volvic
Italien: Fabia, San Benedetto, San Pellegrino
Tschechien: Karlsbader, Ondrášovka

Bekannte Lifestylemarken

Norwegen: Voss (die Lieblingsmarke vieler Superstars wie Madonna)

Dänemark: Iskilde (durch Quarzsand und Lehm gefiltertes Mineralwasser aus der Moränenlandschaft um Aarhus)

Japan: Finé (auch Caviar-Water genannt, weil es mit seinem niedrigen pH-Wert gut zu Kaviar passt)

England: Tŷ Nant (Designerflasche auch in Blau und Rot), Elsenham (die Flasche und der Deckel sind patentiert und erhielten einen Design-Award)

USA: Bling (hollywoodgerecht in Flaschen mit Swarovskikristallen abgefüllt)

Kanada: Gize (goldgefiltertes Mineralwasser)

Einkauf und Lagerung

Deutsche Mineralwässer erhält man für verschiedene Verwendungszwecke in den Größen 0,2 l, 0,25 l, 0,33 l, 0,5 l, 0,75 l, 1 l bzw. 1,5 l. Mineralwasserflaschen werden am besten kühl und dunkel gelagert.

Auf dem Weg zum Profi

- Wer fragt, der führt! Machen Sie den Gast darauf aufmerksam, falls Sie verschiedene Mineralwassersorten führen. Fragen Sie, ob er kohlensäurehaltiges oder stilles Wasser bevorzugt, ob stark gekühlt oder ungekühlt ...
- Seien Sie aktiv, schlagen Sie das passende Mineralwasser zum Wein vor! Bieten Sie bei der Weinbestellung eine große Flasche Mineralwasser an!
- Die ideale Serviertemperatur bei stillem Mineralwasser liegt bei ca. 15 bis 18 °C, bei kohlensäurehaltigem liegt sie bei 8 bis 10 °C und bei Heilwasser bei etwa 16 bis 18 °C.
- Achten Sie darauf, dass ein stilvolles Glas verwendet wird – auch das Auge will erfrischt werden. Wählen Sie eher kleine, höchstens mittelgroße Gläser. Das schönste Glas ist das Stielwasserglas. Aber auch Tumbler, Wasserbecher und Originalgläser von Mineralwasserabfüllern sind üblich. Wasser erwärmt sich durch die Raumtemperatur sehr schnell: Schenken Sie deshalb nicht ganz voll, sondern lieber mehrmals nach, das bringt mehr Erfrischung.

Wasserglas | Stielwasserglas | Mittlerer Tumbler | Großer Tumbler

Wasser ist der beste Durstlöscher

Der Preis für eine große Flasche muss fair kalkuliert sein – sonst wird Leitungswasser bestellt.
Übrigens: Mineralwasser ist das deckungsbeitragsstärkste Segment in der Gastronomie, das heißt, es deckt zu einem hohen Anteil Fixkosten wie Miete, Pacht, Personalkosten und Energiekosten ab.

- Bringen Sie die Mineralwasserflasche verschlossen an den Tisch. Das garantiert Reinheit, Qualität und Herkunft. Nur Tafelwasser wird glasweise ausgeschenkt.
- Zitronenscheiben und/oder Eiswürfel werden nur auf Wunsch des Gastes serviert.

Viele weitere Infos zum Thema finden Sie unter: www.forum-mineralwasser.at

Dieses Verkostungsprotokoll gibt es im TRAUNER-Kompetenzportal als Download.

Bei der Wasserverkostung können in der Nähe stehende Lebensmittel, andere offene Getränke oder auch Parfum die Beurteilung erschweren oder verfälschen.

Arbeitsaufgaben

1. Starten Sie eine verdeckte Wasserverkostung: z. B. Trinkwasser aus verschiedenen Gebieten, verschiedene stille Mineralwässer und destilliertes Wasser. Ein guter Einstieg zum Schärfen der Geschmackssensoren!

Beispiel für ein Protokoll einer Blindverkostung

	Probe 1	Probe 2	Probe 3	Probe 4
Beispielsweise	Leitungswasser	Stilles Mineralwasser der Firma A	Stilles Mineralwasser der Firma B	Destilliertes Wasser
Riecht nach				
Schmeckt nach				
Vermutetes Produkt				
Tatsächliches Produkt				

2. Empfehlen Sie zu je einer Rot- und Weißweinsorte ein passendes Mineralwasser.

1.2 Frucht- und Gemüsegetränke

Frucht- und Gemüsegetränke sind rein pflanzliche Lebensmittel und wegen ihres Gehaltes an Vitaminen, Mineralstoffen und sekundären Pflanzenstoffen ein wertvoller Baustein in der gesunden Ernährung. Erfrischend und wohlschmeckend, versorgen sie den Körper mit Flüssigkeit und lebensnotwendigen Nährstoffen.

Frucht- und Gemüsegetränke sind Säfte, die zu **100 % aus frischen Früchten oder Gemüse** gewonnen werden.

Fruchtsäfte dürfen u. a. folgende gesetzlich erlaubte Zusatzbezeichnungen tragen: **„Reich an Vitamin C“,** wenn sie mindestens 250 mg Vitamin C pro Liter Saft enthalten; **„mit Fruchtfleisch“,** wenn es zugesetzt wurde.

Herstellung

Folgende Arbeitsgänge werden bei der Erzeugung von Frucht- und Gemüsesäften angewendet:

- Ernten
- Waschen
- Verlesen (Aussortieren von verdorbenen Stücken)
- Maischen (Zerkleinern)
- Pressen oder Zentrifugieren (Schleudern)
- Filtrieren (außer bei naturtrüben Säften)
- Abfüllen

Erlaubte Zusätze	■ Zucker ■ Honig ■ Wasser ■ Genusssäuren (z. B. Ascorbinsäure gegen Braunfärbung) ■ Speisegelatine
Verbotene Zusätze	■ Chemische Konservierungsstoffe ■ Farbstoffe ■ Antioxidantien ■ Emulgatoren ■ Stabilisatoren

Naturtrüber Saft enthält alle Schwebstoffe, die beim Pressen der Früchte entstehen. Um klaren Saft herzustellen, werden die Schwebstoffe durch Zentrifugieren und Filtern entfernt.

Naturtrüber Apfelsaft

Der dadurch gewonnene Saft muss, wenn er nicht sofort konsumiert wird, haltbar gemacht (konserviert) werden, um die Gärung und das Verderben zu verhindern. Diese Konservierung und Fertigstellung wird auf verschiedene physikalische Arten erreicht.

Konservieren (Haltbarmachen) von Frucht- und Gemüsesäften (100 % Frucht)	
Pasteurisieren	Der Saft wird kurzfristig auf 60 bis 90 °C erhitzt und anschließend rasch abgekühlt, wodurch Bakterien außer Gefecht gesetzt werden, aber Vitamine bestmöglich erhalten bleiben. Dieser Saft wird auch als **Direktsaft** (nie eingedickt!) angeboten.
Eindicken (Konzentrat)	■ Reiner Saft wird auf mindestens die Hälfte des Volumens in Vakuumverdampfern bei Temperaturen unter 20 °C konzentriert. ■ Man kann den Saft auch langsam einfrieren. Wasser kristallisiert zuerst aus und kann durch Zentrifugieren entfernt werden. Dieses Verfahren erleichtert den Transport und die Lagerung mit nur minimalen Geschmacks- und Qualitätsverlusten. Bei der Rückverdünnung wird wieder der ursprüngliche Anteil Wasser zugesetzt (als **Fruchtsaft aus Fruchtsaftkonzentrat** gehandelt).
Homogenisieren	Die Bestandteile des Saftes werden durch einen Druck von 50 bis 60 bar (in bis zu 100 Bestandteile) feinstens zertrümmert und dadurch standardisiert und stabiler gemacht.

Wir verdanken **Louis Pasteur,** dass wir frisch gepresste Säfte nicht nur in den Erntemonaten genießen können. Der französische Naturwissenschaftler erfand die Keimabtötung durch Pasteurisieren.

Ideal werden Frucht- und Gemüsesäfte dunkel bei + 4 bis + 8 °C gelagert.

Folgende **Angaben** müssen **auf der Packung** angegeben werden:

- Neben der genauen Verkehrsbezeichnung (z. B. Fruchtsaft oder Fruchtnektar) muss auf der Packung das Zutatenverzeichnis angegeben werden. Dadurch weiß der Verbraucher/die Verbraucherin, ob Zusätze enthalten sind.
- Bei Saft aus Konzentrat muss die Herstellungsweise vermerkt werden.
- Außerdem steht auf jeder Packung, wie hoch der Fruchtgehalt ist.

Fruchtgetränke

Wichtigste Arten von Fruchtgetränken

Fruchtsaft	Fruchtnektar	Fruchtsaftgetränk
Saftgehalt: 100 %	**Saftgehalt: 25–50 %**	**Saftgehalt: 6–30 %**
Er wird auf zwei verschiedene Arten produziert: Die Früchte werden entweder direkt gepresst bzw. zentrifugiert (z. B. klarer Apfelsaft), pasteurisiert und abgefüllt oder aus Fruchtsaftkonzentrat hergestellt.	Er wird aus Wasser, Fruchtsaft oder Fruchtmark (passiertem Fruchtfleisch) und Zucker oder Honig hergestellt. Der Mindestanteil an Fruchtsaft ist für jede Fruchtart gesetzlich vorgeschrieben. Fruchtnektare dürfen mit bis zu 5 % anderem Fruchtsaft versetzt werden.	Fruchtsaftgetränke zählen gesetzlich zu den Erfrischungsgetränken. Die Zutaten außer dem je nach Frucht vorgeschriebenen Mindestfruchtsaftanteil sind Zuckerwasser und weitere Lebensmittelzusatzstoffe.

Fruchtsaft – trinkfertig gemacht

Sauer macht nicht immer lustig und so werden Säfte von Früchten wie z. B. Kirschen oder Johannisbeeren, die pur zu sauer sind, mit Wasser und Zucker trinkfertig gemacht.

Smoothie

Smooth = fein, cremig, gleichmäßig.

Smoothies sind sogenannte Ganzfruchtgetränke, für die die ganze Frucht bis auf die Schale und Kerne verarbeitet wird. Basis ist also das Fruchtmark, das je nach Rezept mit passenden Säften gemischt wird, um eine feincremige Konsistenz zu erhalten.

Smoothies

Fruchtsirup

Fruchtsirupe sind eingedickte Säfte, die in Verbindung mit Wasser erfrischende Getränke ergeben. Diese Art von Fruchtgetränken wird durch Eindicken der entsafteten Früchte mit Zucker im Verhältnis 1 : 2 (ein Teil Saft, zwei Teile Zucker) hergestellt. Der Verdünnungsfaktor ist auf dem Etikett anzuführen (in der Regel 1 : 6, d. h., ein Teil Saft soll mit sechs Teilen Wasser verdünnt werden).

Traubensaftkonzentrat

Für die handelsüblichen Traubensaftkonzentrate wird der Traubensaft im Verhältnis 1:3 bis 1:5 eingedickt. Er weist einen sehr hohen Zuckergehalt von 40 bis 60 % auf. Diese Zuckerbombe wird auch in der Kellerwirtschaft zum Aufbessern von Wein und bei der Herstellung von Dessertweinen verwendet.

Süßmost

Süßmoste sind unvergorene Fruchtsäfte aus Mostbirnen und/oder Mostäpfeln mit natürlichem Zuckergehalt. Sie dürfen nur in Verbindung mit den Sachbezeichnungen „Fruchtsaft“ oder „Fruchtnektar“ verwendet werden. Um ihre Haltbarkeit zu verlängern, werden Süßmoste homogenisiert bzw. pasteurisiert.

Traubensüßmost (Traubensaft)

Gewonnen und verarbeitet wird Traubensaft wie Süßmost. Er muss aber sofort verarbeitet werden, da es sehr schnell zu einer Gärung kommt. Nach dem Gesetz darf der Alkoholgehalt wie bei allen alkoholfreien Getränken nicht mehr als 0,5 Vol.-% betragen. Das Konservieren des Traubensaftes mit chemischen Mitteln ist verboten, ebenso das Färben, Zusetzen von Aromastoffen und künstliches Süßen.

Einteilung der Fruchtgetränke am Beispiel Orangensaft

Frisch gepresster Saft

Hochwertiger Saft. Keine Zwischenlagerung – soll sofort verbraucht werden.

Direktsaft

Orangensaft, Fruchtgehalt 100 %, natürliches Vitamin C.

Fruchsaftkonzentrat

100 % Orangensaft aus Konzentrat ohne Zuckerzusatz (evtl. mit Fruchtfleisch).

Fruchtnektar

50 % Orangensaftkonzentrat, Wasser, Zucker, Zitronensaftkonzentrat und Vitamin C.

Fruchtsaftgetränk

(Erfrischungsgetränk) Wasser, mit Kohlensäure versetzt, 12 % Orangensaft, Zusatzstoffe.

Fruchtsirup

Mind. 20 % Fruchtsaftkonzentrat (12 % Orangensaft, Apfelsaft), Zucker, Glukose, Fruchtsirup, Wasser, Zusatzstoffe.

Arbeitsaufgaben

1. Führen Sie zusammen mit Ihren Kolleginnen und Kollegen eine verdeckte **Orangenfruchtgetränk-Verkostung** durch. Versuchen Sie verschiedene Orangensäfte anhand ihres Aussehens, Geruches und Geschmacks zu unterscheiden. Viel Spaß!

Einkaufsliste

- Orangen für frisch gepressten Orangensaft
- 100 % Orangensaft (Direktsaft) – nicht aus Konzentrat
- 100 % Orangensaft aus Konzentrat
- 100 % Orangensaft aus Konzentrat mit Fruchtfleisch
- Orangennektar aus Konzentrat
- Orangen-Fruchtsaftgetränk (Erfrischungsgetränk)
- Orangeade – Fruchtsirup (Verdünnungsfaktor genau einhalten)

Wussten Sie, dass ...
sehr viele Lebensmittel von Natur aus Alkohol enthalten? Apfelsaft gehört dazu. Im natürlichen Reifeprozess entsteht aus den im Apfel vorkommenden Kohlenhydraten Alkohol. Ein Glas Saft (250 ml) enthält im Schnitt 400 mg Alkohol. Bei einem 30 kg schweren Kind würde diese Menge zu einem Promillegehalt von 0,048 führen und ist damit sehr gering.

Vergleichen Sie mit Ihrer Nachbarin bzw. Ihrem Nachbarn die Angaben auf den Etiketten verschiedener Fruchtgetränke.

Alle geöffneten Frucht- und Gemüsesäfte sind hitze-, licht- und sauerstoffempfindlich und sollen daher rasch konsumiert werden.

Das passende Verkostungsprotokoll gibt es im TRAUNER-Kompetenzportal als Download.

Finden Sie sechs verschiedene Fruchtsafthersteller aus dem In- und Ausland heraus.

Wussten Sie, dass ...
mit einem Liter Saft aus der Gruppe der Frucht- und Gemüsegetränke 10 % der Tagesenergiemenge für Erwachsene bereits erreicht und die empfohlene Zuckermenge für Kinder bereits überschritten ist?

Der **Gesundheitswert** vieler Produkte sollte daher kritisch betrachtet werden.

Ablauf

- Die Säfte füllt man in gleiche Karaffen und kennzeichnet sie mit einer kleinen Etikette, versehen mit den Buchstaben A bis G. Parallel dazu notiert man alle Produkte mit dem zugeordneten Buchstaben – zum späteren Vergleich. Optimal wären sieben Gläser pro Person, sodass man vergleichend verkosten kann.
- Die Gläser ebenfalls mit den einzelnen Buchstaben (A bis G) kennzeichnen und in dieser Reihenfolge aufstellen.
- Säfte einschenken und los geht's!

Finden Sie nun heraus, um welches Fruchtgetränk es sich handelt. Bitte kreuzen Sie in der Verkostungsliste den Saft an, von dem Sie glauben, ihn gerade erschmeckt zu haben.

Verkostungsliste

Saftarten	A	B	C	D	E	F	G	Verkostungsnotizen
Frisch gepresster Orangensaft	☐	☐	☐	☐	☐	☐	☐	
100 % Orangensaft (Direktsaft) – nicht aus Konzentrat!	☐	☐	☐	☐	☐	☐	☐	
100 % Orangensaft aus Konzentrat	☐	☐	☐	☐	☐	☐	☐	
100 % Orangensaft aus Konzentrat mit Fruchtfleisch	☐	☐	☐	☐	☐	☐	☐	
Orangennektar aus Konzentrat	☐	☐	☐	☐	☐	☐	☐	
Orangen-Fruchtsaftgetränk (Erfrischungsgetränk)	☐	☐	☐	☐	☐	☐	☐	
Orangeade (Fruchtsirup)	☐	☐	☐	☐	☐	☐	☐	

2. Zählen Sie drei Fruchtgetränke auf und geben Sie ihren Fruchtanteil an.

Gemüsegetränke

Gemüsesäfte werden wie Fruchtsäfte aus frischen Produkten hergestellt, ebenso pasteurisiert und evtl. eingedickt. Sie haben einen hohen Anteil an Ballaststoffen, Mineralien und Spurenelementen. Gemüsesäfte sind ein wesentlicher Bestandteil der Kranken- und Schonkost und der vegetarischen Küche. In guten gastronomischen Betrieben dürfen sie nicht fehlen.

Reformhäuser, Obst- und Gemüsegeschäfte bieten Gemüsesäfte meist täglich frisch an. Sie sind aber auch konserviert erhältlich (z. B. Biotta). Es gibt viele Gemüsesaftsorten: Tomaten-, Karotten-, Sellerie-, Sauerkraut-, Rote-Rüben-Saft ...

Wann werden Obst- und Gemüsesäfte getrunken?

- Beim Frühstück (nicht nur beim Frühstücksbuffet)
- Bei Tagungen, Besprechungen, Events und Seminaren
- Als Aperitif vor dem Essen (beispielsweise frisch gepresster Orangensaft)
- Als Begleiter zu Gerichten aus der vegetarischen und der Vollwertküche
- Bei Diäten, Kranken- und Schonkost
- Als Erfrischungsgetränk zwischendurch

Kleines Saft-Abc

ACE-Drinks gehören zu den funktionellen Lebensmitteln. Neben der durstlöschenden Funktion sollen sie noch weitere für den Körper positive gesundheitliche Wirkungen erzielen. ACE-Getränke bestehen meist aus Mineralwasser mit unterschiedlichen Anteilen von Frucht- und Gemüsesäften, zusätzlich werden ihnen Vitamine und Mineralstoffe zugesetzt.
Fruktose: Fruchtzucker.
Maltose ist die Fachbezeichnung für Malzzucker, eine Zuckerart, die häufig bei der Erzeugung von Wellnessgetränken verwendet wird.
Multivitaminsaft ist ein mit Vitaminen angereicherter Fruchtsaft, der aus mehreren Fruchtsorten hergestellt wird.
„Ohne Zuckerzusatz" bedeutet nicht, dass das Getränk zuckerfrei ist. Es wird ihm zwar kein Zucker zugesetzt, aber es enthält meist fruchteigenen Zucker.
Polyphenole sind Inhaltsstoffe in Obst und Gemüse, denen eine gesundheitsfördernde Wirkung zugeschrieben wird.

Erklären Sie Ihren Gästen, warum der Karottensaft mit (Oliven-) Öl und Kaffeelöffel serviert wird. (Antwort: Ein paar Tropfen Öl im Karottensaft lassen den Körper das fettlösliche Vitamin A besser aufnehmen. Den Löffel braucht man zum Umrühren, damit sich das Fruchtfleisch gleichmäßig im Glas verteilt und nicht am Boden absetzt.)

Rezepte für Frucht- und Gemüsesaftcocktails

Fruchtsaftcocktail Everglades

Ist wegen seines hohen Anteils an Fruchtsäuren verdauungsfördernd und sorgt für schöne Haut, was durch das Vitamin A der Aprikosen unterstützt wird.

Pink-Grapefruit-Saft	175 ml	■ Die Säfte mit den Eiswürfeln im Shaker gut schütteln.
Papaya- oder Mangosaft	175 ml	
Aprikosennektar	175 ml	■ In Gläser geben und mit den Pink-Grapefruit-Ecken garnieren.
Eiswürfel		
Pink-Grapefruit-Ecken zum Garnieren		■ Sofort servieren.

Gemüsesaftcocktail Ingwerdrink

Die Vitamine A, C und Magnesium sorgen für einen kräftigen Energieschub.

Birnensaft	300 ml	■ Die Säfte mit dem Ingwer im Mixer sehr gut mischen.
Karottensaft	125 ml	
Apfelsaft	75 ml	■ In Gläser füllen und mit je einer Birnenscheibe garnieren.
1/2 Teelöffel frisch geriebener Ingwer		
Birnenscheiben zum Garnieren		■ Sofort servieren.

Kreieren Sie Fruchtsaftcocktails, die Sie als Aperitif servieren können. Finden Sie originelle Namen, die auf einer Getränkekarte den Umsatz erhöhen können.
Führen Sie ein Rollenspiel in der Gruppe durch. Versuchen Sie, in einem Verkaufsgespräch Ihren Cocktail anzupreisen!

Auf dem Weg zum Profi

- Seien Sie aktiv und kurbeln Sie den Verkauf an: Stammen die Frucht- oder Gemüsegetränke von einem regionalen Lieferanten, dann weisen Sie die Gäste darauf hin. Erzählen Sie Ihnen etwas über die Herkunft und/oder Besonderheit des Getränkes – Gäste wissen das sehr zu schätzen.
- Fruchtgetränke werden in der Originalflasche mit Glas serviert oder glasweise ausgeschenkt.

Bieten Sie dem Gast Ihre Unterstützung an: „Darf ich den Tomatensaft für Sie zubereiten?“ Damit demonstrieren Sie nicht nur Aufmerksamkeit, sondern helfen auch jenen Gästen, die mit Worcestersauce und Tabasco nichts anzufangen wissen.

- Es gibt Gebinde, wie beispielsweise Tetrapaks, die niemals vor einem Gast geöffnet oder gar an den Tisch serviert werden.
- Fruchtsaft- oder Gemüsesaftflaschen werden idealerweise vor dem Service noch im Office geschüttelt, damit sich das Fruchtfleisch, das sich am Boden abgesetzt hat, besser verteilt.
- Ein kurzer, kräftiger Schlag auf den Flaschenboden genügt und die Flasche lässt sich dann später vor dem Gast problemlos öffnen (z. B. Pagoflaschen).
- Mögliche Glasformen:

Stielwasserglas — Mittlerer Tumbler — Großer Tumbler

- Für Fruchtgetränke mit Fruchtfleisch wird das Glas auf einen Unterteller mit Serviette und passendem Löffel (Kaffee- oder Limonadenlöffel) gestellt.
- Gemüsegetränke werden im Glas (Tumbler, Stielglas oder Herstellerglas) auf einem Unterteller mit Serviette und passendem Löffel (Kaffee- oder Limonadenlöffel) serviert, dazu werden entsprechende Menagen eingestellt: Salz, Pfeffermühle, kaltgepresste Öle (vor allem für Karottensaft), Tabasco, Worcestersauce, Zitronensaft ...
- Die ideale Serviertemperatur beträgt 8 bis 10 °C.

Beschreiben Sie den richtigen Service von Gemüsegetränken.

1.3 Erfrischungsgetränke

Unter die Kategorie Erfrischungsgetränke **(Softdrinks)** fallen allgemein **alkoholfreie Getränke** mit oder ohne Kohlensäure, also Fruchtgetränke und Limonaden aller Art.

Natürliche Limonaden bestehen aus gesüßtem Zitronenwasser (ital. limone = Zitrone)

Wichtige Gruppen der Erfrischungsgetränke

Gruppe	Beschreibung	Bekannte Produkte
Limonaden	Sie werden aus Zucker, Fruchtsaft (weniger als 6 %), Aromen, Genusssäuren, Zusätzen (z. B. Farbstoffen, Koffein, Chinin) und Wasser (Trink-, Mineral-, Quell- oder Tafelwasser) hergestellt.	Sprite, Fanta, Schartner, Keli, Bionade
Fruchtsaftgetränke (siehe S. 14)	Sie enthalten einen Saftanteil je nach Frucht von mind. 6 bis 30 %. Natürliche Aromen und Fruchtfleisch können zugesetzt werden.	Frucade, Guizza Orange
Kräuterlimonaden	Sie beziehen ihren Geschmack aus Kräuterauszügen.	Almdudler
Colalimonaden	Sie enthalten Phosphorsäure als Säuerungsmittel und Koffein (65 bis 250 mg/l), Aussehen und Geschmack orientieren sich am Vorbild Coca-Cola.	Coca-Cola, Pepsi-Cola, Fritz Kola, Vita Cola
Ingwerlimonaden	Sie enthalten Auszüge der Ingwerwurzel.	Ginger-Ale

So unterschiedlich die verschiedenen Erfrischungsgetränke auch sind, eines haben sie gemeinsam: den hohen Gehalt an Zucker (oft bis zu 30 Stück Würfelzucker pro Liter!) – ausgenommen Light- oder zuckerfreie Produkte.

Bitter-limonaden	Sie enthalten Bitterstoffe (z. B. bis zu 85 mg/l Chinin). Ab 15 mg/l Chinin werden sie als Tonic bezeichnet.	Schweppes Tonic Water, Bitter Lemon, Bitter Orange, Kinley Tonic
Molke-limonaden	Sie enthalten mind. 40 % Molkezusatz.	Latella, Rivella
Brausen	Sie können naturidentische oder künstliche Aromen oder Farbstoffe enthalten.	Bolero-Brausen, Kreuzbär (koffeinhaltig), Berliner Fassbrause, Rixdorfer Fassbrause
Malztrunk (siehe auch S. 51)	Sie dürfen bis zu 0,5 Vol.-% Alkohol enthalten. Alle alkoholfreien Biere fallen in diese Kategorie, aber auch aus Malz hergestellte Kräuter- und Fruchtlimonaden.	Clausthaler, Vitamalz, Karamalz, Veltins Malz
Isotonische Getränke	Sie enthalten Wasser, Zucker, Mineralsalze, Vitamine sowie Aroma- und Farbstoffe und sollen durch starkes Schwitzen verursachten Wasser- und Mineralstoffverlust wieder ausgleichen.	Isostar, Isotonic, Gatorade
Energydrinks, Powerdrinks	Diese stark koffeinhaltigen (seit 2012 höchstens 320 mg/l) Getränke wirken anregend. Sie enthalten neben Wasser, Zucker und Koffein noch Zitronensäure, verschiedene B-Vitamine und Zusatzstoffe.	Red Bull, Flying Horse, Shark, Club-Mate
Eistees	Diese koffeinhaltigen Getränke werden aus Tee-Extrakt (Schwarz- oder Früchtetee) bzw. Teearomen mit Wasser, Zucker, Zitronensäure und weiteren Aromastoffen (etwa Pfirsicharoma) hergestellt.	Lipton-Eistee, Rauch-Eistee
Aromatisierte Mineralwässer (Flavoured Waters), Wellnessgetränke (siehe auch S. 10 f.)	Mineral-, Quell- oder Tafelwasser wird mit Fruchtkonzentraten, Aromen, Kräutern bzw. Mineralstoffen oder funktionellen Stoffen angereichert. Für Kombucha wird eine gesüßte Teemischung mit Kombucha (Teepilz) vergoren, wodurch Säuren, Enzyme und Spurenelemente entstehen.	Vöslauer Balance, Römerquelle Emotion, Rauch Nativa, Carpe diem

Schankanlagen

In der Gastronomie werden alkoholfreie Getränke hauptsächlich mit Schankanlagen ausgeschenkt. Es gibt zwei unterschiedliche Typen von Schankanlagen.

Premixanlage (PEM)

Hier wird das trinkfertige Getränk in Stahlcontainern geliefert, die Container werden an die Anlage angeschlossen und das Getränk wird portionsweise mit Kohlensäure (CO_2) ins Glas gezapft. Diese Anlage eignet sich für Betriebe mit Absatzmengen von ca. 20–60 Portionen (à 0,25 l) täglich.

Chinin = ein Alkaloid aus der Rinde des Chinarindenbaumes. Der Ursprung der Bitterlimonaden befindet sich in Afrika, wo den Getränken Chinin als Mittel gegen Malaria zugesetzt wurde.

Im deutschen Lebensmittelrecht gibt es den Begriff Energydrinks nicht. Sie werden den „alkoholfreien Getränken mit geschmacksgebenden Zusätzen" zugeordnet (Koffeinbeigabe musste auf EU-Niveau erhöht werden). Laut EU-Verordnung muss ab 2014 folgender Warnhinweis auf dem Etikett stehen: „Erhöhter Koffeingehalt. Für Kinder, Schwangere und stillende Mütter nicht zu empfehlen."

Finden Sie heraus, warum der Stier für Red Bull zum Werbesymbol wurde.

Wussten Sie, dass ...
in 0,25 Liter Energydrink etwa die gleiche Menge an Koffein (80 mg) wie in einer Tasse Kaffee (60–120 mg) enthalten ist?

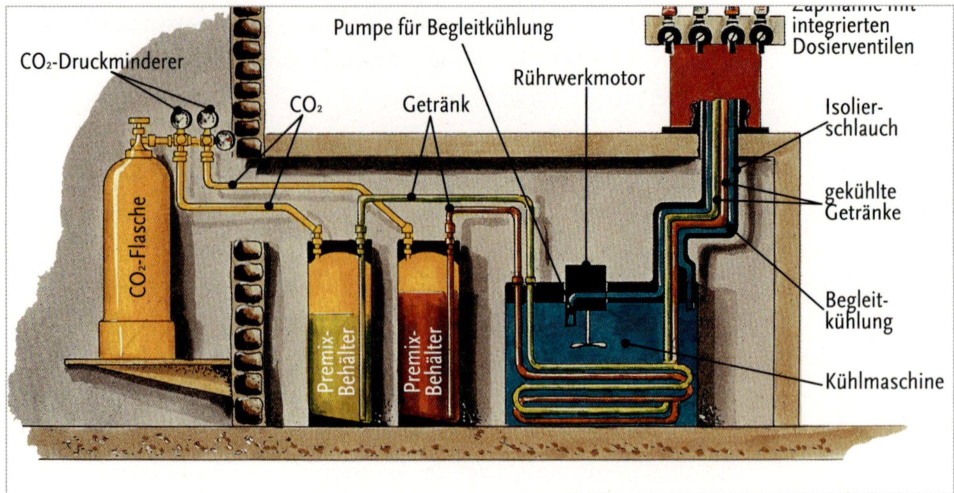

Postmixanlage (POM)

Der in einem Container befindliche Limonadensirup wird mit Treibgas zum Zapfhahn gefördert und dort mit gekühltem und mit CO_2 versetztem Wasser vermischt. Die Postmixanlage wird bei einem Absatz von mehr als 60 Portionen/Tag eingesetzt.

Nennen Sie die gemeinsamen wesentlichen Bestandteile aller Erfrischungsgetränke.

Bei einer elektronischen Schankanlage wird alles elektronisch gesteuert und läuft vollautomatisch ab. Der Vorteil liegt darin, dass die Ausgabemenge exakt berechnet ist und eine vollständige Abrechnung mit dem PC ermöglicht wird.

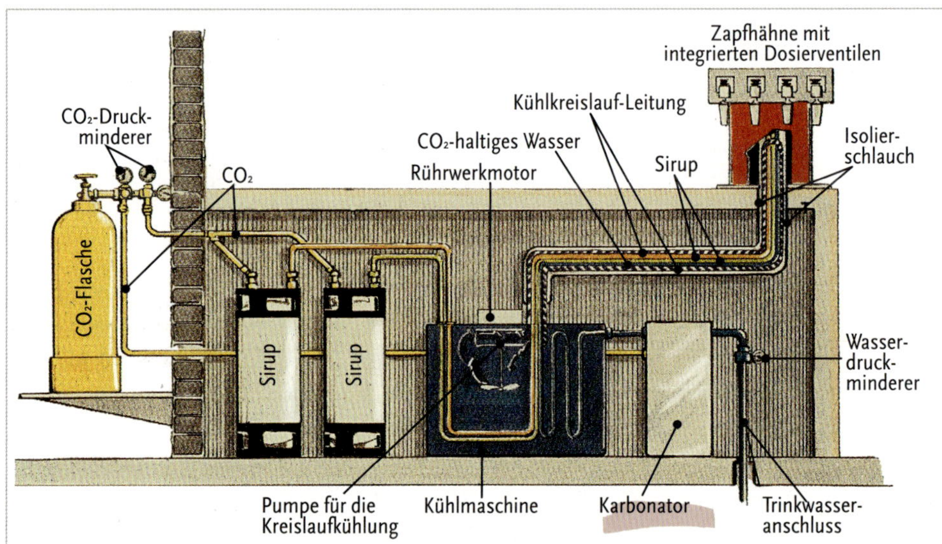

Karbonator = Behälter, in dem dem gekühlten Trinkwasser unter Druck CO2 zugesetzt wird.

	Premixanlage	Postmixanlage
Vorteile	■ Leicht zu reinigen ■ Niedrige Anschaffungskosten ■ Dauerhafte Originalqualität	■ Für große Absatzmengen ■ Geringere Kosten pro Glas ■ Geringerer Lagerbedarf (Sirup) ■ Meist Bag-in-Box-System (umweltfreundlich, kein Pfand)
Nachteile	■ Für kleine Absatzmengen ■ Getränkebehälter müssen öfter gewechselt werden	■ Reinigungs- und wartungsintensiv ■ Anlage benötigt mehr Platz ■ Trinkwasser muss einwandfrei sein (im Ausland evtl. kritisch!)

Diskutieren Sie in der Klasse über die Vor- und Nachteile einer Premix- bzw. Postmixanlage im Arbeitsalltag.

Bag-in-Box-System = die hierbei verwendeten Folienbehälter in einer Kartonhülle sparen den Einsatz von Flaschen (Glas bzw. Plastik) oder Dosen. Weitere Vorteile sind der geringere Energieaufwand bei ihrer Herstellung und die deutlich geringeren Transportkosten im Vergleich zu Glas.

Einkauf und Lagerung

Erfrischungsgetränke werden heute von verschiedenen Herstellern in vielen Betrieben angeboten. Sie sind in unterschiedlichen Handelsformen (Portionsflaschen, Dosen, Glasflaschen, PET-Flaschen, Containern, Bags ...) erhältlich. Aus Umweltschutzgründen sollte man beim Einkauf auf die Gebinde- bzw. Verpackungsform achten.

Erfrischungsgetränke haben ein gekennzeichnetes Ablaufdatum und werden kühl und dunkel gelagert.

Auf dem Weg zum Profi

- Die ideale Serviertemperatur für Erfrischungsgetränke beträgt 8 bis 10 °C, bei Colalimonaden 4 bis 6 °C.
- Erfrischungsgetränke werden in der Originalflasche oder glasweise angeboten. Als Glas sollte entweder ein Tumbler, ein Limonadenglas oder ein Originalglas (Glas mit Firmenaufdruck vom Erzeuger) verwendet werden. Eiswürfel werden nur auf Wunsch des Gastes hinzugefügt.

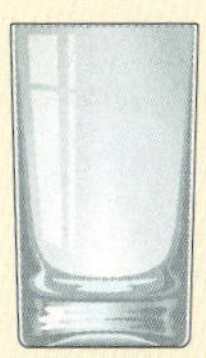
Tumbler

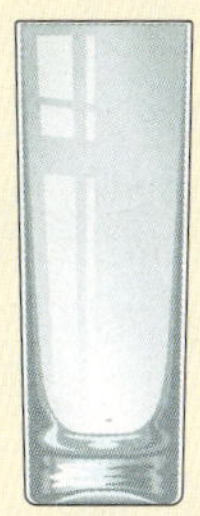
Limonadenglas

Originalglas mit Firmenaufdruck

Überprüfen Sie die Notwendigkeit des passenden Glases für Erfrischungsgetränke, indem Sie z. B. Coca-Cola aus einem Tumbler, einem Henkelbierglas, einem Cognacglas und einer Kaffeetasse verkosten.

Arbeitsaufgabe

Finden Sie im nachfolgenden Buchstabenrätsel sechs Erfrischungsgetränke.

M	G	L	H	R	G	F	E	K	A
S	C	R	R	I	Q	S	G	E	A
U	O	E	E	L	N	E	L	C	L
L	L	Z	L	F	Y	P	L	E	L
J	A	X	D	J	L	P	U	E	E
L	U	A	U	K	A	E	B	T	T
B	D	R	D	Q	J	W	D	S	A
O	Y	K	M	E	W	H	E	I	L
H	A	V	L	E	E	C	R	E	J
A	X	H	A	B	Z	S	Z	H	O

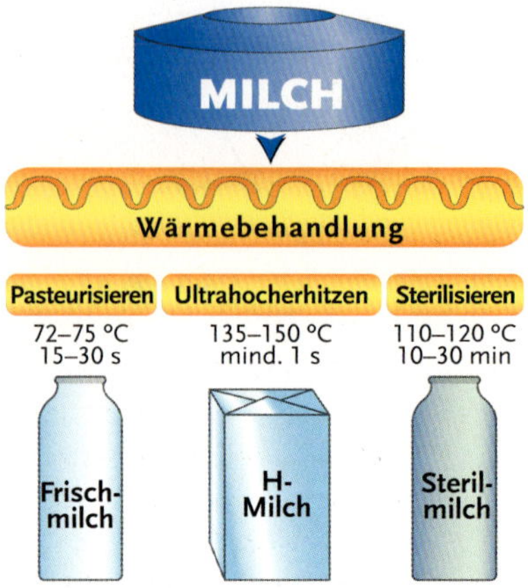

ESL-Milch (Extended-Shelf-Life-Milch) ist eine **länger haltbare Frischmilch.** Sie schmeckt wie frische Trinkmilch und enthält die gleichen Nährstoffe, ist aber länger als drei Wochen haltbar. Zur Herstellung stehen verschiedene Verfahren zur Verfügung, bei denen die Restkeimzahl der Milch auf ein Minimum reduziert und dadurch die Haltbarkeit erhöht wird.

Nach der Herstellung unterscheidet man:

- Schokolade- oder Kakaogetränke
- Milchshakes
- Milchfrappés
- Milchpunsche

1.4 Milch und Milchmischgetränke

Einteilung der Milch und Milchprodukte

Arten	Produkte
Konsummilch	Vollmilch, Magermilch
Fermentierte Milchprodukte	Sauermilch, Buttermilch, Sauerrahm, Joghurt
Milchprodukte auf Fettbasis	Schlagsahne, Kaffeesahne, Butter
Milchmischerzeugnisse	Milch mit Kakao oder verschiedenen Aromen wie Erdbeere, Vanille ..., Fruchtjoghurt
Haltbarprodukte	H-Milch, H-Schlagsahne, H-Kaffeesahne
Dauermilchprodukte	Kondensmilch, Trockenmilch

Wärmebehandlung von Milch

Verfahren	Produkt	Haltbarkeit
Pasteurisieren	Voll-, Mager-, Extravollmilch	4–6 Tage
Ultrahocherhitzen	Haltbarmilch	6–8 Wochen
Sterilisieren	Kondensmilch	Bis zu einem Jahr

Einteilung der Milchmischgetränke

Milchmischgetränke sind Zubereitungen aus Milch oder Milchprodukten mit Zusätzen von Fruchtsaft, Fruchtmark, Fruchtkonzentrat, Kakao, Zucker oder anderen geschmacksgebenden Bestandteilen, wobei die Milch mengenmäßig überwiegt. Sie lassen sich in kalte, warme, alkoholfreie und alkoholhaltige Getränke einteilen.

Milchmischgetränke

Milchshakes

Kalte Milchmischgetränke mit oder ohne Alkohol. Zubereitung im Aufsatzmixer oder Shaker.

Grundrezept
1/8 l Milch
3 Eiswürfel
2 Esslöffel Sirup nach Wahl bzw. Fruchtpüree und evtl. Zucker/Honig
Evtl. Früchte zum Garnieren

Milchfrappés

Kalte Milchmischgetränke mit Speiseeis. Sie werden mit oder ohne Alkohol im Aufsatzmixer zubereitet.

Grundrezept
1/8 l Milch
2 Kugeln Speiseeis
1 Esslöffel Sirup nach Wahl
Evtl. Schlagsahne und/oder Früchte zum Garnieren

Milchpunsche

Warme Milchmischgetränke mit Alkohol.

Grundrezept
2 Barlöffel Zucker mit 4 cl Punschessenz, Rum oder Arrak erhitzen, in ein vorgewärmtes Punschglas geben und mit heißer Milch auffüllen

Einkauf und Lagerung

Da Milch nur sehr begrenzt haltbar ist, soll der Einkauf in nicht zu großen Mengen erfolgen. Milch wird kühl bei 4 bis 6 °C gelagert. Sie muss lichtgeschützt und verschlossen aufbewahrt werden, damit sie keine Fremdgerüche annehmen kann und lichtempfindliche Vitamine nicht zerstört werden.

Auf dem Weg zum Profi

- Milch sowie Milchmischgetränke können kalt oder warm im Fancyglas, Tumbler, Milchglas oder Keramikbecher u. Ä. serviert werden.
- Shakes werden mit Trinkhalm, Frappés und Punsche mit Unterteller, Serviette und passendem Löffel serviert.

Fancyglas

Großer Tumbler

Milchglas

Keramikbecher

Arbeitsaufgaben

1. Nennen Sie zwei Verfahren zur Haltbarmachung von Milch.
2. Schildern Sie die Herstellung von Milchfrappés im Allgemeinen.
3. Probieren Sie selbst die Herstellung eines Milchshakes mit Ihrem Lieblingsobst.

Falls die Milch vom eigenen Bauernhof bzw. von einem Bauern aus der Umgebung bezogen wird, dann informieren Sie Ihre Gäste darüber. Die regionale Herkunft der Lebensmittel spielt auch für die Gäste eine große Rolle und wird zunehmend ein entscheidendes Kriterium für eine Bestellung.

Gut zu wissen
Milch, vor allem kalt angeboten, wird von Gästen gerne zu Imbissen angenommen.

Ziele erreicht?

1. Erörtern Sie die Vor- und Nachteile von hartem und weichem Wasser.
2. Erklären Sie den Begriff Sodawasser.
3. Korrigieren Sie Falsches:

   Natürliches Mineralwasser ist unterirdisches, maximal leicht verunreinigtes Wasser, das nach dem Transport abgefüllt und nach den strengen Richtlinien des Lebensmittelcodex geprüft wird.

4. Nennen Sie je vier deutsche und internationale Mineralwassermarken.
5. Geben Sie den Mindestsaftgehalt in Prozent an:
   Fruchtnektar ________ Fruchtsaft ________ Fruchtsaftgetränk ________
6. Nennen Sie drei Arten von Limonaden.
7. Erklären Sie in einem Rollenspiel den Begriff Bitterlimonade bzw. Colalimonade.
8. Kreuzen Sie Richtiges an: Isotonische Getränke …
   - ☐ enthalten Molke
   - ☐ wirken anregend
   - ☐ gleichen Mineralstoffverlust aus
   - ☐ enthalten Zucker und Mineralsalze
   - ☐ sind ganz ohne Aroma- und Farbstoffe
   - ☐ sind ideal für Sportler nach starkem Schwitzen
9. Nennen Sie Ausschankanlagen für alkoholfreie Getränke und beschreiben Sie sie kurz.

2 Alkaloidhaltige Getränke

Fabian genießt gerne eine gute Tasse Kaffee. Linda interessiert nicht die Bohne, was genau in ihrem Kaffeebecher ist. Erst als ihr Fabian verschiedene Qualitätskriterien erklärt, fängt sie an, Verpackungen genauer zu lesen und dadurch Unterschiede zu verstehen.

Alkaloide findet man auch in Kolanüssen, Guarana und Mate.

Alkaloide sind stickstoffhaltige Natursubstanzen, die sich meist in tropischen und subtropischen Pflanzen finden. Der wichtigste Vertreter ist das **Koffein.** Man findet es in Naturprodukten wie Kaffee, Tee **(früher Tein genannt),** Kakao **(Theobromin).** Die Wirkung von koffeinhaltigen Getränken auf den menschlichen Organismus hängt stark vom Koffeingehalt des Produktes ab.

Stimulieren = steigern, in Fahrt bringen, ankurbeln.

Das Koffein wurde vom deutschen Apotheker und Chemiker Friedlieb Runge entdeckt und isoliert. Es hat unterschiedliche Auswirkungen auf unseren Körper: Es wirkt anregend und stimulierend auf Muskeltätigkeit, Denkfähigkeit, Aufmerksamkeit, Herzrhythmus sowie Kalorienverbrennung. Es entspannt die Bronchialmuskulatur (Asthmatiker) und wird bei Medikamenten erfolgreich zur zusätzlichen Schmerzlinderung eingesetzt (Kopfschmerzmedikamente).

2.1 Kaffee

Latte macchiato, Coffee-to-go, Melange – Kaffee ist Lifestyle. Kaffee ist Genuss, Kaffee ist Tradition. Bis die aromatischen Bohnen als aufgebrühtes Getränk in unseren Tassen landen, ist es jedoch ein weiter Weg.

Unter Kaffee versteht man die mit verschiedenen Verfahren aufbereiteten Samen der Kaffeefrüchte. Der Kaffee ist ein **Aufgussgetränk,** das das Alkaloid Koffein enthält.

Grundkenntnisse über Kaffee und seinen Ursprung, das Probieren verschiedener Sorten und ein Gefühl für Geschmackscharakteristika sowie Röst- und Brühtechnik sind für eine qualifizierte Auswahl von Kaffee unumgänglich.

Geschichtliche Entwicklung

Wann und wo genau der Kaffeeanbau seinen Anfang genommen hat, ist heute nicht mehr nachvollziehbar. Seine Herkunft wird der Region **Kaffa** (von der auch sein Name abstammt) in Äthiopien zugeschrieben. Es ist nachweisbar, dass Kaffee bereits in der frühen Antike im arabischen Raum als weitverbreitetes Heißgetränk konsumiert wurde.

Kolonialisierung = Besiedlung und Übernahme der Herrschaft in fremden Gebieten.

Im zehnten Jahrhundert erkannte der persische Arzt Ibn Sina die stimulierende Wirkung des Koffeins und setzte Kaffee als Heilmittel ein. Erst im 16. und 17. Jahrhundert konnte das arabische Monopol über die weltweite Kaffeeproduktion durch die Holländer gebrochen werden. Danach entwickelte sich der europäische Kaffeemarkt sehr rasch. Die Kolonialisierung trug dazu bei, dass die Kaffeepflanze nach Mittel- und Südamerika gelangte. Mittlerweile ist Kaffee das wichtigste Welthandelsgut hinter Erdöl.

Kaffeeverbrauch weltweit	
im Jahr	**Angabe in Sack Rohkaffee (à 60 kg)**
1750	600 000
1850	4 000 000
1950	32 000 000
2001	100 000 000 (davon 1/4 in Brasilien)
2009	132 000 000

Berechnen Sie anhand der Tabellenangaben, wie viele Kilogramm (bzw. Tonnen) Kaffee 2009 weltweit verbraucht wurden.

Die zweite Türkenbelagerung im Jahre 1683 gilt als die Geburtsstunde des **Wiener Kaffeehauses** und seiner einzigartigen und unverwechselbaren Kultur. Der Legende nach gilt Franz Georg Kolschitzky als Begründer des ersten Wiener Kaffeehauses. Er erhielt für seine Dienste als Spion während der Türkenbelagerung mehrere Säcke Rohkaffee sowie das Privileg (also die Konzession) zum öffentlichen Ausschenken von Kaffee. Urkundlich belegt ist jedoch die Gründung des ersten Wiener Kaffeehauses erst im Jahre 1685.

Beginn der Kaffeekultur in Deutschland

Aufgrund der verkehrsgünstigen Lage waren die Hafenstädte Bremen (1673) und Hamburg (1677) die ersten deutschen Städte mit eigenen Kaffeehäusern. Es folgten 1686 Regensburg, 1694 Leipzig und schließlich 1721 Berlin. Da Deutschland jedoch keine eigenen Kolonien besaß, kam es immer wieder zu Bezugsproblemen. Zeitweise gipfelten diese in Kaffeeboykotten, die zum Teil auch Kaffeeverbote zur Folge hatten. Der preußische König Friedrich der Große beauftragte sogar sogenannte Kaffeeschnüffler, um zu überprüfen, ob sich seine Untertanen an das Verbot hielten. Infolgedessen kam es 1769 zur Entwicklung des ersten Ersatzkaffees aus Zichorien. Ein weiteres wichtiges Jahr für die deutsche Kaffeekultur war 1908. Melitta Benz filterte damals ihren Kaffee durch ein einfaches Löschpapier wie es ihr Kind verwendete und gilt somit als die Erfinderin des Kaffeefilters.

Kaffeeanbaugebiete

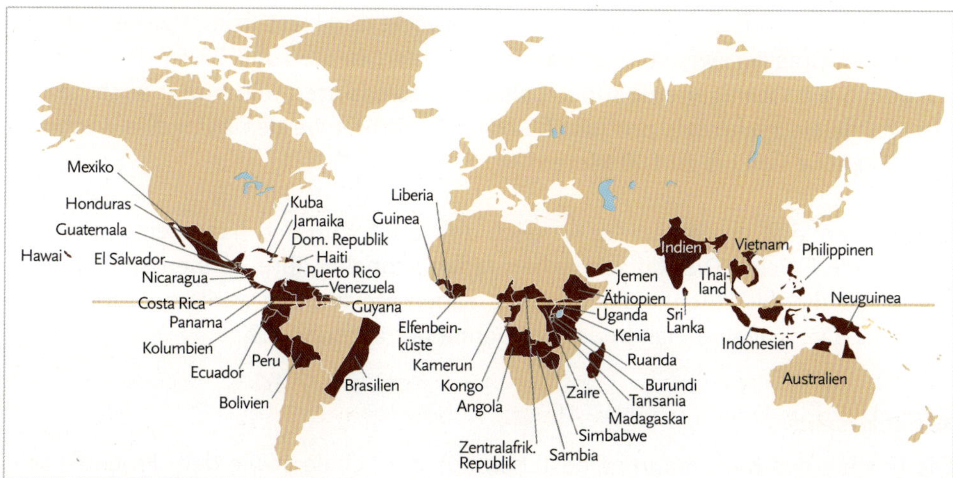

Kaffeeplantage in Kolumbien

Zu den wichtigsten Kaffeeanbauländern zählen neben Brasilien (größter Kaffeeproduzent) und Vietnam, Kolumbien, Indonesien, Äthiopien, Indien, Mexiko und Guatemala.

Klimatische Bedingungen für den Kaffeeanbau

Die immergrüne Pflanze (sie trägt gleichzeitig weiße Blüten und Kirschen in verschiedenen Reifegraden) gedeiht in den tropischen und subtropischen Zonen der Erde zwischen dem 23. nördlichen und dem 25. südlichen Breitengrad, im sogenannten **Kaffeegürtel.** Hier findet die Kaffeepflanze die idealen klimatischen Bedingungen: stickstoff- und humusreiche Böden, ausreichend Sonnen- und Regentage, keine großen Klimaschwankungen und ideale Temperaturen zwischen 15 und 25 Grad Celsius. Weiters ist die Kaffeepflanze sehr wind- und frostempfindlich und verträgt überdies keine extreme Hitze. Die Kaffeepflanze kann eine Höhe von fünf bis 15 Metern erreichen, sie wird jedoch auf den Plantagen aus arbeitstechnischen Gründen auf einer Höhe von bis zu drei Metern gehalten.

Wussten Sie, dass ...
der Großteil der Kaffeebohnen in Entwicklungsländern produziert werden? Die Kaffeekleinbauern in diesen Ländern sind wegen schwankender Handelspreise und Hindernissen beim Marktzugang häufig in ihrer Existenz bedroht.

TransFair setzt sich für den fairen Handel ein. Der Direkteinkauf bei den Kooperativen zu garantierten Mindestpreisen trägt zu einer spürbaren Verbesserung der Lebensbedingungen der Kaffeebauern in den Entwicklungsländern bei. Den Produzenten/Produzentinnen wird teilweise eine Vorfinanzierung angeboten, damit sie noch vor der Ernte über ein gesichertes Einkommen verfügen können.

Coffea arabica

Coffea robusta

Reife Kaffeekirschen

Je nach Anbaugebiet wird zwischen **Hochland- und Tieflandkaffee** unterschieden. Während die Kaffeebohnen des Hochlandes im Allgemeinen klein und fest sind und ein ausgeprägtes Aroma aufweisen, sind die Kaffeebohnen des Tieflandes sehr oft groß, schwammig und haben weniger Geschmack.

Kaffeepflanze

Die exotische Kaffeepflanze zählt zur Familie der Rubiaceae der Gattung Coffea. Von den rund 80 Straucharten zählen Coffea arabica und Coffea canephora (auch Robusta genannt) weltweit zu den wichtigsten Sorten.

Coffea arabica – Hochlandpflanze

Mit rund 75 % der Weltproduktion zählen die Arabicasorten zu den Spitzenreitern am weltweiten Kaffeemarkt. Die Arabicapflanze ist empfindlich und benötigt mehr Pflege als die Robustapflanze.

Ihre Bohnen sind länglich eiförmig, blaugrün und haben eine nur leicht angedeutete gewundene Furche. Darüber hinaus haben sie einen geringen Koffeingehalt von rund 1 % in der Rohbohne. Sie gedeihen zwischen 600 und 2 000 Metern Seehöhe. Je höher die Plantagen liegen, umso teurer sind sie, da die Früchte langsamer reifen, hornig und fest werden und nur wenig Feuchte enthalten. Als Folge ergibt dies einen ausgeprägten, aromaintensiven Geschmack und einen frischen, starken Duft.

Coffea robusta – Tieflandpflanze

Sie wurde erst Ende des 19. Jahrhunderts entdeckt und klassifiziert. Diese in Afrika, Asien und Brasilien weitverbreitete Pflanze liefert heute rund 25 % der Weltproduktion. Sie ist weniger empfindlich als die Arabicasorten und bringt auch höhere Erträge, da sie mehrmals pro Jahr blüht und geerntet werden kann. Sie wächst in einer Seehöhe von bis zu 600 Metern.

Die Bohnen sind unregelmäßig rundlich und gelbbraun und haben eine angedeutete gerade Furche. Die Kaffeekirschen reifen schneller, ihre Bohnen sind wasserreicher als die des Hochlandkaffees und haben meist einen weniger kräftigen Geschmack. Der Koffeingehalt in der Rohbohne beträgt rund 2,9 %.

Kaffeekirsche

Die Früchte des Kaffeebaumes bestehen aus der Schale sowie dem Fruchtfleisch. Im Inneren befinden sich die beiden Samenkerne oder Bohnen, die vom Silberhäutchen und von der Pergamentschicht umgeben sind. Trägt eine Kaffeekirsche nur eine runde Bohne in sich, so wird sie als Perlbohne bezeichnet und extra gehandelt.

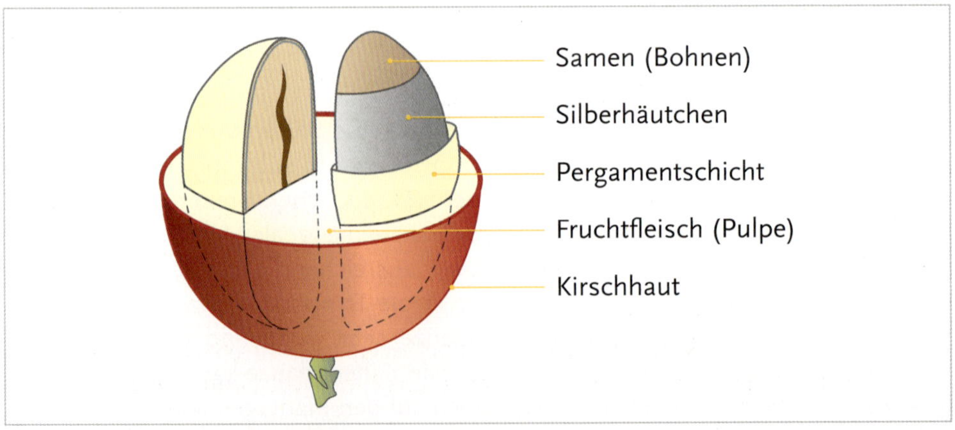

Kaffee-Ernte

Je nach den klimatischen Bedingungen variiert die Erntezeit in den Kaffeeanbauländern. Während in Brasilien von Mai bis September geerntet wird, findet die Ernte in Mittelamerika zwischen Oktober und März statt. In Afrika wiederum wird in den Monaten von März bis September geerntet.

Die beiden Arten der Kaffeekirschengewinnung werden als **Picking** und **Stripping** bezeichnet. Während beim Picking nur die vollreifen, besten Kirschen mit der Hand gepflückt werden, wird bei der Stripping-Methode der ganze Zweig händisch oder maschinell abgestreift. Bei dieser Art der Ernte werden sowohl reife als auch unreife sowie überreife Kirschen gepflückt. Diese Methode ist zwar rationeller, liefert aber auch Kirschen schlechterer Qualität als die Handlese.

Wissenschaftler befassen sich bereits seit Jahrzehnten mit der Zusammensetzung des Kaffees. Doch bis heute kann Kaffeearoma nicht künstlich hergestellt werden.

Aufbereitung von Kaffeekirschen

Da die Kirschen nicht lange lagerfähig sind, müssen sie innerhalb kürzester Zeit verarbeitet werden. So, wie die Kaffeekirsche nach der Ernte vorliegt, ist sie für den Genuss nicht geeignet. Um einen marktfähigen Kaffee herzustellen, muss die gesamte Umhüllung der eigentlichen Kaffeebohne entfernt werden, sodass am Schluss die saubere und trockene Rohbohne übrig bleibt.

Trockene Aufbereitung

- Bei diesem Verfahren **(ungewaschener Kaffee)** werden die geernteten Kaffeekirschen auf Trockenböden ausgebreitet und zum **Trocknen** der Luft und der Tropensonne ausgesetzt. Nachts und bei Regenwetter werden sie mit Planen überdeckt. Die Kirschen werden sechs bis 15 Tage getrocknet, bis sie „rappeldürr" sind, d. h., bis man die Samen beim Schütteln der Frucht in der Hülse „rappeln" hören kann.
- Der nächste Arbeitsschritt ist das Enthülsen. Die getrockneten Kirschen kommen in eine **Schälmaschine.** Hier werden die Bohnen vom getrockneten Fruchtfleisch, von der Pergamenthaut und von den Silberhäutchen getrennt.
- Vor dem Einsacken werden diese Rohbohnen auf großen Plantagen verlesen, das heißt aussortiert und gesiebt. Beste Qualitäten werden oft handverlesen und als solche gekennzeichnet in den Handel gebracht.
- Fast alle Robustakaffees werden trocken aufbereitet.

Trockene Aufbereitung

Schäl- und Poliermaschine

Nasse Aufbereitung

- Die Kirschen werden unmittelbar nach dem Anliefern des Ernteguts in Quelltanks gegeben, wo man über Nacht das Fruchtfleisch, die sogenannte **Pulpe,** aufgehen lässt. Dann werden die Kaffeefrüchte zum Pulper geschwemmt. Die Rohbohnen verlassen ihn mit Samenschale, Pergamenthülse und Resten von Fruchtfleisch.
- Der entscheidende Vorgang bei der nassen Aufbereitung ist die nun folgende **Fermentation.** Dabei werden die Fruchtfleischreste vergoren. Dazu werden die Bohnen ein bis zwei Tage in großen Wasserbecken gelagert.
- Danach werden sie **gewaschen.**
- Nun erst beginnt der **Trocknungsprozess.** Er dauert etwa fünf Tage. Der Kaffee kann in diesem Zustand bereits exportiert werden. Hochwertige Rohbohnen werden vorher jedoch in Schäl- und Poliermaschinen von Pergamentschicht und Silberhäutchen befreit.
- Hochwertige Kaffeesorten werden nass aufbereitet. Dazu gehören fast alle Kaffeesorten aus Zentralafrika und Kenia, aus Kolumbien und Mexiko.

Pulper = Maschine zum Entfernen des Fruchtfleisches (lat. pulpa = Fruchtfleisch).

Für das Waschen von einem Kilogramm Kaffee benötigt man ca. 40 Liter Wasser.

Händische Sortierung

Versandfertiger Rohkaffee

Zwei weitere Kaffeesorten, **Coffea liberica** und **Coffea excelsia,** werden nur in geringen Mengen angepflanzt und haben im Weltkaffeehandel keine Bedeutung (unter 1 % der gesamten Kaffeeproduktion).

Wussten Sie, dass ...
Kopi Luwak aus Kaffeekirschen erzeugt wird, die von indonesischen Schleichkatzen verzehrt und unverdaut, aber auf natürliche Weise fermentiert wieder ausgeschieden werden?

Jede Kaffeesorte hat ein spezielles Röstprofil, deshalb ist es für hochwertige Produkte wichtig, jede Sorte vor der Mischung für sich zu rösten.

Halb trockene Aufbereitung (semi-washed)

Dieses Verfahren ist eine Kombination aus beiden Aufbereitungen. Durch einen maschinellen Prozess wird das Fruchtfleisch abgetrennt. Die Bohnen werden dann großteils entschleimt, aber nicht fermentiert (geringerer Wasserbedarf!). Beim Trocknen und Schälen werden auch die restlichen anhaftenden Fruchtfleischreste entfernt.

Sortieren und Reinigen

Nach dem Aufbereitungsprozess werden die Bohnen einer **Klassifizierung** unterzogen, wobei es sorten- und ländertypische Handelsklassen gibt. Nach der Aufbereitung werden noch verbliebene Rückstände entfernt (durch Siebe, Gebläse oder von Hand) und die Bohnen beispielsweise nach Größe, Dichte bzw. Farbe sortiert. Wenn die unterschiedlichen Qualitätsabstufungen vorliegen, ist der Rohkaffee fertig für seine Reise. Nun kann der Rohkaffee gewogen, in Jute-, Sisal- oder Hanfsäcke gefüllt und zum Versand verladen werden. Seit einigen Jahren wird Kaffee häufig als loses Schüttgut (Bulkware) in Containern transportiert.

Rohkaffeeauswahl

Das wichtigste Unterscheidungsmerkmal beim Kaffee ist die Sorte: **Arabica** (Unterarten: Typica, Bourbon, Mundo Novo, Canturra etc.) oder **Robusta** (z. B. Indenie, Conillon). Sie unterscheiden sich schon optisch voneinander. Frische Arabicas haben eine gelblich grüne Färbung mit hellblauen Schattierungen und geringfügige helle Häutchenreste. Robustabohnen haben mehr Häutchenreste, sind zumeist kleiner, runder und tendieren farblich in gelbliches Braun. Neben einem niedrigeren Koffein- und Chlorogengehalt schmecken Arabicas milder, aromatischer und weniger bitter.

Kaffeemischungen und sortenreine Kaffees

Je nach dem gewünschten Geschmack einer Kaffeemischung wird Kaffee unterschiedlicher Herkunft, Sorte und Qualität gemischt. Diese Mischung kann entweder vor oder nach der Röstung durchgeführt werden.

Zu den bekanntesten und teuersten sortenreinen Kaffeeraritäten zählen der
- Jamaika Blue Mountain (wird in kleinen Holzfässern exportiert),
- der Mexico Maragogype (aus der größten Kaffeebohne) und
- der Kopi Luwak (aus Java).

Mischungen nach Herkunft, Sorte und Qualität

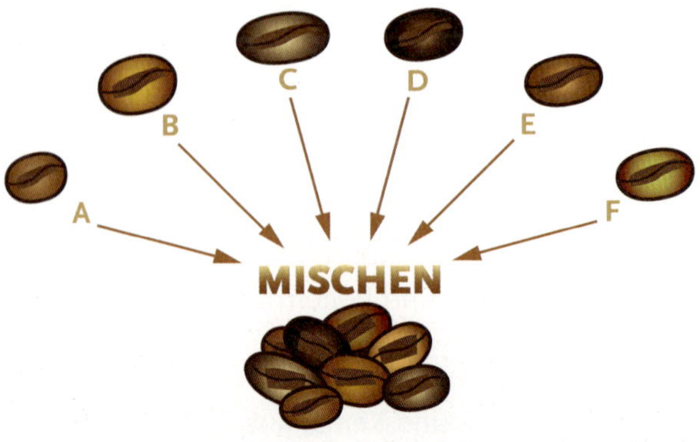

Standardisierte Markequalität

Rösten von Kaffee

Röstvorgang	
	Unter Rösten versteht man das trockene Erhitzen der rohen Kaffeebohnen, sehr oft unter atmosphärischem Druck. Der Röstvorgang ist, abgesehen von der Qualität der Rohbohne und der richtigen Zubereitung, der wohl wichtigste Schritt bis zum fertigen Getränk. Die Kaffeebohnen werden in Spezialbehältern, z. B. Trommeln, bei einer Temperatur von etwa 200 bis 250 °C (Brennen) ständig umgewälzt, bis sie eine braune Farbe angenommen haben.
	Die Bohnen sind – je nach Röstung – zehn bis 20 Minuten in der Röstkammer. Wenn sie anfangen zu knacken, wird die Röstkammer innerhalb von Sekunden geöffnet.
	Mithilfe des Rührers werden die Bohnen abgekühlt. Dabei werden auch die restlichen feinen Häutchen, die während des Röstens von den Bohnen abfallen, nach unten in die Maschine gezogen. Nach ein paar Minuten Trocknung gelangen die Bohnen in Eimer, von wo aus sie in Schütten gefüllt werden.
	Die Schütten sind die Aufbewahrungsbehälter des Kaffees. Von hier aus gelangt der Kaffee in die Verpackung, in die er entweder in ganzen Bohnen oder gemahlen abgefüllt wird.

Hauptbestandteile von Kaffee

- Kohlenhydrate
- Fettstoffe
- Wasser
- Eiweißstoffe
- Säuren
- Alkaloide (Koffein)
- Mineralstoffe
- Aromastoffe

Während des Röstens kommt es zu einem **Gewichtsverlust** von 18 bis 22 %, der hauptsächlich auf Wasserentzug, auf die Karamellisierung der Zuckerstoffe, auf die Reduzierung des Tannins und eines Teils der Fette beruht. Das **Volumen** jedoch nimmt beträchtlich zu. Ganz wichtig ist, dass die Bohne innen wie außen gleichermaßen geröstet wird. Das im Bohnenkern enthaltene Essenzöl **(Kaffeol)** tritt fast gänzlich an die Oberfläche und entwickelt das Aroma, das sich aus über 800 chemischen Stoffen zusammensetzt.

Übliche Bezeichnungen für Röstgrade

Allgemein	Fachausdruck	Farbe
Sehr helle Röstung	Zimtröstung	Blassbraun
Helle Röstung	Amerikanische Röstung, Frühstücksröstung	Hellbraun
Mittlere Röstung	Wiener Röstung	Braun
Dunklere Röstung	Französische Röstung, Kontinentalröstung	Dunkelbraun bis schwarz
Sehr dunkle Röstung	Italienische Röstung, Espressoröstung	Schwarzbraun

Kaffeebohnen in verschiedenen Röstgraden

Verpackung und Lagerung

Der Geschmack eines jeden Kaffees, egal ob in gemahlenem oder ungemahlenem Zustand, lässt nach der Röstung nach. Licht, Feuchtigkeit, Wärme, Fremdgerüche und Sauerstoff sind die größten Feinde für das Aroma. Durch die richtige Aufbewahrung können der Geschmack und das Aroma jedoch länger erhalten bleiben. Daher kommt der Verpackung eine wesentliche Rolle zu. Mit über 70 % Marktanteil ist die Vakuumverpackung unter Verwendung mehrschichtiger Materialien die beste Möglichkeit. Die Lagerung von Kaffee in einer Vakuumverpackung ist bis zu 18 Monate möglich. Wird sie geöffnet, empfiehlt es sich, den Kaffee im Originalpaket in einem verschlossenen Behälter gekühlt aufzubewahren und rasch zu verbrauchen.

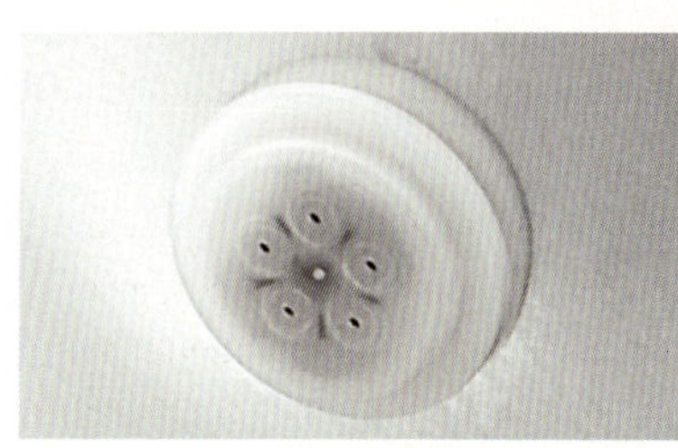

Das Ventil in der Kaffeeverpackung schützt das Aroma und verhindert den Verderb durch eingeschlossene Feuchtigkeit

Schema der Entkoffeinierung von Rohkaffee

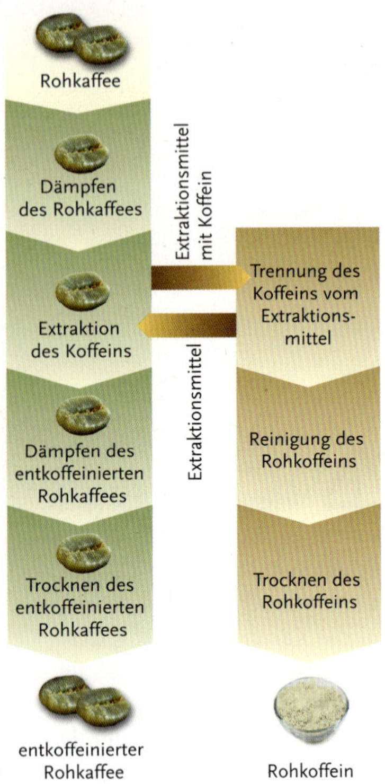

⚠ **Surrogate** (Kaffee-Ersatzstoffe, Kaffeemittel) sind Röstprodukte, die nicht aus Kaffeebohnen, sondern aus anderen Pflanzen wie Feigen, Gerstenmalz, Roggenmalz oder Zichorien erzeugt werden. Die Kaffeemittelmischungen Linde, Kathreiner, Korona und Caro enthalten also kein Koffein und dürfen in der Gastronomie nicht als Kaffee bezeichnet werden.

Spezielle Kaffeeprodukte

Entkoffeinierter Kaffee

Der Koffeingehalt beträgt bei koffeinfreiem Kaffee höchstens 0,1 %. Das Koffein wird entweder mit Wasserdampf oder mit chemischen Lösungsmitteln aus den rohen Kaffeebohnen herausgelöst. Erst dann werden die Bohnen geröstet.

Schonkaffee (reizstoffarm)

Um Kaffee für Menschen mit empfindlichem Magen verträglich zu machen, wird aus den Bohnen ein Teil der Säuren z. B. mit Wasserdampf entfernt. Das Koffein bleibt dabei erhalten.

Löslicher Kaffee (Instantkaffee)

Dem Kaffeeaufguss (grob gemahlener Röstkaffee und heißes Wasser) wird durch Sprüh- oder Gefriertrocknung (modernste Methode, bei der das Aroma geschont wird) das Wasser entzogen. Übrig bleibt Kaffeepulver oder Kaffeegranulat (länger haltbar!), das sich beim Aufgießen mit Wasser rasch vollständig auflöst.

Zubereitung von Kaffee

Ein gutes Kaffeegetränk hängt ab von

- Qualität des Rohkaffees: Sorte, Anbaugebiet, Aufbereitung
- Mischung der Rohkaffeesorten
- Röstung
- Verpackung und Lagerung
- Wasserqualität (weiches Wasser ist geeigneter als hartes)
- Zubereitung

Kaffee lässt sich durch unterschiedliche Aufgussverfahren zubereiten

Türkische Methode	Karlsbader Methode	Melittamethode bzw. Filtermaschine

Mit Wasser gekocht	Porzellankannen-aufguss	Aufguss durch einen Papierfilter
Staubfein gemahlener Kaffee, ca. 6 g pro Portion, wird mit Wasser und Zucker in einer kupfernen Kaffeekanne (Çesve) aufgekocht. Das fertige Getränk wird ohne Filterung in kleine Tassen gefüllt.	Für zwei Tassen werden 16 g Kaffeemehl empfohlen, für jede weitere Tasse rechnet man je 6 Gramm. Das gemahlene Kaffeemehl (Grießkorngröße) im Porzellanfilter wird mit heißem Wasser übergossen und nach der Filterung aus der Kanne serviert.	Das Gerät erhitzt das Wasser automatisch und lässt es über das mittelfein gemahlene Kaffeemehl im Filter (meist Filterpapier) in die Kanne laufen. Kaffeemenge siehe Karlsbader Methode.

Kaffee lässt sich durch unterschiedliche Aufgussverfahren zubereiten

French-Press-Kanne	Espressokanne	Espressomethode

Pressstempelfilterung	Aufguss durch Dampf	Expressbrühung durch Dampf- oder Pumpendruck
Grob gemahlenes Kaffeemehl (7 g pro Person) wird in der Kanne mit etwas heißem Wasser begossen – ca. 30 Sekunden quellen lassen; dann bis 3 cm unter den Rand mit Wasser füllen und etwa vier Minuten ziehen lassen. Nun den Tauchkolben hinunterdrücken, damit das Getränk vom Kaffeesud getrennt wird, und rasch servieren.	Im unteren Siedeteil wird auf der Herdplatte das Wasser erhitzt, der Dampf steigt in einem Rohr nach oben und durchfließt dabei den mittleren Teil, den Filter, in dem das Kaffeemehl (7 g pro Person) liegt. Der Dampf kondensiert und sammelt sich als Espresso im oberen Teil der Kanne, von wo er auch ausgegossen wird.	Durch den mit Kaffeepulver (7 g pro Person) gefüllten Siebträger wird das heiße Wasser von der Espressomaschine mit einem Druck von 9 bis 11 bar in die Tasse gedrückt.

Auf dem Weg zum Profi

- Heiße Kaffeegetränke werden ausschließlich in vorgewärmten Kaffeeschalen und Kaffeekannen serviert.
- Zucker und Süßstoff sowie frische Sahne bzw. frische Milch sind eine Selbstverständlichkeit. Mitserviertes Kleingebäck erfreut den Gast.
- Zur Neutralisierung des Geschmackes sollten Sie ein Glas kaltes Wasser zum Kaffee servieren – im Wiener Kaffeehaus ist das seit jeher Tradition.
- Das Charakteristische am Wiener Kaffeehaus ist der Service mit der Kaffeehaustragetasse. Alle Getränke und Speisen werden mit Tabletts serviert und auch am Tisch eingestellt bzw. eingeschoben. Zu Kaffee wird immer ein Glas Leitungswasser im Achtelglas serviert.

Rezepte

Der kleine Mokka – ein Kaffeeklassiker: die Basis für viele Kaffeerezepte

Kleiner Mokka, kleiner Schwarzer oder Piccolo
1 Portion Kaffeemehl (6 bis 7 g/Tasse), 30 bis 50 ml Wasser – je nach Tasse, Maschineneinstellung und Zubereitungsart.

Service
Mokkatasse mit Untertasse und Mokkalöffel; auf Wunsch auch kurz zubereitet (mit weniger Wasser).

Der perfekte Espresso

- 7 g Kaffee
- 3 cl Wasser
- 89 bis 94 °C Wassertemperatur
- 9 bis 9,5 bar Pumpendruck
- 20 bis 30 Sekunden Durchlaufzeit

Einen sorgfältig zubereiteten Espresso erkennt man an seiner dickflüssigen Crema, die sich auf der Zunge samtig anfühlt

Für Espresso werden meist dunkel geröstete Bohnen verwendet.

Wussten Sie, dass ...
professionelle Maschinen fast automatisch arbeiten? Die Wassermenge, der Wasserdruck, die Wassertemperatur und der Mahlgrad der Mühle müssen jedoch eingestellt und regelmäßig kontrolliert werden.

Wussten Sie, dass ...
Latte macchiato übersetzt „gefleckte Milch" heißt?

Cappuccino

Espresso mit Milch und einer Kapuze (ital.: cappuccio) aus Milchschaum (je 1/3, oft nur mit viel Milchschaum) in einer Cappuccinotasse – evtl. Kakaopulver zum Bestreuen (original ohne Kakao).

Latte macchiato

Heiße Milch und Milchschaum in ein großes Glas füllen, einen Espresso vorsichtig durch die Milchschaumschicht gießen, so dass sich drei sichtbare Schichten (Milch, Espresso, Milchschaum) bilden.

Caffè latte

Doppelter Espresso mit heißer Milch in einem großen Glas oder einer großen Tasse.

Finden Sie heraus, wie die Kaffeespezialität „Rüdesheimer Kaffee" zu ihrem Namen kam.

Unter einfachem **Milchkaffee** versteht man Filterkaffee und warme Milch im Verhältnis 1 : 1 (teilweise auch mit Milchschaum statt Milch).

Recherchieren Sie im Internet die Geschichte zum Pharisäer.

Irish Coffee

2 KL braunen Zucker und 4 cl Irish Whiskey im Irish-Coffee-Glas erhitzen, mit starkem Kaffee aufgießen und leicht geschlagene Sahne über einen heißen umgedrehten Kaffeelöffel hinein gleiten lassen, evtl. garnieren.

Rüdesheimer Kaffee

2 bis 3 Stück Würfelzucker und 4 cl Asbach Uralt in einer Rüdesheimer Tasse flambieren, mit starkem Kaffee auffüllen, mit Vanillezucker verfeinerte halbfeste Schlagsahne aufsetzen und mit Schokoladenblättchen bestreuen.

Pharisäer

In einer vorgewärmten Tasse 2 KL (braunen) Zucker und 4 cl Rum verrühren, mit 125 ml starkem Filterkaffee auffüllen und einer Haube aus Schlagsahne verfeinern.

Arbeitsaufgabe

Suchen Sie acht wichtige Kaffeeanbauländer.

K	U	C	P	X	N	I	Z	D	A	U	N	W	D
B	O	A	A	E	G	Y	I	L	Z	E	N	H	G
O	M	L	I	G	O	R	A	K	I	E	N	B	M
B	A	D	U	O	X	M	Z	L	I	E	V	H	E
O	N	Z	B	M	E	W	I	P	I	G	Q	K	X
I	H	U	A	T	B	S	O	S	I	D	J	I	I
R	H	B	A	S	A	I	E	W	N	N	R	L	K
G	N	U	T	R	H	N	E	V	D	Y	N	J	O
E	G	E	B	T	O	E	Q	N	E	A	N	L	L
Z	A	T	E	D	G	F	N	O	M	L	V	N	I
K	C	A	N	G	T	V	I	E	T	N	A	M	T
E	F	I	X	D	X	T	R	J	J	I	S	P	K

2.2 Tee

Tee ist nicht nur nachweislich gesund, er steigert auch das allgemeine Wohlbefinden. Eine Tasse Tee kann zwar keine Wunder bewirken, hilft aber in hektischen Situationen, gelassener zu werden und neue Energien zu tanken.

Unter Tee versteht man den **Aufguss** von in verschiedenen Verfahren aufbereiteten Blättern und Knospen des Teestrauches. Tee enthält das Alkaloid **Koffein** (früher auch als **Tein** bezeichnet).

Als teeähnliches Getränk gilt der Aufguss von Kräutern, Früchten etc.

Geschichtliche Entwicklung

Nach alten Überlieferungen beginnt die Geschichte des Tees mit dem chinesischen Kaiser Sheng-Nung (2737 v. Chr.), einem Gelehrten und Pflanzenkundler, der aus Gründen der Hygiene nur abgekochtes Wasser trank. Angeblich färbten angewehte Teeblätter sein heißes Wasser, das nun angenehm duftete und ihm beim Trinken besonders erfrischend vorkam.

Wenn die Legende stimmt, wird seit fast 5 000 Jahren Tee getrunken. Tee ist somit sicherlich eines der ältesten Kulturgetränke überhaupt. Die ersten wilden Teesträucher wurden in China entdeckt.

In Europa wurde Tee zu Beginn des 17. Jahrhunderts bekannt. 1662 wurde die offizielle Teestunde am Hof des englischen Königs Karl II. eingeführt. 1717 eröffnete Thomas Twining das erste Teegeschäft in London. Tee wurde in Europa gesellschaftsfähig und ist bis heute eines der beliebtesten Heißgetränke.

Wahre Teekenner genießen ihren Tee am liebsten aus einer dünnwandigen Porzellantasse

Teepflanze

Ideale Bedingungen für die Teepflanze findet man in den Gebieten zwischen 43 Grad nördlicher und 30 Grad südlicher Breite (Tropen und Subtropen). Das Klima bietet dort Durchschnittstemperaturen von mindestens 18 °C im Jahr, fünf Stunden Sonneneinstrahlung pro Tag sowie 200 Millimeter Regen pro Monat. Große Hitze ist für die Teepflanze nicht sehr gut verträglich, daher liegen die Teeplantagen auch oft sehr hoch. Da beste Qualität noch immer händisch gepflückt wird, wird die Höhe des Teestrauchs oft bei 1,5 Meter gehalten. Bei Anpflanzungen im Tiefland werden Schatten spendende Bäume zwischen die Sträucher gesetzt.

Botanisch gehört die Teepflanze zur Familie der Theaceen (Kamelien).

Teeanbau

Aus Ostafrika (z. B. Kenia) kommt vorwiegend Tee hoher Qualität – aus Südamerika wird vor allem viel Tee exportiert.

Darjeeling und Assam

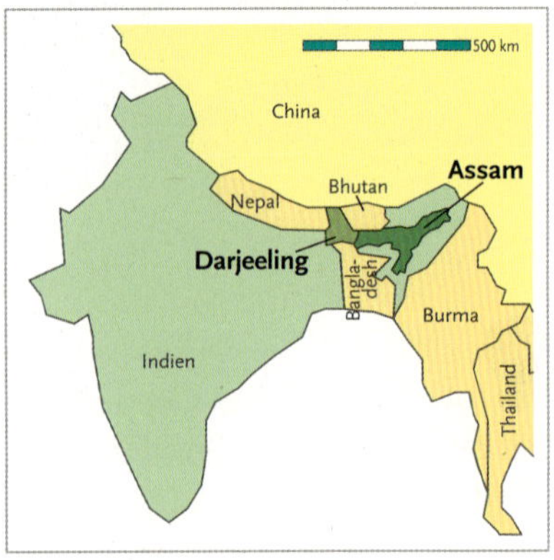

Die Grundlage aller Teekulturen bilden die beiden Urteepflanzen **Thea sinensis** (Heimat China) und **Thea assamica** (Heimat Indien), wobei sich die Wissenschaftler uneins sind, welche von beiden die ursprüngliche Teepflanze ist.

Two leaves and the bud – für besonders hochwertige Tees

Tee aus besonderen Regionen

Darjeeling	Uva, Dimbula	Assam

Indien	Sri Lanka – früher Ceylon genannt	Indien

Aus den bis zu 2500 m hohen Berglagen des Himalajas kommt der Darjeeling. Wegen seines zarten, duftigen Aromas gilt er als der beste Tee der Welt. Etwas herber im Geschmack ist der Ceylontee und am kräftigsten und sehr würzig ist der Assamtee.

Nach Lage der Teeplantagen unterscheidet man:

- **Hochlandtee** (über ca. 1200 m): feines Aroma, wächst langsamer, hohe Qualität.
- **Mittellandtee** (ca. 300 bis 1200 m): stärkeres Aroma und kräftiger im Geschmack.
- **Tieflandtee** (bis ca. 300 m): wächst rasch, kräftig-herb im Geschmack, niedrige Qualität; wird zumeist für aromatisierte Tees und Teemischungen verwendet.

Tee-Ernte

Die grünen Blätter werden von Hand gepflückt.

Je nach Art der Pflückung unterscheidet man	
Imperialpflückung	Der jüngste Trieb, also die Knospe, wird geerntet (auch als **Flowery Orange Pekoe** bezeichnet).
Burungpflückung	Das erste und zweite Blatt (ohne Trieb) werden geerntet.
Feinpflückung (Qualitätspflückung)	Two leaves and the bud, also die beiden jüngsten oberen Blätter und die Blattknospe, werden geerntet.
Grobpflückung	Ab dem dritten Blatt abwärts, also auch offenere, ältere Blätter, werden geerntet.

Geschickte Pflückerinnen ernten pro Tag 20 bis 35 Kilo Teeblätter – das ergibt ungefähr vier bis acht Kilogramm schwarzen Tee. In den tropischen und subtropischen Anbaugebieten können die Teeblätter im Abstand von zehn bis 14 Tagen gepflückt werden.

Erntezeit

Teekenner unterscheiden den Tee auch nach unterschiedlichen Erntezeiten.

Jan	Feb	Mär	Apr	Mai	Jun	Jul	Aug	Sep	Okt	Nov	Dez
Meist keine Ernte.											
				1. Flush							
					2. Flush						
							Regentees				
										Autumnals	

Verarbeitung

In den klassischen Anbaugebieten erfolgt die Verarbeitung händisch – in Ländern, die auf Quantität setzen, maschinell. Ob aus Teeblättern Grün- oder Schwarztee hergestellt wird, hängt nur von der Art der Verarbeitung ab.

Produktion von Schwarztee

Welken
Die Blätter werden ausgebreitet und bis zu einem Tag von der Sonne oder künstlich im Welkhaus in ca. 30 m langen Welktrögen durch Ventilatoren getrocknet. Der Feuchtigkeitsentzug beträgt ca. 30 bis 45 %.

Rollen
Dann werden sie unter starkem Druck gerollt. Durch das Rollen werden die Zellmembranen beschädigt, wodurch Zellsaft, der Enzyme enthält, freigesetzt wird.

Fermentieren
Durch das Aufbrechen der Blattzellen beim Rollen beginnen die Oxidation und die Gärung (Fermentation), wobei Gerbsäure abgebaut wird. Diese Fermentation bestimmt die Aromabildung und ist auch für die Qualität und Farbe ausschlaggebend. Sie dauert zwischen 45 Minuten und vier Stunden bei ca. 35 bis 40 °C.

Trocknen
Erst durch das anschließende Trocknen mit Heißluft bekommt der Tee seine schwarze Farbe. Die Blätter werden ca. 25 Minuten im Etagentrockner mit Heißluft bei ca. 85 °C getrocknet. Das restliche Wasser wird entzogen; es entsteht schwarzer Tee. Der Wassergehalt nach dem Trocknen beträgt etwa 3 %. Das Gewicht des Tees schrumpft auf ein Viertel.

Sortieren
Händisch oder durch mechanische Rüttelsiebe (Stufensiebe) werden die verschiedenen Größenordnungen (Blattgrade) bestimmt.

Teebezeichnungen nach dem Zerkleinerungsgrad (Blattgrade)

- Blatttee (Leaf-Tea)
  - Blätter wurden beim Rollen nur wenig gebrochen.
  - Das Wasser kann die Teeblätter nur geringfügig auslaugen. Der Aufguss von Blatttees ist deshalb leicht und aromatisch.
- Broken Tea
  - Die Blätter wurden mehrmals gebrochen.
  - Kräftigerer Aufguss, da wegen der größeren Oberfläche mehr Geschmacks- und Aromastoffe im Teewasser gelöst werden können.
- Fannings
  - Kleine Blattteilchen, die beim Sieben größerer Sortierungen abfallen.
  - Sie färben den Aufguss sehr rasch und kräftig und werden daher anderem Tee beigemischt oder für Teebeutel verwendet.

Teepflückerinnen in Sri Lanka

Der Weg des Teeblattes vom Strauch bis zur Teetasse ist sehr aufwendig

Das Trocknen ist wichtig für die Haltbarkeit des Tees.

Weitere Aufbereitungsmethoden

- **C.-T.-C.-Methode**
  - Crushing – Zerschneiden/Zermahlen der Blätter,
  - Tearing – Zerreißen der Blätter,
  - Curling –Rollen der Blätter – ergibt **Broken Teas.**
- **L.-T.-P.-Methode (Laurence-Tea-Processor)**
  Die Blätter werden von gegeneinanderlaufenden Messern zerschnitten – ergibt **Fannings.**

	■ Dust (Staub) ▸ Kleinste Aussiebung, die den Aufguss rasch und kräftig färbt. ▸ Dust wird hauptsächlich für die Beutelproduktion verwendet.
	**Abpacken** Der Tee wird meist in Holzkisten zu ca. 50 kg verpackt. Um ihn vor Feuchtigkeit und Aromaverlust zu schützen, werden die Sperrholzkisten mit einer Metallfolie ausgelegt. Heute gibt es aber auch in Folien eingeschweißte und in Kartons verschiffte Ware.

Etwa 98 % der Weltteeproduktion werden in Form von kleinblättrigen Tees angeboten. Im Vergleich dazu umfassen die aromatischen Blatttees nur ca. 2 % der Weltteeproduktion.

Fannings und Dust werden meist zur Teebeutelproduktion verwendet

Teequalitäten

Die Namen der Teesorten setzen sich aus zwei Kriterien zusammen: aus dem Ursprungsland bzw. dem Anbaugebiet und der Blattgröße (Blattgrade). Spricht man von einer Mischung, müssen nur 50 % aus dem angegebenen Herkunftsland stammen.

Beispiel für Teequalitäten
Ceylon Broken Orange Pekoe; Darjeeling Broken Orange Pekoe;
Ceylon Flowery Orange Pekoe; Darjeeling Flowery Orange Pekoe.

Die Qualität hängt von der geografischen Lage, von Klima und Boden des Anbaugebietes sowie von der Pflege der Pflanzen, der Ernte und der Verarbeitung ab.

Versuchen Sie, anhand von Abkürzungen auf Teeverpackungen die Qualitäten zuzuordnen.

Teesorten

- **Schwarzer Tee** (fermentiert): die bei uns bekannteste Sorte.
- **Oolong-Tee** (halb fermentiert): unterbrochene Gärung.
- **Grüner Tee** (unfermentiert): Die grüne Farbe bleibt erhalten (Fermente werden durch Dampf zerstört), feines Aroma mit leicht bitterem Geschmack.
- **Weißer Tee** (unfermentiert): Teespezialität aus China, mit dem grünen Tee verwandt; eine der edelsten Teesorten. Die weißen Härchen auf seinen noch nicht oder gerade eben geöffneten Knospen gaben ihm den Namen.
- **Aromatee oder aromatisierter Tee:** Schwarztee mit Aroma.
- **Tee-Extrakt:** Wasserlösliche Auszüge aus Tee werden durch Gefriertrocknung erzeugt.

Gunpowder ist die Bezeichnung für einen grünen Tee, der zu Kugeln gerollt ist.

Im Südwesten Chinas wächst Pu-Erh, der älteste Tee der Welt. Die großen, grünen Blätter des Qingmao-Teebaumes werden zu einem Kuchen gepresst und so lange fermentiert, bis sie eine rotbraune Farbe haben. Der **Pu-Erh-Tee** muss viele Jahre reifen. Wenn man die Blätter aufbrüht, hat der Tee eine dunkelrote, fast kastanienrote Farbe.

Früchtetee, Kräutertee (teeähnliche Erzeugnisse)

Das Sammeln von Früchten und Kräutern ist seit Jahrhunderten bekannt. Durch Trocknung wird das Aroma konserviert und bei der Zubereitung mit Wasser wieder freigesetzt. Oft werden sie wegen ihrer heilenden Wirkung eingesetzt, z. B.

- Hagebuttentee in Grippezeiten wegen seines hohen Vitamin-C-Gehaltes,
- Pfefferminztee bei Schmerzen, Krämpfen oder Überhitzung,
- Fencheltee zur Beruhigung bei Verdauungsbeschwerden oder
- Kamillentee gegen Entzündungen, z. B. im Magen-Darm-Bereich.

Rooibostee (Rotbuschtee, koffeinfrei!) entsteht aus einer Hülsenfrucht und wächst nur in den Cedar Mountains im Südwesten Südafrikas.

Verpackung und Lagerung

Tee sollte in verschließbaren Behältern (z. B. aus Aluminium oder Keramik) trocken, dunkel und kühl aufbewahrt werden und nicht in der Nähe von stark riechenden Lebensmitteln lagern, damit das Teearoma erhalten bleibt.

Auf dem Weg zum Profi

Ein gut sortiertes Teeangebot gehört heute in jeden guten Gastronomiebetrieb. Eine aussagekräftige Teekarte ist ein zusätzliches Aushängeschild, sie fördert den Verkauf und demonstriert Kompetenz.

Teezubereitung

- Tee reagiert sehr empfindlich auf andere Geschmackssubstanzen. Daher sollten Teekannen ausschließlich für Tee und nicht für andere Getränke verwendet werden.
- Entscheidend für echten Teegenuss sind neben der Teequalität auch die Menge, das Wasser und die Ziehzeit.
- **Menge:** Blatttee hat beispielsweise das eineinhalb- bis zweifache Volumen von Fannings, die meist in Teebeuteln verarbeitet werden. Deshalb sind die Beutel ergiebiger. Für eine Tasse grünen Tee reicht durchschnittlich eine etwas geringere Menge als für schwarzen Tee. Als Regel rechnet man pro Tasse einen Teelöffel Tee.
- Den Tee in eine vorgewärmte Tasse oder Kanne geben: Schwarzer Tee wird mit sprudelnd **kochendem Wasser,** grüner Tee hingegen – je nach Geschmack – mit 65 bis 75 °C heißem Wasser übergossen.
- **Ziehzeit:** Das Koffein und die Gerbstoffe im Tee entfalten ihre maximale Wirkung unterschiedlich. Das Koffein wird bereits nach zwei Minuten Ziehzeit fast vollständig freigesetzt, die Gerbstoffe lösen sich langsam während der gesamten Ziehdauer. Daher ist eine Ziehzeit von drei bis fünf Minuten empfehlenswert.

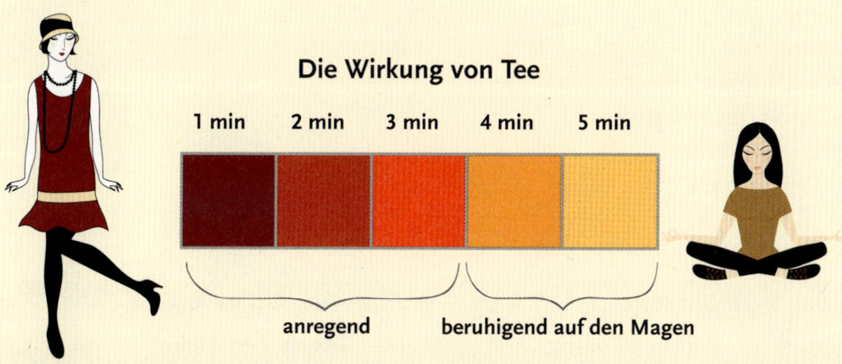

- Früchte- und Kräutertees benötigen eine längere Ziehzeit, um ihre Wirkung zu entfalten. Sie liegt je nach Sorte zwischen 8 und 15 Minuten.

Teeservice

- Bei einem fachgerechten Service werden Teegläser mit Glasuntertasse oder dünnwandige Teeschalen mit Untertassen und vorgewärmte Kännchen verwendet. Für die Teebeutel oder das Teesieb sollten Ablageschälchen bereitgestellt werden.
- Den Tee immer frisch aufgießen und den Gast beim Servieren darüber informieren, wie viele Minuten der Tee schon zieht, bzw. für einen optimalen Service eine Teeuhr dazu servieren.
- Ein guter Teeservice verlangt nach einer Zuckervariation mit weißem bzw. braunem Kandiszucker, braunem Rohrzucker oder Raffinadezucker, Honig und Süßstoff.
- Beigaben wie frischer Zitronensaft bzw. eine Zitronenspalte, frische Sahne bzw. frische Milch sind eine Selbstverständlichkeit. Mitserviertes Kleingebäck erfreut den Gast.

Wussten Sie, dass ...
1830 der Brite Earl Charles Grey einen mit Bergamotteöl (Zitrusfrucht – stimmungsaufhellend) aromatisierten Tee von einer Chinareise mitbrachte? Der Earl Grey mit seiner pikanten Note erfreut sich seither großer Beliebtheit.

Das im Schwarztee enthaltene Tannin – der Gerbstoff – wirkt beruhigend auf die Magen- und Darmtätigkeit. Auch die Vitamine B_1 und C (im grünen Tee) sowie das für die Zähne wichtige Fluor sind enthalten. Tee (ohne Zucker!) enthält keine Kalorien.

Schwarztee belebt die Sinne und wirkt anregend, aber nicht so aufputschend wie Kaffee, obwohl beide das Alkaloid Koffein enthalten.

Brauner und weißer Kandiszucker

Schon der Aufguss zeigt die Sortenvielfalt

Ein Verkostungsprotokoll für Tee gibt es im TRAUNER-Kompetenzportal als Download.

Teatasting – englischer Begriff für die Teeprobe. Der Teataster ist ein professioneller Teeverkoster, der auch Mischungen vornimmt.

www.teeverband.de

Arbeitsaufgabe

Organisieren Sie im Unterricht eine **Teeverkostung** mit Ihren Kolleginnen und Kollegen.

Vorbereitung – benötigte Materialien

- Fünf verschiedene Teesorten (z. B. Darjeeling First Flush, Assam, Ceylon, Oolong und grüner Tee).
- Fünf vorgewärmte Teekannen.
- Fünf Teesiebe.
- Eine Tasse pro Teilnehmer (am besten aus weißem Porzellan).
- Wasserkocher, Waage, Wasser.

Teezubereitung

- Jeweils elf Gramm Tee abwiegen.
- Für jeden Tee einen Liter Wasser aufkochen (für den grünen Tee kurz abkühlen lassen).
- Tees aufgießen, drei Minuten ziehen lassen.

Ablauf

- Die unterschiedlichen Tees in einer Reihe aufstellen.
- Jeder Teilnehmer probiert nacheinander alle fünf Tees. Dazu genügt ein kleiner Schluck! Schlürfen ist dabei nicht nur erlaubt, sondern sogar erwünscht – durch die Vermischung des Tees mit Sauerstoff erhöht sich die Geschmacksempfindlichkeit.
- Es hilft, sich zu jedem Tee direkt nach dem Probieren Notizen zu machen.

Bewertung

- Die wichtigsten Bewertungskriterien für Tee sind:
- die Farbe des Aufgusses,
- der Geruch und
- der Geschmack.

Verkostungsliste mit Beispielen

Teesorte	Geschmack	Farbe des Aufgusses	
Darjeeling (First Flush)	Zart, hell, duftig	Hell, blasse Bernsteinnuancen, evtl. leicht grünlich	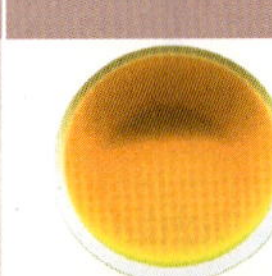
Assam	Kräftig, voll, rund, ausgewogen, malzig	Dunkelrotbraune, leuchtende Farbe	
Ceylon	Frisch, spritzig, mit eleganter Milde	Zwischen Darjeeling und Assam, „steht golden in der Tasse“	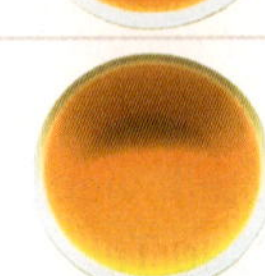
Oolong (halb fermentiert)	Malzig-brotig oder fruchtig-duftig, erinnert im Aroma an reife Pfirsiche	Bernsteingelb bis tieforange	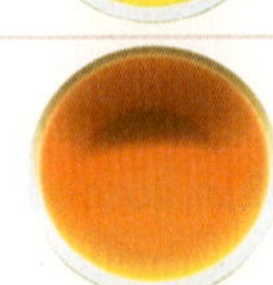
Grüner Tee (z. B. Sencha)	Aromatisch, duftig-leicht, leicht süß, kann auch das Aroma von frischem Heu haben	Gelblich grün	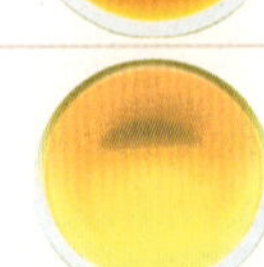

2.3 Kakao

Unter Kakao versteht man die in verschiedenen Verfahren aufbereiteten Samen der Kakaofrüchte. Er ist ein Aufgussgetränk, das das Alkaloid Theobromin enthält. Die Urheimat des Kakaos ist Mexiko.

Theobromin = ist das Alkaloid der Kakaobohne, ähnlich dem Koffein.

Geschichtliche Entwicklung

Der Ursprung der Kakaopflanze liegt vermutlich in Südamerika. Der Anbau und die erste Verbreitung haben um 1100 v. Chr. in Mittelamerika stattgefunden, wo jedoch das zuckerhaltige Fruchtfleisch und nicht die Samen der Kakaofrucht zu einem alkoholischen Getränk vergoren wurde. Bereits im 14. Jahrhundert verwendeten die Azteken die Kakaobohnen als Opfergabe, Zahlungsmittel und für die Zubereitung eines Gewürztrankes. Mit der Verbreitung des Kakaogetränkes in Europa im 17. Jahrhundert stieg auch die Anzahl von Kakaoplantagen.

Kakaopflanze und Anbau

Kakao wird in Plantagen gezüchtet. Die gurken- oder melonenähnlichen Früchte wachsen auf Kakaobäumen (zwei bis fünf Meter hoch). Sie enthalten das Fruchtfleisch und 25 bis 60 Kakaobohnen. Die Kakaoanbauländer liegen in der Zone der tropischen Regenwälder. Kakaobäume sind empfindliche Kulturpflanzen und benötigen gute Anbaubedingungen wie geeignete Böden, hohe Luftfeuchtigkeit, gleichmäßige Wärme zwischen 22 und 24 °C sowie ausreichenden Wind- und Sonnenschutz, da sie Unterholzbäume sind.

Kakaobaum mit Früchten

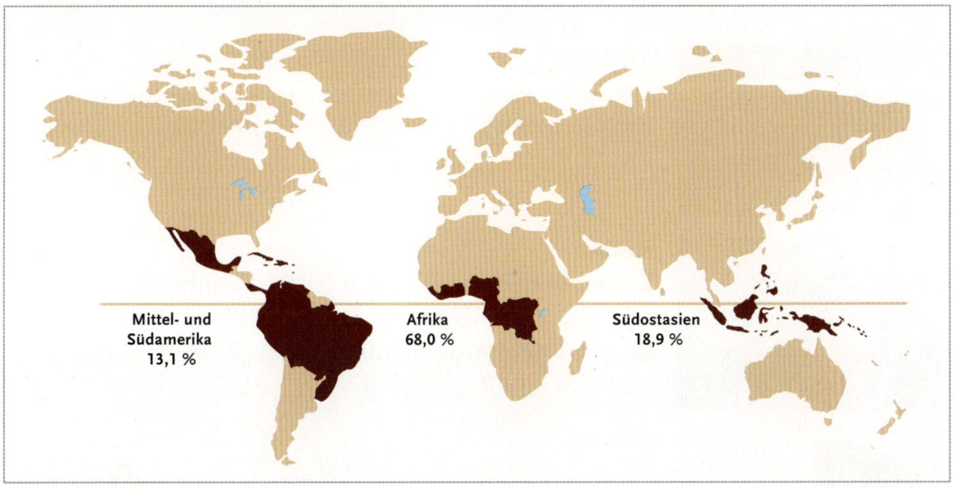

Zwei Drittel der Weltproduktion werden von den afrikanischen Ländern exportiert. Die Hauptverarbeitungsstätten von Kakao liegen in den USA, Westeuropa, Kanada, Australien und Indien. Heute ist die westafrikanische Elfenbeinküste mit rund einer Million Tonnen Kakaobohnen das größte Erzeugerland und deckt rund 35 % der Weltproduktion ab.

Kakaoarten

Kakaosorte	Vorkommen	Geschmack
Criollo (Edelkakao)	Gedeiht nur in regenreichen Hochlagen (z. B. Ecuador) und ist nicht sehr ertragreich, liefert aber den teuersten Kakao.	Zartbitter, fein aromatisch, mild.
Forastero (Konsumkakao)	Ist wesentlich widerstandsfähiger und ertragreicher; er liefert ca. 90 % der Weltproduktion und wird in Westafrika, Brasilien und Mittelamerika angebaut.	Kräftig, kaum aromatisch, teilweise bitter oder säuerlich.
Trinitario (Kreuzung der beiden obigen Sorten)	Er liefert sowohl hohe Qualität als auch viel Ertrag.	Kräftig, ausdrucksstark, leicht säuerlich.

Verarbeitung

Im Erzeugerland

Ernte
Kakaofrüchte werden ganzjährig geerntet.

Aufbrechen
der Früchte und **Herauslösen** der Kakaobohnen aus den Schalen.

Fermentation und Trocknung
Dabei erfolgt in ein bis zwei Tagen die Aromabildung, die Bohnen färben sich braun und die Gerbstoffe werden abgebaut. Durch das Trocknen werden die Bohnen haltbar und das Aroma wird weiterentwickelt.

Transport
Die Weiterverarbeitung erfolgt meist nicht im Erzeugerland, die Bohnen werden in 60-kg-Säcken verschifft.

Im Verarbeitungsland

Reinigen
Die Kakaobohnen werden von Verunreinigungen (Staub, Metall, Sand, Jutefasern ...) befreit.

Rösten
Kakaobohnen werden zehn bis 35 Minuten geröstet oder gedörrt und dann rasch abgekühlt, dabei werden Geruchs- und Aromastoffe entwickelt und bittere Geschmacksstoffe abgebaut.

Brechen
Hierbei werden Schalen, Samenhäutchen und Keime entfernt und die Bohnen in kleine Stücke zerbrochen – es entsteht der Kakaobruch (auch Nibs genannt).

Mahlen
Der Kakaobruch wird gemahlen, auf 70 °C erhitzt und es entsteht die braune, dicke Kakaomasse. Sie wird abgekühlt und erstarrt.

Pressen
Ein Teil der Kakaomasse wird als klare Kakaobutter abgepresst, damit die Kakaomasse pulverisiert werden kann. Übrig bleiben der Kakaopresskuchen, der zu Kakaopulver verarbeitet wird, und die Kakaobutter, die man für die Schokoladeerzeugung benötigt.

Wussten Sie, dass ...
man die Kakaoschalen, die als Nebenprodukt anfallen, mit heißem Wasser aufgießen und als Tee trinken kann?

Schokolade hebt die Stimmung. Sie wirkt auf einige Botenstoffsysteme im Gehirn (Serotonin, Dopamin, Endorphine), die unter anderem an der Regulierung des Appetits und der Stimmung beteiligt sind.

Weiterverarbeitung zu Kakaopulver

- Instantisieren: Dadurch wird die Löslichkeit des Kakaopulvers erhöht.
- Pulverisieren: Der instantisierte Kakaopresskuchen wird ganz fein zermahlen.

Das gewonnene Kakaopulver wird für Kakaogetränke und als Rohstoff für zahlreiche Schokoladeprodukte verwendet.

Kakaoprodukte

Kakaopulver besteht vor allem aus Kakaotrockenbestandteilen, enthält jedoch auch noch immer Kakaobutter. Nach der Größe des verbliebenen Fettanteils im Presskuchen unterscheidet man:

- **Edel- oder Vollkakao:** Schwach entöltes Kakaopulver mit mindestens 20 % F. i. T.
- **Magerkakao:** stark entöltes Kakaopulver mit mindestens 8 % F. i. T.

Produktformen

- **Trinkkakaomischungen (z. B. Nesquik) – mindestens 25 % F. i. T.:** Sie werden aus Kakaopulver (meist Magerkakao), Kakaomasse, Zucker und Aromastoffen hergestellt und sind schnell löslich.
- **Trinkschokolade** wird aus pulverisierter Schokolade hergestellt. Sie ist eine trinkfertige Zubereitung aus Schokoladenpulver, Kakaobestandteilen, Milchpulver und Gewürzen.
- **Ovomaltine:** wird aus Malzextrakt, Milchpulver und Milchbestandteilen, Kakaopulver, Eiern, Honig und anderen Nährstoffen sowie Vitaminen hergestellt.

Verpackung und Lagerung

Reines Kakaopulver wird meist in Kartons verpackt, Granulate meist in folierten Boxen. Kakao muss auf alle Fälle kühl, trocken und dunkel gelagert werden.

Rezept für echte Trinkschokolade

Zutaten für 4 Tassen	Zubereitung
120 g Zartbitterschokolade 900 ml Milch 1 Prise Salz 1 EL Zucker 2 TL Schokoladenstreusel	■ Schokolade fein reiben und in 100 ml heißem Wasser glattrühren. ■ Milch mit einer Prise Salz erhitzen, jedoch nicht kochen lassen. ■ Gelöste Schokolade und den Zucker einrühren. Topf vom Herd ziehen und den Inhalt mit dem Schneebesen schaumig aufschlagen. ■ Trinkschokolade in vorgewärmte Tassen füllen, mit Schokostreuseln bestreuen und sofort servieren.

Die Europäische Union hat jüngst erlaubt, Schokolade ohne Kakaobutter, dafür aber mit dem billigeren Kokosfett herzustellen. Aber gerade die Kakaobutter bewirkt das zarte Schmelzen der Schokolade auf der Zunge. Der Fettwechsel in der Schokolade muss übrigens nicht deklariert werden.

F. i. T. = Fettgehalt in der Trockenmasse, wird auf den Etiketten immer in Prozent angegeben. Während der Lagerung von Lebensmitteln verdunstet Wasser, die Trockenmasse bleibt aber meist konstant. F. i. T. ist der prozentuelle Anteil an Fett, allerdings nur auf die Trockenmasse und nicht auf das ganze Gewicht bezogen.

Wussten Sie, dass ...
Salz den Geschmack von süßen Speisen intensiviert?

Auf dem Weg zum Profi

Zubereitung von Kakaogetränken

Kakao

Pro Portion benötigt man etwa 20 bis 25 Gramm Kakaopulver. Da sich das Kakaopulver in einer Flüssigkeit nur schwer auflöst, ist es ratsam, das Kakaopulver (evtl. mit Zucker) in etwas heißem Wasser oder heißer Milch aufzulösen und anschließend in die heiße Milch einzurühren.

Trinkschokolade

Die fein geriebene Schokolade oder das Trinkschokoladepulver wird mit heißer Milch aufgegossen und eventuell mit Schlagsahne vollendet. Es ist nicht mehr notwendig, extra zu süßen.

Service

Warme Kakaogetränke werden in einer vorgewärmten Kakao- oder Schokoladetasse, mit Untertasse und Kaffeelöffel serviert. Im Kaffeehaus wird der Kakao auf einer Kaffeehaustragetasse mit Wasserglas serviert und am Tisch eingestellt.

Kalte Kakaogetränke werden im Tumbler serviert.

Keramikbecher

Schokoladetasse

Tumbler

Ziele erreicht?

1. Was versteht man unter Coffea arabica und Coffea robusta?
2. Erklären Sie den Qualitätsunterschied zwischen Hoch- und Tieflandkaffee.
3. Erläutern Sie den Unterschied zwischen entkoffeiniertem Kaffee und reizstoffarmem Kaffee.
4. Nennen Sie drei Zubereitungsmethoden für Kaffee.
5. Schildern Sie die Zubereitung folgender Kaffeeklassiker: Cappuccino, Irish Coffee und Latte macchiato.
6. Nennen Sie Faktoren, die für ein gutes Kaffeegetränk ausschlaggebend sind.
7. Definieren Sie den Begriff Tee.
8. Führen Sie vier bedeutende Teeanbaugebiete bzw. Länder mit Teeanbau an.
9. Beschreiben Sie den Unterschied zwischen Hochland- und Tieflandtee.
10. Bringen Sie die Etappen der Entstehung von Schwarztee in die richtige Reihenfolge (1 bis 8):

	Sortieren		Welken		Abpacken		Ernte
	Verschiffen		Fermentieren		Rollen		Trocknen

11. Erklären Sie den Begriff „grüner Tee“.
12. Nennen Sie drei Kräutertees und ihre Wirkung.
13. Definieren Sie den Begriff Kakao.
14. Formen Sie aus dem nachstehenden Buchstabensalat die zwei wichtigsten Kakaobaumarten bzw. Kakaosorten.

R A O T O F R I L O R O L S E C ______________, ______________

3 Alkoholische Getränke

Fabian trinkt manchmal ein Glas Bier. Linda greift auf Partys hin und wieder zu Alkopops. Manche ihrer Freunde kennen jedoch – vor allem am Wochenende – keine Limits beim Alkohol. Gibt es eigentlich eine Grenze, wo sogenannter Trinkgenuss zum Alkoholismus wird?

3.1 Alkohol

Reiner Alkohol ist eine klare Flüssigkeit mit brennendem Eindruck beim Genuss. Übermäßiger Konsum führt zur Sucht und kann auch tödlich sein. Alkohol ist die in unserer Gesellschaft am weitesten verbreitete Droge.

Wichtige Arten von Alkohol	
Ethylalkohol, Ethanol (Trinkalkohol, Weingeist, Monopolsprit)	▪ Farblose Flüssigkeit mit brennender Wirkung. ▪ Verbrennt mit bläulicher Flamme zu Kohlendioxid und Wasser; Flammpunkt: 12 °C; Siedepunkt: 78,3 °C. ▪ Ist mit Wasser beliebig mischbar.
Methanol (Methylalkohol, Industriealkohol)	▪ Äußerst giftig; in großen Mengen führt es zu Erblindung und Tod. ▪ Es wirkt berauschend. ▪ Zusatz in Lacken, Treibstoffen, Frostschutzmitteln.
Glycerin (dreiwertiger Alkohol)	▪ Farblos, süß und ungiftig. ▪ Es ist mit Wasser beliebig mischbar; es setzt den Gefrierpunkt des Wassers herab; Destillation bei 290 °C.
Sorbit (sechswertiger Alkohol)	▪ Süß. ▪ Kommt in Birnen, Äpfeln, Zwetschken und Früchten der Vogelbeere vor.
Mannit (sechswertiger Alkohol)	▪ Süß; kommt u. a. in Algen und Pilzen vor. ▪ Wird aus Fruktose durch Hydrierung gewonnen. ▪ In der Weinherstellung gilt der Mannitstich als Weinfehler.
Butandiol (zweiwertiger Alkohol)	▪ Wird meist als Ersatz für Glycerin verwendet. ▪ Dient als Lösungsmittel für Farben, als Ausgangsstoff für die Herstellung von Kunststoffen und wird als Zusatz in Toilettenartikeln verwendet.

Gewinnung von Ethylalkohol

Grundsätzlich kann Trinkalkohol (Ethylalkohol) für den menschlichen Genuss

- durch Vergärung wie bei Bier oder Wein, aber auch
- durch Destillation wie bei Spirituosen

aus verschiedenen biologischen Grundstoffen gewonnen werden.

Unter anderem werden Getreide, Früchte und Zuckerrohr zu seiner Herstellung verwendet. Der Alkoholanteil der daraus entstehenden Getränke ist unterschiedlich.

Sie sind Gastgeber/in eines Geburtstagsfestes. Im Vorfeld stellen sich folgende Fragen:

- Planen Sie alkoholische Getränke ein?
- Wenn ja, welche Art alkoholischer Getränke bieten Sie an?
- Können Sie sich eine Party ohne alkoholische Getränke vorstellen?
- Wie gehen Sie mit Aussagen um wie „Da gibt es nichts Ordentliches zu trinken"?
- Wie reagieren Sie, wenn Sie Trunkenheit bei Ihren Freunden oder Freundinnen feststellen?
- Haben Sie schon einmal versucht, jemanden vom Lenken eines Autos abzuhalten, weil er alkoholisiert war?
- Steigen Sie in das Auto eines Freundes/einer Freundin, wenn Sie bei ihm/ihr Trunkenheit feststellen?
- Waren Sie schon betrunken?
- Berauschen sich Mädchen anders als Jungen?

Diskutieren Sie mit Ihren Mitschülerinnen und Mitschülern und sammeln Sie die Stellungnahmen. Sprechen Sie dabei auch das sogenannte Komatrinken an.

Mit der Wertigkeit von Alkohol wird dessen Molekülaufbau beschrieben. Mehr dazu erfahren Sie im Gegenstand Chemie.

Wussten Sie, dass ...
Zucker die Aufnahme des Alkohols in die Blutbahn beschleunigt (gesüßte alkoholische Getränke, z. B. Cocktails, Alkopops oder Glühwein)? Fetthaltige Speisen dagegen verlangsamen den Anstieg des Blutalkoholspiegels.

Kaffee reduziert den Blutalkohol nicht – er hat eine kreislaufanregende Wirkung!

Beim Autofahren sollte man konsequent auf Alkohol verzichten! Alkohol enthemmt, verlangsamt die Reaktion und verursacht Fehleinschätzungen im Straßenverkehr!

Wussten Sie, dass ...
pro Stunde und pro Kilogramm Körpergewicht bei einem Mann nur 0,1 g Alkohol (0,01 ‰) und bei einer Frau sogar etwa 15 % weniger abgebaut werden? Ein Mann mit 70 kg Körpergewicht kann also in der Stunde ca. 7 g Alkohol (entspricht rund 1/4 Liter Leichtbier) abbauen.

Bedeutung des Alkohols für den Körper

Wirkung des Alkohols

Alkohol in geringen Mengen erzeugt eine gehobene Stimmung, gesteigerte Kontaktfreudigkeit, den Verlust von Hemmungen sowie ein verzögertes Reaktionsvermögen.

Nach der Einnahme gelangt der Alkohol durch die Magen- und Dünndarmwand ins Blut und von dort in den ganzen Körper, so auch in die Nerven- und Hirnzellen, wo er in kleinen Mengen anregend, in größeren Mengen dagegen narkotisierend wirkt. Nach Einnahme großer Dosen gehen schließlich das Bewusstsein und die Schmerzempfindlichkeit verloren.

Der Alkohol, der in das Blut aufgenommen wird, wird schließlich zum Abbau in die Leber transportiert. Dort wird er unter Energiegewinnung abgebaut oder zu Fett umgewandelt.

Blutalkoholkonzentration (gemessen in Promille, ‰)

Die Blutalkoholkonzentration lässt sich durch eine Prüfung der Atemalkoholkonzentration (Blasröhrchentest bei der Polizei) einschätzen bzw. durch eine Blutprobe (Polizeiarzt) bestimmen, wonach sich eine Aussage über die Einschränkung der Konzentrations- und Zurechnungsfähigkeit machen lässt.

Blutalkohol	Wirkung (körperlich und psychisch)	Hinweise
0,2 ‰	Aufmerksamkeit und Konzentration lassen nach. Die Überschätzung der eigenen Leistungsfähigkeit beginnt.	Der Verlust der Selbstkontrolle beginnt, daher gilt für Fahranfänger 0,0 ‰.
0,5 ‰	Beschwipst. Die Reizbarkeit steigt. Seh- und Hörvermögen lassen nach. Die Kritikfähigkeit ist eingeschränkt, Leichtsinn und Sorglosigkeit nehmen zu. Geschwindigkeiten werden falsch eingeschätzt. Das Gedächtnis verschlechtert sich, Müdigkeit oder Bewegungsdrang setzt ein.	Ab diesem Wert gilt ein gesetzliches Fahrverbot!
0,8 ‰	Das räumliche Sehvermögen wird schlechter (Tunnelblick). Weiterer Reaktionsabfall und Abnahme des Verantwortungsgefühls erhöhen die Unfallgefahr.	
1,0 ‰	Schwere Ausfallserscheinungen, wie z. B. Sprach- und Gleichgewichtsprobleme, treten auf. Selbstüberschätzung geht mit zunehmender Enthemmung einher.	1 ‰ wird etwa in zwölf Stunden im Körper abgebaut.
2,0 ‰	Rauschzustand. Totale Selbstüberschätzung und massive körperliche Probleme treten durch Vergiftungserscheinungen auf.	Schwere Trunkenheit
3,0 ‰	Schwere Alkoholvergiftung. Bewusstlosigkeit, Koma, Atemlähmung, Kreislaufversagen und Tod können die Folgen sein.	

Die Blutalkoholkonzentration ist von mehreren Faktoren abhängig:
- von der aufgenommenen Alkoholmenge,
- von der gleichzeitig aufgenommenen Nahrung,

- von Geschlecht, Körpergewicht, Lebensalter und Gesundheitszustand,
- von der Geschwindigkeit des Stoffwechsels: Es ist unterschiedlich, wie schnell der Körper den aufgenommenen Alkohol wieder ausscheiden kann.

Bei gleichzeitiger Einnahme von Medikamenten wie Psychopharmaka, Schlafmitteln, Schmerzmitteln und der Antibabypille können schon kleine Alkoholmengen zu Vergiftungen führen.

Außerdem sind alkoholische Getränke umso schädlicher, je höher ihr Alkoholgehalt ist. Branntwein schadet also mehr als Bier (bei gleichen Mengen). Die tödliche oder akut schädliche Dosis hängt vom Alter und von der Gewöhnung ab. Ein Kind kann nach Einnahme von zwei Esslöffeln Branntwein, ein Erwachsener nach 500 bis 750 ml Branntwein sterben. Hinzu kommt, dass der Abbau von Alkohol im menschlichen Körper durch Begleitstoffe wie Fuselöle verzögert und erschwert wird.

Nachdenken statt Nachschenken

Fuselöle = eine Mischung aus Alkoholen, Fettsäureestern und Terpentinen. Sie dienen als Geschmacks- und Aromaträger. Im Körper werden sie zu Giftstoffen abgebaut und verursachen Kopfschmerz, Übelkeit und Müdigkeit.

Alkoholmissbrauch

Nachhaltige Schädigungen

Von den Wirkungen des Alkohols ist vor allem das Gehirn betroffen. Das Sehvermögen, der Gleichgewichtssinn und das Reaktionsvermögen werden beeinträchtigt.

Die Langzeitfolgen von Alkoholmissbrauch sind Magen- und Bauchspeicheldrüsenentzündungen, Leberzirrhose, Nervenschäden, Blutbildveränderungen, Augenerkrankungen, Zittern, Schlafstörungen (narkoseähnlicher Zustand) und Impotenz, Wesensveränderungen, Psychosen und Halluzinationen.

Vorsicht bei Alkopops!
Diese trendigen Trinkmischungen weisen einen hohen Alkoholanteil auf und schmecken fruchtig-süß oder werden bearbeitet, um den Alkoholgeschmack zu entfernen. Dadurch sind diese Produkte für junge Menschen, die d[illegible] Alkoholgeschmack entwed[illegible] nicht kennen oder nicht mö[illegible]gen, wohlschmeckender.

Wann spricht man von Alkoholismus?

Der Begriff Alkoholiker wird im Volksmund ungenau verwendet: Zum einen ist er die Bezeichnung für jemanden, der aus medizinischer Sicht alkoholkrank ist, zum anderen werden allgemein damit Menschen bezeichnet, die durch ihren auffällig starken Alkoholkonsum Probleme für sich und andere verursachen.

Bei folgenden Warnzeichen sollte ein Arzt/eine Ärztin aufgesucht werden:
- Wenn ich trinke, um Probleme zu vergessen – um Problemen auszuweichen.
- Wenn ich Entzugserscheinungen (z. B. starkes Verlangen nach Alkohol, heimliches Trinken, Wohlfühlen nur mehr mit Alkohol) erkenne.
- Wenn ich während einer Schwangerschaft das Verlangen habe, Alkohol zu trinken.

⚠ Alkoholkonsum in der Schwangerschaft ist riskant. Ein vermindertes Geburtsgewicht und Missbildungen des Babys können die Folgen sein.

CAGE-Test – Fragen zur Diagnostik der Alkoholkrankheit

Eine kleine Hilfe, um abzuklären, ob der Alkoholkonsum bereits Probleme verursacht, können die sogenannten CAGE-Fragen sein. Wenn mindestens zwei davon mit Ja beantwortet werden, besteht eine rund 80-prozentige Wahrscheinlichkeit, dass ein Alkoholproblem vorliegt.

Cut down	Haben Sie schon (erfolglos) versucht, Ihren Alkoholkonsum zu reduzieren?
Annoyed by criticism	Ärgern Sie sich über kritische Bemerkungen Ihrer Umgebung wegen Ihres Alkoholkonsums?
Guilt feelings	Haben Sie Schuldgefühle wegen Ihres Trinkens?
Eye opener	Brauchen Sie morgens Alkohol, um erst richtig leistungsfähig zu werden?

Eine persönliche Beratung bei Alkoholproblemen findet man bei regionalen Suchtberatungsstellen. Weitere Informationen finden Sie unter:
www.alkoholimgriff.de
www.spassmitmass.at
www.anonyme-alkoholiker.de
www.nachdenkenstatt nachschenken.at
www.praevention.at

Alkohol wird in der Leber nach und nach zu Essigsäure abgebaut.

Alkoholrausch ist die Folge einer sehr hohen Promillekonzentration im Blut. Sie entsteht, wenn:

- sehr schnell getrunken wird,
- getrunken wird, ohne dass etwas gegessen wurde,
- gesüßte alkoholische Getränke konsumiert werden,
- Alkoholika in Verbindung mit koffeinhaltigen Getränken (Kaffee, Red Bull) konsumiert werden,
- verschiedene Alkoholsorten konsumiert werden und wenn
- zu große Mengen getrunken werden!

Bier enthält etwa 2 bis 6 %, Wein wie auch Sekt 7 bis 13 %, Likörwein 15 bis 22 %, Likör 30 bis 35 %, Spirituosen ca. 45 % und mehr.

Folgende Risiken entstehen bei missbräuchlicher Verwendung von Alkohol:

- Bei regelmäßigem langjährigem Gebrauch entsteht Sucht.
- Nachlassen der Konzentrations- und Gedächtnisleistung.
- Beeinträchtigung der Gehirnfunktion und des Nervensystems.
- Persönlichkeitsveränderungen.
- Schädigung innerer Organe.
- Alkoholvergiftung.
- Im fortgeschrittenen Stadium entstehen Wahnvorstellungen und Delirien.

3.2 Bier

Bier ist ein aus natürlichen Rohstoffen erzeugtes Nahrungs- und Genussmittel. Das deutsche Biergesetz definiert Bier wie folgt: „Bier ist ein aus Zerealien (Getreide), Hopfen und Wasser durch Maischen und Kochen hergestelltes, durch Hefe vergorenes alkoholisches und kohlensäurehaltiges Getränk."

Das Wort Bier kann vom altdeutschen „bior" (das Gebraute), „bere" (Gerste) oder aus dem Mönchslatein „biber" (Trunk) abgeleitet werden. „Brace" hieß das Malz bei den Galliern. Daraus entstand „brasseur" (Brauer).

Geschichtliche Entwicklung

Bier ist so alt wie die Kulturgeschichte der Menschheit und dürfte durch Zufall beim Brotbacken entdeckt worden sein. Feuchtes Getreide oder Brot begann zu gären. Grundsubstanz des Bieres war die Urgerste, eines der ältesten Getreide überhaupt.

Um ca. 3000 v. Chr. benutzten die Sumerer das Getreide neben dem Brotbacken auch zum Bierbrauen. Von Babylonien verbreitete sich die Kunst des Bierbrauens weiter nach Ägypten. Hier war Bier ein Volksgetränk. Die Griechen brauten bereits ein Starkbier namens „Di-Zythos" (Doppelbier). Die Römer lernten Bier auf ihren Eroberungszügen im Mittelmeerraum kennen. Gallien, das heutige Frankreich, hat sich als römische Provinz nach und nach zu einer Hochburg des Bieres entwickelt.

SEIT 1040
BAYERISCHE STAATSBRAUEREI
Weihenstephan
ÄLTESTE BRAUEREI DER WELT

Wussten Sie, dass ...
die Brauerei Weihenstephan in Freising, bereits seit 1040 Bier braut und damit die älteste noch bestehende Brauerei der Welt ist?

Um 800 v. Chr. wurde auch von den Germanen Bier gemacht. Sie brauten Bier aus Gerste, Weizen und Hirse mit besonderen Geschmacksnoten aus Myrte, Eschenlaub und Eichenrinde. Bis in das Mittelalter wurde auf einfache Weise Bier gebraut. Man verwendete Beeren und Kräuter als Würze. Erst die Verwendung von Hopfen als Bierwürze durch die Mönche machte das Bier zu dem, was es heute ist. Der Hopfen gab dem Bier ein neues Aroma und war ein natürliches Konservierungsmittel.

Durch klimatische Veränderungen trat der Gersteanbau immer mehr in den Hintergrund und der Weinanbau wurde verstärkt betrieben. Im Jahre 1437 wurde jedoch fast die ganze Weinernte durch einen Kälteeinbruch vernichtet. Die daraus folgende Weinknappheit und der Preisanstieg rückten das Bier wieder in den Vordergrund.

Das Reinheitsgebot

1487 erließ der Münchner Herzog Albrecht IV. in der Stadt das Reinheitsgebot zur Bierherstellung. Dieses Gesetz legte fest, dass zur Herstellung von Bier nur die natürlichen Rohstoffe

- Gerste oder Gerstenmalz,
- Hopfen und
- Wasser

verwendet werden durften. Albrechts Sohn Wilhelm IV. ließ 1516 auf dem Landtag zu Ingolstadt dieses Reinheitsgebot landesweit beschließen. Dieser Erlass war nur das I-Tüpfelchen auf bereits vorhandenen Bestimmungen. So drohte bereits 1156 Kaiser Barbarossa allen Brauern damit, ein Berufsverbot zu verhängen, falls sie schlechtes Bier erzeugen und ungerechten Handel damit betreiben. Es folgte 1293 die Vorschrift, dass als Braugetreide nur Gerste verwendet werden darf. Damit wollte der Bayernherzog dafür sorgen, dass nicht Roggen und Weizen verwendet werden und somit bei der Brotherstellung fehlen. 1447 durften in Teilen Bayerns neben Gerste nur noch Hopfen und Wasser als Zutaten verwendet werden. Die Bedeutung der Hefe für den Gärvorgang war zur damaligen Zeit noch nicht bekannt. Im Gegensatz dazu galt das Gesetz von 1516 für eine größere Region und floss fast wortgetreu in das deutsche Biersteuergesetz von 1906 ein. Aber nicht nur die Zutaten wurden durch das Reinheitsgebot festgelegt, sondern auch die Bierpreise. Damit wollte man die kontinuierliche Bierversorgung der Bevölkerung sicherstellen. Um seinen Staat vor aufmüpfigen Bürgern zu schützen, legte Wilhelm VI. fest, dass anstelle der anregenden Zusätze wie Bilsenkraut und Tollkirsche nur noch der beruhigende Hopfen genutzt werden sollte.

Das Reinheitsgebot ist das älteste Lebensmittelgesetz der Welt. Durch eine EU-Regelung 1987 ist heute jedoch der Zusatz einer kleinen Menge an Weizen, Roggen, Reis, Mais, Dinkel oder Hafer erlaubt. Viele deutsche Brauereien halten aber dennoch am Reinheitsgebot fest.

Rohstoffe

Wasser (Guss)

Die Qualität des Brauwassers hat, weil es Hauptbestandteil ist, großen Einfluss auf den Charakter und die Güte des Bieres. Entscheidend sind die Reinheit, der Härtegrad und der Gehalt an Salzen und Mineralstoffen.

Weiches Wasser ist gut für helle, hopfenbetonte Biere, hartes für dunkle Sorten.

Gerste (Schüttung)

Farbe, Kraft und Geschmack werden vor allem vom Malz bestimmt. Malz wird aus dem Braugetreide gewonnen. Verwendung findet die hochwertige zweizeilige Sommergerste. Diese Gerste hat einen hohen Anteil an Stärke, enthält wenig Eiweiß und ist sehr keimfähig.

Gerste

Hopfen (Gabe)

Der Hopfen gilt als die geschmacksgebende Seele des Bieres. Die Wirkstoffe des Hopfens sind die Lupulinkörner. Sie geben dem Bier das feine Aroma, erhöhen die Haltbarkeit, stabilisieren den Schaum und haben antiseptische Wirkung. Hopfen wird nach der Ernte entweder getrocknet, gefriergetrocknet oder zu Extrakten verarbeitet.

Lupulinkörner = Drüsen der weiblichen Hopfendolden.

Für Bier werden nur die weiblichen unbefruchteten Blütenstände (Dolden) des Hopfens verwendet

Hefe (Zeug)

Um aus einer zuckerhaltigen Lösung (im Bier ist dies die Bierwürze aus dem Malz) ein alkoholisches Getränk herzustellen, bedarf es der alkoholischen Gärung, die durch die spezielle Reinzucht-Bierhefe bewirkt wird. In der Brauerei wird zwischen zwei Hefearten unterschieden, der **untergärigen Hefe** und der **obergärigen Hefe** (je nachdem, ob die Hefe aufschwimmt oder zu Boden sinkt). Die Hefe wandelt den im Sudhaus gewonnenen Malzzucker in Alkohol und Kohlensäure um.

Biererzeugung

Malzproduktion (Mälzen)

- Das Getreide wird maschinell gereinigt und von den Grannen (Haarfäden) befreit.
- Anschließend wird es in Wasser eingeweicht – es erreicht dadurch in ein bis zwei Tagen 40 bis 45 % Wassergehalt.
- In Keimkästen treibt die Gerste in fünf bis sieben Tagen an und wird dabei mit Enzymen (Diastase) angereichert, die später für die Verzuckerung notwendig sind.
- Nachdem die Gerste ausgetrieben hat, wird sie als **Grünmalz** bezeichnet.
- Wenn der Keimprozess abgeschlossen ist, kommt das Malz auf die Darre (Trockenboden).
- In der Darre wird das Grünmalz bei verschiedenen Temperaturen getrocknet bzw. gedarrt und dabei zu hellem oder dunklem Malz verarbeitet. Dauer und Temperatur beim Darren nehmen Einfluss auf die spätere Farbe des Bieres und den Biertyp.
- Das fertige **Darrmalz** ist dank des geringen Feuchtigkeitsgehaltes (3 bis 4 % Wassergehalt) gut lagerbar, wobei die Enzyme erhalten bleiben.
- Das Malz wird geputzt und entstaubt und so auf die Bierherstellung vorbereitet.

Grünmalz

Die meisten Brauereien kaufen das fertige Darrmalz zu.

Maischvorgang (Maischen)

- Das Darrmalz wird zunächst geschrotet (also grob zerkleinert), um die Inhaltsstoffe besser auf die Auslaugung vorzubereiten. Danach wird es mit Brauwasser zur Maische vermengt.
- In der Maischpfanne wird die **Maische,** also der Malzbrei, langsam erwärmt. Dadurch laugt das Malzschrot aus.
- Enzyme wandeln die gelöste Stärke in Malzzucker um. Gleichzeitig wird Eiweiß teilweise abgebaut.
- Bei ca. 35 °C beginnt der Abbau von Eiweiß.
- Ab ca. 70 °C wird Stärke in vergärbaren Malzzucker umgewandelt.

Wussten Sie, dass ...
2010 mit einem Pro-Kopf-Verbrauch von 102 l Bier der historische Tiefstand in Deutschland erreicht wurde und momentan in etwa auf dieser Zahl stagniert?

Läutervorgang (Läutern)

- Im Läuterbottich setzen sich die unlöslichen Bestandteile **(Treber)** am Boden ab. Die übrig gebliebene Flüssigkeit bezeichnet man als **Bierwürze.**
- Die Bierwürze wird grob gefiltert, um die Treber zu entfernen, und kommt anschließend in die Würz- bzw. **Sudpfanne.**

Als Läutern bezeichnet man in der Brauerei jenen Prozess, bei dem die festen Bestandteile von den gelösten getrennt werden.

Kochprozess (Würzekochen, Brauen)

- Bei 100 °C werden die Enzyme zerstört und die Würze wird sterilisiert.
- Eiweißbestandteile werden ausgeschieden.
- Während des ein- bis zweistündigen Kochens wird in mehreren Schritten Hopfen beigegeben.

Sudpfannen

Hopfenbeigabe

- Welche Menge von Hopfen beigegeben wird (150 g/hl bis 450 g/hl), hängt von der Biersorte ab, die gebraut wird.
- Durch das Kochen werden die Aroma- und Bitterstoffe des Hopfens gelöst und wird die Würze keimfrei gemacht. Dies bewirkt beim fertigen Bier den zartbitteren Geschmack.
- Durch das Verdampfen des Wassers entsteht die gewünschte Stammwürze.

Kühlprozess (Kühlen)

Im **Whirlpool** wird die heiße Würze von den Eiweißbestandteilen bzw. Hopfenrückständen getrennt und gleichzeitig je nach Gärart auf 5 bis 20 °C abgekühlt.

Gärprozess

- In Gärbottichen oder Gärtanks wird durch Zugabe der Reinzucht-Bierhefe (Anstellen) der Malzzucker der Stammwürze in Alkohol und Kohlensäure umgewandelt.
- Mit **untergäriger Hefe** erfolgt die Hauptgärung in ca. sieben bis zwölf Tagen bei einer Temperatur von etwa 5 bis 9 °C. Die Gärung verläuft ruhig und langsam. Die Hefe setzt sich am Ende der Gärzeit am Boden des Gärbehälters ab – **untergäriges Bier.**
- Mit **obergäriger Hefe** erfolgt die Hauptgärung in wenigen Tagen (ca. vier bis sechs Tagen) bei einer Temperatur von etwa 12 bis 22 °C. Die Gärung verläuft stürmisch und rasch. Die Hefe sammelt sich während der Gärzeit an der Oberfläche – **obergäriges Bier.**
- Die Hefe wird herausgefiltert.
- Nach der Gärung ist das Jungbier entstanden, das nun reifen muss.

Wussten Sie, dass ...
die Stammwürze die Basis für den Alkoholgehalt ist? Grundsätzlich gilt: Je höher die Stammwürze, desto höher ist auch der Alkoholgehalt.
Mit folgender Formel wird der Alkoholgehalt aus der Stammwürze (in Extraktgraden) errechnet:
Extraktgrade : 2,4 = Alkoholgehalt
Beispiel: 12 ° Stammwürze : 2,4 = 5 Vol.-% Alkohol

Reifung und Lagerung

Während der Reifung gärt das Jungbier **(stille Gärung)** nach, klärt sich, die Gärungskohlensäure bindet sich und der Geschmack wird abgerundet. Die weitere Lagerung bewirkt saubere Bieraromen.

- **Untergäriges Bier:** Nach der Hauptgärung wird das fertige Jungbier zur Nachgärung und Reifung in den Lagerkellern bei etwa –1 bis +2 °C eingelagert. In geschlossenen Behältern bei einem Überdruck von 0,5 bar kann das sechs bis 18 Wochen dauern.
- **Obergäriges Bier:** Die stille Gärung fällt vielfach weg oder findet in Tanks, Transportfässern oder wegen des CO_2-Drucks in dickwandigen Flaschen statt.

Gärtanks

Obergärige Biere schmecken meist fruchtiger.

Filtration

Durch die Filtration mit Entkeimungsschichtenfiltern oder Kieselgurfiltern erhält das Bier seine klare Farbe, es wird blank.

Ausgenommen sind folgende Biere:
- Zwick(e)lbiere (Kellerbiere) werden nicht gefiltert.
- Hefetrübe Biere werden nur grob gefiltert.

Achtung: Für diese Biere ist eine kürzere, ausreichend kühle Lagerung nötig!

Neben dem ober- und untergärigen Gärverfahren gibt es noch ein drittes Gärverfahren. Die **spontane Gärung** wird z. B. in Belgien zur Herstellung des Lambic-Bieres angewandt. Hier lösen wilde Hefen in dem besonderen Klima die Gärung aus.

Abfüllung

Wenn das Bier die sensorischen (z. B. optischen), mikrobiologischen und chemischen Überprüfungen bestanden hat, wird es abgefüllt, und zwar vollautomatisch und unter Gegendruck schaumfrei. Es kann weder Bier noch Kohlensäure verloren gehen.

Abgefüllt wird
- in Flaschen zu 0,5 l, 0,3 l oder in Sondergrößen,
- in Dosen zu 0,5 l, 0,3 l oder in Sondergrößen,
- in Edelstahlfässer zu 25 l oder 50 l,
- in Kugeltanks: Dabei wird das Bier von der Brauerei mit dem Tankwagen geliefert und in den Kugeltank, der mit einer Kunststoffhülle ausgelegt ist, gepumpt. Zum Zapfen wird die Kohlensäure zwischen Kunststoff und Metalltank gepresst,
- in Holzfässer, die aber nur mehr zu besonderen Anlässen verwendet werden.

Die für Edelstahlfässer oft verwendete Bezeichnung **Keg** kommt aus dem Englischen und heißt kleines Fässchen.

Unter dem Titel „Bierbrauen – Learning by Doing“ haben wir im Kompetenzportal für Sie eine Anleitung als Download zum Selberbrauen eines Bieres erstellt.

Wussten Sie, dass ...
es erst durch die Erfindung der Kühltechnik von Carl von Linde (1876) möglich ist, untergärige Biere zu produzieren? Denn im Gegensatz zu den obergärigen Hefen, die bei Temperaturen zwischen 15 und 20 °C arbeiten, bevorzugen untergärige Hefen eher tiefe Temperaturen zwischen 4 und 9 °C.

Untergärige Biere
(kalte Gärung)

Hefe setzt sich am Ende der Gärzeit am Bottichboden ab.

Obergärige Biere
(warme Gärung)

Hefe sammelt sich während der Gärzeit an der Oberfläche.

Finden Sie heraus, in welchen Ländern ober- bzw. untergärige oder Biere mit spontaner Gärung angeboten werden, und finden Sie einige bekannte Biermarken dazu.

Unter Stammwürze versteht man den Anteil der gelösten Stoffe (Eiweiß, Vitamine, Mineral- und Aromastoffe sowie Malzzucker) vor der Gärung. 1 g Stammwürze entspricht 1 g Extrakt in 100 g unvergorener Würze. Ein Drittel von ihr wird während der Gärung in Alkohol umgewandelt (Umrechnung siehe S. 49). Neben der Brauereigröße ist der Stammwürzegehalt Grundlage für die deutsche Biersteuer. Stammwürze wird grundsätzlich in Grad Plato (°P) bzw. ° Stammwürze angegeben. Man findet den Gehalt aber auch in gleichwertigen Prozent (%).

Biererzeugung im Überblick

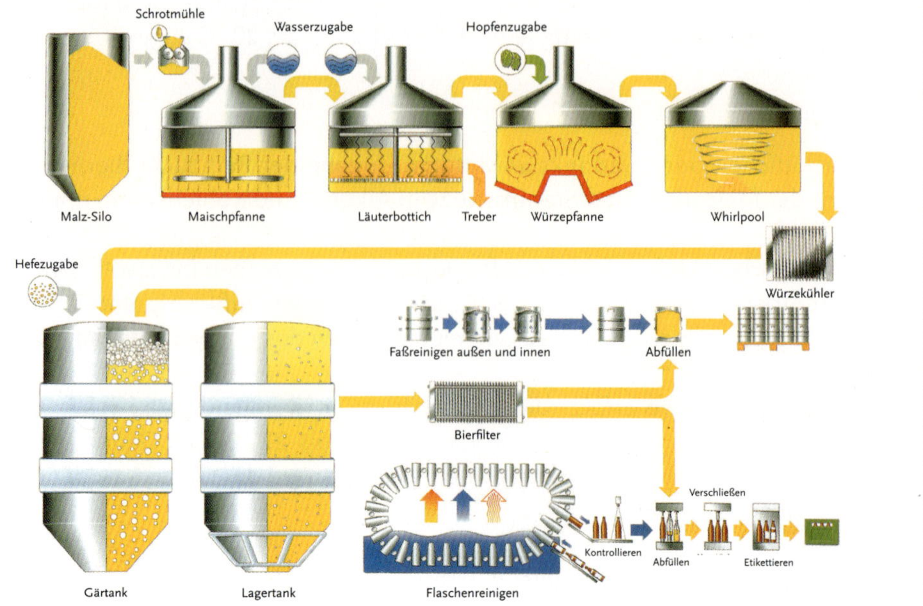

Einteilung der Biere

Biere werden nach unterschiedlichen Kriterien eingeteilt.

Nach Art der Hefe

und damit der Gärung unterscheidet man
- **untergäriges Bier:** Die Hefe setzt sich nach dem Gärprozess unten ab. Etwa 85 % der deutschen Biere gehören zu dieser Bierart.
- **obergäriges Bier:** Die Hefe setzt sich nach dem Gärprozess an der Oberfläche ab. Dies ist die ältere Art Bier zu brauen.

Des Weiteren gibt es auch noch die spontanvergorenen Biere, bei denen nicht spezielle Zuchthefen, sondern wilde Hefen den Gärprozess beeinflussen.

Bierarten

Untergärige Biere	Obergärige Biere	Spontan vergorene Biere
Beispiele: Lager, Pilsener, Münchner, Bock, Doppelbock, Rauchbier	**Beispiele:** Altbier, Kölsch, Weizenbier, Berliner Weiße, Ale, Porter	**Beispiele:** aus Belgien die sogenannten Lambic Biere, wie z. B. Kriek (Lambic mit Kirschsaft) oder Geuze (verschiedene Lambics verschnitten), aus den Niederlanden Jopenbier

Nach der Höhe der Stammwürze

teilt man Biere in folgende Gattungen
- Einfach- oder Leichtbier: unter 7 ° bzw. % Stammwürze
- Schankbier: 7–10 ° bzw. % Stammwürze
- Vollbier: 11–16 ° bzw. % Stammwürze
- Starkbier: ab 16 ° bzw. % Stammwürze

Biersorte	Charakteristika	Beispiele
Doppelbock	Diese extrastarke Biersorte muss mindestens 18 ° Stammwürze aufweisen und hat eine gold- oder dunkelbraune Farbe. Die meisten Doppelbockbiere enden auf die Silbe „-ator".	Höss Doppel-Hirsch, Salvator, Spektakulator, Optimator Spaten
Eisbier	Helles, unter 0 °C gelagertes und dann nochmals gefiltertes Bier (die Bitterstoffe bleiben in Eiskristallen zurück). Es hat einen milden, frischen Geschmack.	Böhmisches Brauhaus Eisbier, Zwettler Eisbier, Carlsberg Icebeer
Kellerbier (Zwickl bzw. Zwickel)	Das sehr vollmundige Bier ist unfiltriert und daher trüb aufgrund der enthaltenen Hefe und Eiweißstoffe.	Paracelsus Zwickl, Zwettler Zwickl
Rauchbier	Ein untergäriges Vollbier mit einem typisch rauchigen Aroma, das durch das Darren des Malzes über Rauch entsteht. Es hat ca. 5 Vol.-% Alkohol und wird vor allem im Bamberger Raum getrunken.	Aecht Schlenkerla, Eschenbräu, Memmelsdorfer
Schwarzbier	Dunkles Bier mit ca. 5 Vol.-% Alkohol, das heute in der Regel untergärig gebraut wird. Die Farbe entsteht meistens durch die Verwendung von Braun- oder Röstmalz.	Braunschweiger Mumme, DBB (Dortmunder Bergmann Bier), Köstritzer, Watzdorfer, Zwettler Dunkles, Ottakringer Dunkles

Wussten Sie, dass ...
der Name Zwick(e)lbier vom sogenannten Zwickel, dem Probierhahn an den Lagerfässern, abgeleitet ist? Von hier aus verkostet der Kellermeister zur Qualitätskontrolle direkt vom Tank.

In den letzten Jahren haben sich einige Gasthausbrauereien etabliert, z. B. das Brauhaus Lemke (Berlin), das Paulaner Bräuhaus (München) und der Gröninger Braukeller (Hamburg).

Brauereien

Bekannte Brauereien in Deutschland

Bitburger (u. a. König Pilsener, Köstritzer, Wernesgrüner), Krombacher, Radeberger (u. a. Berliner Pilsener, Jever, Rostocker), Warsteiner, InBev Deutschland (u. a. Beck's, Hasseröder, Franziskaner).

Wussten Sie, dass ...
die Dr. August Oetker AG mit der Radeberger Gruppe das größte Private Brauereiunternehmen Deutschlands ist?

Bekannte Brauereien im Ausland

Belgien: Duvel, Kriek-Lambic, Stella Artois.
Dänemark: Carlsberg, Faxe, Tuborg.
Irland: Guinness, Kilkenny, Murphy's.
Italien: Dreher, Forst, Moretti.
Niederlande: Amstel, Heineken.
Österreich: Augustiner-Bräu, Bürgerbräu, Egger, Fohrenburg, Freistädter, Gösser, Grieskirchner, Hirter, Hubertus-Bräu, Mohrenbrauerei, Ottakringer, Puntigamer, Reininghaus, Schremser, Stieglbauerei, Trumer, Villacher, Zwettler.
Tschechien: Budvar (Budweiser), Plzensky Prazdroj (Pilsner Urquell), Krusovice, Staropramen.

Typisch englische Biersorten
- **Ale** (helles, obergäriges Bier, geringer CO_2-Gehalt).
- **Bitter Ale** (engl. Bezeichnung für stark gehopftes Ale; verschiedene Farbschattierungen, wird meist aus dem Fass ausgeschenkt).
- **Porter** (braunes, leicht süßliches Bier) .
- **Stout** (sehr dunkles, starkes Bier, Zusatz von geröstetem Malz).
- **Lager** (leichtestes Bier).

Einkauf und Lagerung

Bei der Einkaufsplanung muss beim Fassbier eine Ruhezeit von mindestens zwei Tagen einkalkuliert werden, damit die Schaumkronen halten. Bier soll jedoch meist binnen drei Monaten getrunken werden (siehe Haltbarkeitsdatum).

Bier wird grundsätzlich dunkel und kühl (6 bis 8 °C) gelagert.

Immer mehr Gäste bevorzugen ein gepflegtes Glas Bier als Einstieg zu einem guten Essen. Denken Sie daran, wenn Sie nach Aperitifs gefragt werden, auch ein Glas Bier, z. B. ein Pils oder ein kleines Weizenbier, anzubieten.

Wussten Sie, dass ...
die Region Oberfranken mit 200 Brauereistätten die größte Brauereidichte weltweit hat?

Hygiene im gesamten Thekenbereich mit allen Geräten (z. B. Schankanlagen, Schneidbrettern, Werkzeug, Gläserspülmaschine), Getränkekühl- und Leergutraum, ist ebenso wichtig wie in einer Küche und wird auch durch die Lebensmittelaufsicht kontrolliert.

Auf dem Weg zum Profi

Bierglaspflege

- Nach dem Spülvorgang die Gläser auf einem Rost abtropfen (trocknen) lassen.
- Vor dem Zapfen die Gläser gründlich mit kaltem Wasser spülen (Gläserdusche), damit das Glas gekühlt und bester Bierschaum ermöglicht wird.
- Niemals auf feuchte Reinigungstücher stürzen (Keimbildung!).
- Werfen Sie vor der Verwendung einen prüfenden Blick auf das Bierglas – besonders Lippenstiftreste lösen sich sehr schwer auf.

Zum optimalen Biergenuss gehört auch die Wahl des richtigen Glases. Es gilt folgende Regel: Je malziger ein Bier, desto dickwandiger das Glas, je hopfiger, desto höher und schlanker.

Mass

Henkelglas für Lager-/Märzenbier

Bierbecher für Lager-/Märzenbier, Ale, Stout, Geuze

Biertulpe für Pils

Bierstange für Kölsch (0,2-l-Glas), evtl. Pils

Weizenbierglas für Weizenbiere aller Art

Bierschale für Berliner Weiße, evtl. auch für Kriek

Bierschwenker, Bierkugel für Doppelbock, Kriek

Altbierbecher für Alt

Bierpokal für Schwarzbier, Leichtbier, Pils

Bierausschank

- Das Bier sollte auf keinen Fall vorgezapft werden – es verliert sonst seine Kohlensäure und schmeckt schal.
- Beim Einschenken das Glas grundsätzlich schräg halten.
- Zunächst nur zu einem Drittel füllen und etwa eine Minute warten, bis der Schaum eine kompakte Form angenommen hat.
- Vollschenken und warten, bis der zweite Schaumring kompakt ist.
- Zum Schluss den dritten Schaumring aufsetzen, der zur richtigen Haube führt.
- Der Einschenkvorgang kann bis zu drei Minuten dauern.
- Die ideale Trinktemperatur liegt – je nach Biertyp – zwischen 6 und 12 °C (je dunkler, desto wärmer).
- Dieselben Ausschankregeln gelten im Prinzip auch für Flaschenbier.
- Helles Weizenbier wird nur auf ausdrücklichen Wunsch des Gastes mit einer Scheibe Zitrone serviert.
- Einzelne Biersorten korrespondieren sehr gut mit verschiedenen Speisen. Machen Sie Ihre Gäste darauf aufmerksam.
- Typische Ausschankmaße: Pfiff 0,1–0,2 l, 0,25 l,
Seidel 0,33 l, 0,4 l, 0,5 l,
Mass 1 l.

Im Gegensatz zum Bier haben Biermixgetränke gegenwärtig enorme Zuwachsraten. In der Gastronomie gibt es sie bereits seit den 1930er-Jahren. Für den Handel sind sie aber als Fertigprodukte erst seit 1993 zugelassen.

Richtig gezapftes Bier ist ein Genuss

3.3 Schäumende Weine

Schaumwein darf ein schäumender Wein heißen, wenn er die Kohlensäure durch eine zweite Gärung erhalten hat und einen Mindestdruck von 3 bar aufweist. Weine, die als Grundlage für die Schaumweinherstellung dienen, nennt man **Sektgrundweine.**

Zu den Schaumweinen gehören z. B.

- Champagner
- Vin mousseux
- Crémant
- Cava
- Spumante
- Sekt

Die Bezeichnung **Sekt** (Qualitätsschaumwein) darf der Schaumwein führen, wenn der Druck 3,5 bar beträgt und er mindestens 60 Tage auf der Hefe gelegen hat.

Geschichtliche Entwicklung

Mit schäumenden Weinen haben sich schon die alten Römer zugeprostet. Um 1540 füllten Benediktinermönche in Limoux im Süden Frankreichs in einem kühlen Herbst absichtlich unvollständig vergorene Weine ab. Sie verkorkten sie mit den damals neu entdeckten Eichenkorken und sicherten die Korken mit Schnüren am Flaschenhals. Im warmen Frühling kam es dann zu einer zweiten Gärung des Weines und die entstandene Kohlensäure war in den Flaschen gefangen. Aber vorerst galt schäumender Wein noch als fehlerhaft und minderwertig.

Dom Pérignon kam 1668 als Kellermeister in die Abtei von Hautsillers in der Champagne. Im Laufe der Jahre erfand er Verfahren und Techniken, um die leicht schäumenden Weine der Champagne zu verfeinern und die zarten Perlen der Kohlensäure haltbar zu machen. 1818 erfand die berühmte Witwe (franz. veuve) Clicquot gemeinsam mit dem Kellermeister Antoine Müller das **Rüttelpult.** Seither wurde das Rütteln der Flaschen zur Beseitigung des Hefesatzes zur Perfektion gebracht. Seit dem 19. Jahrhundert werden in Deutschland, Österreich, Italien, der Schweiz, Ungarn und Russland ebenfalls große Mengen an Schaumweinen erzeugt.

Wussten Sie, dass ...
die Bezeichnung **Crémant** bis 1994 herkunftsgebunden war? Sie durfte bis dahin nur für französische Schaumweine mit kontrollierter Herkunftsbezeichnung von außerhalb der Champagne verwendet werden, wenn sie nach der Méthode champenoise hergestellt wurden. Nun darf Crémant von allen Ländern genutzt werden, die Schaumweine nach derselben Methode herstellen.

Wussten Sie, dass ...
das Wort Champagner seit 1919 gesetzlich geschützt ist? Rund um die beiden Städte Reims und Épernay befindet sich das Produktionsgebiet mit etwa 34 000 Hektar Rebland an stark kreidehaltigen Abhängen.

Weinanbau bei Épernay

Moussierend = schäumend, perlend, sprudelnd.

Champagne

Die Champagne ist die am weitesten nördlich gelegene Weinbauregion Frankreichs und liegt südlich von Reims. Die Schaumweine mit der Bezeichnung Champagner kommen aus dieser gesetzlich geschützten Region.

Sie gliedert sich in fünf Weinbaugebiete:
- Montagne de Reims.
- Vallée de la Marne.
- Côte des Blancs.
- Côte du Bar.
- Côte de Sézanne.

Weinbauregion Champagne

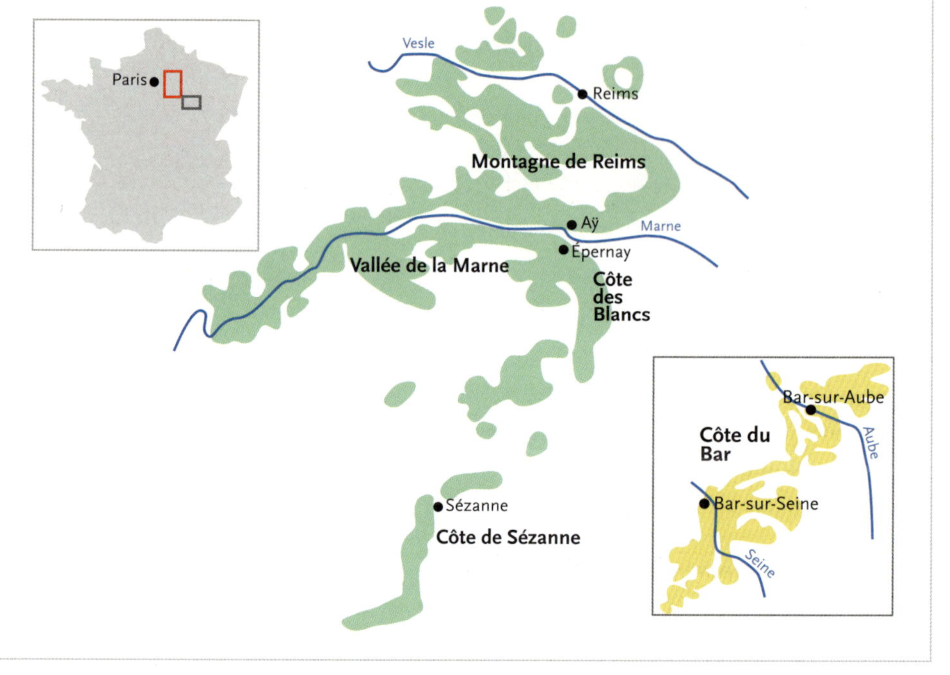

Der Champagner ist ein moussierender Wein, der aus blauen und weißen Trauben hergestellt wird. Der Champagner wird aus drei Rebsorten hergestellt: Pinot noir, Pinot Meunier und Chardonnay. Ausnahmen sind **Blanc de Blancs** (nur aus weißen Trauben), **Blanc de Noir** (nur aus blauen Trauben) und **Rosé** (Mischung aus weißen und roten Grundweinen).

In der Regel ist die sogenannte **Assemblage** üblich, d. h. ein Verschnitt (Cuvée) von verschiedenen Jahrgangsweinen. Damit wird ein gleichbleibender Geschmack des Champagners einer bestimmten Marke gewährleistet. Dabei werden die Weine der erlaubten Rebsorten meist auch aus verschiedenen Weinbergen vermischt. Wenn ein Jahrgang besonders gute Eigenschaften aufweist, werden ausschließlich Weine dieses Jahrganges zur Cuvée verschnitten. Es entsteht ein **Jahrgangschampagner (Champagne Millésimé, Vintage).** Alle nicht aus dieser Weinbauregion stammenden Schaumweine tragen in Frankreich die Bezeichnung **Vin mousseux.**

Schaumweinerzeugung

Schaumwein entsteht aus Jungwein, der gerade seine erste Gärung durchlaufen hat und den man auch als **Stillwein** bezeichnet. Neben der Cuvée dieser Sektgrundweine ist die **zweite Gärung** das weitere **typische Merkmal** des Schaumweins.

Weinlese

Sie beginnt im September, die Trauben werden von Hand gelesen. In der Champagne wird der Höchstertrag jedes Jahr gesetzlich festgelegt, auch die Traubenpreise werden jährlich bestimmt. Die besten Gemeinden, die sogenannten **Grands Crus,** erhalten 100 % des festgesetzten Preises. Die **Premiers-Crus-Dörfer** erzielen 90 bis 99 % und die übrigen Dörfer **(Crus)** 80 bis 89 % des Preises.

Weinlese in der Champagne

Pressen – Keltern

Gleich nach der Ernte werden die Trauben gepresst. Das Pressen muss nicht nur sacht, sondern auch rasch vor sich gehen.

Keltern in der Champagne

Erste Gärung

Der Most wird in Holzfässern oder Stahltanks gelagert und es kommt zur ersten Gärung. Der **Stillwein** oder **Sektgrundwein** entsteht.

Cuvéebereitung

Im Frühjahr wird die Cuvée der Grundweine zusammengestellt – durch sorgfältiges Probieren wird die **Cuvéemischung** (Assemblage) festgelegt. Die Kunst des Kellermeisters ist es, eine qualitativ gleichmäßige Cuveé zu bereiten. Es verlangt Talent, Wissen, Erfahrung und vor allem große sensorische Fähigkeiten, da hochwertige Produkte erst nach Jahren ihren Höhepunkt erreichen. Gemischt wird in Fässern oder Tanks mit Rührwerk.

Zweite Gärung

Aus Wein wird Schaumwein, dabei finden drei unterschiedliche Verfahren Anwendung:

- Traditionelle Flaschengärung – Méthode champenoise.
- Flaschengärung – Transvasierverfahren
- Tankgärverfahren – Großraumverfahren – Méthode Charmat.

Traditionelle Flaschengärung – Méthode champenoise

Der Begriff Méthode champenoise wurde bis zum 13. Dezember 1994 von allen Herstellern von Qualitätsschaumwein als Hinweis darauf benutzt, dass ihr Wein mit Flaschengärung erzeugt wurde. Die Bezeichnung ist von der EU laut Gerichtsbeschluss des Europäischen Gerichtshofes vom 13. Juli 1992 unwiderruflich verboten worden. Außereuropäische Weine dürfen aber weiterhin diesen Hinweis verwenden.

Die klassische Flaschengärung wird auch **Méthode traditionnelle** oder **Champagnermethode** genannt. Dieses Verfahren ist für die Herstellung von Champagner, Crémant und Cava zwingend vorgeschrieben.

Bei der traditionellen Methode wird der Cuvée eine kleine Menge **Fülldosage** (Zucker und Reinzuchthefe, sogenannte „liqueur de tirage“) zugesetzt, um die zweite Gärung in Gang zu setzen. Danach wird das Produkt in Flaschen abgefüllt und die Flasche mit einem Kronenkorken oder einem Korken und Drahtkörbchen verschlossen. Die Hefe bewirkt die Aufspaltung des Zuckers in Alkohol und Kohlensäure. Der Gasdruck im Inneren steigt. Nach drei bis sechs Monaten ist die zweite Gärung abgeschlossen.

Die Flaschen für Champagner müssen anschließend mindestens 15 Monate bei 11 bis 12 °C gelagert werden **(Rohsekt).**

In den großen Champagnerhäusern werden die besonderen Qualitäten bis zu sechs Jahre horizontal in temperaturkonstanten, kilometerlangen unterirdischen Gängen in den Kreidefelsen gelagert, die unter dem Boden der gesamten Champagne vorhanden sind.

Lagerung der Flaschen mit Kronenkorken in Kreidefelsen der Champagne – Reifung

Rütteln (Remuage)

Gegen Ende der Reife werden die Flaschen für einige Wochen auf schräge Rüttelpulte aus Holz gesteckt. Dabei wird der Hals der Flasche leicht nach unten geneigt. Täglich wird jede Flasche vom **Rémeur** (Handrüttler) per Hand leicht gerüttelt, gedreht und ein klein wenig steiler gestellt. Dadurch gleitet der Hefesatz in der Flasche langsam von der Innenwand in Richtung Flaschenhals, wo er sich nach etwa sechs bis zwölf Wochen angesammelt hat. Wenn das Rütteln abgeschlossen ist, stehen die Flaschen auf dem Kopf. Die manuelle Tätigkeit des Rémeurs wird heute überwiegend durch computergesteuerte Rüttelmaschinen **(Gyropaletten)** ersetzt.

Enthefen (Degorgieren)

Die **Trubstoffe,** die sich hinter dem Korken abgesetzt haben, werden nun durch das **Degorgieren** (Abschlämmen) entfernt. Dabei wird der Flaschenhals mit dem Hefedepot in eine Gefrierlösung (von –16 bis –20 °C) getaucht. Der Hefesatz gefriert zu einem Eisklötzchen. Die Flasche wird geöffnet, und der Druck jagt den gefrorenen Pfropfen heraus. Es wird häufig eine Degorgiermaschine verwendet.

Dosierung (Dosage)

Der beim Degorgieren entstandene geringe Füllverlust wird durch die Dosage wieder aufgefüllt. Sie besteht aus einer ausgewogenen Mischung aus der gleichen Cuvée, in der Zucker aufgelöst wurde, oder aus altem Champagner. Mischungsverhältnis und Zugabemenge richten sich nach der Geschmacksrichtung und sind das Geheimnis der großen Schaumwein- und Champagnerhersteller.

Verkorkung

Nun wird die Flasche endgültig mit Naturkorken und Drahtkörbchen **(Agraffe)** verschlossen. Der Korken ist doppelt so dick wie der Flaschenhals.

Lagerung und Etikettierung

Die Flaschen werden kurz gelagert, damit der Schaumwein die perfekte Homogenität bekommt. Dann werden sie mit einem Etikett und einer Halsschleife versehen.

Flaschengärung – Transvasierverfahren

Beim Transvasierverfahren erfolgt die Gärung wie bei der traditionellen Methode in einer speziellen Gärflasche. Die Hefe wird jedoch nicht durch Abrütteln und Degorgieren, sondern durch Filtration nach Entleeren der Flaschen mit Gegendruck in Großtanks entfernt. In diesen Drucktanks wird die Dosage dazugemischt, dann wird der Schaumwein in neue Flaschen gefüllt. Bei einer **Mindestherstellungsdauer** von **neun Monaten** und einer **Lagerung auf der Hefe** von mindestens **60 Tagen** darf der hergestellte Sekt als Sekt mit Flaschengärung deklariert werden.

Tankgärverfahren – Großraumverfahren – Méthode Charmat

Bei der Erzeugung des Tanksektes wird der Grundwein mit Hefe- und Zuckerzusatz wie bei der traditionellen Methode zubereitet. Die Cuvée zur Vergärung wird jedoch nicht in Flaschen gefüllt, sondern in **große Stahltanks.** Die Gärung dauert ca. 30 Tage. Die entstehende natürliche Kohlensäure ist ebenfalls an den Wein gebunden. Nach der Gärung wird der Rohsekt auf –5 °C abgekühlt, um die verbrauchte Hefe entfernen zu können. Qualitätsschaumweine (Sekt, Cava, Vino spumante) haben eine Reifezeit im Tank von sechs Monaten. Dann wird die Dosage beigegeben, der Sekt wird filtriert und mithilfe einer Gegendruckfüllanlage in Flaschen gefüllt.

Diese Methode ist wesentlich billiger als die traditionelle Flaschengärmethode. Oftmals werden einfache Grundweine verwendet, die Qualität des Sektes ist niedriger. Das Bukett ist meist schwach und der Sekt moussiert in größeren Bläschen.

Rüttelpulte

Hefesatz im Flaschenhals

Verkorkung mit Agraffen

Korken vor und nach der Verkorkung der Flaschen

Agraffe

Das Tankgärverfahren wird nach dem Erfinder der Druckbehälter, dem französischen Önologen **Eugène Charmat,** auch Méthode Charmat genannt.

Asti-Methode – Naturschaumwein aus erster Gärung

Asti Spumante ist ein aromatischer und sehr süßer Schaumwein aus der Muskatellertraube. Er ist nach der Stadt Asti in der italienischen Weinbauregion Piemont benannt und entsteht durch Vergärung des Mostes in druckfest verschlossenen Behältern. Es entsteht Schaumwein ohne Zuckerzusatz durch eine einzige Gärung.

Bezeichnungen – Etikettensprache – Sorten

Geschmacksrichtungen (abhängig vom Restzuckergehalt)				
Restzucker in g/l	**Deutschland/ Österreich**	**Frankreich**	**England**	**Italien**
unter 3 g/l	naturherb	brut nature	brut nature	brut natural
0–6 g/l	extra herb	extra brut	extra brut	extra bruto
unter 12 g/l	herb	brut	brut	bruto
12–17 g/l	extra trocken	extra dry	extra dry	extra secco
17–32 g/l	trocken	sec	dry	secco
32–50 g/l	halbtrocken	demi-sec	medium-dry	abboccato
über 50 g/l	mild/süß	doux	sweet	dolce

Flaschengrößen

Inhalt in Liter	Internationale Bezeichnung	Deutsche Bezeichnung
Bis 0,2	Baby-Split, Quart	Baby, Piccolo, Knirps
0,375	Split, Demi, Filette	Halbe Flasche
0,75	Bottle, Impérial	Ganze Flasche
1,5	Magnum	Doppelte Flasche
3	Jereboam, Doppelmagnum	Vierfache Flasche
4,5	Rehoboam	Sechsfache Flasche
6	Methusalem	Achtfache Flasche
9	Salmanazar	Zwölffache Flasche
12	Balthazar	Sechzehnfache Flasche
15	Nebukadnezar	Zwanzigfache Flasche
18	Melchior, Goliath	Vierundzwanzigfache Flasche
25–26	Souvereign, Souverain	Fünfunddreißigfache Flasche
27	Primat	Sechsunddreißigfache Flasche
30	Melchisedech	Vierzigfache Flasche

Markenschaumweine aus aller Welt

- **Champagner:** z. B. Bollinger, Krug, Pommery, Louis Roederer, Pol Roger, Taittinger, Laurent-Perrier, Perrier Jouët, Mumm, Ruinart, Lanson, Veuve Clicquot, Moët & Chandon (seit vielen Jahren Marktführer).
- **Spumante (Italien):** z. B. aus Piemont G. Contratto, Canelli, F. Cinzano & Co, Martini & Rossi, aus der Lombardei Ca del Bosco, Bellavista oder aus Venetien Prosecco di Conegliano-Valdobbiadene.
- **Cava (Spanien):** z. B. aus Katalonien Codorníu, Freixenet, Marques de Monistrol.
- **Sekt (aus Deutschland):** z. B. Henkell & Co. (Deinhard, Fürst von Metternich, Kupferberg, Söhnlein Brillant), Raumland, Rotkäppchen-Mumm, Winzersekte (also Sekte aus betriebseigenen Trauben aus bestimmtem Anbaugebiet und nach traditioneller Flaschengärung).

Spumante ist der italienische Begriff für vergorene Schaumweine, die mindestens 3 bar Druck aufweisen.

Alle Schaumweine in den USA, die eine zweite Gärung durchmachen, werden **Sparkling Wines** genannt.

Beim **Imprägnierverfahren** wird Wein von einfacher Qualität unter Druck Kohlensäure zugesetzt (schwach gebundene, Bläschen). Dann wird die Dosage beigegeben und das Produkt unter Druck abgefüllt (für Perlwein, perlenden Obstwein, Imprägnierschaumwein).

Verschiedene Flaschengrößen

Laurent-Perrier – eine der bekanntesten Champagnermarken

Krimsekt ist ein meist süßer weißer oder roter Schaumwein von der Halbinsel Krim (Ukraine). Im Gegensatz zu Champagner ist seine Herkunft nicht geschützt (Trauben müssen nicht aus der Region stammen). Bekannte Marken: Krimskoje Krim, Fürst Alexej.

- **Sekt (aus Österreich):** z. B. Hauersekte (also Sekte aus betriebseigenen Trauben und geschützter Ursprungsbezeichnung), Hochriegl, Kattus, Ritter, Schlumberger, Szigeti.

Deutsche Markensekte

Gesetzliche Bestimmungen in Deutschland

Qualitätsschaumwein

- Darf die Bezeichnung **Sekt** tragen.
- Alkoholgehalt: mindestens 10 Vol.-%.
- Mindestens 3,5 bar CO_2-Druck bei 20 °C.
- Herstellungsdauer mindestens:
  - Im Cuvéefass: sechs Monate.
  - In der Flasche: neun Monate.
- Mindestens 60 Tage Hefesatzlagerung.

Schaumwein

- Alkoholgehalt mindestens 9,5 Vol.-%.
- Mindestens 3 bar CO_2-Druck bei 20 °C.

Perlwein

- Alkoholgehalt mindestens 7 Vol.-%.
- 1 bis 2,5 Bar CO_2-Druck bei 15 °C.

Ein **Frizzante** weist deutlich weniger Kohlensäuredruck auf als ein Spumante und ist mit deutschem Perlwein vergleichbar. In der Regel wird er mittels Tankgärung erzeugt. Enthält er weniger als 3 bar Druck, ist er steuerfrei, darf aber auch keinen Drahtkorb auf dem Korken tragen.

Schaumweine aus Obstwein

Fruchtschaumweine sind aus Weinen verschiedener Fruchtsorten (Beeren, Kirschen, Aprikosen, Pfirsichen, Äpfeln, Birnen) hergestellte Getränke. Nach dem Weingesetz muss in der Produktbezeichnung die zur Erzeugung verwendete Obstart in Verbindung mit dem Wort Schaumwein enthalten sein. Für alle Arten der Obstschaumweine ist auch die Bezeichnung Fruchtschaumwein zulässig.

Einkauf und Lagerung

Schaumweine haben ihre Entwicklung nach dem Degorgieren abgeschlossen. Deshalb ist es nicht sinnvoll, sie für eine lange Lagerung einzukaufen. Sie sollten bis zum Verbrauch dunkel und kühl (10 bis 15 °C) gelagert werden. Flaschen mit Kunststoffpfropfen können stehend, Flaschen mit Naturkorken sollten liegend aufbewahrt werden. Angebrochene Flaschen können mit Spezialverschluss zwei Tage im Kühlschrank aufbewahrt werden.

Suchen Sie im Internet Beispiele für verschiedene Obstschaumweine.

Arbeitsaufgabe

Finden Sie die passenden Aussagen und verbinden Sie die zusammengehörigen Zeilen.

Cava	Ähnlich deutschem Perlwein.
Spumante	Italienischer Schaumwein.
Frizzante	Schaumwein nach der Méthode champenoise.
Perlwein	Qualitätsschaumwein.
Sekt	Mit künstlicher Kohlensäure versetzter einfacher Wein.
Crémant	Spanischer Schaumwein.

Auf dem Weg zum Profi

Service

- Schaumweine zählen zu den gängigsten Aperitifs. Sie wirken durch ihre natürliche Kohlensäure erfrischend, appetitanregend und bringen den Kreislauf in Schwung. Aber auch Gerichte ohne Sauce begleiten sie oft hervorragend.
- Das ideale Glas für Schaumweine ist die Sektflöte (Flute), der Kelch oder ein schmales Tulpenglas. Darin kommt das Bukett des Weines besser zur Geltung und der Schaum bzw. die aufsteigenden Bläschen bleiben länger erhalten als in einem schalenförmigen Glas (Sektschale bzw. Coupe).
- Die optimale Serviertemperatur liegt bei 6 bis 8 °C, bei höherwertigen Schaumweinen (z. B. Jahrgangschampagnern) bei 10 bis 12 °C.
- Das Ausschankmaß beträgt 0,1 l.

Arbeitsaufgabe

Starten Sie in Ihrer Gruppe eine Schaumweinverkostung. Testen Sie anhand verschiedener Gläserformen den unterschiedlichen Geschmackseindruck.

Schaumweinverkostung mit unterschiedlichen Gläsern

Champagnerglas	**Sektspitz** **Sektkelch**	**Sektschale (Coupe)**
Es ist für höherwertige Produkte mit feinen Bukettstoffen geeignet. Es fasst ein großes Volumen: Das Glas halb füllen, aber beim Einschenken das ganze Glas mit dem Schaum benetzen. Der Freiraum bietet Platz für Duft- und Aromastoffe wie das feine Hefe-Nuss-Aroma von Champagner.	Beide haben einen in den Glasboden eingeschliffenen Mousseuxpunkt, von dem aus die Schaumperlen perfekt aufsteigen. Beim Trinken ist der Kopf im Nacken, Oberfläche und Höhe des Glases sind dann in einem besseren Verhältnis. Die ganze Zunge wird mit dem Getränk benetzt.	Sie ist heute nicht mehr gebräuchlich. Hier findet der Schaumwein eine zu große Oberfläche, das CO_2 verflüchtigt sich. Aufgrund der Glasform muss der Schaumwein geschlürft werden – das Gleichgewicht des Getränks ist gestört und die Mundhöhle dadurch voll mit Schaum. Dabei sind die Geschmackskomponenten nicht erkennbar.

Verkostungsnotizen

Schon lange war den Italienern die Produktion von ausländischem Billigprosecco ein Dorn im Auge. 2009 wurde die Gesetzeslage geändert: Prosecco ist nun nicht mehr der Name einer weißen Rebsorte, sondern der Name von fünf genehmigten und geschützten Produktionsgebieten (Conegliano-Valdobbiadene, Veneto, Treviso, Friuli, Trieste). Die Rebsorte selbst heißt nun **Glera.**

Der Schaumweinservice wird im Kapitel Weinservice ab Seite 255 ausführlich behandelt.

Wussten Sie, dass ...
zur Zeit Ludwigs XIV. hartgebackenes Honiggebäck in Champagner getaucht und so erweicht wurde? Dafür eignete sich die Sektschale sehr gut.

Ein entsprechendes Verkostungsprotokoll gibt es im TRAUNER-Kompetenzportal als Download.

3.4 Likörweine

Die trockenen und halbtrockenen Sorten der Likörweine werden als Aperitifs gereicht, die halbsüßen und süßen Varianten eignen sich perfekt als Digestifs.

Likörweine (ehemals als versetzte Weine bezeichnet), auch **Fortyfied** genannt, sind Weine, deren Beschaffenheit neben der durch die Weintraube gegebenen Eigenart durch zwei weitere Komponenten charakterisiert ist. Einerseits ist das die besondere Behandlungsweise **(Haltbarmachung)** und andererseits sind das die Zusätze, z. B. Kohlensäure, Alkohol und/oder Most, bei der Erzeugung. Das Ausgangsprodukt für die Likörweine ist immer ein **Grundwein.**

In Europa beträgt der Alkoholgehalt von Likörweinen mindestens 13 Vol.-% und höchstens 22,5 Vol.-%. Eine Ausnahme ist alkoholarmer aromatisierter Wein, dessen Alkoholgehalt zwischen 5,6 und 13 Vol.-% betragen muss.

Da jedes Produkt sein eigenes Herstellungsverfahren hat, kann die Erzeugung nicht pauschal behandelt werden.

Versetzte Weine

Einteilung der Likörweine nach den verwendeten Zusätzen	
Zusatz von Alkohol (Weindestillat) und Most	Sherry, Portwein, Madeira, Samos, Mavrodaphne
Zusatz von Alkohol, Wein, Most und Mostkonzentrat	Marsala, Malaga
Zusatz von Rosinen (Trockenbeeren) und Most	Tokajer (laut EU-Gesetz kein Likörwein)

Sherry

Der Begriff Sherry stammt vom arabischen Namen Sherish (Xérès) für die Stadt Jerez de la Frontera.

Sherry ist ein mit Alkohol und Most oder Mostkonzentrat versetzter Wein und darf ausschließlich im sogenannten Sherry-Dreieck Jerez im südwestlichen Andalusien produziert werden. Das D.-O.-P.-Weinbaugebiet Jerez hat eine Rebfläche von etwa 38 000 Hektar, davon werden etwa 11 000 Hektar für D.-O.-P.-Weine zur Herstellung von Sherry genutzt.

Sherry-Dreieck

Klima

Umschlossen von den Flüssen Guadalquivir und Guadalete sowie dem Atlantischen Ozean, bildet das Gebiet Jerez ein Dreieck mit den Städten Jerez de la Frontera, El Puerto de Santa Maria und Sanlúcar de Barrameda. Niederschläge fallen in der Zeit von Oktober bis Dezember sowie Februar bis Mai und liegen bei 630 mm im Jahr. Während der Vegetationszeit herrscht eine Durchschnittstemperatur von 22 °C vor. Die Winde vom Meer bringen Feuchtigkeit und sind somit für das Wachstum der **Florhefe,** die es nur im Sherrygebiet gibt, von Bedeutung.

Böden

Die Klassifizierung der Böden erfolgt nach dem **Kreideanteil.** Die sogenannten **Albarizas,** weiße Böden mit sehr hohem Kreideanteil, sind die besten. Sie haben die Eigenschaft, die Winterregen wie ein Schwamm aufzunehmen und zu speichern. Davon zehren die Reben in der glühenden Hitze des Sommers. Aber auch die gründliche Bodenbearbeitung ist entscheidend. Das harte Erdreich muss bis zu einer Tiefe von einem Meter umgepflügt werden.

Albarizas – die weißen Böden

Die restlichen Weingärten liegen auf dunklen Böden, den sogenannten **Barros** oder **Arenas,** die sich aus Sand und Humus mit einem geringen Kalkanteil zusammensetzen. Sie liefern wuchtige Weine in großer Menge, die jedoch an die Qualität der Albariza-Weine nicht herankommen.

Rebsorten

- Palomino Fino (Palomino De Jerez, auch Xérès, ca. 95 %)
- Pedro Ximénes (P. X.)
- Moscatel

Traditionelle Sherryerzeugung

Weinlese

Die Lese beginnt offiziell am 8. September (Vendimia). Die Trauben werden von Hand gelesen und zu großen Sammelplätzen gebracht. Dort sind Grasmatten, die Esparto-Matten, ausgebreitet, auf denen die aussortierten Trauben einige Stunden in der Sonne nachreifen. Sie werden nachts mit Segeltuchbahnen vor dem Tau geschützt.

Weinlese bei Jerez de la Frontera

Pressen

Gepresst wird mit hydraulischen Pressen, wobei die Kerne und Stiele nicht zerdrückt werden, damit keine Gerbstoffe in den Most kommen.

Gärung

Der Traubensaft wird etwa zweidrittelhoch in Fässer aus amerikanischer Eiche gefüllt. Sofort beginnt der Gärprozess, der sich in zwei Abschnitte teilt. Der erste Teil, die stürmische Gärung, dauert bis zu einer Woche. Es wird der gesamte Zucker in Alkohol verwandelt. Nach drei bis vier Monaten ist der zweite Teil, die langsame Ausgärung, abgeschlossen. Der Grundwein ist fertig.

Reifung

Anschließend bestimmt der Kellermeister, welche Grundweine zu welcher Sherrysorte ausgebaut werden (helle, leichte werden zu Finos, körperreiche, schwere zu Olorosos). Nach der Klassifizierung wird der **Jungwein** mit Weindestillat (Finos auf maximal 15,5 Vol.-%, Olorosos auf etwa 17 Vol.-%) **aufgespritet.** Jetzt beginnt die eigentliche Reifung des Sherrys.

Der im Fass verbleibende Leerraum wirkt wie ein Luftpolster. Der darin enthaltene Sauerstoff sowie der aufgespritete Wein sind neben dem idealen Klima für die Bildung des Flors (einer Hefeschicht) an der Weinoberfläche verantwortlich. Diese Hefeschicht dichtet den Wein ab und schützt ihn so vor Oxidation.

Schaufass mit weißem Flor

Wusssten Sie, dass ...
in Schottland meist alte Sherryfässer zur Whiskylagerung verwendet werden?

Bodega (Weinkeller)

Wussten Sie, dass ...
das Solerasystem dazu dient, einen gleichbleibenden Weinstil über Jahre hinweg gewährleisten zu können?

Finos verlieren rasch an Frische, daher sollten geöffnete Flaschen im Kühlschrank aufbewahrt und innerhalb einer Woche verbraucht werden.

Der Flor zersetzt sich zweimal im Jahr: zu Beginn des Frühlings und zur Weinlese. Dabei sinkt der Flor zum Fassboden, seine Bestandteile werden teilweise vom Wein aufgenommen, was seinen charakteristischen Geschmack bewirkt. Gleichzeitig bildet sich eine neue gelblich weiße Schicht.

Die Fässer werden bis zu drei Jahre in gut durchlüfteten Lagerhallen (Bodegas) zur weiteren Reifung gelagert. Wieder bildet sich eine Schutzschicht. Je länger der Sherry in diesem Stadium bleibt, desto vielschichtiger ist sein Bukett. Grundsätzlich unterscheidet man zwei Lagersysteme: das nur noch selten angewandte Añadasystem und das heute gebräuchliche Solerasystem.

Beim **Solerasystem** werden die Fässer in mehreren Lagen übereinandergestapelt. Der älteste Sherry lagert ganz unten (Solerareihe). Jede der Fassreihen enthält zwar den gleichen Weintyp, jedoch in einem unterschiedlichen Stadium der Entwicklung.

Von den untersten Fässern werden jährlich ca. 35 % in Flaschen abgefüllt und die Fässer werden mit Sherry aus der zweiten Reihe, der Criadera, aufgefüllt, diese wiederum mit Sherry aus der dritten Reihe und so weiter. Durch das **Verschneiden** der verschiedenen Jahrgänge wird eine gleichbleibende Qualität garantiert, da der jüngere Wein die Eigenschaft hat, sich dem älteren Sherry geschmacklich anzugleichen. Es gibt deshalb auch keine Jahrgangsbezeichnungen.

Funktionsschema des Solerasystems (traditionelle Reifemethode)

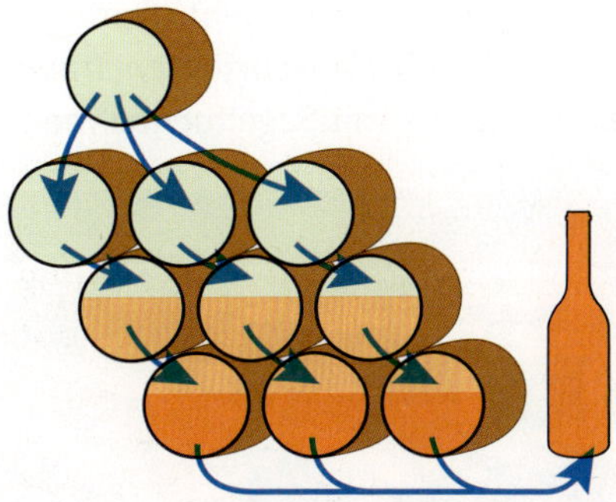

Beim **Añadasystem** werden im Unterschied zum Solerasystem die Weine eines einzigen Jahrganges, die nicht dem Soleraverfahren unterzogen wurden, nach Abschluss der Reifung in Fässern miteinander vermischt. Dieser Sherry wird mit einer Jahrgangsbezeichnung versehen.

Sherrytypen

Fino

Der Fino ist der klassische Sherry, besonders trocken und hell- bis strohgelb. Er hat ein klar erkennbares Mandelaroma und durchschnittlich 15 bis 17 Vol.-% Alkohol. Finos werden gekühlt bei 10 bis 12 °C als Aperitif serviert.

Amontillado

Der Amontillado ist ein besonderer Fino, der bernsteinfarben und meist halbtrocken ist. Er hat einen typischen Eichenholz- und Nussgeschmack und durchschnittlich 16 bis 18 Vol.-% Alkohol.

Manzanilla

Diese leichteste und alkoholärmste aller Sherrysorten ist eigentlich ein Fino, kommt aber ausschließlich aus der Küstenstadt Sanlúcar de Barrameda. Man sagt, dass die Meeresbrise dem Geschmack des Manzanilla den besonderen Salzhauch verleiht. Er ist blass und hat durchschnittlich 15 Vol.-% Alkohol.

Oloroso

Dieser meist halbtrockene bis halbsüße Sherry hat ein volles Aroma, das leicht an Haselnüsse erinnert. Er ist goldgelb bis bernsteinfarben und hat einen schweren, wuchtigen Körper mit einem Alkoholgehalt bis 22 Vol.-%. Der Oloroso dient als Grundlage für die Herstellung des Cream-Sherrys.

Auch der Oloroso hat noch Varietäten: Raya, Palo Cortado und Brown.

Cream (Milk)

Durch Zugabe von süßen Pedro-Ximénes-Weinen zu Olorosos entsteht ein Cream- oder Milk-Sherry. Er ist sehr süß und hat eine dunkle Farbe (oro oscuro).

Bezeichnungen – Etikettensprache

Geschmacksrichtungen		
Deutschland/Österreich	**Spanien**	**England**
Sehr trocken	Muy seco	Extra dry – very dry
Trocken	Seco	Dry
Halbtrocken	Semiseco	Medium dry
Zwischenstufe zwischen halbtrocken und süß	Semidulce	Medium
Halbsüß	Semidulce	Medium sweet
Süß	Dulce	Sweet
Sehr süß	Muy dulce	Very sweet
Voll	Con cuerpo	Rich

Bekannte Produzenten

Domecq, Gonzáles Byass, Harvey's, Emilio Lustau, Sandeman, Williams & Humbert.

Einkauf und Lagerung

Bei Sherry macht es keinen Sinn, auf Vorrat zu kaufen, da die abgefüllten Flaschen (meist 0,75 l) trinkreif sind und sich der Geschmack nicht mehr verändert. Durch den kombinierten Plastik-Kork-Verschluss können die Flaschen stehend, und zwar kühl, dunkel und erschütterungsfrei, gelagert werden.

Auf dem Weg zum Profi

- Sherry genießt man aus der Copita, einem kleinen, tulpenförmigen Glas.
- Sherry Fino wird mit 10 bis 12 °C, gehaltvollere Sherrys wie Oloroso oder Cream-Sherry werden mit ca. 15 °C serviert.
- Das Ausschankmaß ist 5 cl.

Als Aperitif eignen sich vor allem die trockenen und die halbtrockenen Sorten. Der Oloroso kann sowohl als Aperitif als auch als Digestif gereicht werden.

Portwein

Portwein kommt aus dem Norden Portugals, aus dem Douro-Tal. Zu Beginn hatte der einfache Wein nichts mit dem heutigen Portwein gemeinsam. Er war trocken und robust, jedoch aromatisch und mit einem recht hohen natürlichen Alkoholgehalt. Damit er den langen Transport übers Meer in entfernte Abnahmeländer besser

Das Dourotal ist von Weinterrassen an beiden Ufern geprägt

Wussten Sie, dass ...
das Douro-Gebiet das erste gesetzlich eingestufte Weinbaugebiet der Welt ist?

Douro-Tal

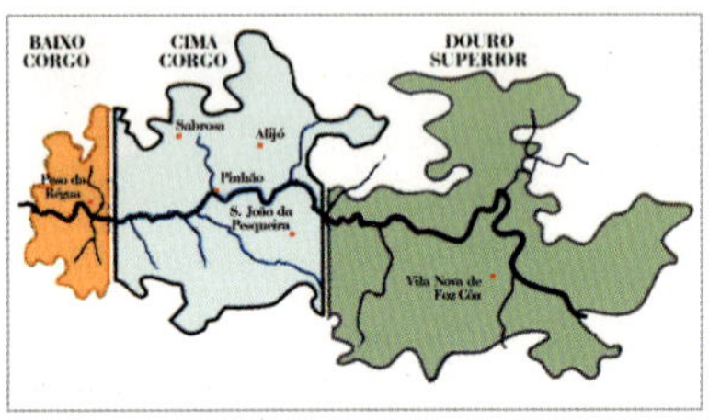

Portweinfässer

überstand, begann man, ihn mit Branntwein aufzuspriten. Der Portwein war geboren. Der einfache Wein vom Douro verwandelte sich in den **Vinho do Porto** (Wein aus Porto, der portugiesischen Hafenstadt).

Das Douro-Gebiet

Das Douro-Gebiet dehnt sich über 150 km flussaufwärts aus und endet an der spanischen Grenze. Nur in der gesetzlich abgegrenzten Region Douro – mit etwa 40 000 Hektar Rebfläche – werden die verschiedenen Rebsorten für Portwein angebaut, deren Produktions- und Ausbauvorschriften strengstens kontrolliert werden. Das Douro-Gebiet umfasst die Gebiete Baixo Corgo, Cima Corgo und Douro Superior.

Portweinerzeugung

Weinlese

Ende September bis Anfang Oktober beginnt die schwierige und oft nicht ungefährliche Arbeit der Traubenpflücker/innen (die steilen Hänge haben Neigungen bis zu 60 Grad).

Maischen und Pressen

Die Trauben werden sofort nach der Ernte in die großen Maisch- und Pressmaschinen geschüttet, die sie entstielen, maischen und pressen.

Früher wurde das Traubengut in großen Steinbottichen mit den Füßen gestampft. Heute wird diese Methode des natürlichen Maischens wieder modern, weil sie eine höhere Farbauslaugung der Beeren bewirkt, was wiederum ein farbintensiveres Endprodukt zur Folge hat.

Gärung

Nach kurzer Zeit entwickelt sich in den Behältern genügend Wärme, um die Gärung auszulösen. Wenn der Zucker zur Hälfte vergoren ist (der Wein hat einen Alkoholgehalt von etwa 8 Vol.-%), wird durch Zugabe von Weinbrand (77 Vol.-%) die Gärung gestoppt. Das Mischungsverhältnis ist 450 Liter Most zu 100 Liter Weinbrand. Der so erreichte hohe Alkoholgehalt von 19 bis 22 Vol.-% verhindert eine Nachgärung und steigert die Haltbarkeit und Lagerfähigkeit des Produktes.

Reifung und Lagerung

Zur Reifung und Lagerung wurden bis 1986 alle Portweine nach Vila Nova de Gaia gebracht, wo deshalb alle großen Handelshäuser ihre eigenen Kellereien hatten. Dies ist nun nicht mehr gesetzlich vorgeschrieben und bedeutet eine große Erleichterung für die Betriebe.

Zunächst wird der junge Portwein durch Verkoster/innen des Instituto do Vinho do Porto (Portweininstituts) einem bestimmten Portweintyp zugeordnet. Bis zu seiner endgültigen Vermarktung reift er in den **Lodges** (Lagerhäusern). Je nach Portweintyp kann die Lagerung zwei bis 50 Jahre dauern. Einige Portweine altern in 550-Liter-Fässern **(Pipas),** andere in der Flasche.

Während des Reifeprozesses werden laufend Qualitätsprüfungen durch das Portweininstitut durchgeführt. Sobald ein Wein die Genehmigung dieses Instituts erhält, führt er rechtmäßig die Herkunftsbezeichnung Portwein. Nur jene Weine, die den hohen Anforderungen der Qualitätskriterien entsprechen, haben ein Recht auf das Garantiesiegel des Portweininstitutes.

Je nach Traubensorte unterscheidet man weiße und rote Portweine.

Portweintypen

Portweintypen	Besonderheiten	Rebsorten
Weißer Portwein	Trocken, halbtrocken oder süß – ausschließlich aus weißen Trauben.	Malvasia Fina, Viosinho, Donzelinho, Gouveio, Codega und Rabigato.
Roter Portwein	Hier gibt es Weine aus mehreren oder nur aus einem Jahrgang.	Tinta Amarela, Tinta Barroca, Tinta Roriz, Touriga Franca (ehemals Francesca), Touriga Nacional und Tinta Cão.

Portweinverkostung

Je nach **Art der Lagerung** unterscheidet man folgende Portweinsorten:

- **Fasslagerung:** White Port, Ruby Port, Tawny Port, Colheita.
- **Fass- und Flaschenlagerung:** Vintage Port, Late Bottled Vintage, Vintage Character.

Ruby Port

Dies ist eine Cuvée, die im Durchschnitt mindestens drei Jahre alt ist. Es ist ein Portwein, dessen heller roter Farbton an Rubine erinnert. Ein ausgeglichener Wein mit der für sein Alter typischen hervorragenden Frucht und Frische.

Ruby Port

Tawny Port

Aus dem Englischen übersetzt bedeutet das Wort „tawny" etwa fahlrot. Tawny Ports sind Verschnitte aus verschiedenen Jahrgängen und lagern etwa drei Jahre in Eichenfässern. Im Verlauf der Oxidation geht der Rotton nach und nach in Orange über. Die Tawnys gefallen wegen ihrer feinen Struktur, ihrer leichten Süße und des reifen nussigen Weinaromas.

Tawny Ports sind die am häufigsten produzierten Portweine.

Tawny Port

Tawnys mit Altersangabe

Sie sind etwas ganz Besonderes. Die Cuvée aus Weinen mit einem Durchschnittsalter von 10, 20, 30 oder 40 Jahren reift im kleinen Holzfass bis zur Abfüllung. Die Altersangabe und das Abfülldatum sind auf dem Etikett vermerkt. In der Regel werden die jahrzehntelang gereiften Tawnys mit jüngeren Weinen aufgefrischt. Tawnys mit Altersangabe bringen eine Dichte und Vielfalt an Duft-, Geschmacks- und Aromastoffen hervor.

Colheita

Diese Portweine werden aus den Trauben eines einzigen Erntejahrgangs, der dem Etikett zu entnehmen ist, gewonnen. Es sind Weine, die mindestens sieben Jahre im Holzfass reifen. Ihr Geschmack ist weich, mild, voll und gleichzeitig komplex.

Vintage

Die Vintages sind eine Seltenheit (ca. 10 bis 20 Jahre gereift). Nach zwei Jahren im Eichenfass wird der Jahrgangsport aus besonders hervorragenden Weinen eines Jahrganges und von Trauben aus den besten Lagen auf Flaschen gezogen und setzt dort seine langsame Reife unter Luftabschluss fort. Das Etikett gibt außer dem Erntejahr auch das Jahr der Abfüllung an. Mit den Jahren bildet der Wein ein Depot. Aus diesem Grund sollte er vor dem Servieren dekantiert werden. Mit zunehmender Reife entwickeln sich seine Eigenschaften und die Farbe und er gewinnt an Struktur und Komplexität.

Stammen die Trauben für einen Vintage zu 100 % von einem Weingut, so bezeichnet man den Portwein als **(Single) Quinta Vintage.**

Late Bottled Vintage (LBV)

Dieser Wein von großartiger Qualität wird ausschließlich aus Trauben des auf dem Etikett angegebenen Jahrgangs hergestellt. Bevor er in Flaschen abgefüllt wird, reift er vier bis sechs Jahre in Eichenfässern. Die längere Fassreife macht ihn leichter als einen Vintage. LBV-Weine sind intensiv dunkelrote Weine, reich an Gerbsäure und mit einem jungen Charakter.

Vintage Character (Premium Ruby)
Eine Ruby-Cuvée von höchster Qualität, die durchschnittlich drei bis vier Jahre alt ist. Dieser Portwein zeichnet sich durch komplexe Struktur, Körper und deutliche Frucht aus. Von allen Ports ohne bestimmten Jahrgang ist er derjenige mit anregendem Tanníncharakter.

Bezeichnungen – Etikettensprache

Geschmacksrichtungen		
Deutschland/ Österreich	**Portugal**	**England**
Sehr süß	Muito doce (lágrima)	Very sweet
Süß	Doce	Rich oder sweet
Halbsüß	Meio doce	Medium sweet
Halbtrocken	Meio seco	Medium dry
Trocken	Seco	Dry
Sehr trocken	Extra seco	Extra dry

Bekannte Produzenten

Croft, Dow's, Ferreira, Graham, Niepoort, Sandeman, Warre.

Einkauf und Lagerung

Bis auf Vintage Ports verbessern sich gekaufte Portweine nur sehr geringfügig in der Flasche – sind also beim Kauf trinkfertig und brauchen nicht auf Vorrat gekauft zu werden. Sehr teure Portweine (z. B. Vintages) haben Naturkorken und müssen liegend aufbewahrt werden, alle anderen – mit Plastik-Kork-Kombinationen – können stehend gelagert werden. Portwein soll wie alle Weine kühl, trocken, dunkel und erschütterungsfrei liegen.

Portweinglas

Auf dem Weg zum Profi

- Das typische Portweinglas ist tulpenförmig: Es verengt sich zur Öffnung hin.
  - Je nach Typ kann man den Port auf mehrere Arten genießen:
  - White Port wird normalerweise als Aperitif angeboten oder als Longdrink auf Eis und mit einer Scheibe Zitrone.
  - Ruby-Portweine können gekühlt als Aperitif, als Longdrink oder auch als Dessertwein mit Zimmertemperatur gereicht werden.
  - Jüngere Tawny Ports werden entweder gekühlt als Aperitif getrunken oder traditionell als Digestif nach dem Essen serviert.
  - Vintage und Vintage Character müssen dekantiert werden.
- Das Ausschankmaß liegt bei 5 cl.
- Bei lange in der Flasche gelagertem Port ist der Korken oft sehr schwer aus der Flasche zu bekommen, ohne dass er zerbröselt. Hier verschafft die Portweinzange Abhilfe.
  - Diese Zange wird glühend heiß gemacht und um den Flaschenhals gepresst.
  - Anschließend wird die Druckstelle schnell mit einem feuchten und eiskalten Tuch abgekühlt. Der Thermoschock bricht das Glas normalerweise mit einer glatten, sauberen Bruchstelle.
  - Der Flaschenhals mit dem Korken wird entfernt und auf einen kleinen Teller gelegt.
  - Anschließend wird der Wein vorsichtig in eine Dekantierkaraffe umgefüllt. Das Depot bleibt in der Flasche.

Das Öffnen mit einer Portweinzange, **Tonging** genannt

Madeira

Madeira wird nur auf der gleichnamigen portugiesischen Insel hergestellt. Der mit Weinbrand aufgespritete und gefilterte Jungwein (meist aus weißen Trauben) reift anschließend im Holzfass. Um den gewünschten Karamellton zu erhalten, wird der Wein während der Lagerung großer Hitze ausgesetzt. Madeira ist goldgelb und hat einen Alkoholgehalt von 18 bis 20 Vol.-%.

Madeirasorten – benannt nach der zu 85 % verwendeten Traube

Sercial	Verdelho	Bual (Boal)	Malvasier (Malmsey)
ist der trockenste Madeira.	ist ein halbtrockener Madeira mit einem leichten Honigaroma.	ist dunkler und süßer als Sercial und Verdelho.	ist der süßeste Vertreter der Gattung.

Wussten Sie, dass ...
Madeira wegen seiner besonderen Herstellung zu den lagerfähigsten Weinen gehört? Er wird auch nach dem Alter klassifiziert.

Malaga

Malaga stammt aus der Umgebung der Stadt Málaga im spanischen Weinbaugebiet Andalusien. Dieser süße Dessertwein ist ein Verschnitt aus der Pedro-Ximénez-Rebe (P.-X.-Rebe ca. 60 %) und der Moscatel (Muskateller). Die weiteren Rebsorten sind nicht festgelegt. Der Alkoholgehalt liegt zwischen 14 und 23 Vol.-%.

Guter Malaga wird wie Sherry nach dem Solera-System veredelt.

Marsala

Marsala ist ein verschnittener und mit Weinbrand oder Weingeist auf etwa 15 bis 20 Vol.-% verstärkter Wein. Er wird ausschließlich in der westsizilianischen Provinz Trapani, in Teilen von Agrigent und rund um Palermo hergestellt. Marsala wird häufig in der italienischen Küche verwendet. Man unterscheidet: **Vergine** – trocken, **Fine** – trocken bis süß und **Superiore** – halbtrocken bis süß.

Marsala

Samos

Der aus der weißen Muskateller-Rebe (Moscato aspro) hergestellte goldgelbe Samos ist ein voller Süßwein der griechischen Insel Samos.

- Beim **Samos Doux** wird die Gärung durch den Kellermeister mittels Hinzufügen von Weindestillat nach etwa fünf Jahren Fassreifung unterbrochen.
- Beim **Samos Grand Cru** wird hochreifes Traubenmaterial aus besonderen Lagen zu Süßwein verarbeitet. Er wird nicht aufgespritet.
- Die höchste Klasse stellt der **Samos Nectar** dar. Bei diesem wird das hochreife Traubenmaterial noch bis zu sieben Tage in der Sonne getrocknet. Dadurch entsteht ein Most von sehr hoher Dichte. Anschließend vergärt er zu Wein und wird noch drei Jahre in neuen Eichenfässern gelagert.

Samos

Mavrodaphne

Über ein Drittel der griechischen Weinbaufläche liegt auf dem Peloponnes. In der Nähe von Patras wächst auch die Mavrodaphne-Rebe. Der süßliche, dunkle und intensiv rote Wein wird mit Weingeist versetzt, um die Gärung zu stoppen. Dieser Wein zeigt erst nach etwa vier Jahren seine typischen Qualitätsmerkmale und ist sehr lange lagerfähig.

Mavrodaphne

Je nachdem, wie viele Butten (Puttony) Aszú zu einem Fass gegeben werden, unterscheidet man **dreibuttige** bis **siebenbuttige Aszú-Weine.**

Tokajer Aszú (Tokajer Ausbruch)

Der Name stammt von der ungarischen Stadt Tokaj. Aus edelfaulen, geschrumpften Trauben knetet man eine Masse, die 24 bis 36 Stunden mit dem Wein, der aus den nicht edelfaulen Trauben gekeltert wurde (Tokaji Szamorodni) gemaischt, schonend gepresst und in kleinen Eichenfässern mindestens drei Jahre gelagert wird.

3.5 Aromatisierte Weine

Aromatisierte Weine gehören zur Großgruppe der weinhaltigen Getränke. Sowohl Wermut als auch verschiedene Weinaperitifs wie z. B. St. Raphaël, Dubonnet oder Byrrh zählen zu dieser Gruppe.

Wermut

Der erste Wermut in der heutigen Form wurde im 17. Jahrhundert in der Gegend um Turin (Piemont) hergestellt. Seine Wurzeln liegen im Mittelalter, als Mönche in Wein mazeriertes (ausgelaugtes) Wermutkraut als Heilmittel verabreichten.

Wermutkraut muss in den Wermut

Wermut ist ein mit Kräutern und Gewürzen aromatisierter weißer oder roter Wein mit 16 bis 18 Vol.-% Alkohol. Kräuter und Gewürze werden in Wein und Weinbrand oder neutralem Alkohol eingelegt, um so die Extrakte zu gewinnen. Nach der Reifezeit wird die Extraktmischung mit dem Basiswein verschnitten, filtriert und je nach Sorte nachgezuckert. Danach reift der Wermut noch mehrere Wochen im Fass. **Vermouth** ist die gesetzlich geschützte Schreibweise für die Produkte aus Italien und Frankreich. Produkte aus anderen Ländern werden als Wermut bezeichnet.

Bezeichnungen – Etikettensprache

Geschmacksrichtungen	
Deutschland /Österreich	**International**
Sehr trocken	Extra dry, secco, „French Style“
Süß	Bianco, „Italian Style“
Halbsüß	Rosé
Süß	Rosso
Bittersüß	Amaro

Wussten Sie, dass ...
die aufwendigste Phase der Wermutproduktion die Herstellung der Kräuterauszüge ist? Jede Marke ist durch ihr besonderes Aroma gekennzeichnet. Die Rezepte sind streng gehütete Firmengeheimnisse.

Bekannte Produzenten

Frankreich: Noilly Prat, Picon, Lillet.
Italien: Martini Rossi, Cinzano, Martinazzi, Punt e Mes.

Noilly Prat

Auf dem Weg zum Profi

- Madeira, Malaga, Marsala, Samos, Mavrodaphne und Tokajer werden wie Portwein serviert (siehe S. 68).
- Wermut wird in einem tulpenförmigen Glas, im originalen Herstellerglas gekühlt (ca. 10 bis 12 °C) oder in einem Tumbler auf Eis mit Zitronenscheibe serviert.
- Martini wird im originalen Martiniglas oder im Tumbler auf Eis serviert (ca. 10 bis 12 °C).
- Noilly Prat wird gut gekühlt (bei ca. 10 °C) im Originalglas serviert; Noilly Prat ist auch Bestandteil vieler Mixgetränke (Hauptzutat für Martini).
- Das Ausschankmaß beträgt 5 cl.

3.6 Spirituosen

Laut EU-Verordnung ist Spirituose der Überbegriff für alle alkoholischen Getränke, die
- für den menschlichen Verzehr geeignet sind,
- besondere sensorische Eigenschaften (z. B. Geruch, Geschmack) aufweisen und
- mindestens 15 Vol.-% Alkohol (mit Ausnahme von Eierlikör 14 Vol.-%) besitzen.

Bei der **Destillation** geht es um die Trennung von unterschiedlichen Teilen eines Flüssigkeitsgemisches. Flüssigkeiten haben unterschiedliche Siedepunkte, so verdampft Wasser bei 100 °C, Alkohol hingegen bereits bei 78,3 °C. Die Flüssigkeit mit dem niedrigsten Siedepunkt verdampft immer zuerst. Der entstehende Dampf kondensiert (verflüssigt) anschließend in einem Kühler und wird – getrennt von den anderen Gemischteilen – wieder aufgefangen. Die so entstandene Flüssigkeit wird Destillat genannt.

Ausgangsprodukte für Destillate sind angegorene oder vergorene zucker- oder stärkehaltige Flüssigkeiten. Ein Destilliergerät in einfacher Form ist ein blasenförmiges Kochgerät mit einem zwiebel-, kugel- oder zylinderförmigen Helm (Deckel) und einem Kühler.

Destillationsverfahren

Je öfter destilliert wird, desto höher wird der Alkoholgehalt. Man unterscheidet:
- **Erste Destillation:** Es entsteht der **Raubrand** (ca. 30 Vol.-%).
- **Zweite Destillation:** Der Raubrand wird nochmals destilliert, das Ergebnis wird **Feinbrand** genannt, von dem Vor- und Nachlauf ausgeschieden werden. Verwendet wird also nur der **Mittellauf,** auch Herzstück genannt (ca. 60 bis 70 Vol.-%).

Alambic-Verfahren (Charentaiser Verfahren)

Die Destillation erfolgt in einer Brennblase mit einer Ableitung in Schwanenhalsform (z. B. für Cognac).

Pot-Still-Verfahren (Brennblasen, Rau- oder Feinbrandverfahren)

Destilliert wird in einer Brennblase, wobei häufig zwei Blasen hintereinandergeschaltet sind (z. B. für Armagnac oder Whisk[e]y). Die Destillation verläuft hier in zwei voneinander unabhängigen Brennvorgängen für beste Alkoholqualität. Auch Obstbrände werden vielfach einer zweifachen Destillation unterzogen.

Kolonnenbrennverfahren mit drei Siedeböden unter Vakuum

Hier wird dreimal verstärkt und mit 30 °C Siedetemperatur destilliert, sodass besonders feine, duftige Destillate entstehen (speziell für Obst- und Beerenbrände).

Patent-Still-Verfahren (Coffey-Still-, kontinuierliches oder Kolonnenbrennverfahren)

Die Destillation erfolgt kontinuierlich in Kolonnen (z. B. für Calvados). Die Patent-Still-Anlage wiederholt ca. 20-mal den Destillationsvorgang des Pot-Still-Verfahrens.

Reiner Alkohol ist eine klare Flüssigkeit mit scharfem Geruch und Geschmack. Übermäßiger Konsum führt zur Sucht und kann auch tödlich sein. Alkohol ist die in unserer Gesellschaft am weitesten verbreitete Droge.

Unter **Ethylalkohol landwirtschaftlichen Ursprungs (Ethanol)** versteht man Alkohol, der durch alkoholische Gärung aus Landwirtschaftsprodukten wie z. B. Kartoffeln, aber auch Zellulose (pflanzlichen Zellwänden) erzeugt wird und auch als Trinkalkohol oder Monopolsprit bekannt ist.

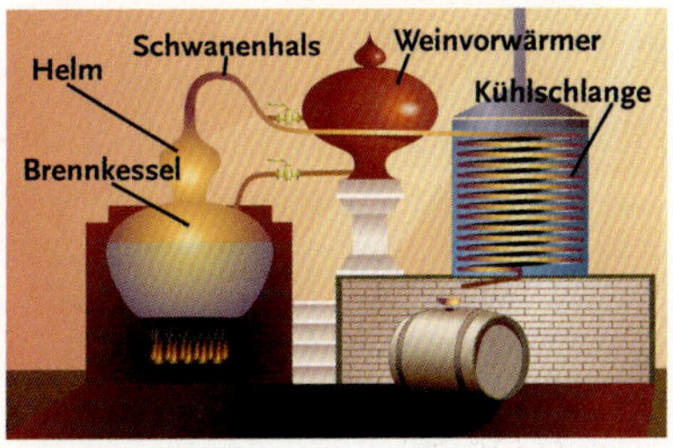

Alambic-Verfahren

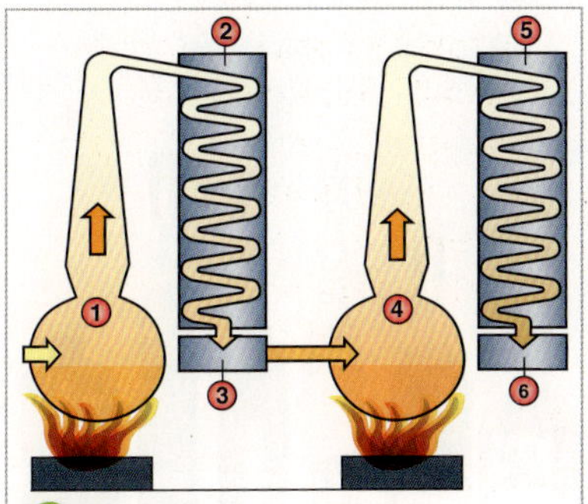

Pot-Still-Verfahren

Wussten Sie, dass ...
alle Destillate von Natur aus farblos sind? Einige Spirituosen erhalten ihre Farbe (bernsteinfarben, hellbraun etc.) durch die Lagerung in Holzfässern. In vielen Ländern darf dem fertigen Destillat ohne Kennzeichnung Zucker oder Zuckercouleur (färbt braun) beigemengt werden. Auch ist im Ausland manchmal ohne Hinweis die Aufbesserung mit Aromen erlaubt.

Destillate können unter Zusatz von destilliertem bzw. demineralisiertem Wasser auf Trinkstärke herabgesetzt werden.

Die Bezeichnung **Obstler** wird verwendet, wenn die Maische von mindestens zwei Obstarten gemeinsam gebrannt wird.

Whisk(e)y wird in Schottland, Irland, in den USA, in Kanada und Japan, aber auch in Deutschland und Österreich produziert

Reifen, Lagern und Abfüllen

Das Destillat wird in Holzfässern, Edelstahltanks oder Glasballons gelagert. Durch die Lagerung bildet sich das charakteristische Aroma der einzelnen Spirituosen. Die Lagerung in Holzfässern bewirkt obendrein, dass die Schärfe des Alkohols gemildert wird. Die meisten Spirituosen werden erst kurz vor dem Verkauf abgefüllt, da sie in der Flasche nicht mehr reifen.

Arten von Spirituosen

Spirituosengruppe	Beschreibung	Beispiele
Weinbrände und Tresterbrände	Alle Destillationserzeugnisse aus Wein, die auf Trinkstärke gebracht werden. Sie zählen zu den ältesten Spirituosen Europas und wurden ursprünglich nur für medizinische Zwecke verwendet. Tresterbrände werden aus vergorenen Traubentrestern gewonnen.	**Weinbrände** ▪ Cognac, Armagnac, Eau de Vie de Vin (Frankreich) ▪ Asbach Uralt, Mariacron, Jacobi 1880 (Deutschland) ▪ Brandy de Jerez (Spanien) ▪ Metaxa (Griechenland) **Tresterbrände** ▪ Grappa (Italien) ▪ Marc (Frankreich)
Obstbrände	Man unterscheidet prinzipiell zwei Typen. Beim **Obstwasser** werden zunächst die Früchte eingemaischt und vergoren. Anschließend erfolgt die Destillation des entstandenen Obstweins. Im Gegensatz dazu werden beim **Obstgeist** die in der Regel zuckerarmen Früchte nicht vergoren, sondern in Alkohol eingelegt und ausgelaugt (mazeriert). Danach wird auch hier destilliert.	**Obstwässer** Calvados, Obstler, Slibowitz **Obstgeiste** Himbeergeist, Brombeergeist
Whisk(e)y und Bourbon	Eigentlich gehört auch der Whisk(e)y in die nachfolgende Gruppe der Getreidedestillate. Aufgrund seiner herausragenden Bedeutung und der vielen Unterarten wird er aber oft in einer eigenen Gruppe zusammengefasst. Ursprünglich wurde Whisk(e)y nur aus Gerste hergestellt, heute nutzt man je nach Herkunftsland aber auch Roggen, Weizen und/oder Mais. Eine weitere Gemeinsamkeit ist die Lagerung im Holzfass.	▪ **Scotch:** Malt Whisky (Glenfiddich, Glenkinchie), Blended Scotch Whisky (Johnnie Walker, Ballantine's) ▪ **Irish Whiskey:** Jameson, Power's, Paddy, Bushmills ▪ **Bourbon Whiskey:** Jim Beam, Elijah Craig ▪ **Tennessee Whiskey:** Jack Daniel's, George Dickel ▪ **Canadian Whisky:** Canadian Club, Forty Creek ▪ **Japanischer Whisky:** Suntory, Nikka

Getreidebrände ■ **Korn** ■ **Wodka** ■ **Wacholderbrände/Gin** ■ **Aquavit**	Prinzipiell ist zu ihrer Herstellung jedes Getreide verwendbar, am besten eignen sich jedoch Sorten mit viel Stärke. Getreidebrände werden in der Regel mithilfe der sogenannten Kolonnendestillation gewonnen und reifen selten im Fass.	■ **Korn** (mit mindestens 32 Vol.-% und Doppelkorn mit mindestens 38 Vol.-%): Nordhäuser Doppelkorn, Fürst Bismarck ■ **Wodka:** Smirnoff, Absolut, Russkij Standart Imperia, Wyborowa, Vikingfjord, Grey Goose, Gorbatschow ■ **Wacholderbrände/Gin:** Genever, Monkey 47, Tanqueray, Bombay Sapphire, Gordon's London Dry, Hendrick's ■ **Aquavit:** Aalborg Jubilaeums Akvavit, Linie, Malteser, Bommerlunder
Rum, Cachaça, Tequila	Rum und Cachaça sind Destillate aus Zuckerrohr, wobei die Basis von Rum Zuckerrohrmelasse und die von Cachaça Zuckerrohrsaft ist. Tequila ist ein mexikanisches Produkt aus der blauen Weberagave.	■ **Rum:** Bacardi, Havana Club, Myers's, Ron Zacapa, Old Monk ■ **Cachaça:** Pirassununga, Pitú, Ypióca ■ **Tequila:** José Cuervo, Sierra, El Jimador
Anisées	Alle zeichnen sich durch das typische Anisaroma aus und die Eigenschaft, bei Zugabe von Wasser milchig zu werden.	■ **Pastis:** Pernod, Ricard ■ **Absinth:** Francois Guy, Pernod ■ **Ouzo:** Tsantali, Plomari ■ **Raki:** Yeni, Enfes
Liköre	Liköre sind Spirituosen, die mindestens 100 g/l Zucker enthalten. Sie werden je nach Geschmackszutat in Gruppen unterteilt.	■ **Kräuter-, Kloster- und Gewürzliköre:** Chartreuse, Bénédictine, Becherovka, Galliano, Licor 43 ■ **Bitterliköre:** Averna, Campari, Fernet Branca, Angostura, Unicum, Jägermeister, Aperol, Ramazotti, Cynar ■ **Fruchtsaftliköre:** Eckes Edelkirsch, Crème de Cassis ■ **Fruchtaromaliköre:** Cointreau, Blue Curaçao, Triple Sec ■ **Fruchtbrandys:** Apricot Cherry Brandy, Pacharán ■ **Emulsionsliköre:** Baileys, Dooley's, Eierlikör ■ **Kaffee- und Kakaoliköre:** Kahlua, Tia Maria, Crème de Cacao ■ **Sonstige Liköre:** Grand Marnier (Destillatlikör), Drambuie, Irish Mist, Southern Comfort (Whisk[e]yliköre), Amaretto (Mandellikör), Alizé, Hpnotiq (Cognacliköre)

Die Destillata – eine Plattform zur internationalen Prämierung bester Spirituosen – wurde in Österreich gegründet. Ihre Edelbrandprämierung ist heute die bedeutendste im deutschsprachigen Raum und konnte maßgeblich zur Förderung des Qualitätsdenkens am Edelbrandsektor beitragen. Die Destillata versteht sich als Bindeglied zwischen dem Erzeuger und dem Konsumenten. Mehr Infos unter: www.destillata.at

Der vor allem von der Firma Stroh in Österreich erzeugte **Inländer-Rum** enthält nur mindestens 5 % Übersee-Rum und wird mit Alkohol verschnitten.

Pacharán ist ein mit Anisschnaps angesetzter Schlehenlikör aus der Provinz Navarra in Spanien. Da die Schlehenernte aber nicht mehr ausreicht, nutzt man nun die Früchte des Schwarzdorns. Der Alkoholgehalt beträgt zwischen 25 und 30 Vol.-% und mit einem Schuss Orangen- oder Ananassaft bzw. Sherry harmoniert er hervorragend.

Wussten Sie, dass ...
es sich bei **Triple Sec** um einen feinbitteren Orangenaromalikör handelt, der als Urform des Curaçao gilt? Er ist im Gegensatz zu diesem immer klar und enthält mit 40 Vol.-% deutlich mehr Alkohol. Geschmacklich überzeugt er durch seinen herb-süßen Eindruck.

Cognac

Cognac ist ein Destillatprodukt aus Weißweinen, die ausschließlich aus der im Westen Frankreichs (nördlich von Bordeaux) gelegenen, gesetzlich geschützten Region der Charente kommen. Die Hauptstadt dieser Region ist Cognac, die dem weltbekannten Weinbrand seinen Namen gegeben hat. Unter allen Weindestillaten der Welt gilt Cognac als das vornehmste.

Die gesetzlich festgelegten Gebiete für die Cognacproduktion sind Grand Champagne, Petite Champagne, Fins Bois, Bons Bois, Les Borderies, Bois Ordinaires (Bois Communs).

Alle französischen Destillate aus Wein, die nicht aus der Charente stammen, werden als **Eau de Vie de Vin** bezeichnet.

Wussten Sie, dass ...
bei der Erzeugung von Cognac bereits viele Jahre im Voraus die Qualität des Produktes mitbestimmt wird? So erzeugt der Großvater die Grundbasis für die späteren Cognacs, die vermutlich von seinen Enkelkindern 40 Jahre später angeboten werden. Kaum ein Getränk wird so wesentlich von den Vorfahren eines Erzeugers beeinflusst wie der Cognac!

Cognacanbaugebiete

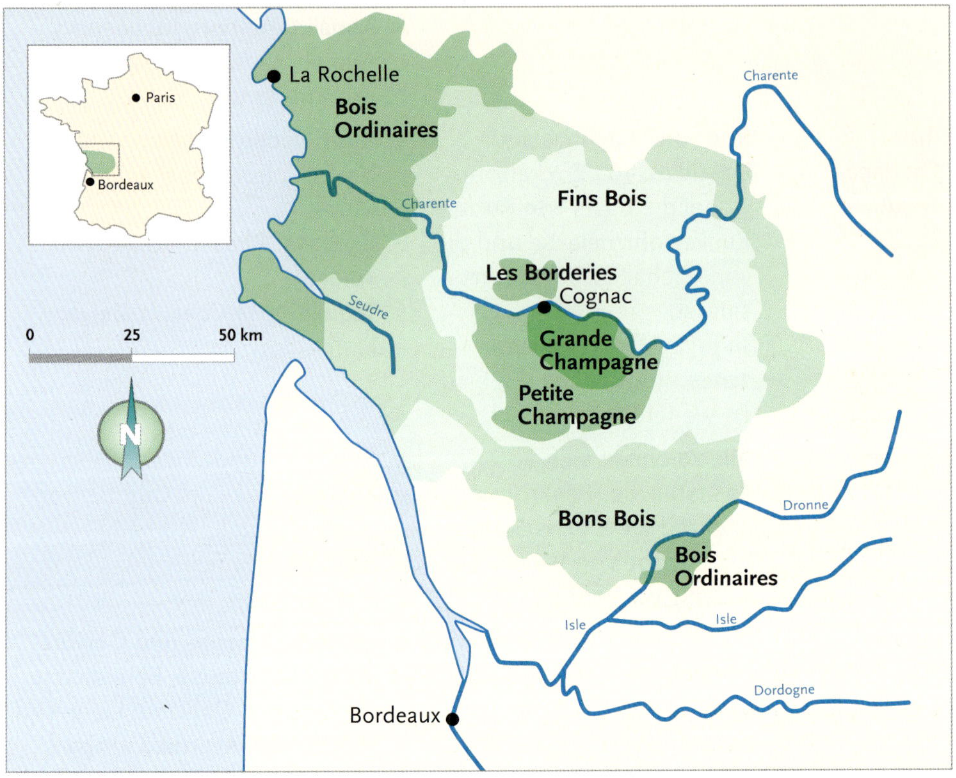

Die besten Cognacs kommen aus der **Grande Champagne,** dem innersten Teil der Charente. Kommt ein Brand zu mindestens 50 % aus der Grande Champagne und der Rest aus der Petite Champagne, wird er als **Fine Champagne** bezeichnet. Cognacs, die nur aus Feinbränden einer Destillerie stammen, bezeichnet man als Single Distillery Cognacs.

Kupferbrennblasen in der Destillerie Rémy-Martin

Herstellung

Für Cognac werden hauptsächlich die Trauben der Rebsorte Ugni blanc (auch bekannt als Trebbiano) verwendet, aber auch der Rebsorten Folle blanche und Colombard.

Das Besondere bei der Herstellung von Cognac, das **zweimalige Destillieren,** geschieht in den für die Charente typischen Kupferbrennblasen (Alambics charentais). Ebenso wichtig wie das Brennen ist das Lagern in Fässern aus **Limousin-Eiche.** Die Lagerzeit sollte mindestens zwei Jahre dauern, gute Cognacs lagern aber wesentlich länger. Anschließend werden diverse Cognacs miteinander **verschnitten,** mit entmineralisiertem Wasser auf Trinkstärke herabgesetzt und schließlich kurz vor dem Verkauf in Flaschen abgefüllt, wo der Cognac nicht mehr maßgeblich weiterreift.

Das Verschneiden des Cognacs – mariage – wird auf deutsch Vermählung genannt. Es ist eine der wichtigsten Aufgaben des Kellermeisters und der Kellermeisterin, die damit ihre Erfahrung und ihr Können beweisen können.

Altersbezeichnungen

Ein fertiger Cognac darf erst dann in den Handel gebracht werden, wenn er, vom 1. April des auf die Weinlese folgenden Jahres gezählt, mindestens zwei Jahre in Eichenfässern gelagert wurde (Konto 2). Ein Cognac behält während seiner gesamten Lebensdauer das Alter, das er bei der Flaschenabfüllung hatte. Ein Beschluss des Regierungskommissars vom 23. August 1983 legt die Benutzung der Altersbezeichnungen fest, die je nach dem Alter des jüngsten in die Komposition aufgenommenen Destillats verwendet werden dürfen.

Konto = die schriftliche Erfassung und Kontrolle des Alters des Cognacs durch den Berufsverband „Bureau National Interprofessionnel du Cognac (BNIC)".

Konto – Beispiel für einen im November 2005 destillierten Cognac

Dieses Schema gibt die Mindestreifezeit im Eichenfass an, die das jüngste für die Komposition verwendete Destillat aufweisen muss. Es handelt sich dabei also nicht um das Alter des Cognacs in der Flasche.

Die Alterskonten des Cognac

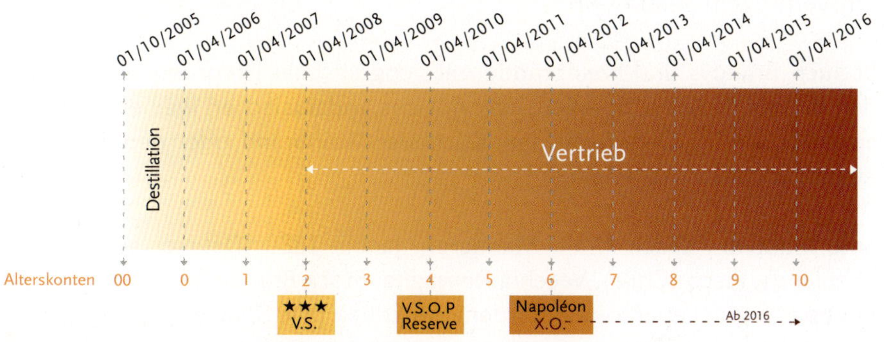

- **Das Konto 00** ist das Konto während der Destillation (bis zum 31. März).
- **Das Alterskonto** wechselt immer am 1. April.

Etikettensprache

- **V. S. (Very Special) oder *** (3 Sterne):** Cognac, dessen jüngstes Destillat mindestens zwei Jahre alt ist.
- **V. S. O. P. (Very Superior Old Pale), Réserve:** Cognac, dessen jüngstes Destillat mindestens vier Jahre alt ist.
- **Napoléon, X. O.:** Cognac, dessen jüngstes Destillat mindestens sechs Jahre alt ist.

Ab 2016 ist für Cognac X. O. mindestens Konto 10 vorgeschrieben, d. h. ein Alter von zehn Jahren für die jüngsten Branntweine. In der Regel verwenden die Händler zur Herstellung ihrer Kompositionen sehr viel ältere Branntweine, als gesetzlich vorgeschrieben ist. Die für die renommiertesten Bezeichnungen verwendeten Destillate können eine Alterung von mehreren Jahrzehnten aufweisen.

Rémy Martin ist eine bekannte Cognacmarke des Spirituosenherstellers Rémy Cointreau

Bekannte Marken: Hennessy, Rémy Martin, Martell, Courvoisier (diese ersten vier teilen sich 70 % des Marktes), Camus, Monnet, Louis Royer, Otard.

Arbeitsaufgabe

Erklären Sie Gästen (in einem Rollenspiel mit Kolleginnen und Kollegen), warum

- Cognac zwar aus weißen Trauben gewonnen wird, aber dennoch eine bräunliche Färbung hat und in der Folge, warum
- Fachkräfte ältere Cognacs schon an der Färbung erkennen.

Armagnac

Der Armagnac stammt aus der Gascogne in Südfrankreich und gilt als das älteste französische Weindestillat. Das kontinuierliche Brennverfahren bewirkt, dass Bestandteile des Weines, die bei der Cognacdestillation ausgeschieden werden, erhalten bleiben.

Bekannte Marken: Baron Gaston Legrand, Clés des Ducs, Janneau.

Weinbrand oder Brandy

Brandy ist der allgemeine Begriff für weltweit erzeugte Weindestillate. Im deutschsprachigen Raum wird der Edelbrand aus Wein als Weinbrand bezeichnet. Deutscher Qualitätsweinbrand besteht zu 100 % aus hochwertigem Weindestillat und wird aus deutschen Grundweinen erzeugt. Die Altersbezeichnung wird meist mit Sternen und Buchstaben vorgenommen. Brandy und Weinbrand müssen mindestens ein Jahr (oder mindestens sechs Monate in Eichenfässern unter 1 000 Liter Fassungsvermögen) gereift sein.

Es gibt auch Brandys und Weinbrände mit geografischer Ursprungsbezeichnung, z. B. den Brandy de Jerez (Spanien), der nur aus andalusischen Weinen hergestellt werden darf, oder in Österreich den Wachauer Weinbrand oder den Weinbrand Dürnstein.

Bekannte Marken: Asbach Uralt, Mariacron, Jacobi 1880 (Deutschland), Metaxa (Griechenland), Pisco (Chile), Vecchia Romagna, Stock Brandy (beide Italien), Sandeman Capa Negra, Lepanto und Cardena Mendoza (alle Spanien).

Weinhefebrand (Gelägerbrand, Glöger)

Nach der Gärung von Wein setzen sich am Fassboden alle festen Bestandteile, vor allem abgestorbene Hefe, ab. Diese werden als Geläger bezeichnet. Nach dem Abstechen des Weines vom Geläger werden diese Rückstände destilliert.

Tresterbrand

Als Tresterbrände bezeichnet man Edelbrände aus den Pressrückständen der Weinmaische (Weintrester). In Frankreich kennt man sie als **Marc,** in Italien als **Grappa** und in der Schweiz als **Träsch** oder **Marc.** Die übliche Serviertemperatur von 8–10 °C beträgt für gereifte Produkte 14–16 °C.

Bekannte Marken: Nonino, Berta, Bertagnolli.

Destillate aus Obst

Zu den Obstbränden zählen alle Spirituosen, die zu 100 % durch alkoholische Gärung und Destillieren einer frischen fleischigen Frucht oder des frischen Mosts dieser Frucht ohne Zusatz von Aromastoffen (auch nicht natürlicher!) und Fremdalkohol gewonnen werden **(Edelbrände, Qualitätsobstbrände – höchste Qualität).** Die Brände werden in einem doppelten Brennvorgang hergestellt. Die hundertprozentigen Destillate dürfen mit keinem anderen Alkohol verschnitten werden. Dem Namen der Frucht wird das Wort Brand oder Wasser nachgestellt (z. B. Birnenbrand, Kirschwasser).

Weinbrände werden in einem dünnwandigen, tulpenförmigen Glas serviert. Im Gegensatz zu Wein soll das Getränk nicht geschwenkt werden, da die typischen Aromen (Blüten, getrocknete Früchte, Karamell, Kaffee, Harz und Leder) schnell verloren gehen.

Asbach Uralt, ein Brandy aus Deutschland

Beim Weinhefebrand sind vor allem die Hefeöle geschmacksgebend. Weinhefebrand ist hochbekömmlich und daher ideal als Digestif.

Wussten Sie, dass ...
100 kg Trester für 10 l reinen Alkohol benötigt werden? Dieser wird schließlich auf mindestens 37,5 Vol.-% verdünnt.

Wussten Sie, dass ...
Deutschland weltweit der größte Markt für Obstbrände ist? Jährlich werden hier 26 Millionen Flaschen konsumiert.

Bei **Beerenbränden** darf zum Einmaischen Fremdalkohol verwendet werden **(Spirituosen nach besonderem Verfahren),** und zwar im Verhältnis von 20 Liter reinem Alkohol auf mindestens 100 kg Früchte. In diesem Fall lautet die Bezeichnung auf dem Etikett ebenfalls **„...brand“,** aber mit dem Hinweis **„durch Mazerieren und Destillieren gewonnen“.** Wird diese Mindestfruchtmenge an frischen Früchten unterschritten, wird das hergestellte Produkt als **Geist** bezeichnet (z. B. Himbeergeist).

Feine Destillate verlangen nach den entsprechenden Gläsern

Die optimale Serviertemperatur beträgt etwas unter 18 °C. Bei sehr kalt servierten Obstdestillaten wird oftmals versucht, mangelnde Qualität zu verdecken. Obstbrände nicht im Glas schwenken, jedoch vor ihrem Genuss der vollen Aromaentfaltung ein wenig Zeit lassen!

Bekannte Destillate aus Obst

- **Calvados:** Apfelbrand aus der Normandie; er reift in Eichenfässern, das Grundprodukt ist **Cidre**, ein aus besten Apfelsorten gewonnener Most.
- **Barack Pálinka:** Aprikosendestillat aus Ungarn.
- **Slibowitz:** Pflaumenbrand unterschiedlicher Herkunft.
- **Obstler:** ein Destillat, das aus mindestens zwei Früchten, wie z. B. Birnen, Äpfeln und/oder Zwetschken, erzeugt wird.

Bekannte Marken
Deutschland: Augustus Rex, Schladerer, Ziegler.
Österreich: Freihof, Gölles, Lagler, Jöbstl, Pfau, Reisetbauer, Wetter.
Schweiz: Dettling, Etter, Morand.

Wussten Sie, dass ...
es sich bei „Slyrs“ um einen deutschen Whisky vom Schliersee handelt? Das Gerstenmalz für den „Bavaria Single Malt Whisky“ wird über Buchenholz geräuchert und anschließend drei Jahre in amerikanischer Eiche (225-l-Fässern) gereift.

Whisky/Whiskey

Unterschiedliche Schreibweisen dienten ursprünglich dazu, **schottischen Whisky** von **irischem Whiskey** zu unterscheiden. „Wasser des Lebens“ nennen Schotten und Iren ihren Whisky.

Whisky ist ein Destillat aus vergorener Getreidemaische und muss mindestens drei Jahre in Holzfässern lagern. Zur Verwendung kommen Gerste, Roggen, Weizen, Mais und, seltener auch Hafer. Der Ursprung des Whiskys liegt in Schottland und Irland. Der Alkoholgehalt liegt bei mindestens 40 Vol.-%.

Scotch Whisky

Malt Whisky
Als Basis dient das weiche und klare Berg- und Moorwasser der schottischen Highlands. Reine Gerste wird gemälzt, d. h. durch Zusatz von Wasser zum Keimen gebracht und meist über Torffeuer gedarrt, also getrocknet (ergibt den typisch rauchigen Geschmack), danach geschrotet und mit heißem Wasser eingemaischt. Im Anschluss erfolgt die Gärung („wash“). Nun beginnt der doppelte Destillierprozess (Pot-Still-Verfahren). Dann erfolgt die Reifung von mind. 3 Jahren in gebrauchten Eichenfässern (meist frühere Sherry- oder Bourbonfässern). Spitzenprodukte lagern 30 bis 40 Jahre.

Malt Whiskys werden eingeteilt in

Single Malt	Pure Malt
Whisky aus einer einzigen Destillerie.	Blended Malt, Vatted Malt: aus verschiedenen Malt Whiskys unterschiedlicher Destillerien.

Destillerie Ardberg im Süden der Isle of Islay, Schottland

Bekannte Marken: Aberlour, Ardberg, Balvenie, The Glenlivet, Glenfiddich, Glen Grant, Glenkinchie.

Blended Scotch Whisky
Blended Scotch Whisky wird aus Grain (Korn Whisky) und Malt Whiskys unterschiedlicher Jahrgänge und Herkunftsorte verschnitten und weist einen marken-

To blend = vermengen, mischen, verschneiden. Als Blended Whisky bezeichnet man einen Verschnitt verschiedener Whiskysorten.

typischen Geschmack auf. Blended Whisky besteht teilweise aus bis zu 40 verschiedenen Sorten. **Grain Whisky (Korn-Whisky)** wird aus ungemälztem Getreide im Patent-Still-Verfahren erzeugt. Die Stärke im ungemälzten Getreide wird durch Vorkochen freigesetzt und in Verbindung mit gemälzter Gerste in gärungsfähigen Zucker umgewandelt. De-Luxe-Scotch-Blends haben einen Maltanteil von 35 %, wie z. B. Johnnie Walker Black Label.

Bekannte Marken: Johnnie Walker Red Label, White Horse, J. & B. Rare, Cutty Sark, Grant's, The Famous Grouse, Ballantine's.

Destillieren von Irish Whiskey

Irish Whiskey

Irish Whiskey wird aus Gerstenmalz, eventuell Anteilen ungemälzter Gerste, auch Roggen, Hafer und Weizen hergestellt. In Irland werden verschiedene Arten produziert, z. B. Single Malt, Pure Pot Still (aus gemälzter und ungemälzter Gerste) und Blended Whiskey. Das Malz wird im Heißluftofen getrocknet (daher kein Rauchgeschmack). Irish Whiskey wird dreimal nach dem Pot-Still-Verfahren destilliert.

Bekannte Marken: John Jameson, John Power's, Paddy, Tullamore Dew, John Locke, Bushmills, Black Bush.

Wussten Sie, dass ...
die vorgeschriebene Lagerzeit für schottische und irische Whisk(e)ys drei und für amerikanische Whisk(e)ys zwei Jahre beträgt?

American Whiskey

Seit der zweiten Hälfte des 18. Jahrhunderts wird in Amerika, ursprünglich von schottischen und irischen Auswanderern, Whiskey in größeren Mengen hergestellt. American Whiskeys werden vorwiegend im Patent-Still-Verfahren hergestellt. Als Grundmaterialien dienen Mais, Roggen, Weizen und Gerste. Die geschmacklichen Merkmale sind: schwer, körperreich und süßlich.

Bourbon Whiskey

Bourbon ist der einzige gesetzlich geregelte amerikanische Whiskey. Der Ursprung liegt in Kentucky. Die Bestandteile sind mindestens 51 % Mais sowie Zusätze von Roggen (selten Weizen) und wenig Gerste. Er lagert meist vier bis acht Jahre in neuen, aber ausgekohlten 180-l-Fässern aus amerikanischer Eiche.

Das Old-Fashioned-Glas ist ein klassisches Whiskyglas

Bourbons werden eingeteilt in

Straight Bourbon	Blended Straight Bourbon	Blended Bourbon
Aus einer einzigen Destillerie, 40 Vol.-% bzw. 62 Vol.-% Alkohol.	Straight Bourbons werden miteinander verschnitten.	Verschnitt mit mindestens 51 % Straight Bourbons.

Bekannte Marken: Jim Beam, Elijah Craig, Wild Turkey, Old Crow, Old Grand Dad, Four Roses, Maker's Mark.

Amerikaner trinken ihren Whiskey gerne „on the rocks", also mit Eiswürfeln oder zusammen mit Limonaden. Schotten und Iren hingegen verdünnen ihren Whisk(e)y mit Wasser, meist im Verhältnis 1 : 1. Whisk(e)ys genießt man am besten bei 16–18 °C. Für eine Verkostung bietet sich das sogenannte Nosing-Glas an. In Pubs greift man jedoch bevorzugt auf einen Tumbler zurück.

Tennessee Whiskey

Er ist besonders mild durch sein aufwendiges Filtrationsverfahren mit Holzkohle aus Ahorn. Das Lincoln-County-Verfahren, wobei jeweils ältere Maische (wie beim Sauerteig bei der Brotherstellung) beim Start der Herstellung hinzugefügt wird, ist in Tennessee vorgeschrieben, wodurch Geschmack und Bukett noch verstärkt werden.

Bekannte Marken: Jack Daniel's, George Dickel, Prichard's.

Rye Whiskey
Das Grundmaterial besteht aus mindestens 51 % Roggen und er lagert mindestens zwei Jahre in neuen, ausgekohlten Eichenfässern.

Ausgebranntes Eichenfass

Canadian Whisky

Canadian Whisky ist immer ein Verschnitt von Whiskys aus Roggen und anderen Getreidesorten mit Neutralalkohol oder weicherem, leichterem Grain Whisky und ähnelt dem amerikanischen Bourbon. Er lagert je nach Qualität mindestens drei Jahre, Sherry kann zugesetzt werden. Canadian Whisky ist weich, fruchtig und heller als andere Whiskys und wird vorwiegend an der Bar eingesetzt.

Bekannte Marken: Black Velvet, Canadian Club, Seagram's, Forty Creek.

Japanischer Whisky

Der japanische Whisky ähnelt dem Scotch Whisky. Der Japaner Mastaka Taketsuro erlernte die Whiskydestillation in Glasgow. Seit 1923 wurden in Japan mehrere Destillerien gegründet.

Bekannte Marken: Suntory Hibiki, Nikka.

Destillate aus Getreide

Korn

Eine Getreidespirituose mit den Bestandteilen Gerste, Hafer, Weizen, Buchweizen, Roggen. Folgende gesetzliche Bestimmungen gibt es:

- Kornbrand: Alkoholgehalt mindestens 37,5 Vol.-%.
- Korn: Alkoholgehalt mindestens 32 Vol.-%.
- Kümmel oder Spirituose mit Kümmel werden durch die Aromatisierung von Ethylalkohol landwirtschaftlichen Ursprungs mit Kümmel erzeugt.

Serviert werden Destillate aus Korn in der Regel eisgekühlt und in y-förmigen dünnwandigen Gläsern.

Bekannte Marken: Berentzen, Fürstensteiner Steinhäger, Hofbrand, Münchner Kindl, Berliner Kümmel, Fürst Bismarck, Nordhäuser Doppelkorn.

Wodka

Der Ursprung des Wodkas liegt in Polen und Russland. Wodka ist eine Spirituose, die durch Gärung mit Hefe aus Getreide oder anderen landwirtschaftlichen Rohstoffen, wie Kartoffeln oder Zuckermelasse, gewonnen wird. Zur Herstellung von Premiumprodukten werden reines Quellwasser und wertvoller Winterweizen verwendet. Ziel ist es, im Gegensatz zu anderen Spirituosen, ein neutral schmeckendes Produkt zu erzeugen. Wodkas können mit Kräutern und Gewürzen (z. B. Pfefferoni-Wodka), mit Büffelgrasextrakt (Zubrovka) und auch mit Zitrusfrüchten aromatisiert werden. Der Alkoholgehalt muss mindestens 37,5 Vol.-% betragen.

Bekannte Marken:
Russland: Stolichnaya, Moskovskaya, Russkij Standart.
Deutschland: Gorbatschow, Eristoff.
Schweden: Absolut, Svedka.
Norwegen: Vikingfjord.
Polen: Wyborowa, Zubrovka.
Österreich: Oval, Puriste.
Finnland: Finlandia.
Frankreich: Grey Goose.
USA: Smirnoff.

Wodka aus Deutschland

Genever (Jenever)

Seit dem 13. Jahrhundert wurde der Genever in Holland (bei Rotterdam) erzeugt – heute wird er in vielen Ländern hergestellt. Genever zählt zu den Spirituosen aus Gerste, Roggen und Mais, die vorwiegend mit Wacholder aromatisiert werden. Die Herstellung des Genevers erfordert zwei bis drei Brennvorgänge, wobei die Aromatisierung mit Gewürzen nach dem ersten bzw. zweiten erfolgt. In Holland wird er als Aperitif getrunken. Der Alkoholgehalt liegt bei mindestens 20 Vol.-%.

Bekannte Marken: De Kuyper, Zuidam Rogge.

Etikettensprache beim Gin

- Dry Gin, London Dry Gin: ungesüßt
- Old Tom Gin, Plymouth Gin: leicht gesüßt
- Versetzte Gins: Sloe Gin (Schlehen), Almond Gin (Mandeln), Orange Gin, Lemon Gin, Apple Gin

Gin

Englische Soldaten brachten Genever auf die Britischen Inseln, wo er den Namen Gin erhielt. Ab 1769 produzierte die Gordon Co. in Nordlondon einen in der britischen Marine verbreiteten dreifach gebrannten Gin (Patent-Still-Verfahren). Heute ist Gordon's die bekannteste Gin-Marke der Welt, die in sehr vielen Ländern produziert wird.

Gin wird aus Gerste, Roggen und bis zu 160 Gewürzen, Früchten und Kräutern wie Wacholderbeeren, Koriander, Anis, Kümmel, Kardamom, ätherischen Ölen, Zitronen und Bitterorangen hergestellt. Der Alkoholgehalt beträgt 37,5 Vol.-%. Man unterscheidet:

- Gin ist eine Spirituose mit Wacholdergeschmack, die durch Aromatisieren von Ethylalkohol landwirtschaftlichen Ursprungs mit Wacholderbeeren gewonnen wird.
- Destillierter Gin ist eine Spirituose mit Wacholdergeschmack, die ausschließlich durch erneute Destillation des Alkohols mit auf Sieben verteilten Gewürzen (immer mit Wacholder) hergestellt wird, z. B. London Gin.

Gin benötigt man für den weltberühmten Martini (Cocktail)

Bekannte Marken: Beefeater, Bols, Tanqueray, Seagram's, Gilbey's, Hendrick's, Bombay Sapphire, Monkey 47 und Noordkorn aus Deutschland, Blue Gin aus Österreich.

Aquavit (Akvavit)

Der Ursprung des Aquavits liegt in den skandinavischen Ländern und Norddeutschland. Aquavit hat einen feinen, aromatischen Geschmack, der durch die Bestandteile Korn, Neutralalkohol, Kräuter und Gewürze wie Kümmel und Wacholderbeeren entsteht.

Der Kümmelgeschmack muss vorherrschen. Ein Zusatz von ätherischen Ölen ist verboten. Aquavit wird häufig in Verbindung mit Bier als Aperitif oder zum Essen (vor allem zu Gerichten mit Fisch und Krustentieren) genossen.

Aquavit (lat. aqua vitae) heißt Lebenswasse

Bekannte Marken: Bommerlunder, Malteser(kreuz), Aalborg, Linie.

Rum

Originalrum (Übersee-Rum) wird aus Zuckerrohrmelasse oder aus Zuckerrohrsaft (seltener) destilliert (z. B. in Jamaika). Während auf den karibischen Inseln mit britischer Tradition (z. B. Barbados, Jamaika) meist nach dem Whiskyverfahren (Pot-Still-Verfahren) gebrannt wird, bevorzugt man in den französisch beeinflussten Gebieten (z. B. Guadeloupe, Martinique) eine dreifache Cognacdestillation (Patent-Still-Verfahren).

Zuckerrohrernte auf Kuba

In das Destillat können je nach Gebiet verschiedene Aromaten wie Rosinen, Ananas, Zimtäpfel, Vanille oder auch Bataya-Akazien kommen **(Spiced Rum).** Man unterscheidet zwischen **weißem** und **braunem** Rum. Dunkler Rum entsteht durch die Lagerung in Holzfässern und eventuell die Zugabe von kleinen Mengen Zuckercouleur (also karamellisiertem Zucker).

Originalrum wird mit einem Alkoholgehalt von 62 bis 81 Vol.-% hergestellt. Echter Rum ist auf Trinkstärke (38 bis 54 Vol.-%) herabgesetzter Originalrum aus dem angegebenen Herstellungsgebiet.

Bekannte Marken: Bacardi, Myer's, Havana Club, Pusser's Navy, Coruba, Ronrico, Mount Gay, Appleton, Captain Morgan (Spiced Rum), Ron Zacapa, Old Monk.

In einem Glas mit dickem Boden wird für den **Caipirinha** mit einem Muddler (Stößel) zusammen mit 2 Barlöffeln braunem Zucker aus einer grob geschnittenen Limette Saft herausgequetscht, mit 6 cl Cachaça aufgegossen und mit Crushed Ice serviert.

Wussten Sie, dass ...
im Mutterland des Caipirinhas Brasilien nicht brauner, sondern weißer feinkörniger Zucker statt Limettenstücken, Limettenscheiben und statt Crushed Ice Eiswürfel verwendet werden?

Cachaça

Cachaça stammt aus Brasilien und ist ein Destillat aus dem vergorenen Saft des grünen Zuckerrohrs. Kaum bekannt ist, dass es sich um die drittgrößte Spirituosengruppe der Welt handelt, da lediglich 1 % in den Export geht. Premiumprodukte werden zweimal destilliert und anschließend durch Kohle gefiltert. Klarer Cachaça ist die Basis für den bekannten **Caipirinha.** Die Reifung des Produktes in Eichenfässern hat großen Einfluss auf das Aroma und die Farbe. Wegen seiner Milde wird er auch pur getrunken.

Bekannte Marken: Pitú, Cachaça 51, Ypióca, Canario, Pirassununga.

Tequila

Die Stadt Tequila liegt in Mexiko und ist der Namensgeber für das gleichnamige Getränk. Tequila wird durch zweimalige Destillation aus dem Saft der blauen Weberagave innerhalb eines gesetzlich festgelegten Gebietes (vor allem in Jalisco) gewonnen. Alle anderen Agavenbrände werden **Mezcal** genannt. Der Alkoholgehalt liegt zwischen 38 und 50 Vol.-%. Es gibt weiße und braune Sorten. Tequila wird gerne pur genossen, eignet sich aber auch hervorragend zum Mixen.

Bekannte Marken: José Cuervo, Sierra, Sauza, Olmeca, El Jimador.

Anisées

Anisées sind alkoholische Getränke mit Anisgeschmack. Der französische Anisée heißt **Pastis** (z. B. von Ricard). Der Pernod ist ebenfalls eine französische Anisspirituose mit Sternanis- und Fenchel. Des Weiteren zu nennen sind der **Ouzo** aus Griechenland und der **Raki** aus der Türkei. Sie werden gerne mit Wasser serviert und ergeben damit ein milchiges Getränk.

Der **Absinthlöffel** gehört zu einem Absinthritual. Er wird mit einem Zuckerwürfel über das Glas gelegt. Dann gießt man Absinth darüber und zündet den Zucker an. Der karamellisierte Zucker tropft in das Glas, das mit Absinth und kaltem Wasser aufgefüllt wird.

Absinth

Absinth ist ein Wermutbranntwein. Zu seiner Herstellung werden handgepflückte Blätter und Stängel der Wermutpflanze (Absinthium) destilliert und dann mit Anis, Fenchel und Kräutern versetzt. Bei den meisten Absinthmarken ist die Spirituose grün. Als „grüne Fee" verführte Absinth im 19. Jahrhundert die Pariser Gesellschaft. Berühmte Absinthtrinker waren z. B. Vincent van Gogh und Paul Gauguin.

Lange Zeit war Absinth verboten, weil man annahm, dass er wegen seines Thujon-Gehaltes (Bestandteil der ätherischen Öle von z. B. Thymian, Wermut, Rosmarin, Beifuß, Salbei) abhängig macht. Heute führt man die gesundheitlichen Schäden auf die schlechte Qualität des Alkohols zurück. Seit 1998 ist Absinth in den meisten europäischen Staaten wieder erhältlich.

Liköre

Liköre sind alkoholische Getränke unterschiedlicher Konsistenz mit mindestens 100 g/l Zucker und mindestens 15 % Alkohol. Geschmacksgebend sind Auszüge aus Kräutern, Früchten oder anderen Rohstoffen. Liköre sind also gesüßte Spirituosen, die mit Zucker, Glukosesirup oder Honig hergestellt werden.

Zur Aromatisierung des sogenannten Grundlikörs, einer Mischung aus Alkohol und Zucker, werden verschiedene Methoden angewendet:

- Infusions- oder Destillationsmethode: Aromatisierter Alkohol wird destilliert.
- Perkolations- oder Filtriermethode: Alkoholdämpfe werden durch einen Aromafilter destilliert.
- Emulsionsmethode: Grundbestandteile (z. B. Milch, Ei, Schokolade) werden homogenisiert.
- Kompositionsmethode: Ethylalkohol wird mit künstlichen Essenzen versetzt.

Liköre sind aus mittelalterlichen Heilgetränken hervorgegangen. Man wollte die Medizin versüßen und erfand die Kräuterliköre.

Liköre lassen sich wegen ihres hohen Zuckergehalts im Allgemeinen ebenso gut aufbewahren wie reine Destillate.

Homogenisieren = verschiedene Bestandteile werden zu einer gleichmäßigen Flüssigkeit verarbeitet, in der sich keine Zutat mehr absetzt oder aufschwimmt.

Auf dem Weg zum Profi

Service

Das internationale **Ausschankmaß** für Spirituosen beträgt überwiegend 2 cl. Ausnahmen sind Whisk(e)y, Rum und Gin mit 4 cl.

Die **Serviertemperatur** beträgt allgemein 8–10 °C, bei hochwertigen Produkten bis zu 18 °C. Die ideale Trinktemperatur für Liköre ist Raumtemperatur. Nur die Emulsionsliköre werden leicht gekühlt.

Ein **Aperitifwagen** ist ein optischer Blickfang und eine sehr gute Verkaufshilfe – und damit auch ein guter Umsatzbringer. Ein Aperitif wird zur Anregung des Appetits und zur Weckung der Lebensgeister vor den Mahlzeiten eingenommen.

„Aprire" kommt aus dem Lateinischen und heißt „öffnen".

Aperitifwagen

Digestifwagen

Beim Anbieten eines Digestifs sollten nur noch ein Weinglas und ein Wasserglas vor dem Gast stehen. Fragen Sie den Gast „Welchen Digestif darf ich Ihnen einschenken?" Den Digestif auf dem Wagen einschenken und das Glas beim Gast einsetzen.

Kontrollieren Sie die Flaschen vor dem Service und öffnen und schließen Sie die Verschlüsse vorab einmal (geringfügiger Kontakt mit Sauerstoff fördert die Harmonie der Spirituose, überdies lockert dieses Vorgehen eventuell festsitzende Verschlüsse).

Erfolgreiches Empfehlen und Verkaufen setzt ein umfassendes Wissen über die Getränkekunde voraus!

Sollten mehrere Spirituosen verkostet werden, neutralisiert stilles Wasser die Schleimhäute.

Mise en Place

Deckservietten auf jede Etage auflegen.

Obere Etage

- Eiswürfel im Eiskübel (nur Eiswürfel in das Getränk geben, wenn es der Gast verlangt – bitte nicht vergessen, vorher zu fragen)
- Eiswürfelzange

Beispiel für die Anordnung der Getränke in der oberen Etage:

Destillate werden stehend präsentiert.

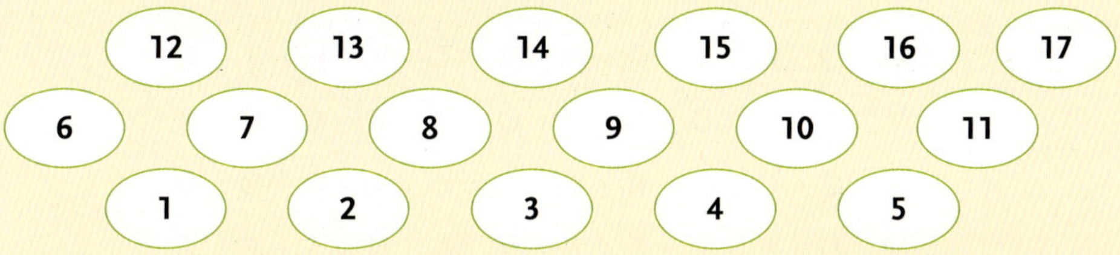

1. Reihe	2. Reihe	3. Reihe
1 Emulsionslikör: z. B. Bailey's	6 Cognac	12 Himbeergeist
2 Amaretto di Saronno	7 Armagnac	13 Williams
3 Bénédictine	8 Calvados	14 Grand Marnier
4 Chartreuse gelb	9 Single Malt Whisky	15 Grappa
5 Chartreuse grün	10 American Whiskey	16 Portwein
	11 Canadian Whisky	17 Sherry

Untere Etage

Beispiel für die Anordnung der Gläser (je vier Stück):

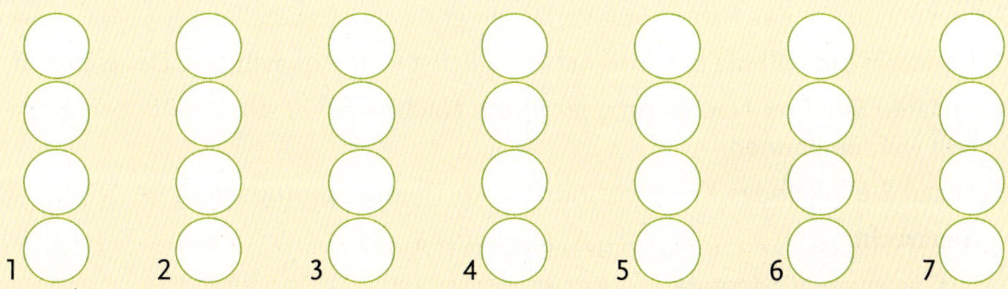

Gläsertypen

1 Likörschalen (Bailey's pur)
2 Likörgläser (Amaretto, Bénédictine, Chartreuse grün/gelb)
3 Cognacgläser (Cognac, Armagnac, Calvados, Grand Marnier)
4 Whisk(e)ygläser (Whisk[e]ys, Wodka mit Eis, Bailey's on the rocks)
5 Universal-Obstbrandgläser (Himbeergeist, Williams, Grappa)
6 Portweingläser (Portwein)
7 Sherrygläser

Zu den **Basisspirituosen der Bar** zählen:

- Cognac bzw. Weinbrand
- Whisky
- Rum
- Wodka
- Gin
- Tequila

Sehr alte Cognacs werden im Dekanter angeboten.

Für Liköre gibt es verschiedene Glasformen. Für edle Liköre eignet sich der klassische Cognacschwenker.

Speziell für Malt Whisky gibt es ein tulpenförmiges Stielgas, das den Aromen genügend Raum gibt, sich zu entfalten.

Spezielle Glasformen wie Weinbrandschwenker und Grappaglas

Arbeitsaufgaben

1. Suchen Sie in dem Buchstabenrätsel neun versetzte Weine:

D	Q	M	T	D	E	B	T	K	H	J	C
V	P	A	U	N	N	Q	O	T	C	O	X
I	Q	D	M	R	H	L	K	V	O	D	U
M	D	E	R	T	P	R	A	N	S	B	A
A	L	I	E	N	A	T	J	H	K	N	O
R	W	R	W	C	D	Y	E	P	Q	I	B
S	K	A	W	L	O	R	R	H	H	E	Q
A	P	K	L	S	R	P	A	S	D	W	O
L	I	T	R	Y	V	F	S	A	F	T	Z
A	T	I	N	Z	A	O	Z	M	K	R	D
H	X	D	F	W	M	Z	U	O	Q	O	A
A	G	A	L	A	M	Y	L	S	A	P	T

2. Versuchen Sie das Patent-Still-Verfahren grafisch darzustellen.
3. Ermitteln Sie mithilfe des Internets möglichst viele Aquavits aus Deutschland.
4. Erklären Sie Ihrer Nachbarin oder Ihrem Nachbarn, wie die Spirituosen eingeteilt werden können.
5. Lösen Sie folgendes Kreuzworträtsel zum Thema Spirituosen:

Senkrecht:

1 Grundlage für Tequila.
2 Alkoholische Getränke mit Anisgeschmack.

Waagrecht:

3 Trennung von unterschiedlichen Teilen eines Flüssigkeitsgemisches.
4 Gesetzlich geschütztes Cognacgebiet.
5 Französischer Apfelbrand aus der Normandie.
6 Edelbrand aus den Pressrückständen der Weinmaische.

Ziele erreicht?

1. Erklären Sie den Begriff Bier.
2. Nennen Sie die Rohstoffe, die zur Biererzeugung nach dem Reinheitsgebot verwendet werden.
3. Welche Bedeutung hat Hopfen für Bier? Kreuzen Sie richtige Aussagen an:
   Hopfen ...

   ☐ bringt Mineralstoffe ein.
   ☐ bewirkt die Farbe.
   ☐ stabilisiert den Schaum.
   ☐ ist der Geschmacksgeber.
   ☐ erhöht die Haltbarkeit.
   ☐ wandelt Zucker in Alkohol um.
4. Zählen Sie Phasen der Biererzeugung auf.
5. Was ist der Unterschied zwischen Ober- und Untergärung?
6. Definieren Sie den Begriff Stammwürze.
7. Nennen Sie die Biergattungen.
8. Erklären Sie, was man unter alkoholfreiem Bier versteht.
9. Charakterisieren Sie die Biersorten Weißbier und Altbier.
10. Was sollte man bei der Bierglaspflege beachten?
11. Erklären Sie den Unterschied zwischen Champagner und Sekt.
12. Führen Sie die Rebsorten für die Erzeugung von Champagner an.
13. Erklären Sie die Bedeutung folgender Bezeichnungen im Zusammenhang mit Champagner:
    a) Rosé, b) Blanc de Noir, c) Blanc de Blancs, d) Millésimé.
14. Nennen Sie Methoden der Schaumweinerzeugung.
15. Erklären Sie die Begriffe beim Champagner:
    a) Cuvée, b) Degorgieren, c) Dosage.
16. Suchen Sie neun bekannte Champagnermarken.

H	O	G	W	G	V	B	G	Z	P	C	X	T	G	J	G	V	N
I	Z	A	Y	S	M	U	M	M	O	B	K	I	W	M	L	M	C
J	W	E	O	A	J	Q	Y	E	M	N	P	P	F	E	E	T	V
V	L	Q	B	E	M	J	M	T	M	T	K	M	I	W	J	I	H
Q	T	A	T	V	V	R	R	W	E	N	P	P	R	A	C	D	A
Q	L	W	U	A	E	G	W	G	R	G	U	B	B	L	Q	T	I
S	D	M	T	R	I	U	B	M	Y	F	H	D	T	R	B	A	W
D	R	Z	G	J	E	T	V	K	R	U	G	Q	Z	O	B	E	Q
O	U	P	Z	F	F	N	T	E	X	X	U	A	T	E	U	Z	X
N	I	F	F	O	B	E	T	I	C	T	E	T	T	D	Y	B	L
K	N	Q	K	E	A	E	M	P	N	L	C	X	X	E	Z	Z	I
I	A	J	K	K	Y	S	B	I	E	G	I	Q	K	R	S	G	G
J	R	Y	Q	Z	V	P	K	X	O	R	E	C	V	E	V	T	D
G	T	P	J	X	D	C	J	H	K	D	R	R	Q	R	P	X	Z
W	M	O	E	T	C	H	A	N	D	O	N	I	Q	U	S	X	U
E	V	H	F	T	C	U	F	S	G	J	K	H	E	E	O	O	O
I	U	S	T	P	A	W	B	M	J	O	X	H	L	R	H	T	C

17. Zählen Sie vier bekannte internationale Schaumweine auf.
18. Definieren Sie den Begriff Likörweine.
19. Erklären Sie, was man unter Sherry versteht.
20. Beschreiben Sie das Solerasystem.
21. Zählen Sie vier Sherrytypen auf und beschreiben Sie sie kurz.
22. Definieren Sie den Begriff Portwein.
23. Nennen Sie zwei Portweintypen.
24. Erklären Sie den Begriff Wermut und nennen Sie zwei bekannte Marken.
25. Erörtern Sie den Begriff Spirituose.
26. Nennen Sie die zwei wichtigsten Destillationsverfahren.
27. Erklären Sie auf einfache Weise einen Destillationsvorgang.
28. Definieren Sie den Begriff Cognac und führen Sie zwei Cognacmarken an.
29. Nennen Sie das gesetzlich festgelegte Gebiet für die Cognacproduktion und die Hauptrebsorte.
30. Beschreiben Sie die Spirituose Armagnac.
31. Nennen Sie die Bezeichnungen für Tresterbrände in
    a) Frankreich, b) Italien, c) der Schweiz.
32. Erörtern Sie den Unterschied zwischen Obstwasser und Obstgeist.
33. Was versteht man unter Calvados?
34. Erklären Sie den Begriff Tequila und nennen Sie zwei Tequilamarken.
35. Schildern Sie die Besonderheiten von Scotch Whisky und nennen Sie zwei bekannte Marken.
36. Erläutern Sie die Besonderheiten von Irish Whiskey und nennen Sie zwei bekannte Marken.
37. Korrigieren Sie falsche Aussagen:

> American Whisky wird im Patent-Still-Verfahren hergestellt, wobei nur Weizen als Grundmaterial dient. Es gibt Bouron Whiskey, dessen Ursprung in Kentucky liegt und der zu 100 % aus Mais entsteht. Er lagert etwa vier bis acht Jahre in alten Eichenfässern. Man kennt vor allem Jim Bam, Wilden Truthahn oder For Roses. Weiters gibt es Tennese Whiskey, der durch ein aufwendiges Filtrationsverfahren (Abraham-Verfahren) einen intensiv milden Geschmack erhält. Sehr bekannt sind Jacob Daniel's oder Prichard's. Außerdem gibt es noch Rye Whiskey aus überwiegend Gerste.

38. Erklären Sie die Besonderheiten von Canadian Whisky und führen Sie zwei bekannte Marken an.
39. Erklären Sie folgende Begriffe im Zusammenhang mit Whisky:
    a) Straight, b) Blended, c) Single Malt.
40. Was ist Gin? Kennen Sie zwei Marken?
41. Definieren Sie den Begriff Rum und nennen Sie zwei Marken.
42. Nennen Sie die Besonderheiten von Cachaça und führen Sie zwei Marken an.
43. Beschreiben Sie, was man unter Wodka versteht, und führen Sie zwei Marken an.
44. Schildern Sie, was man unter dem Begriff Likör versteht.
45. Erörtern Sie mithilfe von eigenen Recherchen den Unterschied zwischen Grand Marnier und Cointreau.
46. Erklären Sie mit vorangehender Suche im Internet das Produkt Amaretto, das Produkt Chartreuse bzw. das Produkt Drambuie.
47. Nennen Sie die Basisspirituosen der Bar.

Das Produkt Wein

Wein ist ein Getränk mit Tradition, ist er doch bereits seit der Antike fester Bestandteil unserer Ess- bzw. Trinkkultur. Nach einem historischen Rückblick wendet sich dieses Kapitel der Herstellung von Wein zu, beschreibt Weinfehler und stellt das deutsche Weingesetz vor. Auf dieser Basis lernen Sie im Speziellen die deutschen Weine kennen und begeben sich auf eine Reise in die Weinbaugebiete Deutschlands und anderer bedeutender Weinländer.

Meine Ziele

Nach Bearbeitung dieses Kapitels kann ich

- den Begriff Wein definieren;
- die Geschichte des Weines nachvollziehen;
- die Bedeutung der natürlichen Produktionsfaktoren für Wein erörtern;
- spezielle Begriffe im Weinbau erklären;
- die Herstellung von Wein beschreiben;
- einzelne Arbeitsschritte der Weinherstellung begründen;
- Fachbezeichnungen im Herstellungsablauf definieren;
- Weinfehler aufzählen und erklären;
- erklären, was biodynamischer Weinbau ist;
- einen Überblick über das deutsche Weingesetz geben;
- die deutschen Weinkategorien aufzählen und ihre Unterschiede erklären;
- die Weinbaugebiete Deutschlands nennen und auf einer Karte zuordnen;
- die wichtigsten Rebsorten Deutschlands aufzählen;
- Top-Weinlagen aus verschiedenen Weinbaugebieten nennen;
- die wichtigsten internationalen Weinbauländer nennen und ihre Weine charakterisieren.

1 Definition des Weines und seine Geschichte

Linda kommt aus Würzburg und ist sozusagen mit Wein groß geworden. Sie kennt viele Geschichten rund um die alte Weintradition. Viele Schulkollegen müssen im Internet surfen, um die Entwicklung des Weinbaus in Deutschland kennenzulernen.

Bei den Weintrauben wird zwischen **Tafeltrauben** (für den sofortigen Genuss bzw. getrocknet als Rosinen) und **Keltertrauben** (für die Weinproduktion zum Keltern, also Pressen) unterschieden.

Histamine können Weinliebhabern mit Allergie Probleme bereiten. Vor allem beim Genuss von Rotwein in Kombination mit Käse sind **allergische Reaktionen** möglich.

Wein ist ein durch alkoholische Gärung aus dem Most frischer Trauben hergestelltes Getränk. Er besteht aus 80 bis 85 % Wasser und 15 bis 20 % Inhaltsstoffen (davon sind bisher nur 400 bekannt – es gibt aber weit mehr).

Die wichtigsten Inhaltsstoffe	
Alkohol	Er entsteht durch Vergärung des Traubenzuckers: Zwei Teile Zucker im Most ergeben einen Teil Alkohol und einen Teil Kohlendioxid. Die wichtigsten im Wein enthaltenen Alkohole sind ▪ Ethanol (hat den größten Anteil), ▪ Glyzerin (verantwortlich für die Vollmundigkeit und Samtigkeit), ▪ Methanol, Methylalkohol (nur in geringen Mengen, ist in größeren Mengen schädlich bis giftig), ▪ Fuselöle, Begleitalkohole (Nebenprodukte der alkoholischen Gärung; werden vom Körper schlecht vertragen; Stichwort: Kater, siehe Seite 45).
Kohlenhydrate (Saccharide)	Darunter versteht man den Trauben- und Fruchtzucker (Glukose und Fruktose) im Restzuckergehalt des Weines.
Säuren	Apfel-, Wein-, Milch-, Zitronen- und Essigsäure sind die wichtigsten Säuren. Spricht man allgemein von Säure, dann ist immer die Gesamtsäure gemeint.
Gerbstoffe (Tannine)	Schmecken herb und bitter (adstringierend).
Farb- und Aromastoffe	Bewirken die Farbe, den Duft und das Bukett des Weines.
Stickstoffverbindungen	Eiweißstoffe (z. B. Enzyme als natürliche Fermentationsstoffe) bzw. Aminosäuren. Als Gärungsnebenprodukt entstehen z. B. Histamine.
Vitamine	Vor allem Vitamin B_6 und C.
Mineralstoffe und Spurenelemente	Kalium, Kalzium, Magnesium, Eisen, Phosphorsäure, Bor, Zink, Mangan, Aluminium, Kupfer, Fluor, Jod, Brom u. a.
Kohlendioxid	Gibt dem Wein seine Spritzigkeit.
Schwefel (zugesetzt)	Wirkt der Oxidation entgegen.

1.1 Wein in der Antike

Wann genau der Mensch begonnen hat, Reben zu kultivieren und Wein zu erzeugen, kann nicht eindeutig bestimmt werden. Die ältesten Hinweise auf die Produktion von Wein stammen aus dem Gebiet von Georgien bis zum heutigen Irak. Dort wurde schon vor ca. 8000 Jahren Wein hergestellt, indem wilde Trauben zu einem weinähnlichen Getränk vergoren wurden.

Vom östlichen Mittelmeerraum aus erreichte der Weinbau um 2000 v. Chr. Griechenland und auch Italien. Von den griechischen Inseln aus entwickelte sich ein reger Weinhandel. Auch das Zusetzen von diversen Gewürzen, Harz, Honig usw. wurde bereits damals praktiziert. Der Wein wurde von den Griechen als Geschenk des Gottes Dionysos, des Gottes des Weines, der Freude, der Trauben, der Fruchtbarkeit und der Ekstase, angesehen.

2000 v. Chr.: Das Wissen vom Weinbau wird von den Phöniziern nach Griechenland gebracht.

In den folgenden Jahrhunderten wurde der Weinbau durch die Römer auf die Iberische Halbinsel, nach Südfrankreich und in weitere europäische Länder gebracht. Der römische Kaiser Probus genehmigte seinen Legionären die Auspflanzung. So entstanden vom Donauraum bis an die Mosel Rebanlagen, um die Legionen mit Wein versorgen zu können. Der Zerfall des Römischen Reiches führte in vielen Regionen zum Zusammenbruch des Weinbaus. In Spanien sorgte die lange arabische Herrschaft, unter der Alkohol verboten war, für das vollständige Erliegen des Weinhandels.

1.2 Geschichte des Weinbaus in Deutschland

Die kultivierte Weinrebe „Vitis vinifera" kam wahrscheinlich durch den Sieg der Römer über die Gallier nach Deutschland. Kaiser Probus gilt als der Begründer des deutschen Weinbaus im 3. Jahrhundert n. Chr. Bis zur Zeit **Kaiser Karl des Großen** (8. Jahrhundert) blieb der Weinbau jedoch auf das Westufer des Rheins beschränkt. Karl der Große gab bedeutende Impulse für den Weinbau.

- Er veranlasste das Roden von Wäldern und Bepflanzen mit Rebstöcken aus Ungarn, Italien, Spanien, Lothringen und der Champagne.
- Des Weiteren erließ er erste Gesetze zur Weinbereitung.
- Außerdem erlaubte Karl der Große den Verkauf von selbst erzeugten Weinen und begründete somit den sogenannten Buschenschank.

Vitis vinifera = europäische Urrebe. Sie ist der Vorläufer aller bekannten europäischen Reben und hat als erste kultivierte Rebe gegenüber wilden Reben den Vorteil, dass sie größere, süßere Trauben hervorbringt und viel Saft produziert.

Wussten Sie, dass ...
mit dem „Buschenschank" der saisonmäßige Ausschank selbst hergestellter Weine gemeint ist? Die als Signal für „geöffnet" herausgehängten Zweige oder Besen haben zu dem Namen geführt. Weitere regional geprägte Bezeichnungen sind Strauß- oder Besenwirtschaft und in Österreich Heuriger.

Im Mittelalter gehen viele berühmte Weinlagen auf Klostergründungen zurück (z. B. Schloss Johannisberg und Kloster Eberbach im Rheingau, der Karthäuserhof an der Mosel). Besonders bei den Zisterziensern (z. B. Eberbach) beschäftigte man sich professionell mit Wein. Zunächst wurden vorrangig die aus Burgund mitgebrachten roten Rebsorten gepflanzt. Bald jedoch erkannten die Mönche, dass die Region sich für weiße Rebsorten besser eignet. Kloster Eberbach eröffnete 200 Niederlassungen am Rhein (größtes damaliges Weinunternehmen). Seit dem späten 9. Jahrhundert wuchsen auch in Sachsen sowie an Saale und Unstrut Weinstöcke. Auch in Brandenburg wurde ab dem 11. Jahrhundert Weinbau betrieben.

Die größte Ausdehnung erreichte der deutsche Weinbau im 15. Jahrhundert (400 000 ha). Da die Produktion bald den Bedarf überstieg, wurde Handel notwendig. Der Transport erfolgte über den Rhein samt Nebenflüssen nach Norddeutschland, Holland, Skandinavien und England. Handelszentren waren Köln und Frankfurt. Schließlich kam es dennoch zu Absatzschwierigkeiten, Preissturz und Anbaureduktion zugunsten von Ackerland (für Brot und Bier). Wein wurde im 16. Jahrhundert wieder seltener und teurer. Bei den Rebsorten war es die Zeit des Elblings (größte Anbaufläche). Ebenfalls von Bedeutung waren Räuschling, Silvaner, Muskateller und Traminer.

In Xanten (Niederrhein) wurden Traubenkerne aus dem Jahr 100 n. Chr. gefunden. Die heutige Königin unter den Reben, der Riesling, wurde erst 1435 in Rüsselsheim am Main nachgewiesen.

Der **Dreißigjährige Krieg** (1618–1648) hatte, vor allem durch die die Abwanderung vieler Winzer nach Amerika, verheerende Folgen für den Weinbau. Erst nach langer, mühsamer Erholungsphase kam es 1800 wieder zum erkennbaren Aufschwung. Im Zuge der Säkularisierung übernahmen meist Adelige die Weingüter der Kirche. In dieser Epoche versuchte man schon, Produkte aus spät- und ausgelesenen Trauben herzustellen. 1712 wurde im Kloster Eberbach zum ersten Mal ein besonders hochwertiger Wein als „Cabinet" bezeichnet. Die Bedeutung der Edelfäule war bereits bekannt.

Wussten Sie, dass ...
die Brandenburger Rebfläche mittlerweile wieder 30 ha beträgt und ca. 10 Weinvereine gegründet wurden?

Heute versucht man die Züchtung von **„Piwis“** (pilzwiderstandsfähigen Reben), um Pilzbefall zu verhindern und Pflanzenschutzmaßnahmen einzuschränken.

Erkennbar waren zu dieser Zeit erste Qualitätsbestrebungen. So forderte 1750 ein Edikt die Herstellung von ungezuckertem „naturreinem“ Wein und Klemens Wenzeslaus (Kurfürst von Trier) befahl das Roden aller minderwertigen Rebsorten und ihren Ersatz durch Riesling. Der Elbling wurde häufig vom Silvaner verdrängt. 1711 wurde der Grauburgunder von J. S. Ruland entdeckt und daher auch als Ruländer bezeichnet.

Hybride oder **Direktträger** nennt man unveredelte reblausresistente Rebsorten.

1830 kam es zur Festlegung erster Qualitätskriterien und zur Forderung, dass Trauben verschiedenen Reifegrades getrennt geerntet werden müssen. Zeitgleich verfeinerte Ferdinand Oechsle das System zur Messung des Mostgewichts, nach dem auch heute noch die Qualität der deutschen Weine bestimmt wird. Darüber hinaus wurden Weinbaufachschulen errichtet und Winzergenossenschaften gegründet. Weitere Schritte wurden 1868 und 1897 mit der Preußischen Lagenklassifizierung gegangen. Gleichzeitig kamen die größten Katastrophen für den europäischen Weinbau nach Deutschland: die Pilzkrankheiten Echter und Falscher Mehltau sowie die Reblausplage. Erst durch die Idee des Direktors der Weinbauschule Klosterneuburg in Österreich, Freiherr von Babo, europäische Reben auf reblausimmune amerikanische Unterlagsreben zu pfropfen, konnte die Reblaus wirksam bekämpft werden.

Unterlagsrebe = ein reblausresistenter Wurzelstock, auf den die gewünschte Rebe aufgepfropft wird (wie bei der Veredelung von Bäumen).

Durch die Inflation und die Importflut aus den Nachbarländern standen Anfang des 20. Jahrhunderts viele Winzer vor dem Aus. Nicht zuletzt infolge der beiden Weltkriege schrumpfte die deutsche Rebfläche von 90000 ha (1914) auf 50000 ha (1945). Einen großen Wandel brachte die Zeit zwischen 1950 und 1990 (Rebfläche wuchs wieder; 1997 100000 ha, wie etwa heute). Auch bei den Erträgen kam es zur deutlichen Steigerung (1900 20 hl/ha, 1980 100 hl/ha), jedoch mit Qualitätseinbußen. Die Flurbereinigung der 1950er-Jahre führte zur radikalen Umgestaltung der Weinberge, die ebenso durch das umstrittene Weingesetz von 1971 und das dort geschaffene neue Lagenregister, das hochwertige Einzellagen zu nichtssagenden Großlagen zusammenschloss, weitergeführt wurde.

Die Gründung von Forschungsanstalten (z. B. Geisenheim/Rhein) unterstützte die rasante Entwicklung im modernen Weinbau.

Heute orientiert sich der deutsche Weinbau an der von der EU geschaffenen gemeinsamen Marktorganisation für Wein (siehe Europäischer Weinbau S. 107 ff.) und hat sich nicht zuletzt durch die Bestrebungen und Maßnahmen seines größten Winzerverbandes (VDP) wieder der Qualität auf Kosten der Quantität verschrieben.

2 Natürliche Produktionsfaktoren und Weinbau

Von jedem Weinbaugebiet das Klima, die Lage und den Boden zu lernen, erscheint Fabian reichlich öde. Erst als er in den Ferien bei einem Weinbauern in dessen Weinbergen arbeitet, merkt er, wie spürbar die Unterschiede sind und wie stark sie sich auf die Trauben und später den Wein auswirken.

Mosel bei Trier

2.1 Terroir

Die wichtigste Voraussetzung für guten Weinbau ist das passende Terroir. Gemeint ist damit das viel diskutierte Zusammenspiel von **Boden, Klima** und **Lage** (Topografie) eines Weingartens mit der **Rebsorte.** Und natürlich ist nicht zuletzt auch die Art und Weise ausschlaggebend, wie **der Winzer/die Winzerin** arbeitet.

In Deutschland gedeiht nicht zuletzt aufgrund seiner vielen verschiedenen Bodenarten und Klimaverhältnisse eine reiche Auswahl von Rebsorten.

Boden

Die **Bodenbeschaffenheit** ist einer von vielen Faktoren, die den künftigen Charakter des Weines beeinflussen. Daher ist der Weinbau auch nur in bestimmten geografischen Gebieten möglich. Die Eigenschaften des Bodens, wie zum Beispiel seine Fruchtbarkeit (Nährstoffgehalt) im Zusammenspiel mit den Jahressonnenstunden, wirken über die Rebe auf den Weincharakter ein. Leichte Böden sind durchlässiger und speichern weniger Niederschläge als schwere Böden.

Die vorherrschenden Bodenarten in Deutschlands Weinanbaugebieten sind Basalt, Buntsandstein, Lehm, Löss, Mergel, Muschelkalk, Porphyr, Sand und Vulkangestein.

Löss ist ein feines Sedimentgestein

Klima

Deutschland ist eines der nördlichsten Weinbauländer der Welt und liegt im Grenzbereich zwischen feuchtwarmem und kontinentalem Klima.

Ein Frühjahr ohne Frost, ein nicht zu trockener, sturm- und hagelfreier Sommer, ein milder Herbst mit vielen Sonnenstunden und ein nicht zu strenger Winter sind die besten Voraussetzungen für den Weinbau. Ebenso wichtig wie die Sonnenstunden ist die Niederschlagsmenge. Gewässer wie die Flüsse Rhein, Mosel, Main und der Bodensee dienen den umliegenden Weinbaugebieten einerseits als Wärmespeicher und andererseits als Feuchtigkeitsspender. Die Sonne schenkt der Traube ihren Zucker, das gesamte Klima gibt dem Wein seine Eleganz und seinen Geschmack.

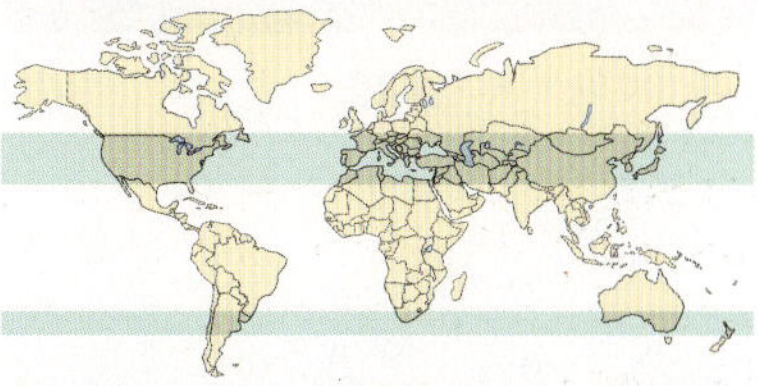

Das Klima ist maßgeblich an der Qualität des Weines beteiligt, weshalb Weinbau nur zwischen dem 30. und 50. nördlichen und dem 30. und 40. südlichen Breitengrad erfolgt.

Die Rebflächen der EU sind nach klimatischen Kriterien in sieben Weinbauzonen eingeteilt. Deutschlands Weinanbaugebiete gehören bis auf Baden zur Weinbauzone A. Baden wird aufgrund des deutlich wärmeren Klimas zur Weinbauzone B gezählt, wie auch Österreich und die Champagne.

Lage (Topografie)

Auswirkungen auf den Wein hat vor allem die Lage der einzelnen Weingärten. In Deutschland finden wir **Hanglagen, Steillagen, Tallagen, Flachlagen, Kessellagen** usw. Daneben beeinflussen natürliche Faktoren wie **Wälder** und größere **Wasserflächen** das Kleinklima.

Das **Begrünen von Weingärten** (zwischen den Rebstöcken z. B. mit Klee, Kräutern) soll der Speicherung von Feuchtigkeit, aber auch der Auflockerung des Bodens durch Kleinstlebewesen und der Förderung von Nährstoffen dienen. In den Steillagen an der Mosel und am Rhein ist diese Maßnahme auch wichtig, um die Abschwemmung des Bodens zu verhindern.

Deutsche und österreichische Weinbaugebiete liegen in den nördlichsten Weinbauzonen der Erde. Aufgrund dieser geografischen Lage fällt international die aromatische Frische heimischer Weine trotz vollständiger Reife auf.

2.2 Sortenwahl und Vegetation

Nicht außer Acht lassen darf man im modernen Weinbau die Sortenwahl. Sie richtet sich nach dem **Nährstoffgehalt** des Bodens und den **Klimaeinwirkungen.** Es wird daher bei einer Neuauspflanzung großer Wert auf die Untersuchung der **Bodenzusammensetzung** gelegt. Nicht jede Rebe bevorzugt die gleichen Nährstoffe und Niederschlagsmengen. Damit müssen auch der Reb- und Zeilenabstand sowie die Stockanzahl pro Hektar abgestimmt werden. Die Vegetationszeit des Rebstockes, das ist die Zeit vom Austrieb im Frühling bis zum Blattfall im Herbst, beträgt im Regelfall 180 bis 240 Tage. Die Vegetationszeit der Trauben dauert etwa 110 Tage.

Viel Sonne und Wärme lassen Weine mit höherem Alkoholgehalt (Vol.-%) entstehen.

Tal- oder Flachlage

Hanglage

Terrassen- bzw. Steillage

Die **Lage und die Ausrichtung einer Rebanlage** (südlagig, südostlagig, südwestlagig) und bei Steillagen auch der **Neigungswinkel** nehmen Einfluss auf die Entwicklung und die Qualität der Rebsorte.

Speziell in Deutschland finden wir dazu viele Beispiele

- Das Anbaugebiet **Mosel** mit seinen steilen Lagen auf Devonschiefer ist prädestiniert für filigrane fruchtsüße Rieslingweine.
- **Baden** als südlichstes Anbaugebiet mit der höchsten Sonnenscheindauer ist idealer Standort für alle Burgunderrebsorten.
- Die **Pfalz** mit ihren vielfältigen Bodenarten liegt an der Grenze zu Frankreich und bildet die Schnittstelle zwischen nördlicher Eleganz und südlicher Kraft deutscher Weine.
- Erwähnenswert sind außerdem die steilen, felsigen Hänge aus Basalt und Grauwacke vulkanischen Ursprungs im Gebiet **Ahr,** die die Basis für herausragende Spätburgunder sind.

Die Vielfältigkeit des Terroirs, die Rebenvielfalt und die Innovationen der Winzerinnen und Winzer ermöglichen schlussendlich die Produktion von hervorragenden Weinspezialitäten.

Arbeitsaufgabe

Finden Sie die gesuchten Begriffe:

Senkrecht

1 Europäische Urrebe (zwei Wörter).
2 Inhaltsstoffe von Wein, die herb und bitter schmecken.
3 Direktträger.
4 Ein Produktionsfaktor in der Weinproduktion.

Waagrecht

5 Reblausresistente Unterlage des Weinstocks.

2.3 Weinbau

In Deutschlands Weinlandschaft gibt es eine große Rebsortenvielfalt. Dank der erwähnten vielfältigen Bodenarten und der verschiedenen Klimaverhältnisse wachsen hier nicht nur deutsche Spezialitäten wie Riesling, Silvaner und Elbling, sondern auch internationale Rebsorten wie Chardonnay, Cabernet Sauvignon und Syrah. Der Weißweinanteil beträgt zurzeit ca. 64 %, der Rotweinanteil ca. 36 %. Nachdem die Rotweinrebsorten in den letzten Jahrzehnten enorm zugelegt haben (Rotweinanteil 1980 noch 11 %), ist nun eine Stagnation in ihrem Wachstum eingetreten.

Wussten Sie, dass ...
die Wissenschaft vom Wein Önologie genannt wird?

www.deutscheweine.de

Weinrebe

Erziehungsarten		
Stockkultur oder Pfahlerziehung		Diese ist vor allem in südlichen Ländern und in unwegsamen Gebieten anzutreffen. Das Laub spendet Schatten und der Boden darunter speichert die spärlichen Niederschläge. Halt bietet meist nur ein Stock. Nachteilig ist das für Pilzinfektionen begünstigende Mikroklima und die schlechte Eignung für Mechanisierung.
Drahtrahmen- und Hochkultur		Sie ist die weltweit häufigste Erziehungsart, da sie händisches und maschinelles Arbeiten am Stock erleichtert. Halt gibt ein Drahtrahmengerüst, das den Weingarten in Zeilen unterteilt. Bezüglich der Höhe des Stocks (Stammhöhe) gibt es drei Varianten: Niedrige (weniger als 0,8 m), mittlere (0,8 m) und hohe (1–1,2 m). Die mittlere Variante ist in Deutschland häufig anzutreffen und die Hochkultur in Österreich.
Lyraerziehung		Benannt wurde diese sehr alte Erziehungsform wegen ihrer ähnlichen Form nach dem griechischen Saiteninstrument. Der Rebstock ist an zwei V-förmigen Pfosten befestigt. Dadurch erhalten die Pflanzen mehr Sonnenlicht und werden optimal belüftet. Der Nachteil ist der doppelte Drahtrahmen. Verbreitet ist diese Erziehungsart u. a. in Australien, Chile und Argentinien.
Pergolasystem		Vor allem in Norditalien, Südwestfrankreich, Spanien und Portugal findet man Holzkonstruktionen (Pergolen), an denen die Pflanzen eine Art Dach bilden.
Vertikosystem		Hier existiert nur ein Drahtrahmen bei einer Stockhöhe von ca. 1,5–1,6 m.
Bodenerziehung		Hier wachsen die Pflanzen ohne Unterstützungssystem flach über dem Boden. Diese Erziehungsart findet man meist in südlicheren, wärmeren Weinbaugebieten, wie z. B. auf Sardinien, den griechischen Inseln sowie in Portugal und Spanien.

Weltweit sind einige tausend Rebsorten bekannt, aber nur etwa 2000 dienen dem Qualitätsweinbau. In Deutschland werden etwa 140 Rebsorten angepflanzt, aber nur etwa 24 haben marktrelevante Bedeutung.

Der Reb- oder Weinstock war vormals eine wild wachsende Kletterpflanze, die von den Völkern der Antike kultiviert wurde.

Gescheine (Infloreszenz) = der Blütenstand der Weinrebe. Auf der Rispe (Rebtrieb) bilden sich Blüten, aus denen die Beere entsteht.

Gescheine

Tannine = Gerbstoffe, die vor allem im Stiel, aber auch in Schale, Fruchtfleisch, Kernen und im Holzfass enthalten sind.

Ableger = Triebe, die mit dem Stock noch verbunden sind; sie werden zur Wurzelbildung in die Erde gelegt.

Stecklinge = einjähriges Holz wird abgeschnitten und zur Wurzelbildung in die Erde gesteckt.

Setzlinge

Das Omegazeichen und das Gegenstück werden für den Omegaschnitt in die Unterlagsrebe bzw. in das Edelreis gestanzt. So können beide Teile zusammengefügt werden.
In Österreich eher selten zu finden ist die sogenannte Hochstammveredelung. Dabei erfolgt die Verbindung von Unterlagsrebe und Edelreis in ca. 70 cm Höhe.

Unter **Fruchtholz** versteht man jene Fruchtruten (einjähriges Fruchtholz), die in den Wintermonaten vom Winzer für den künftigen Austrieb geschnitten werden. Als **Kordon** wird hingegen der mehrjährige verholzte Teil bezeichnet.

Der **Rebtrieb** ist der Austrieb mit seinen Blättern und Ranken, an dem sich die Gescheine und in späterer Folge die Trauben bilden.

Mit den **Ranken** klammert sich die Rebe am Drahtrahmengerüst fest und gibt so dem Rebstock Halt.

Die **Blätter** haben einen Blattstiel und je nach Rebsorte eine größere oder kleinere Stielbucht sowie Blattlappen (drei oder fünf) und Blattadern (Nerven), die für die Nährstoffversorgung zuständig sind.

Die **Weintraube** besteht aus dem Kamm, auch Stiel oder Rappen genannt, und den Weinbeeren. Der Kamm enthält Tannine.

Die **Weinbeere** besteht aus der Schale – sie ist tanninhaltig, und bei den blauen Trauben befindet sich der rote Farbstoff, die Anthocyane, an der Innenseite – und dem Fruchtfleisch. Das Fruchtfleisch enthält den Saft mit seinen Inhaltsstoffen und die Kerne, die ebenfalls tanninhaltig sind.

Rebveredelung und Rebschule

Die häufigste Art der Rebvermehrung seit der Reblausplage ist die **Veredelung.** Auch Ableger oder Stecklinge können zur Rebvermehrung herangezogen werden. Die Rebveredelung dient aber auch dazu, die Rebe gegen andere Schädlinge und Krankheiten resistenter zu machen. Sie wird heute zum größten Teil mechanisch durchgeführt. Die wohl häufigste Art der Veredelung ist der sogenannte **Omegaschnitt.** Des Weiteren gibt es den Lamellenschnitt und den Zungenschnitt.

Der **Zweck** der Veredelung ist, eine reblausimmune Unterlagsrebe mit dem gewünschten Edelreis zu verbinden.

Die **Unterlagsrebe** (Vitis riparia, Amerikanische Rebe) ist reblausresistent, ca. 30 cm lang und hat durchschnittlich drei Augen. Aus ihr bildet sich die Wurzel des künftigen Rebstockes.

Das **Edelreis** (Vitis vinifera, Europäische Rebe) ist ca. 5 cm lang und hat ein Auge. Mit dem Edelreis wird die Sortenwahl getroffen.

Unter **Treibhaus** versteht man einen Raum mit gleichbleibender Temperatur und Luftfeuchtigkeit. In diesem Raum erfolgt im Laufe von drei bis vier Wochen der erste Antrieb, meist in Holzkisten, die mit feuchten Sägespänen, Torf oder Sand gefüllt sind.

Die veredelten Setzlinge werden bis zum Herbst gebündelt in den Weingarten gesetzt, wo Unterlagsrebe und Edelreis verwachsen sowie Wurzeln und Triebe gebildet werden.

In der Rebschule werden die veredelten Reben sortiert und schwache Pflanzen beseitigt. Nach der Überwinterung in konstant temperierten Räumen werden die Reben im Frühjahr ausgepflanzt.

Vom Aussetzen bis zur Lese

Nach dem richtigen Auspflanzen im Weingarten bringt der Rebstock erstmals nach drei bis fünf Jahren Ertrag. Die erste Lese (Ernte) eines neu gepflanzten Weingartens nennt man **Jungfernlese.** Danach trägt der Weinstock etwa 20 Jahre voll, bevor die Erträge mengenmäßig nachzulassen beginnen. In Bezug auf die Qualität der daraus erzeugten Weine kann man jedoch häufig deutliche Verbesserungen beobachten.

Wussten Sie, dass ...
die Arbeit des Winzers im Weingarten
- mit dem Rebschnitt,
- dem Anbinden,
- diversen Laub- und Bodenarbeiten,
- dem Ausdünnen,
- der Krankheitsbekämpfung,
- der Reifekontrolle sowie
- mit dem Einbringen der Lese (Ernte),

sehr umfangreich ist?

Krankheiten und Schädlinge

Beim **Echten Mehltau** (Oidium) und beim **Falschen Mehltau** (Peronospora) handelt es sich um **gefährliche Pilzkrankheiten.** Bei zu großer Feuchtigkeit und zu dichter Laubwand trocknen Blätter und Trauben nicht rechtzeitig ab. In der Folge befällt der Pilz die Blätter und die Beeren. Zur Bekämpfung werden Schwefel (Echter Mehltau), Kupfersulfat (Falscher Mehltau) und diverse Fungizide eingesetzt.

Fungizide = pilztötende chemische Mittel.

Bei der **Kräuselmilbe** handelt es sich um ein winziges Tier, das die Blätter aussaugt. Diese Milbe wird mit speziellen schwefel- bzw. kupferhaltigen Mitteln bekämpft.

Ein vom Echten Mehltau befallener Rebstock

Traubenwickler (Heu- oder Sauerwürmer) sind kleine Schmetterlingsraupen. Das Spritzen mit Insektiziden und das Aussetzen von Raubmilben als natürliche Feinde sind häufige Abwehrmethoden. Umweltschonend, wenn großflächig angewandt, ist die Verwirrmethode. Die Männchen werden durch im Weingarten angebrachte Pheromone (synthetisch hergestellte Sexualduftstoffe) angelockt und können die Weibchen nicht finden.

Weitere Schädlinge sind **Zikaden,** die an Blattadern saugen, sowie Vögel und Wildtiere.

Arbeitsaufgaben

1. Welche Erziehungsarten für Weinreben kennen Sie? Beschreiben Sie ihre Formen.
2. Wie können Reben veredelt werden?
3. Finden Sie drei Schädlinge, die einen Rebstock befallen können:

D	S	D	K	D	Z	S	A	Y	V	J	X	T	E
W	V	Z	A	V	I	S	H	M	I	K	F	R	B
D	I	D	J	O	M	M	N	I	H	F	E	A	L
K	V	G	E	J	G	L	Z	Q	V	I	U	U	I
T	Y	Y	V	E	M	M	S	E	R	Y	P	B	M
Z	Z	G	U	D	N	C	Z	U	U	P	N	E	L
K	U	T	A	A	B	D	G	D	W	A	P	N	E
I	R	R	W	K	Q	Z	G	S	J	D	G	W	S
N	V	F	T	I	M	Q	O	W	T	K	H	I	U
Z	R	D	U	Z	L	H	J	H	E	G	L	C	E
W	Y	Z	N	V	T	V	W	S	P	X	S	K	A
Q	N	U	Q	T	Y	G	A	O	J	I	C	L	R
W	I	C	L	P	Q	S	U	Q	N	P	Q	E	K
M	A	X	O	T	Q	S	R	P	O	P	J	R	L

3 Weinerzeugung

Linda hat ihren Nachbarn in Franken von klein auf bei der Weinlese zugesehen und immer ganz gespannt in den Kellern aufgepasst, wie aus den Trauben der Wein gemacht wird. Diese zeitintensive Herstellung eines Getränks hat sie schon immer fasziniert.

Weinlese

Ziel ist es, qualitativ hochwertiges Traubenmaterial so schonend wie möglich als guten Wein in die Flasche zu bringen. Wein ist ein **Naturprodukt** und daher von vielen Faktoren abhängig. Nicht zuletzt aber entscheidet der Weinproduzent, welchen Weintyp er herstellen möchte. Kellertechnik und Know-how der Winzerin bzw. des Winzers sind dabei entscheidende Voraussetzungen.

3.1 Weinlese

Hauptlese

Sie findet meistens von Mitte September bis Ende Oktober statt. Das hängt von der Witterung ab und daher auch von der Weinbauregion. Geerntet werden vollreife Trauben mit bestem Bukett. Die Weine müssen einen Mindestalkoholgehalt von 8,5 Vol.-% inklusive der eventuellen Anreicherung, also dem Zusatz von Zucker oder Traubenmost vor der Gärung, erreichen.

Oechsle ist die in Deutschland, in der Schweiz und in Luxemburg gültige Maßeinheit für das Mostgewicht der gepressten Trauben (benannt nach dem Erfinder der Mostwaage Ch. F. Oechsle). Die Mostwaage gibt an, um wie viel Gramm 1 l Most bei 20 °C schwerer ist als 1 l Wasser. Daraus kann man Rückschlüsse auf den späteren Alkoholgehalt ziehen (Alkohol in % = ° Oe : 8) In Österreich wird der Zuckergehalt der Trauben mithilfe der sogenannten **Klosterneuburger Mostwaage** (KMW) gemessen. Zum Vergleichen beider Werte: 1° KMW = 5° Oe.

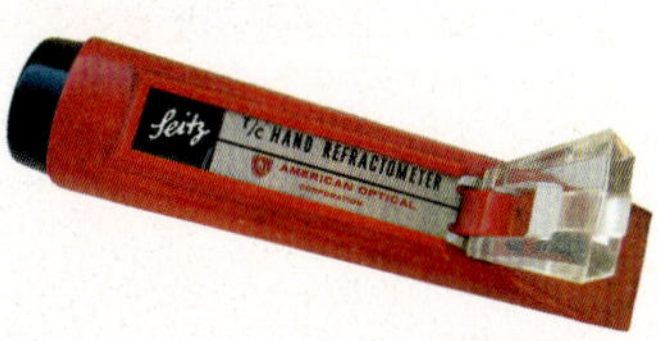

Der natürliche Zuckergehalt kann auch mit einem Handrefraktometer gemessen werden. Sein Gebrauch empfiehlt sich jedoch eher im Weingarten.

Lesegutkontrolle

Sowohl während der Lese als auch während der Weinerzeugung sind bestimmte rechtliche Vorgaben einzuhalten. So muss zum Beispiel die Erntemenge im Herbstbuch, aber auch in der Gesamterntemeldung erfasst werden. Im Herbstbuch sind darüber hinaus auch noch folgende Faktoren anzugeben:

- Erntedatum und -menge
- Geografische Herkunft
- Rebsorten
- Mostgewicht
- Verwendung von Nebenerzeugnissen
- Durchgeführte Anreicherungen

Eine Ernte- und Erzeugungsmeldung muss bis zum 15. 1. des Folgejahres abgegeben werden.

3.2 Weißweinerzeugung

Zur Weinerzeugung werden prinzipiell nur die dafür zugelassenen Traubensorten verwendet. Generell spricht man von weißen Trauben und blauen Trauben. Aus weißen Trauben wird nur Weißwein hergestellt, aus blauen Trauben kann man neben Rotwein auch Roséwein herstellen.

Entrappen und Maischen

Das gesunde Traubenmaterial wird in dafür vorgesehenen Transportbehältern angeliefert, eventuell gewogen und kontrolliert. Anschließend werden die Beeren durch einen Entrapper von den gerbstoffhaltigen Kämmen getrennt und gleich danach durch Walzen gequetscht – es entsteht die **Maische.**

Entrapper

Teilweise gehen Winzer/innen wieder dazu über, die Trauben zu pressen, ohne sie vorher zu entrappen. Man spricht dann von einer **Ganztraubenpressung.** Das erleichtert den Arbeitsablauf, kann aber auch in der Tradition des jeweiligen Winzerbetriebes begründet sein.

Schon ab diesem Produktionsschritt versucht die Winzerin/der Winzer, so es der Betriebsaufbau zulässt, nach dem Schwerkraftprinzip zu arbeiten. Das bedeutet, es soll so wenig mechanischer Druck wie möglich auf das Traubenmaterial ausgeübt werden. Der Saft soll vorwiegend durch das Eigengewicht der Trauben austreten.

Schwefeln

Der Maische kann **Schwefeldioxid** beigefügt werden, um die Bildung von Essig- und Milchsäurebakterien zu unterbinden. Dies verhindert eine Braunfärbung durch eine etwaige Oxidation durch Sauerstoff, fördert die Haltbarkeit und die Bukettentwicklung.

Bei schneller Verarbeitung und gesunder Maische kann darauf verzichtet werden. Mit genauem Timing versucht die Winzerin/der Winzer die Maische so schnell wie möglich beziehungsweise zum bestmöglichen Zeitpunkt weiterzuverarbeiten. Je nach Traubenmaterial und künftiger Weinqualität kann auch eine Maischestandzeit vorgesehen sein.

Pressen (Keltern)

Alte Baumpresse

Bei diesem Vorgang wird großer Wert auf moderne Kellertechnik gelegt. Durch modernste Pressanlagen wird die Maische mit sanftem Druck gepresst. Bei der oben erwähnten Ganztraubenpressung wird mit weniger Druck gepresst, daher dauert der Vorgang auch länger und erfolgt sanfter.

Pressanlagen

- Bei der **Baum- oder Spindelpresse** wird durch eine Spindel von oben Druck auf den Presskorb ausgeübt. Früher geschah dies händisch, heute mechanisch. Diese Presse findet immer weniger Verwendung.
- Bei der **hydraulischen Horizontalpresse** üben zwei Platten von beiden Seiten her Druck aus. Sie sind mit Ketten verbunden, damit sie beim Auseinandergehen den Presskuchen auflockern.
- Bei der **pneumatischen Horizontalpresse** wird der Druck durch eine in der Presse liegende Membran ausgeübt.

Moderne pneumatische Presse

Scheitermost = der aufgelockerte Presskuchen wurde in der früher hauptsächlich verwendeten Baumpresse mit noch mehr Holzscheitern und damit größerem Druck erneut gepresst (auch Nachdruck oder Vin de Presse genannt).

Beim Pressen entsteht

Seihmost	Pressmost	Scheitermost	Trester oder Presskuchen
Fließt bereits ohne Druck ab und wird oft separat vergoren. Er ist der wertvollste Most.	Entsteht durch das Pressen oder Keltern und stellt den größten Anteil dar.	Ist das Produkt des nochmaligen, stärkeren Pressens des Presskuchens (mindere Qualität).	Dabei handelt es sich um die festen Pressrückstände. Der Presskuchen (Trester) wird als Dünger in den Weingarten ausgebracht, ist aber auch das Grundprodukt für den Tresterbrand (siehe S. 72).

Wussten Sie, dass ...
die Begriffe Traubenmost und Traubensaft eigentlich das Gleiche meinen? Most steht aber immer für das frische, meist noch trübe Produkt, Saft hingegen für das klare, haltbar gemachte Getränk.

Vorklären (Entschleimen)

Um den trüben Most von Verunreinigungen wie Teilen von Kernen, Fruchtfleisch, Schalen usw. zu trennen, kann er mit einem Separator (einer Klärschleuder) geklärt werden. Diesen mechanischen Eingriff kann man durch das Stehenlassen des Mostes oder den Einsatz von Enzymen umgehen, die das Absetzen der Trubstoffe bewirken. Der Vorgang selbst ist wichtig, da diese Fremdstoffe die Gärung negativ beeinflussen können.

Chaptalisation (Anreicherung) und Entsäuerung

Darunter versteht man das Aufbessern (Anreichern) des Mostes mit Zucker zur Erreichung eines höheren Alkoholgehaltes nach der Gärung. Das geltende EU-Recht erlaubt eine Höchstaufbesserung um maximal 3 Vol.-% in Zone A und um 2 Vol.-% Alkohol in Zone B. Für Qualitätsweine liegt die Anreicherungsgrenze bei höchstens 15 Vol.-% Gesamtalkohol.

Es gibt unterschiedliche von der EU erlaubte Verfahren zur Mostaufbesserung

1. Die häufigste Art des Aufbesserns von Lesegut ist die Zugabe von Saccharose (Rüben- oder Kristallzucker in fester Form).
2. Auch die Zugabe von konzentriertem Traubenmost oder von rektifiziertem Traubenmostkonzentrat (RTK) ist gestattet.
3. Eine weitere Möglichkeit zur Alkoholanreicherung ist die **Mostkonzentration** mit dem Nebeneffekt der Konzentration sämtlicher Inhaltsstoffe wie Farb-, Extrakt-, Gerb- und Aromastoffe. Erlaubt sind Reduktionen von 20 % des Gesamtvolumens, im Durchschnitt sind es ca. 10 % Wasser, die dem Most entzogen werden. Die Mostkonzentration kann geschehen
   - durch **Vakuumverdampfung,** wobei das Wasser unter Vakuum bereits bei 20 bis 30 °C verdampft.
   - durch **Umkehrosmose:** Dabei wird durch Druck, der über dem osmotischen Druck liegt, Wasser aus dem Most gepresst, die Inhaltsstoffe des Mostes bleiben aber erhalten.

   Vorteile: Die Weinlese ist wetterunabhängiger (z. B. von Regen), eine Zuckergehaltserhöhung ist ohne Saccharose oder Süßmostreserven möglich, alle vorhandenen Inhaltsstoffe werden konzentriert.

   Nachteile: Sehr teuer, Weinverlust, auch minderwertige Qualität wird potenziert (unreife Produkte werden noch unreifer), eingeschränkter Einsatzbereich (derzeit fast nur bei Rotweinen), das Gesamtaromabild verändert sich.

Konzentrierter Traubenmost = Traubensaftkonzentrat, das durch Verdampfen des Wassers im Traubenmost hergestellt wird.

Rektifiziertes Traubenmostkonzentrat (RTK) = eine Art geschmackloser Flüssigzucker, der durch einen mehrmaligen Konzentrationsvorgang des Traubenmostes erzeugt wird. Im Gegensatz zur Saccharose entsteht eine Volumensvergrößerung von 5 %. Die Herstellung ist energieaufwändig und daher sehr teuer.

4. **Kryoextraktion**
Durch Ausscheiden gefrorener Eiskristalle (vor allem Wasser) im Most oder Wein kann ein künstlicher Eisweineffekt erzielt werden. In der EU ist dieser produktionsschonende, aber teure hochtechnische Vorgang nur zur Alkoholerhöhung bei der Weingüteklasse „Wein" erlaubt.

Eine **Verringerung der Säure** ist **durch Entsäuerung mit Kalk** oder durch einen **biologischen Säureabbau** (BSA, eher bei Rotweinen, siehe S. 102) möglich.

Holzfass mit Gärspund

Gärung

Die Gärung ist die Umwandlung des vergärbaren Zuckers in Alkohol und Kohlendioxid durch Reinzuchthefen oder natürliche Hefen des Weingartens oder des Kellers (Spontangärung), zumeist im Nirostatank oder im Holzfass. Das Gebinde sollte nicht vollgefüllt sein, da Wärmeenergie mit entsprechendem Schaum entsteht. Um eine Sauerstoffzufuhr zu unterbinden und gleichzeitig das Kohlendioxid entweichen zu lassen, wird ein Gäraufsatz (Gärspund) verwendet.

Reinzuchthefen = gezüchtete Hefestämme, die eine kontrollierte Gärung bewirken.

Die **stürmische Gärung** dauert fünf bis sieben Tage und hört auf:
- wenn der Zucker vergoren ist bzw. wenn ein Alkoholgehalt von ca. 15 Vol.-% erreicht ist,
- bei falscher Temperatur (die hitzeempfindliche Hefe stirbt ab),
- wenn der Winzer/die Winzerin die Gärung durch Kälteeinwirkung abbricht.

Der Most bekommt bei der stürmischen Gärung eine milchige Farbe, es entsteht Alkohol und Kohlensäure. Der Most heißt nun **Federweißer/Sauser.**
Ist die Gärung abgeschlossen, wird das Geläger (der Abstich: Trubstoffe, abgestorbene Hefe) durch eine Entschleimungsfiltration (Kieselgur) entfernt. Aus dem Federweißer/Sauser ist der Jungwein entstanden.

Den entstandenen trüben, süßlichen gärenden Saft nennt man in Deutschland **Federweißer** oder **Sauser,** in Österreich **Sturm.**

Enthält der Traubenmost vor der Gärung viel Traubenzucker und ist der Alkoholgehalt erreicht, sterben die Hefezellen ab und es bleibt ein **Restzucker.**

Temperatur und Dauer der gesamten Gärung (stürmische Gärung und stille Nachgärung) sind je nach Rebsorte und der gewünschten Ausbauweise des Traubenmaterials verschieden und liegen bei Weißwein bei ca. 15 bis 20 °C, bei Rotwein mit bis zu ca. 28 °C deutlich höher. In der modernen Kellertechnik wird die Temperatur der Nirostatanks, aber auch der großen Fässer mit Computerprogrammen gesteuert.

Abziehen vom Geläger

Der Jungwein wird vom Geläger (von den Gärrückständen, wie abgestorbener Hefe und anderen Trubstoffen) abgezogen (umgefüllt) und es erfolgt eine **natürliche Klärung** (Spontanklärung). Durch **Filtration** (mit Kieselgur) wird dieser Vorgang beschleunigt. Die Zugabe von Schwefel verhindert eine Oxidation und verhilft dem Wein zur Stabilität und Bukettentfaltung.

Kieselgur = Pulver aus Kieselalgen. Bei dieser Anschwemmfiltration legt sich das nasse Kieselgur an metallenen Schichtenplatten an, die die Trubstoffe des Weines zurückhalten.

Lagerung und Ausbau

Prinzipiell gilt die Regel: Je höher die Qualität des Weines, desto länger seine Lagerzeit. Das Bukett wird ausgebaut, die Inhaltsstoffe und Geschmackskomponenten verbinden sich harmonisch miteinander.

Werden international Weiß- und Rotweine meist im großen oder kleinen Holzfass (Barrique) aus Eiche ausgebaut, bevorzugt man in Mitteleuropa bei Weißweinen den Stahltank (Nirosta).

Barrique = Fässer aus der französischen Allier- und der Limousin-Eiche. Klassische Füllmenge: 225 Liter (fasst genau 300 Flaschen à 0,75 l).

In Barriques gelagerter Wein

Toasting = das Ausfeuern (Ausbrennen) der Fässer. Man unterscheidet:

- leicht (light),
- mittel (medium),
- schwer (heavy).

Oak Chips = Eichenspäne, die dem Wein zugegeben werden, um den Holzton ohne Holzfass zu erlangen. Sie sind ein Abfallprodukt bei der Herstellung von Barriques. Auf dem Etikett darf dann kein Hinweis auf Holzfass- oder Barriqueausbau stehen. Bei Prädikatsweinen ist diese Herstellungsmethode verboten.

Wussten Sie, dass ...
als „Cuvée“ ein Wein, der aus mehreren Weinen verschnitten wurde, bezeichnet wird? Damit können säurearme mit säurereichen, leichte mit schweren, im Holzfass und im Stahltank gelagerte Weine gemischt und somit zu einem optimalen Ergebnis geführt werden. Beim Cuvée wird die vorherrschende Rebsorte als Leitsorte genannt (z. B. 40 % Blauer Zweigelt).

Hausenblase = getrocknete und zu Granulat verarbeitete Innenhaut bestimmter Fische.

Ab 1. 7. 2012 sind folgende Behandlungsmittel auf dem Etikett anzugeben, wenn sie 0,25 mg/l überschreiten:

- die aus Eiern gewonnenen Klärungsmittel Lysozym und Albumin
- Milcherzeugnisse zum Klären und Stabilisieren

Fischgelatine und Hausenblase sind nicht deklarationspflichtig.

Bei kräftigeren Weißweinen ist der Einsatz großer Holzfässer gang und gäbe. Bei vollen, runden Rotweinen hingegen passt man sich der internationalen Ausbauweise immer mehr an: Kleinere, neue Holzfässer (Barriques) beeinflussen den Geschmack des Weines aufgrund der Relation von Holzoberfläche zum Fassinhalt (große Holzfläche, kleiner Inhalt). Barriques verleihen dem Wein besondere rauchige und herbe Komponenten.

Nicht jedes Fass gewährleistet aufgrund der Tanninabgabe oder des Toastings die genau gleiche Entwicklung des Weines. Es ist die große Kunst der Winzerin/des Winzers bzw. der Kellermeisterin/des Kellermeisters, aus den einzelnen Weinen ein ausgeglichenes, reifes und harmonisches Produkt zu fertigen.

Holztöne im Wein können aber auch durch das Zufügen von Oak Chips (Eichenspänen) erreicht werden.

Oak chips

Toasting

Konsumenten verlangen aber auch immer mehr und immer öfter leichte, frische, fruchtige junge Weine. Die Winzerinnen und Winzer müssen ihre Kellertechnik so gestalten, dass es möglich wird, diese Jungweine schnell zu produzieren und in den Handel zu bringen.

Schönen und Stabilisieren

Während der Ruheperiode kann man, falls notwendig, den Wein auch schönen und stabilisieren. Darunter versteht man Schritte, die den Wein klären, stabilisieren (haltbar machen) und geschmacklich verbessern.

Folgende Verfahren werden angewendet

- Gelatineschönung, also Klärung mit Speisegelatine, gegen zu hohen Gerbstoffanteil.
- Hausenblasenschönung zur Klärung (zum Blankmachen) und gegen Mufftöne.
- Kohleschönung mit Aktivkohle aus Pflanzenfasern gegen Farb-, Geruchs- und Geschmacksfehler.
- Blauschönung mit Blutlaugensalz zur Entfernung von Schwermetallen.
- Eiklarschönung bei Rotwein mit zu hohem Gerbstoffanteil.
- Metaweinsäure, ein Lebensmittelzusatzstoff (E 353), gegen Weinstein.
- Bentonit (ein Tonmineral) gegen Eiweißtrübung.

Abfüllen

Dem Wein dürfen Kohlensäure und L-Ascorbinsäure zur Erhaltung der Frische und Konservierung zugesetzt werden. Der Wein durchläuft dabei eine Schichtenfiltration (Entkeimungsfiltration), bei der auch Mikroorganismen entfernt werden.

Abhängig von der Qualitätsstufe und der Rebsorte bestimmt die Winzerin/der Winzer den Zeitpunkt der Flaschenfüllung. Er kann bei Jungweinen bereits im Oktober oder November des gleichen Jahres liegen; meist wird aber ab März oder April des Folgejahres oder noch später abgefüllt. Nach der EU-Verordnung 2009 darf auch Qualitätswein in Tetrapaks, Bag-in-Boxes und in Plastikflaschen abgefüllt werden.

Die auf einem Etikett angeführte Rebsorte darf ohne Hinweis darauf mit maximal 15 % einer anderen Rebsorte verschnitten sein. Das Gleiche gilt für den Jahrgang.

L-Ascorbinsäure = Vitamin C; gibt Frische und verhindert Oxidation.

⚠ Ein Verschnitt von Rot- mit Weißweinen ist in Deutschland bei Qualitätsweinen verboten.

Bag-in-Box

3.3 Besonderheiten der Roséweinerzeugung

Wie bei der Weißweinherstellung wird auch bei der Roséweinerzeugung die Maische (hier nur aus blauen Trauben) sofort bzw. bereits nach kurzer Zeit abgepresst. Die Maische vergärt nicht, wodurch sich die dunklen Farbstoffe (Anthocyane) nur geringfügig aus der Beerenschale lösen können. Der Most wird normal vergoren und der fertige Wein hat, abhängig von der Rebsorte und dem Auslaugungsgrad der Maische, eine meist hellrote Farbe.

Dieser **Gleichgepresste** erfreut sich besonders in den Sommermonaten als Wein für zwischendurch oder auch als Aperitif großer Beliebtheit. Er wird wie Weißwein temperiert und serviert.

Besondere Herstellung bei Rotling (Badisch Rotgold): aus roten und weißen Trauben; siehe auch S. 110.

3.4 Besonderheiten der Rotweinerzeugung

Wie schon bei der Weißweinerzeugung erwähnt, ist immer ein reifes und gesundes Traubenmaterial erforderlich. Bei den blauen Trauben ist dies noch wichtiger, da die Anthocyane an der Innenseite der Beerenschale erhalten bleiben sollen. Damit der Wein Farbe bekommt, müssen die anthocyanhaltigen Schalen mitvergoren werden. Deshalb wird für die Rotweinerzeugung die sogenannte **Maischegärung** vorgenommen. Eine eventuell nötige Aufbesserung des Weingutes erfolgt bereits zu diesem Zeitpunkt.

Blick ins Innere (Rührwerk) eines Gärtanks

Maischegärung

Die entrappte Maische wird im Gärbehälter (Gärständer) vergoren. Während sich der Zucker in Alkohol und Kohlendioxid umwandelt, werden auch die Anthocyane und die im Fruchtfleisch und in den Kernen enthaltene Tannine (Gerbstoffe) ausgelaugt. Diesen Vorgang nennt man **Farbextraktion.** Die Gerbstoffe geben dem Rotwein den herben Geschmack.

Bei der Maischegärung in einem offenen Behälter müssen die Beerenschalen an der Oberfläche (der sogenannte Tresterhut) mehrmals täglich untergetaucht werden, um eine optimale Auslaugung zu gewährleisten und eine Oxidation zu verhindern. Bei modernen Gärbehältern erfolgt das automatisch durch sich langsam bewegende Rotoren innerhalb des Behälters. Auch die Temperatur wird computergesteuert.

Was bedeutet Säure?
Weine enthalten Wein-, Apfel-, Milch-, Essig-, Zitronen-, Bernstein-, Amino- und Propionsäuren. Sie beeinflussen Geschmack und Aroma und sind ausschlaggebend dafür, ob ein Wein frisch, fruchtig, fad oder schal schmeckt. Sie sind auch für die Lagerung des Weines von Bedeutung.

Biologischer Säureabbau (BSA)

Der biologische Säureabbau, auch **malolaktische Gärung** genannt, verwandelt durch Milchsäurebakterien die eher aggressive Apfelsäure teilweise in die mildere Milchsäure. Dieser Vorgang macht den Geschmack des Rotweines runder und milder.

Werden solche Weine zu jung getrunken, kann es in der Nase und am Gaumen zu Joghurt- und Sauerkrauttönen kommen. Diese verlieren sich jedoch mit dem Alter des Weines. Darüber hinaus kann durch den BSA auch ein Farbverlust auftreten.

3.5 Besondere Erzeugungsarten

Alkoholarmer Wein	Enthält 0,5 bis 5 Vol.-% Alkohol (in Deutschland 5,5). Dem fertigen Wein wird in besonders schonender Weise im Vakuum bei 28 °C Alkohol entzogen.
Entalkoholisierter Wein	Enthält höchstens 0,5 Vol.-% Alkohol.

Diskutieren Sie mit Ihrer Nachbarin/Ihrem Nachbarn, worin der wesentliche Unterschied zwischen der Weißwein- und der Rotweinherstellung liegt.

3.6 Weinfehler (Weinmängel)

Weinfehler werden meistens durch den Menschen verursacht.

Von einem Weinfehler spricht man, wenn der Wein durch sein Aussehen, seinen Geruch und/oder Geschmack negativ auffällt. Zu einem Weinfehler kann es während des gesamten Verarbeitungsprozesses kommen. Die Ursachen sind vielfältig. In der Regel handelt es sich um mikrobiologische und chemische Vorgänge, seltener sind physikalische Ursachen daran schuld. Das bekannteste Beispiel ist der sogenannte Korkstinker bzw. Korkschmecker.

Besonders häufig anzutreffen ist **Weinstein** bei Weinen aus überreifen Trauben. Er ist nicht, wie oft behauptet, ein Fehler, sondern nur aus optischen Gründen unerwünscht. Im Zuge moderner kellertechnischer Verfahren tritt er heute auch immer seltener in der Flasche auf. Er kann z. B. durch Zugabe von Metaweinsäure oder durch zwei- bis dreiwöchige Lagerung bei niedrigen Temperaturen behandelt werden. Weinstein vermindert die Qualität des Weines nicht, aber beim Einschenken sollte darauf geachtet werden, dass er in der Flasche bleibt.

Weinfehler	Beschreibung	Merkmale
Bittermandelgeschmack	Zur Entfernung von Schwermetallen im Wein wird das gelbe Blutlaugensalz eingesetzt. Bei Überdosierung kann Blausäure frei werden (Überschönung – Blausäure ist giftig!).	Blaustich des Weines, Geruch und Geschmack nach Bittermandeln (ähnlich dem Marzipan). Nicht zu verwechseln mit dem Geruchs- oder Geschmackston einzelner Weinsorten!
Böckser	Ein reduktiver Vorgang, ausgelöst durch Schwefelwasserstoff. Er kann in ganz leichter, aber auch in ganz starker Form auftreten.	Unangenehmer bis widerlicher (faule Eier) Fremdton. Behandlung z. B. mit Kupfersulfat, das in etwas Wasser gelöst dem Wein zugefügt und nach einigen Tagen herausgefiltert wird.
Eiweißtrübung	Das Weineiweiß (Stickstoffsubstanzen) fällt in Form einer Trübung aus. Ursachen können größere Temperaturschwankungen, Licht (z. B. bei Lagerung im Schaufenster) oder Erschütterungen (z. B. beim Transport) sein.	Schleierartige Trübung. Behandlung: meist Bentonitschönung oder Pasteurisierung.

Reduktiv = durch Reduktion (z. B. von Sauerstoff) bewirkt.

Weinfehler	Beschreibung	Merkmale
Essigstich	Wird durch Essigsäurebakterien hervorgerufen (z. B. durch verletzte Beerenhaut) und kann bereits im Keller durch eine rasche Vergärung, den Einsatz von Schwefel und Spundvollhalten verhindert werden.	Leichter bis starker Essiggeruch, manchmal Trübung.
Geranienton	Entsteht durch die Veränderung der Sorbinsäure durch Milchsäurebakterien. Sorbinsäure wird im Ausland oft zur Konservierung beigegeben.	Geruch und Geschmack nach Geranien (Pelargonien).
Fassgeschmack	Schlecht gepflegte Holzfässer und ein nicht gelüfteter Weinkeller können für diesen muffigen Schimmelton verantwortlich sein.	Geruch nach Schimmel, muffig und dumpf im Geschmack.
Holzgeschmack	Wird ein neues Holzfass nicht ausreichend gewässert, gehen zu viele Gerb- und andere Holzinhaltsstoffe in den Wein über. Sie verändern den Geschmack und teilweise auch die Farbe des Weines.	Hochfärbigkeit, Geruch und Geschmack nach Holz.
Korkgeschmack	Er entsteht beim Desinfizieren der Korkplatten mit der Chlorbleiche, durch falsche Lagerung, durch die Maden der Korkmotte oder einen Schimmelpilz.	Unangenehmer, muffiger Schimmelton, der durch Sauerstoff noch stärker wird.
Kunststoffgeschmack (Styrol)	Meist zurückzuführen auf Beschädigung des Kunststoffbehälters.	Styrolton – ein Geruch nach Lack und Lackgeschmack.
Luftgeschmack (Luftton, Oxidationston, Aldehydton)	Entsteht bei zu viel Luftberührung bei nicht vollem Fass und/oder zu wenig Schwefel. Der Oxidationsvorgang beeinflusst die Bukettstoffe.	Sauerkraut- oder Sherry ähnlicher Geruch, matter, schaler Geschmack.
Mäuseln (Pferdeschweißton)	Die Ursache ist zumeist unsauberes Arbeiten im Keller, langes Liegen auf der Hefe, zu wenig Säure oder falsches Schwefeln. Kommt selten und meist nur bei Rotweinen vor.	Intensiver Geruch und Geschmack, der an Mäuseurin erinnert. Regelmäßiges Schwefeln der leeren Holzfässer beugt vor.
Muffton	Schimmeliges Traubenmaterial, die Lagerung in muffigen Fässern oder die Benützung von muffigen Schläuchen und Geräten (mangelnde Hygiene) können die Ursachen sein.	Dumpfer, muffiger Geruch, Schimmelton.

Spundvollhalten = bedeutet, dass das Fass (der Behälter) vollgefüllt sein muss.

Hochfärbigkeit = intensive Farbe.

Holzgeschmack kann manchmal auch beabsichtigt sein – siehe Einsatz von Barriques oder Oak Chips (siehe S. 100).

Hygiene und Sorgfalt bei der Produktion und im Weinkeller können das Entstehen von Weinfehlern verhindern

Weinfehler	Beschreibung	Merkmale
Nachgärung	Bei Restzucker im Wein kann bei mangelnder Flaschenhygiene durch noch lebende Hefeteilchen eine Nachgärung eintreten.	Moussieren (durch CO_2), Schleier und abgelagertes Hefedepot.
Papier- bzw. Filtergeschmack (Zellulose)	Bei schlecht vorbereiteten Filterschichten gelangt dieser Papierton beim Filtern in den Wein.	Unangenehmer Geschmack nach Papier oder Zellulose.
Zähwerden (Milchsäurestich)	Bakterien in der Flasche bauen Apfelsäure und Zucker ab. Der Wein bekommt eine zähe, dickflüssige, trübe Konsistenz.	Trübung, Dickflüssigkeit, Milchsäureton (Sauerkraut).

3.7 Biologischer (ökologischer) und biodynamischer Weinbau

Ein ökoligisch ausgerichteter landwirtschaftlicher Betrieb präsentiert sich als geschlossener Organismus, in dem sich Boden, Pflanzen und Tiere gegenseitig ergänzen. Die Betriebe nutzen diese Synergien zur Qualitätssteigerung. Wurden Winzer/innen, die biologischen Weinbau betrieben, früher belächelt, hat biologischer Wein heutzutage einen beachtlichen Stellenwert erreicht.

Ziel eines **ökologischen Weinbaus** ist es, auf Verwendung von Herbiziden (chemischen Unkrautvernichtungsmitteln) zu verzichten und die Düngung mit Abfällen der Weinerzeugung, Stroh, Rindenkompost, biologisch-dynamischen Kompostpräparaten sowie organischem Dünger durchzuführen. Die Bodenfruchtbarkeit wird durch die Begrünung der Rebzeilen mit diversen Gräsern, Klee, Lupinen usw. gefördert. Diese bewähren sich als Humusbildner und Nährstofflieferanten, bilden die Grundlage eines vielfältigen Bodenlebens und dienen somit als Lebensraum für zahlreiche Nützlinge. Die Bepflanzung sorgt auch gegen Erosion, also Bodenabtrag durch Wind und Regen, vor.

Als Sonderform des biologischen Weinbaus gilt der **biodynamische Weinbau,** der auf den Österreicher Rudolf Steiner (1861–1925) zurückgeht. Seiner Meinung nach lassen Krankheiten von Pflanzen auf ein natürliches Ungleichgewicht schließen, das durch chemische Düngemittel hervorgerufen wird. Daher lehnt der biodynamische Weinbau den Einsatz chemischer Mittel konsequent ab. Stattdessen wird im biodynamischen Weinbau mit speziellen Mittel wie Kuhhörnern und Kräuteraufgüssen gearbeitet und auch auf kosmische Einflüsse, wie z. B. die Mondphasen und Sternanordnungen, geachtet.

www.ecovin.de
www.soel.de
www.demeter.de

Der **Demeter-Anbau** hat die strengsten Vorschriften. Hier werden zusätzlich zur ökologischen Arbeit die positiven Wirkungen aus den wechselnden Stellungen von Sonne, Mond und Planeten ausgenutzt. Erreicht werden sollen die Erziehung gesunder, widerstandsfähiger Rebstöcke, die Förderung und Vermehrung der Artenvielfalt der Pflanzen- und Tierwelt im Weingarten, ein schonender Umgang mit der Natur durch die Verwendung schadstoffarmer Rohstoffe und vieles mehr. Auch bei der Verarbeitung der Trauben bis hin zum fertigen Wein gelten die gleichen strengen Regeln wie beim Anbau. Weine mit dem Demeter-Gütezeichen unterliegen einer ständigen strengen Kontrolle des Demeter-Verbandes.

Das Gütezeichen „demeter" garantiert Konsumenten einen Wein (oder andere landwirtschaftliche Produkte) aus biologisch-dynamischer Bewirtschaftung

Bekannte biodynamische Winzer:
Chapoutier (Rhône), Château de la Roche-aux-Moines (Loire), Christmann (Pfalz), Didier Dagueneau (Loire), Domaine de la Romanée-Conti (Burgund), Dr. Bürklin-Wolf (Pfalz), Ellwanger (Württemberg), Fetzer (Kalifornien), Kühn (Rheingau), Nikolaihof (Wachau), Weninger (Burgenland), Wieninger (Wien), Wittmann (Rheinhessen).

Ziele erreicht?

1. Definieren Sie den Begriff Wein.
2. Was verstehen Sie unter dem Ausdruck Terroir?
3. Nennen Sie Bodenarten des Weinlandes Deutschland.
4. Welchen Einfluss hat das Klima auf den Wein?
5. Welchen Einfluss hat die Lage auf die Qualität des Weines?
6. Finden Sie fünf verschiedene Arten der Reb(er)ziehung.

Q	U	Z	Z	J	G	G	Z	E	G	G	Y	G	O	P	F	M
U	P	J	W	S	N	B	M	J	V	U	N	B	V	I	Z	Q
S	V	H	P	P	U	F	I	D	H	U	M	R	E	X	Y	C
N	P	M	Y	R	H	B	I	S	H	T	W	C	R	H	Q	Q
T	P	E	F	Y	E	N	B	E	Q	N	J	E	T	R	K	C
A	H	R	K	F	I	Q	I	V	L	U	G	M	I	H	A	H
C	J	G	J	B	Z	Z	H	G	F	B	U	L	K	A	Y	Y
S	F	X	C	R	R	U	T	L	U	K	K	C	O	T	S	O
K	B	N	X	E	E	Y	Y	J	Z	B	X	D	S	C	Q	N
G	C	Z	A	S	N	L	T	P	K	Z	I	N	Y	B	B	J
W	V	R	J	P	E	R	G	O	L	A	S	Y	S	T	E	M
U	Y	Q	L	A	D	J	O	D	T	Z	O	U	T	E	U	D
L	L	P	B	E	O	W	R	R	Z	U	W	N	E	P	W	M
N	C	C	R	O	B	Q	U	Y	W	H	G	R	M	Q	I	D
F	V	V	V	Q	C	J	F	S	L	B	O	X	L	S	U	U

7. Erklären Sie den Vorgang des Veredelns der Weinreben.
8. Erklären Sie den Ausdruck Geschein.
9. Nennen Sie Bestandteile der Weintraube.

10. Nennen Sie drei wichtige Arbeitsschritte im Weingarten.
11. Nennen Sie wichtige Schritte der Weißweinerzeugung.
12. Beschreiben Sie die Arbeitsschritte
    a) Entrappen, b) Maischen.
13. Nennen Sie die Besonderheiten der Rotweinerzeugung.
14. Welche Bedeutung hat Schwefel für den Wein?
15. Erklären Sie die Begriffe
    a) Mostaufbesserung, b) Säurebehandlung.
16. Erklären Sie den Begriff Oechsle und vergleichen Sie diesen mit KMW.
17. Beschreiben Sie die alkoholische Gärung.
18. Nennen Sie die Gärtemperatur bei der
    a) Weißwein- und b) Rotweinproduktion.
19. Warum erfolgt die Gärung bei der Rotweinproduktion auf der Maische?
20. Erklären Sie den biologischen Säureabbau bei der Weinproduktion.
21. Was ist unter dem Begriff Federweißer zu verstehen?
22. Definieren Sie den Begriff Geläger. Was kann daraus gewonnen werden?
23. Erklären Sie den Ausdruck Cuvée und nennen Sie mindestens zwei Vorteile.
24. Erklären Sie
    a) den Ausbau in kleinen Holzfässern und b) welche Weinstile dadurch erzielt werden.
25. Wozu dient die Lagerung von Weinen vor der Flaschenfüllung?
26. Erklären Sie die Besonderheiten bei der Produktion von Roséwein.
27. Definieren Sie den Begriff Trester. Was kann daraus gewonnen werden?
28. In welchen Behältern werden junge, leichte, frisch-fruchtige Weißweine vergoren und gelagert?
29. Erklären Sie
    a) den Ausbau im Stahltank und b) welche Weinstile dadurch erzielt werden.
30. Welcher Weinfehler entsteht meist aufgrund welcher Ursache? Verbinden Sie richtig.

Eiweißtrübung	Durch schlecht vorbereitete Filterschichten.
Papier- bzw. Filtergeschmack	Aufgrund größerer Temperaturschwankungen, Lichteinfluss oder Erschütterungen.
Muffton	Entsteht meist wegen der Desinfektion der Korkplatten mit Chlorbleiche, durch falsche Lagerung, Schimmelpilz bzw. durch die Maden der Korkmotte.
Essigstich	Z. B. bei verletzter Beerenhaut können sich Essigsäurebakterien ansiedeln, die nur durch rasche Vergärung, Schwefeleinsatz bzw. Spundvollhalten bezwungen werden können.
Korkgeschmack	Evtl. durch Schimmel auf den Trauben, Lagerung in muffigen Fässern bzw. mangelnde Hygiene bei Schläuchen und Geräten.

31. Beschreiben Sie die Besonderheiten des biodynamischen Weinbaus.

4 Europäischer Weinbau

Der Weinbau in ihrer Heimatregion ist Linda ziemlich vertraut. Andere deutsche oder internationale Weine traut sie sich den Gästen aber nicht zu empfehlen, da sie wenig über andere Weinregionen und andere Weinbauländer sagen kann.

Mit ca. 72 % Anteil an der weltweit produzierten Weinmenge ist Europa der größte Weinproduzent der Welt. Den großen Produktionsmengen steht ein ständig sinkender Weinkonsum gegenüber. Vor allem in den großen Weinverbraucherländern Frankreich, Italien und Spanien hat sich der Weinkonsum in den letzten 20 Jahren halbiert. Die Nachfrage nach hochwertigen Weinen ist dagegen enorm angestiegen.

4.1 Gemeinsame Marktorganisation für Wein in Europa

Die Basis aller europäischen Weingesetze bildet seit August 2009 die gemeinsame Marktorganisation für Agrarprodukte (GMO), die dem Kriterium „Herkunft" (Ursprung) große Bedeutung beimisst.

www.genussweb.eu/trinken/wein/europaweingueter/weinrecht

Die neue Systematik unterscheidet zwischen
- **Weinen ohne geografische Angabe** und
- **Weinen mit geografischer Angabe.**

Damit wurde die Qualitätsphilosophie des romanischen Weinrechts übernommen. Ziel ist es, die unterschiedlichen und zum Teil nicht miteinander vereinbaren Qualitätshierarchien der europäischen Weinländer zu ersetzen. Damit soll für die Verbraucher ein verständlicheres Bezeichnungssystem geschaffen werden.

In den länderspezifischen Umsetzungen gibt es jedoch große Unterschiede. Den Ländern, die bisher das romanische Bezeichnungssystem nutzten (z. B. Frankreich, Italien, Spanien), fällt es leichter die neuen Regelungen umzusetzen als Ländern, die bisher dem germanischen Bezeichnungssystem (Österreich und Deutschland) folgten.

Neues Weinrecht in den Ländern mit germanischem Bezeichnungssystem

In Deutschland und Österreich werden Weine seit jeher nicht nach ihrer Herkunft, sondern nach ihrer Qualität bezeichnet, die vom Mostgewicht der Trauben abhängig ist. Aufgrund dessen wurden die Prädikate für Qualitätswein entwickelt. Unbedeutend ist bei dieser Sichtweise, woher die Weine stammen. Die Umsetzung des neuen Weinbezeichnungssystems (mit dem Herkunftsprinzip im Vordergrund) ist in diesen beiden Ländern grundsätzlich schwieriger, da eigentlich ein neues Beurteilungssystem für die Weinqualität geschaffen werden müsste. Beide Länder haben jedoch bereits Ideen für die Umsetzung erarbeitet.

www.deutscheweine.de
(aktuelles Weinrecht)

Beispiel Deutschland
Hier will man durch die Verbindung
- **der Elemente des Herkunftsprinzips (romanisches System)** und
- **des Qualitätsprinzips (germanisches System)**

ein sogenanntes **„integrales Bezeichnungssystem"** schaffen. War bisher die Qualität (beurteilt nach dem Mostgewicht der Trauben) wichtiger als die Herkunft, dreht sich nun die Sichtweise um. Das heißt, statt dem Mostgewicht steht nun die Herkunft im Mittelpunkt. Weine, die eine bestimmte Herkunftsangabe besitzen, müssen höhere qualitative Mindestvoraussetzungen erfüllen.

Ab 2012 können die neuen Bezeichnungen zusätzlich auf dem Etikett stehen, jedoch nur in ausgeschriebener Form.

Die bisherigen Landweingebiete werden in **geschützte geografische Angaben (g. g. A.)** überführt und die Qualitätsweine werden zu Weinen **geschützter Ursprungsbezeichnung (g. U.)**. Engere Herkunftsbezeichnungen (Lagen-, Orts- und Bereichsnamen) dürfen bei Weinen mit geschützter Ursprungsbezeichnung weiterhin genutzt werden. Ebenso zulässig bleiben auch die Prädikate.

Das bedeutet, dass die Angaben des alten deutschen Weinbezeichnungssystems als sogenannte traditionelle Begriffe EU-rechtlich geschützt sind und der Winzer ab 2012 selbst entscheiden kann, ob er die neuen Weinbezeichnungen zusätzlich zu den traditionellen Begriffen verwendet.

Bei den höheren Qualitätsstufen wird sich in Deutschland also kaum etwas ändern. Im Gegensatz dazu gibt es die Qualitätsstufe Tafelwein ab 2012 nicht mehr. Sie wird durch „Deutscher Wein" ersetzt.

4.2 Weinbau in Deutschland

Deutsches Weingesetz

Deutsche Weingüteklassen

In Deutschland wird wie auch in Österreich der Wein nach dem Zuckergehalt des Mostes klassifiziert. Das Mostgewicht wird mit der **Öchsle-Mostwaage** gemessen. Ein Grad Öchsle (° Oe) entspricht ca. 2,3 g Zucker pro Liter.

Formel für die **Umrechnung von Öchslegraden in ° KMW:**

$$\text{KMW} = \frac{\text{Öchslegrade}}{5}$$

Umrechnungsfaktor:
1° KMW entspricht 5° Oe.

Deutscher Wein (früher Tafelwein)

ohne oder mit Sorten- und/oder Jahrgangsangabe.

Anforderungen

- Er darf nur aus im Inland geernteten Trauben hergestellt werden.
- Nur zugelassene Rebsorten dürfen verarbeitet werden.
- Der natürliche Mindestalkoholgehalt muss in Zone A mindestens 5 Vol.-% (44° Oe) und in Zone B mindestens 6 Vol.-% (50° Oe) Alkohol betragen.
- Nach einer eventuellen Anreicherung muss mindestens 8,5 Vol.-% Alkohol vorhanden sein.
- Der Gesamtsäuregehalt liegt bei mindestens 3,5 g/l.

Landwein/Wein mit geschützter geografischer Angabe

Die Bezeichnung „Landwein" wurde 1982 eingeführt, die zusätzliche Kennzeichnung „Wein mit geschützter geografischer Angabe" ist erst ab 1. 1. 2012 möglich und nicht verpflichtend.

Anforderungen

- Mindestens 85 % der Trauben stammen aus dem angegebenen Landweingebiet.
- Mit Ausnahme der Weine aus den vier 2009 neu aufgenommenen Landweingebieten (Oberrhein, Rhein, Rheinneckar, Neckar) müssen die Weine der Geschmacksstufe trocken oder halbtrocken entsprechen.

26 deutsche Landweingebiete (seit August 2009)	
Ahrtaler Landwein	Mitteldeutscher Landwein
Badischer Landwein	Nahegauer Landwein
Bayrischer-Bodensee-Landwein	Pfälzer Landwein
Brandenburger Landwein	Regensburger Landwein
Landwein Main	Rheinburgen Landwein
Landwein der Mosel	Rheingauer Landwein
Landwein Neckar	Rheinischer Landwein
Landwein Oberrhein	Saarländischer Landwein
Landwein Rhein	Sächsischer Landwein
Landwein Rheinneckar	Schleswig-Holsteiner-Landwein
Landwein der Ruwer	Schwäbischer Landwein
Landwein der Saar	Starkenburger Landwein
Mecklenburger Landwein	Taubertäler Landwein

Wussten Sie, dass ...
die Prädikatsstufe **Spätlese** im Schloss Johannisberg (Rheingau) erfunden wurde? Geschichtlich übermittelt ist, dass die Leseerlaubnis seit 1718 mithilfe eines sogenannten Herbstkuriers aus Fulda eingeholt werden musste. Im Jahr 1775 kam dieser jedoch 14 Tage später als erhofft mit der Genehmigung zur Lese zurück. Mittlerweile waren die Trauben am Stock verfault und eingeschrumpft. Dennoch hat man sie gelesen und verarbeitet und wider Erwartens herausragende Produkte daraus gewonnen. Der Kurier ging als „Spätlesereiter" in die Weingeschichte ein.

Qualitäts- und Prädikatswein/Wein mit geschützter Ursprungsbezeichnung

Die zusätzliche Kennzeichnung „Wein mit geschützter Ursprungsbezeichnung" ist erst ab 1. 1. 2012 möglich und nicht verpflichtend.

Anforderungen

- Sie dürfen nur aus der Spezies Vitis vinifera bereitet werden.
- Der vorhandene Alkoholgehalt beträgt mindestens 7 Vol.-%.
- Je nach Anbaugebiet gelten bestimmte Vorschriften bezüglich Rebsorten, Maximalerträge und erlaubte kellertechnische Verfahren.
- Die Weine müssen einer sensorischen und analytischen Prüfung unterzogen werden und erhalten nach deren Bestehen eine amtliche Prüfnummer (A. P. Nr.).
- Die Ernte und die Verarbeitung erfolgen in einem einzigen bestimmten Anbaugebiet.
- Konzentrierter Traubenmost darf nicht zugesetzt und eine Kältekonzentrierung nicht vorgenommen werden.
- Der Wein muss fehlerfrei sein und typische Bewertungsmerkmale aufweisen.

Zusätzliche Anforderungen an Prädikatsweine
- Eine Anreicherung zur Erhöhung des Alkoholgehaltes ist verboten.
- Eichenholzstücke („Chips") dürfen nicht verwendet werden.
- Das Entalkoholisieren ist nicht erlaubt.

Botrytis cinerea

Eisweintrauben

Die Prädikatsstufen im Überblick

Prädikatsstufen	Oechsle Mindestgrade (unterscheiden sich je nach Anbaugebiet)	Kriterium bei der Lese
Kabinett	67° Oe bis 82° Oe	Reife Trauben
Spätlese	76° Oe bis 90° Oe	Späte Lese und „vollreifer" Zustand
Auslese	83° Oe bis 100° Oe	Auslese aller kranken/unreifen Trauben
Beerenauslese	110° Oe bis 128° Oe	Zum Teil edelfaule, mindestens überreife Trauben
Trockenbeerenauslese	150° Oe bis 154° Oe	Weitgehend edelfaule Trauben
Eiswein	110° Oe bis 128° Oe	Gefrorene Trauben

Wussten Sie, dass ...
die Bezeichnung **Schillerwein** für den Rotling aus Württemberg nicht zu Ehren Schillers, sondern aufgrund des schillernden Eindrucks des Weins verwendet wird?

Trocken: 4 bis max. 9 g/l Restzucker, sofern der Gesamtsäuregehalt (in g/l) höchstens um 2 g/l niedriger ist als der Restzucker.
Halbtrocken: bis max. 18 g/l, sofern der Gesamtsäuregehalt um max. 10 g/l niedriger ist als der Restzucker.
Lieblich: 18 bis max. 45 g/l Restzucker.
Süß: mind. 45 g/l Restzucker.
(Seit August 2009 zugelassener Toleranzwert: 1 g/l.)

Prüfnummer = meist die **Loskennzeichnung;** muss für jeden Qualitäts- und Prädikatswein (mit den Angaben von Einsendeadresse, Rebsorte, Menge, Qualitätsstufe, Farbe, evtl. Verschnittmöglichkeit, Jahrgang, örtlicher Herkunft) beantragt werden und wird nach der Untersuchung einer Probe des Weines innerhalb von fünf Wochen ausschließlich für diesen ausgestellt.

Weinarten

Grundsätzlich handelt es sich bei **Weißwein** um Wein, der ausschließlich aus Weißweintrauben gewonnen wird. Werden dagegen ausschließlich Rotweintrauben verarbeitet, kann daraus sowohl **Rotwein** als auch **Roséwein** (blass-hellrot) entstehen.

Weißherbst ist ein besonderer Roséwein, der folgende Anforderungen erfüllen muss:

- Mindestens Qualitätswein.
- Nur aus einer einzigen roten Rebsorte gewonnen.
- Zu mindestens 95 % aus hell gekeltertem Most.

Rotling ist ebenfalls eine Spezialität des deutschen Weingesetzes. Es handelt sich hierbei um einen blass-hellroten Verschnitt von Weiß- und Rotweintrauben bzw. deren Maischen. Die genauere Bezeichnung ist abhängig davon, aus welchem Anbaugebiet er stammt. In Württemberg spricht man von Schillerwein, in Baden von Badisch Rotgold und in Sachsen existiert dafür die Bezeichnung Schieler.

Angaben auf dem Etikett

Das EU-Recht unterscheidet hier zwischen obligatorischen Angaben (vorgeschriebene Angaben) und fakultativen Angaben (zulässige Angaben unter bestimmten Voraussetzungen).

1. Banderole (in der Flaschenkapsel oder im Verschluss)
2. Anbaugebiet
3. Herkunftsbezeichnung
4. Bezeichnung „Qualitätswein" und die verliehene Prüfnummer
5. Nenninhalt: Inhaltsmenge in Litern
6. Jahrgangs- und Sortenbezeichnung
7. Restzuckergehalt
8. Name und Standort des Weingutes (also des Erzeugers, Abfüllers oder des Verkäufers)
9. Alkoholgehalt
10. „Enthält Sulfite" muss angegeben sein; ab 2011 ist eine Kennzeichnung von Allergenen obligat.

Vorgeschriebene Angaben bei	
Wein ohne Herkunftsbezeichnung	■ Bei inländischem Wein: „Deutscher Wein“ oder „Wein aus Deutschland“. ■ Bei Verschnitt von Erzeugnissen mit Ursprung in mehreren Mitgliedsstaaten der EU: „Verschnitt von Weinen aus mehreren Ländern der Europäischen Gemeinschaft“. ■ Bei Weinbereitung in einem Mitgliedsstaat, in dem die Trauben nicht geerntet wurden: „In (z. B. Deutschland) aus (z. B. in Spanien) geernteten Trauben hergestellter Wein“. ■ Nennvolumen (Flascheninhalt). ■ Name des Abfüllers sowie Mitgliedsstaat, Gemeinde seines Hauptsitzes bzw. Angabe des tatsächlichen Abfüllortes. ■ Vorhandener Alkoholgehalt. ■ Restzuckergehalt. ■ Loskennzeichnung. ■ Angabe „Enthält Sulfite“ oder „Enthält Schwefeldioxid“ (sofern höher als 10 mg/l). ■ Seit 1. 7. 2012: „Enthält Ei“ oder „Enthält Eiprotein“ oder „Enthält Eiprodukt“ oder „Enthält Lysozym aus Ei“ oder „Enthält Albumin aus Ei“. ■ Seit 1. 7. 2012: „Enthält Milch“ oder „Enthält Milcherzeugnis“ oder „Enthält Kasein aus Milch“ oder „Enthält Milchprotein“.
Land-, Qualitäts- und Prädikatswein	■ „Deutscher Landwein“ oder „Deutscher Qualitätswein“. ■ Das bestimmte Anbaugebiet oder das Landweingebiet, aus dem der Wein stammt. ■ „Prädikatswein“ in Verbindung mit einem Prädikat, z. B. „Kabinett“. ■ Die zugeteilte amtliche Prüfungsnummer, die in der Regel auch Loskennzeichnung ist.

Zulässige Angaben unter bestimmten Voraussetzungen

- Bezeichnung und Gemeinschaftszeichen „Geschützte geografische Angabe“ bei Landweinen.
- Bezeichnung und Gemeinschaftszeichen „Geschützte Ursprungsbezeichnung“ bei Qualitäts- und Prädikatsweinen.
- Engere geografische Herkunftsangabe bei Qualitäts- und Prädikatsweinen, z. B. Bereich, Groß- und Einzellage.
- Eine oder mehrere Rebsorten.
- Jahrgang.
- Marke.
- Geschmacksangabe: „trocken“, „halbtrocken“, „lieblich“, „süß“.
- Weingut, Erzeugerabfüllung, Gutsabfüllung, Schlossabfüllung, Weinhändler, Winzer, Importeur, Burg, Domäne, Kloster, Schloss, Stift.
- Auszeichnung bei Prämierungen, Verleihung von Gütezeichen (wenn zugelassen).
- EU-Verpackungszeichen „e“.
- Ab der Ernte 2012 die Bezeichnung „Bio-Wein“ bzw. „Öko-Wein“ und EU-Bio-Logo.

Bei **Weinen ohne Herkunftsbezeichnung** ist die Angabe folgender Rebsorten (inkl. Synonyme) verboten: Bacchus, Blauer Limberger, Blauer Portugieser, Blauer Silvaner, Blauer Spätburgunder, Blauer Trollinger, Domina, Dornfelder, Grauer Burgunder, Grüner Silvaner, Kerner, Müller-Thurgau, Müllerrebe, Rieslaner, Roter Elbling, Roter Gutedel, Roter Riesling, Roter Traminer, Scheurebe, Weißer Elbling, Weißer Gutedel, Weißer Riesling.

Nennvolumen = Füllvolumen in Litern (z. B. 0,75 l).

Restzuckergehalt = laut EU-Verordnung angegebener Gehalt an unvergorenem Zucker (siehe auch S. 110). Bezeichnungen wie „feinherb“, „fränkisch trocken“ bzw. „herb“ sind nicht gesetzlich definiert!

Die **Kennzeichnung allergener Inhaltsstoffe** (wie Schwefeldioxid, Eiprotein, Milch) ist heutzutage gesetzlich vorgeschrieben.

Angaben zu Groß- und Einzellagen dürfen nur dann erfolgen, wenn mind. 85 % des Weines aus der Lage stammen und der Rest aus dem Anbaugebiet. Ebenso gilt die 85-%-Regel für Jahrgangs- bzw. Rebsortenangaben.

Marke = Markenname; unter diesem Namen wird der Wein verkauft. Das kann der Name des Weinguts, der Rebsorte oder ein Fantasiename sein.

Für die **Bezeichnung „Bio-Wein“** müssen Bio-Winzer folgende Richtlinien im Keller einhalten:

- Verzicht auf Sorbinsäure.
- Kein Entzug von Alkohol.
- 50 mg/l weniger Schwefel als vorgeschrieben.

VDP. Die Prädikatsweingüter
www.vdp.de

Verband Deutscher Prädikatsweingüter (VDP)

Gegründet wurde dieser Verband 1910 mit dem Ziel, gleichgesinnte Verbände zu vereinen und gemeinsame Auktionen durchzuführen. Mittlerweile ist dieser Verband der einflussreichste und angesehenste deutsche Winzerverband mit ca. 200 Mitgliedern. Sein Erkennungszeichen ist der Traubenadler als Logo auf der Kapsel und dem Etikett. Ziel des VDP ist es, die deutsche Weinkultur durch das Erreichen höchstmöglicher Weinqualität zu fördern.

Folgende Maßnahmen bzw. Bestrebungen sind darauf abgestimmt:

- Die Weine dürfen nur aus Spitzenlagen stammen.
- Angestrebt werden niedrigere Erträge und höhere Mostgewichte als im Weingesetz vorgeschrieben.
- Nur traditionelle Rebsorten dürfen angebaut werden.
- Die Anwendung umweltverträglicher Methoden soll gefördert werden.

Ab der Ernte 2012 bilden folgende vier Stufen die Qualitätspyramide des VDP

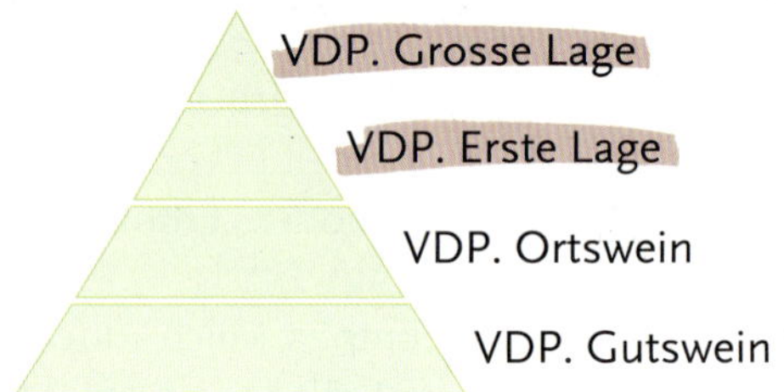

VDP.Grosse Lage = nur beste Lagen. Trockene Weine dieser Kategorie heißen **„Grosses Gewächs“.** Nur im Rheingau heißt die Grosse Lage **„Erstes Gewächs“.**

VDP.Erste Lage = sehr gute Lagen. Das Logo ist eine Traube mit der Ziffer „1“ und zusätzlich die VDP-Kapsel.

Trockene Weine

1. VDP. Gutswein
2. VDP. Ortswein
3. VDP. Erste Lage
4. VDP. Grosses Gewächs

Neu ist die Bestimmung, dass die Prädikatsbezeichnung (z. B. Kabinett) nur noch für restsüße Weine erlaubt sind (außer bei den Gutsweinen). Trockene „Erste Lagen“ und „Ortsweine“ tragen das Etikett von trockenen Qualitätsweinen.

Das Doppel-S (bei Grosses Gewächs) wurde vom VDP gewählt, damit die Auszeichnung international verständlich ist.

Bezeichnung	Voraussetzungen	Etikettierung
Grosses Gewächs	■ Herkunft von als „Erste Lage" klassifizierten Spitzenlagen. ■ Aus regional festgelegten traditionellen Rebsorten. ■ Strenge Ertragsbegrenzung auf höchstens 50 hl/ha und Handlese. ■ Mostgewicht mindestens Spätleseniveau. ■ Sensorische Prüfung. ■ Max. 9 g/l Restzucker.	Das Gütesiegel ist gesetzlich nicht legitimiert, daher darf nur die Abkürzung **„GG"** auf das Etikett bzw. die Flasche.
Erstes Gewächs (nur für Rheingau)	■ Nur aus klassifizierten Lagen im Rheingau. ■ Ausschließlich aus Riesling und Spätburgundertrauben. ■ Höchstertrag 50 hl/ha und Handlese. ■ Mostgewicht mindestens Spätleseniveau. ■ Gesamtalkoholgehalt mind. 12 Vol.-% (Riesling) bzw. 13 Vol.-% (Spätburgunder) ■ Max. 6 g/l Restzucker (Spätburgunder) bzw. 13 g/l (Riesling) ■ Vorgeschriebene Termine für Ersterscheinen auf dem Markt.	Der Begriff **„Erstes Gewächs"** ist gesetzlich anerkannt und darf auf das Etikett.

Weinanbaugebiete in Deutschland

Die Weinbaugebiete Deutschlands liegen vorwiegend im **Südwesten des Landes.** Sie zählen zu den nördlichsten Weinanbaugebieten der Welt und befinden sich im Grenzbereich zwischen dem feuchtwarmen Golfstromklima im Westen und dem trockenen Kontinentalklima im Osten.

Auch die Bodenvielfalt – großteils Vulkan- und Schieferböden, Muschelkalk- sowie Löss- und Lehmböden – trägt zu den vielfältigen Weinqualitäten bei. Deutschland verfügt daher auch über eine dementsprechende Sortenvielfalt.

Bis in die 1990er-Jahre wurden deutsche Weine meist durch Winzergenossenschaften vermarktet. Sie waren für ihren Hang zur Restsüße bekannt. Dies änderte sich in den letzten Jahren und man begann, sich auf die besten Rebsorten und Lagen zu konzentrieren. Viele Genossenschaften sowie Weingüter erkannten den Trend der internationalen Weinwelt und reagierten darauf mit modernen Vinifikationsmethoden und Weinstilen.

Deutsche Weine werden heute in viele Länder **exportiert – besonders die Rieslinge und Prädikatsweine** haben international einen guten Ruf. Das Verhältnis Weißwein zu Rotwein hat sich in den letzten Jahren von 80 zu 20 auf 64 zu 36 verschoben.

Deutschland im Überblick

Rebfläche: ca. 102 000 Hektar
Weinproduktion: ca. 9 Mio. Hektoliter/Jahr

Weinanbaugebiete in Deutschland

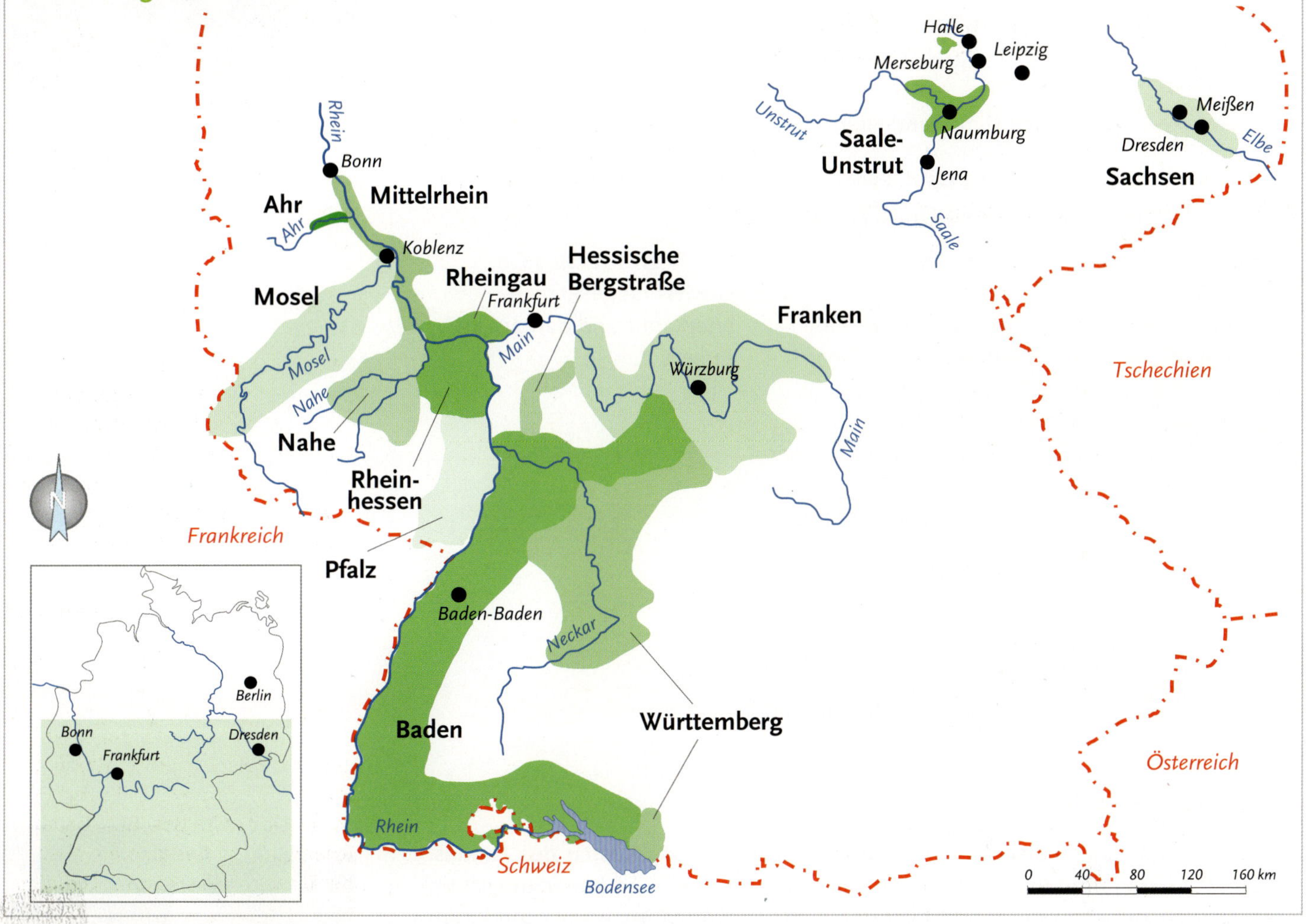

Die Weinbauregionen ergeben auch jene **13 bestimmten Anbaugebiete,** die die geografische Herkunft der deutschen Qualitätsweine festlegen. Die deutschen Weinbauregionen werden in **26 Landweingebiete** unterteilt. Ein bestimmtes Anbaugebiet gliedert sich in **Bereiche,** die sich wiederum in **Großlagen** gliedern. Die Großlagen setzen sich aus **Einzellagen** zusammen.

Anbaugebiet	Anbaufläche 2011	Anteil Weißwein	Anteil Rotwein
Rheinhessen	26 490 ha	69 %	31 %
Pfalz	23 489 ha	62 %	38 %
Baden	15 820 ha	57 %	43 %
Württemberg	11 345 ha	29 %	71 %
Mosel	8 787 ha	91 %	9 %
Franken	6 111 ha	81 %	19 %
Nahe	4 149 ha	75 %	25 %
Rheingau	3 134 ha	85 %	15 %
Saale-Unstrut	755 ha	74 %	26 %
Ahr	559 ha	15 %	85 %
Sachsen	483 ha	81 %	19 %
Mittelrhein	459 ha	85 %	15 %
Hessische Bergstraße	441 ha	79 %	21 %
Gesamt	**102 096 ha**	**64 %**	**36 %**

Ahr (ca. 559 ha)

Das Gebiet Ahr gehört zu den nördlichsten und kleinsten Anbaugebieten Deutschlands. Sehr steile, felsige Hänge bestimmen das milde Klima. Die Böden sind vulkanischen Ursprungs und bestehen meist aus Schiefer, Basalt und Grauwacke.

Bekannt ist dieses Gebiet vor allem aufgrund seiner herausragenden Spätburgunder-Rotweine. Im Fachhandel und in der Gastronomie werden sie als Spezialität zu hohen Preisen vermarktet.

Auch weingeschichtlich ist dieses Gebiet interessant, denn hier entstand mit der „Winzergenossenschaft Mayschoß" (1868) die erste Winzergenossenschaft der Welt. Des Weiteren ist die „Walporzheimer Gärkammer" mit 6 400 m² eine der kleinsten Einzellagen Deutschlands.

Ahr

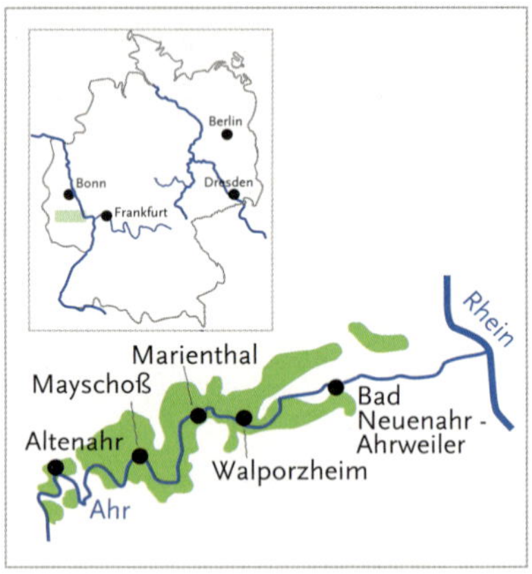

Ahr auf einen Blick

Weiße Rebsorten	Rote Rebsorten
Riesling, Müller-Thurgau	Spätburgunder, Portugieser, Frühburgunder

Landweingebiete

- Ahrtaler Landwein
- Landwein Rhein

Bekannte Weinorte (Lagen)

Altenahr (Kreuzberg), Bad Neuenahr, Walporzheim

Bekannte Weingüter

Adeneuer, Deutzerhof, Meyer-Näkel, Stodden

Wussten Sie, dass ...
die Rebsorte Frühburgunder von der Slow-Food-Vereinigung in die „Arche des Geschmacks" aufgenommen wurde, u. a. mit dem Ziel, die Biodiversität im Weinbau zu fördern?

Das Weingut Meyer-Näkel gewann 2008 die „International Pinot Noir Trophy" und sorgte so für weltweite Beachtung und Anerkennung des kleinen, aber herausragenden Rotweingebietes.

Weinanbau an den Steilhängen an der Ahr

Baden

Die heißeste Weinlage Deutschlands befindet sich mit dem Ihringer Winklerberg am Kaiserstuhl.

Staatliches Weininstitut in Meersburg am Bodensee

Wussten Sie, dass ...
der Badische Winzerkeller in Breisach mit ca. 2 500 ha Rebfläche die größte deutsche und eine der größten europäischen Winzergenossenschaften ist?

Baden (ca. 15 820 ha)

Baden ist das südlichste Anbaugebiet, das sich auch am längsten ausdehnt. Es erstreckt sich über 300 km entlang des rechten Rheinufers vom Bodensee bis Mannheim und gilt als die Burgunder-Hochburg Deutschlands. Da hier die Sonnenscheindauer wesentlich höher und damit das Klima deutlich wärmer ist als in den anderen Anbaugebieten, zählt Baden wie auch Österreich zur Weinbauzone B.

Weinreben am Kaiserstuhl in Baden

Die Böden sind in den neun Bereichen sehr unterschiedlich (Vulkangestein, Kalk-, Ton- und Lössablagerungen). Die bekanntesten Bereiche sind Kaiserstuhl (seltene Querterrassierung) und Ortenau.

Eine Besonderheit Badens ist die herausragende Stellung der Winzergenossenschaften. 85 % der Weine werden von diesen vermarktet. Eine weitere Eigenart ist die Rebsorte Gutedel im Bereich Markgräflerland. Die Weine Badens sind im deutschen Vergleich in der Regel korpulenter und trockener.

Baden auf einen Blick

Weiße Rebsorten	Rote Rebsorten
Müller-Thurgau, Grauburgunder, Weißburgunder, Gutedel	Spätburgunder

Landweingebiete
- Badischer Landwein
- Landwein Oberrhein
- Landwein Rheinneckar
- Taubentäler Landwein

Bekannte Weinorte (Lagen)
Baden-Baden, Breisach, Heidelberg, Meersburg

Bekannte Weingüter
Dr. Heger, Huber, Schwarzer Adler, Stiegler, Ziereisen

Franken (ca. 6 111 ha)

Die Weine sind größtenteils rebsortenrein und weiß (80 %) und gelten als besonders herzhaft und kernig. Das Klima ist kontinental geprägt. Bei den Böden reicht die Vielfalt von Muschelkalk (Maindreieck), über Buntsandstein (Mainviereck) bis zum Keuper (Steigerwald).

Besonderheiten Frankens sind, dass

- es im Vergleich zu den anderen Anbaugebieten vom Rotweinboom der 1990er-Jahre kaum berührt wurde,
- vier von fünf Flaschen im Gebiet selbst getrunken werden und
- Riesling mit ca. 4 % der Anbaufläche so gut wie keine Rolle spielt.

Bereits Goethe soll Anhänger der Frankenweine (besonders von der Lage Würzburger Stein) gewesen sein, als deren edelste und typischste Rebsorte der Silvaner gilt.

Franken auf einen Blick

Weiße Rebsorten	Rote Rebsorten
Müller-Thurgau, Silvaner, Bacchus	Domina, Spätburgunder, Dornfelder

Landweingebiete

- Landwein Main
- Regensburger Landwein

Bekannte Weinorte
Aschaffenburg, Escherndorf, Hörstein, Würzburg

Bekannte Weingüter
Bürgerspital, Fürst, Juliusspital, Sauer

Franken

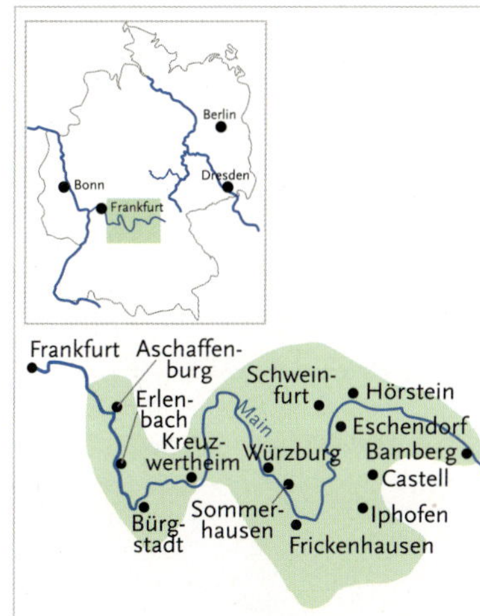

Der Bocksbeutel ist das Markenzeichen des Frankenweins. Nur Qualitäts- und Prädikatsweine dürfen in den Bocksbeutel. In Franken werden ca. 40 % der Weine darin abgefüllt. Laut deutschem Weingesetz dürfen außerhalb Frankens nur noch Weine aus dem württembergischen Bereich Kocher-Jagst-Tauber, dem badischen Bereich Tauberfranken und aus vier Gemeinden des badischen Bereichs Ortenau diese Flaschenform verwenden.

Wussten Sie, dass ...
die legendäre Lage „Würzburger Stein“ die erste Lage Deutschlands war, die eine eigene Bezeichnung erhielt? Darüber hinaus ist sie mit 85 ha auch die größte Einzellage in Deutschland.

Wussten Sie, dass ...
man mit „fränkisch trocken“ Weine umschreibt, die weniger als 4 g/l Restsüße aufweisen?

Hessische Bergstraße

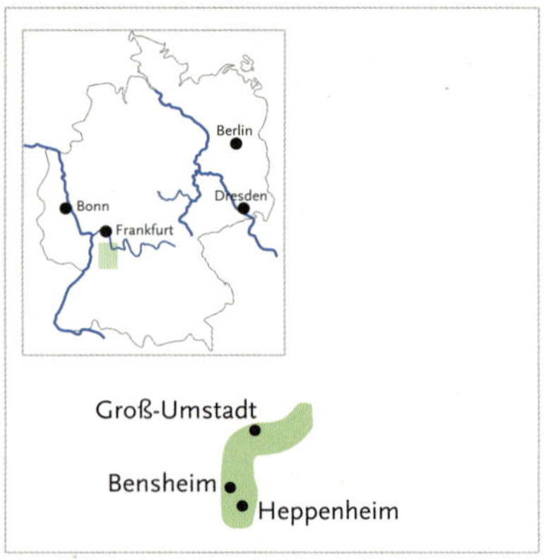

Hessische Bergstraße (ca. 441 ha)

Die Hessische Bergstraße liegt nördlich von Mannheim und ist das kleinste Anbaugebiet Deutschlands. Es liegt im Schutz des Odenwaldes und hat nur lokale Bedeutung. Granit ist die vorherrschende Bodenform.

Der größte Weinbergsbesitzer ist der hessische Staat. Ansonsten dominieren hier, ähnlich wie in Baden, Winzergenossenschaften das Weingeschäft.

Hessische Bergstraße auf einen Blick

Weiße Rebsorten	Rote Rebsorten
Riesling, Grauburgunder, Müller-Thurgau	Spätburgunder

Landweingebiete
Starkenburger Landwein

Bekannte Weinorte
Bensheim, Heppenheim

Bekannte Weingüter
Staatsweingut Bergstraße, Weingut der Stadt Bensheim

Mittelrhein

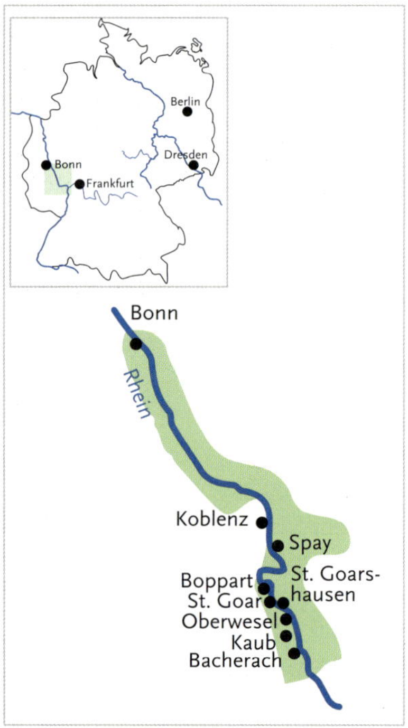

Mittelrhein (ca. 459 ha)

Neben der Hessischen Bergstraße ist das Gebiet Mittelrhein eines der kleinsten Deutschlands. Es erstreckt sich am linken Rheinufer von Bingen bis Koblenz und Bonn, am rechten Ufer von Kaub flussabwärts. Milde Sommer und der Rhein als Wärmespeicher sowie Löss-, Schiefer-, Quarzit- und Vulkanverwitterungsböden sind ideale Voraussetzungen für reifes Lesegut.

Berühmt ist das Anbaugebiet für seine steilen Felsen und zahlreichen Burgen. Der Loreley-Felsen ist zugleich Patron und Wahrzeichen. In diesem von Riesling dominierten Gebiet wird Weinbau vor allem im Nebenerwerb oder als Hobby durchgeführt. Gegenwärtig ist jedoch eine dramatische Aufgabe von Rebhängen vor allem in Steillagen zu beobachten. So gingen in 30 Jahren etwa 40 % der Rebfläche verloren.

Mittelrhein auf einen Blick

Weiße Rebsorten	Rote Rebsorten
Riesling, Müller-Thurgau, Kerner, Silvaner	Spätburgunder

Landweingebiete
- Landwein Rhein
- Rheinburgen Landwein

Bekannte Weinorte
Bacharach, Kaub, St. Goar, St. Goarshausen

Bekannte Weingüter
Bastian, Matthias Müller, Ratzenberger, Jost

Wussten Sie, dass ...
die UNESCO Teile des Gebietes Mittelrhein zum Weltkulturerbe erklärt hat?

Mosel (ca. 8 787 ha)

Die hier wachsenden Rieslinge haben internationalen Ruf. Die Rebsorten Kerner, Elbling und Müller-Thurgau werden auch als Grundwein zur Versektung herangezogen.

Das Verhältnis von Temperatur und Niederschlagsmengen ist optimal. Während in den Tallagen Sand-, Kies- und Schotterböden vorherrschen, zeichnen sich die Steillagen durch roten und blauen Schiefer sowie Quarzit aus. Letztere weisen ein Gefälle von über 30 % auf und machen ein Drittel der Rebfläche aus. Der „Calmont" gilt sogar als die steilste Lage der Welt.

Aber das ist nicht der einzige Superlativ dieses Gebiets. Weitere sind, dass es sich hier um eines der ältesten deutschen Anbaugebiete und die größte zusammenhängende Rieslingfläche handelt. Darüber hinaus ist das Anbaugebiet Mosel die Heimat des „Scharzhofberg", der weltberühmten Toplage, aus der die teuersten Weine Deutschlands stammen.

Mosel auf einen Blick

Weiße Rebsorten	Rote Rebsorten
Riesling, Müller-Thurgau, Elbling	Haben kaum Bedeutung.

Landweingebiete
- Landwein der Mosel
- Landwein der Saar
- Landwein Rhein
- Landwein der Ruwer
- Saarländischer Landwein

Bekannte Weinorte
Bernkastel, Cochem, Kröv, Trier, Wehlen, Zell

Bekannte Weingüter
Dr. Loosen, Egon Müller-Scharzhof, Haart, Heymann-Löwenstein, Prüm, Volxem

Mosel

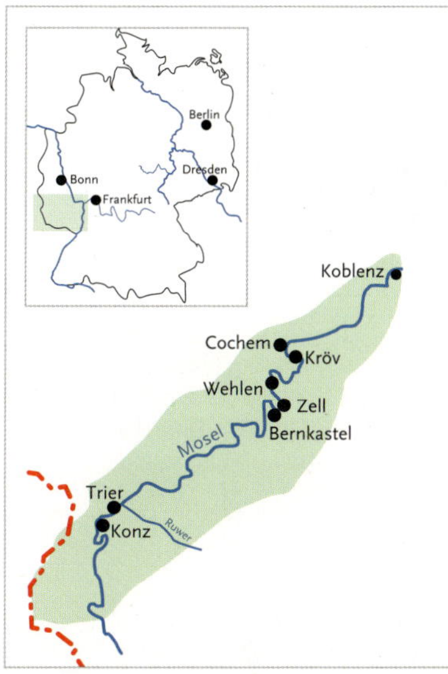

Der Scharzhofberg ist eine Einzellage im Bereich Saar (südlich von Konz), die aufgrund des Mikroklimas und der stark verwitterten Schieferböden besonders für edelfaule Weine aus alten, zum Teil noch wurzelechten Rieslingstöcken bekannt ist.

Wussten Sie, dass ...
die berühmte Lage „Wehlener Sonnenuhr" ihren Namen der 1848 von Jodocus Prüm im Weinberg gebauten Sonnenuhr verdankt?

Nahe

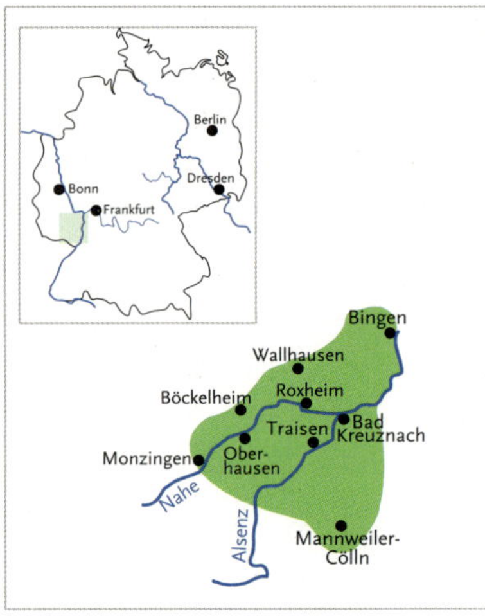

Wussten Sie, dass ...
das Anbaugebiet Nahe mit mehr als 180 Bodenarten deutschlandweit die größte Bodenvielfalt aufweist?

Nahe (ca. 4 149 ha)

Das Gebiet Nahe, zwischen Mosel und Rhein gelegen, ist ebenfalls für seine Rieslinge bekannt. Aufgrund des milden, frostarmen Klimas und der vielfältigen Bodentypen wächst hier fast alles. Daher gilt dieses Gebiet auch als „Probierstübchen Deutschlands". Die Böden bestehen vorwiegend aus Quarz, Schiefer, Ton, Löss und Porphyr.

Lange Zeit wurden die Weine unter Wert gehandelt. Mittlerweile stellen sie sowohl bei nationalen als auch internationalen Prämierungen erfolgreich ihre herausragende Qualität unter Beweis. Auch die Preise sind im Zuge dessen auf Rheingau-Niveau gestiegen. Trotzdem kommt es auch hier zur Aufgabe vieler renommierter Steillagen, da sich kaum jemand findet, der die mühsame Arbeit auf sich nehmen will.

Nahe auf einen Blick

Weiße Rebsorten	Rote Rebsorten
Riesling, Müller-Thurgau, Silvaner	Dornfelder, Spätburgunder

Landweingebiete
- Landwein Rhein
- Nahegauer Landwein

Bekannte Weinorte
Bad Kreuznach, Böckelheim

Bekannte Weingüter
Dönnhoff, Schönleber, Schäfer-Fröhlich

Pfalz

Pfalz (ca. 23 489 ha)

Die Pfalz ist nach Rheinhessen zwar nur das zweitgrößte Anbaugebiet Deutschlands, aber bei der Produktion die Nummer eins. Ein Viertel der deutschen Weine wachsen in dem Gebiet, das sich entlang der Deutschen und Südlichen Weinstraße von Worms bis zur französischen Grenze erstreckt.

Es bildet somit die Schnittstelle zwischen den eleganten Weinen des Nordens und den kraftvollen Weinen des Südens. Kalk, Sand, Schiefer, Ton, Löss und Lehm sind die vorherrschenden Bodenarten.

Bei den Rebsorten fällt auf, dass in der Pfalz der Portugieser (11 % der Fläche) und die Neuzüchtung Dornfelder (14 % der Fläche) eine größere Bedeutung haben als in den anderen zwölf Gebieten. Aus dem Portugieser wird in erster Linie Weißherbst bereitet.

Mit insgesamt 5 455 Hektar weist die Pfalz die größte Riesling-Dichte der Welt auf. Auch einer der ältesten noch tragenden Weinberge der Welt mit über 400 Jahre alten Rebstöcken (Gewürztraminer und Silvaner), der „Rhodter Rosengarten", liegt in der Pfalz. Des Weiteren ist das Gebiet durch seine große Sektkellerei in Wachenheim bekannt.

Pfalz auf einen Blick

Weiße Rebsorten	Rote Rebsorten
Riesling, Müller-Thurgau, Weißburgunder, Grauburgunder	Dornfelder, Portugieser, Spätburgunder

Landweingebiete
- Landwein Rhein
- Pfälzer Landwein

Bekannte Weinorte
Bad Dürkheim, Deidesheim, Neustadt, Speyer

Bekannte Weingüter
Becker, Dr. Bürklin-Wolf, Knipser, Reichsrat von Buhl

Wussten Sie, dass ...
in Bad Dürkheim das größte Weinfass der Welt mit einem Fassungsvolumen von 1,7 Millionen Litern steht? Es wurde 1934 aus 200 Schwarzwälder Tannen gefertigt und hat einen Durchmesser von 13,5 m. Mit Wein gefüllt wurde es nie und heute beherbergt es das Restaurant Dürkheimer Fass.

Rheingau (ca. 3 134 ha)

Der Rheingau gilt als eines der besten Weinanbaugebiete Deutschlands. International ist es neben der Mosel auf alle Fälle das bekannteste. Es erstreckt sich von Hochheim bis Assmannshausen am rechten Rheinufer.

Rheingau

Das Schloss Johannisburg im Rheingau begann bereits 1720 mit dem reinen Rieslinganbau – damals eine Weltpremiere

Das Klima ist durch den Schutz des Taunus ausgeglichen und die Böden sind mit denen der Nahe vergleichbar. Mit ca. 78 % Flächenanteil ist hier alles auf Riesling ausgerichtet. Auf den Schieferböden rund um Assmannshausen spielt jedoch auch Spätburgunder eine große Rolle.

Das Gebiet ist auch weingeschichtlich interessant, denn hier wurde erstmalig Wein aus edelfaulen Trauben produziert (Spätlesereiter, siehe S. 109) und die Bezeichnung „Kabinett“ (Kloster Eberbach) eingeführt. Auch heutzutage gehen viele Neuerungen, so z. B. im Bezeichnungsrecht vom Gebiet Rheingau aus. Die Einführung der „Ersten Gewächse“ 1999 und die damit verbundene Orientierung an den Cru-Weinen Frankreichs hat maßgeblich zur Qualitätssteigerung des deutschen Weines beigetragen. Nicht zuletzt ist mit der Forschungs- und Rebzuchtanstalt Geisenheim gewährleistet, dass das Gebiet auch in Zukunft innovativ bleibt.

Forschungs- und Rebzuchtanstalt Geisenheim

Wussten Sie, dass ...
Hock früher in England ein Synonym für Rheinweine war und sich von dem Ort Hochheim im Rheingau ableitet? Der Begriff Hochheim galt sogar als gleichbedeutend mit Riesling und Königin Victoria von England soll einer der treuesten Fans dieser Weine gewesen sein.

Rheingau auf einen Blick

Weiße Rebsorten	Rote Rebsorten
Riesling, Müller-Thurgau	Spätburgunder

Landweingebiete
Rheingauer Landwein

Bekannte Weinorte
Assmannshausen, Geisenheim, Oestrich-Winkel, Rüdesheim

Bekannte Weingüter
Breuer, Künstler, Leitz, Robert Weil, Schloss Vollrads, Schloss Johannisberg, Spreitzer

Rheinhessen

Rheinhessen (ca. 26 490 ha)

Das Gebiet zwischen den Städten Bingen, Mainz, Alzey und Worms ist das größte deutsche Anbaugebiet und wird auch „Land der 1 000 Hügel" genannt. Im Schutz von Taunus und Odenwald herrschen milde Durchschnittstemperaturen. Es gibt Verwitterungsböden mit Löss (50 %) und Mergel.

Die Sonne scheint in Rheinhessen mehr als 1 500 Stunden im Jahr

Die berühmtesten Weine wachsen am sogenannten „Roten Hang", der seinen Namen aufgrund der rötlichen Schieferböden hat. Neben den aus den anderen Gebieten bekannten Rebsorten spielen hier auch Neuzüchtungen (z. B. Dornfelder, Scheurebe und Kerner) eine Rolle.

Kaum zu glauben ist, dass Rheinhessen, das sich mit den Worten des britischen Weinjournalisten Stuart Pigott momentan zur „Traumfabrik des deutschen Weines" mausert, früher als verschlafen und langweilig galt. Statt Masse steht nun Klasse im Vordergrund und die erfolgreichen Bemühungen um Qualität haben sich längst auch in Gastronomie und Handel herumgesprochen. Ein erwähnenswertes Projekt unter vielen ist z. B. die Förderung der Rebsorte Silvaner durch zahlreiche Marketingkampagnen.

Wussten Sie, dass ...
mit dem Rheinhessen Silvaner (RS) 1986 der erste deutsche Gebietswein geschaffen wurde? Ziel war und ist es, die alte qualitativ hochwertige Rebsorte Silvaner wieder besser auf dem Markt zu positionieren. Ein RS wird immer trocken mit im Vergleich relativ hoher Säure ausgebaut.

Rheinhessen auf einen Blick

Weiße Rebsorten	Rote Rebsorten
Müller-Thurgau, Riesling, Silvaner, Kerner, Grauburgunder, Scheurebe	Dornfelder, Spätburgunder, Portugieser

Landweingebiete
- Landwein Rhein
- Rheinischer Landwein

Bekannte Weinorte
Bingen, Ingelheim, Nierstein, Worms

Bekannte Weingüter
Freiherr Heyl zu Herrnsheim, Gundloch, Keller, Wittmann

Liebfrauenmilch ist weltweit der bekannteste Typenwein Deutschlands, der aus den Anbaugebieten Nahe, Rheinhessen, Pfalz und Rheingau stammt. Vorgeschrieben sind des Weiteren mindestens 18 g/l Restzucker und die Rebsorten (mindestens 70 % Riesling, Silvaner, Müller-Thurgau oder Kerner). Seinen Namen hat dieser Wein aufgrund seiner ursprünglichen Lage (rund um die Liebfrauenkirche in Worms).

Saale-Unstrut (ca. 755 ha)

Das Gebiet liegt in den Tälern der gleichnamigen Flüsse und ist geprägt von Muschelkalk und Buntsandsteinböden. Es ist das nördlichste Qualitätsweinanbaugebiet Europas. Das Klima ist kontinental bei hoher Frostgefahr (Polarwinter mit –30 °C).

Die Weine sind in der Regel weiß, extraktreich, aber alkoholarm. Im Gegensatz zu einigen Gebieten im Westen stockt man hier erfolgreich auf. So werden selbst ehemalige Tagebaugebiete zu Weinbergen. Auch die Weinflächen der beiden nördlichen Bundesländer Brandenburg und Mecklenburg-Vorpommern gehören weinrechtlich zu Saale-Unstrut.

In Freyburg hat die erfolgreichste deutsche Sektkellerei „Rotkäppchen-Mumm" ihren Hauptsitz.

Saale-Unstrut

Saale-Unstrut auf einen Blick

Weiße Rebsorten	Rote Rebsorten
Müller-Thurgau, Weißburgunder, Riesling	Portugieser, Dornfelder

Landweingebiete
- Brandenburger Landwein
- Mecklenburger Landwein
- Mitteldeutscher Landwein

Bekannte Weinorte
Freyburg, Naumburg, Werder

Bekannte Weingüter
Böhme, Kloster Pforta, Lindicke, Lützkendorf, Pawis

Die Weinanbaufläche in Saale-Unstrut hat sich in nur 12 Jahren auf die heutigen mehr als 700 Hektar verdoppelt.

Wussten Sie, dass ...
Saale-Unstrut 1887 als erstes Anbaugebiet Deutschlands von der Reblaus befallen wurde?

Sachsen

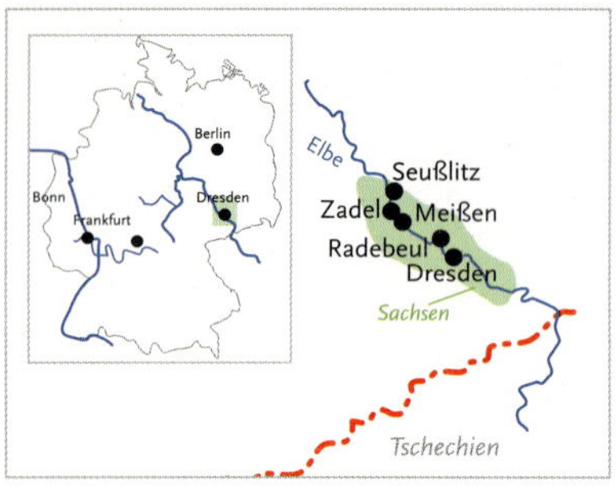

Goldriesling = wurde angeblich Ende des 19. Jahrhunderts im Elsass aus Riesling und Courtillier Musque Précoce gekreuzt und ist heute fast nur noch in Sachsen zu finden. Die anspruchslose Rebsorte gedeiht früh und hat wenig Reifepotenzial. Mit Riesling hat sie charakterlich leider kaum etwas gemeinsam.

Wussten Sie, dass ...
es in Sachsen eine spezielle Flaschenform, die sogenannte Sachsenkeule gibt? Im Gegensatz zum Bocksbeutel hat sie sich aber aufgrund ihrer Bruchanfälligkeit nicht flächendeckend durchsetzen können.

Sachsen (ca. 483 ha)

An der Elbe entlang von Pillnitz über Dresden bis Diesbar-Seußlitz erstreckt sich dieses Gebiet. Auch hier herrscht hohe Frostgefahr aufgrund des kontinentalen Klimas. Die Böden sind mit Granit, Gneis, Lehm und Löss vielfältiger als im Gebiet Saale-Unstrut. Eine Gemeinsamkeit ist das gegenwärtige Anwachsen der Rebflächen.

Als Besonderheiten hat dieses aufstrebende Weinanbaugebiet Folgendes zu bieten:

- die erste Weinbauschule Deutschlands, die 1811 in der für ihr Porzellan bekannten Stadt Meißen eröffnet wurde und
- die Rebsorte Goldriesling, die nur hier anzutreffen ist.

Sachsen auf einen Blick

Weiße Rebsorten	Rote Rebsorten
Müller-Thurgau, Riesling, Weißburgunder, Scheurebe, Traminer	Spätburgunder, Dornfelder

Landweingebiete
Sächsischer Landwein

Bekannte Weinorte
Dresden, Meißen, Radebeul

Bekannte Weingüter
Aust, Drei Herren, Fourré, Schloss Proschwitz, Vincenz Richter, Zimmerling

Württemberg

Württemberg (ca. 11 345 ha)

Württemberg gilt als Rotweinland und wird großteils von Winzergenossenschaften bewirtschaftet. Das Gebiet liegt im Schutz des Schwarzwaldes und der Schwäbischen Alb.

Die schwäbischen Weine, die in der Regel auf Muschelkalk und Keuper wachsen, sind außerhalb kaum bekannt, da das meiste im sogenannten „Ländle" selbst getrunken wird. So überrascht es auch nicht, dass hier der Verbrauch an Wein mit 35 l/Kopf im Jahr doppelt so hoch ist wie im übrigen Deutschland.

Die Landeshauptstadt Stuttgart ist neben dem badischen Freiburg die Stadt mit dem größten Rebflächenanteil. Als „Nationalgetränk" gelten die Weine aus der roten Rebsorte Trollinger, die hier neben Südtirol, wo sie Vernatsch heißt, ihre zweite Heimat gefunden hat. Selbst der ansonsten die deutschen Rebflächen dominierende König Riesling hat gegen diese lokale Rebsortenvorliebe (ein Viertel der Anbaufläche) wenig auszurichten.

Württemberg auf einen Blick

Weiße Rebsorten	Rote Rebsorten
Riesling, Silvaner, Kerner	Trollinger, Lemberger, Schwarzriesling, Spätburgunder

Landweingebiete
- Bayrischer Bodensee Landwein
- Landwein Neckar
- Landwein Rhein-Neckar
- Schwäbischer Landwein

Bekannte Weinorte
Heilbronn, Salzberg, Stuttgart, Uhlbach

Bekannte Weingüter
Aldinger, Beurer, Dautel, Ellwanger, Graf Neipperg

Wussten Sie, dass ...
die Rebsorte Lemberger offiziell eigentlich Blauer Limburger heißt und in Österreich als Blaufränkisch eine bedeutende Rolle spielt?

Württemberg ist neben der Ahr das einzige Anbaugebiet, dessen Rotweinanteil über 50 % liegt.

Deutschlands Qualitätsweinrebsorten

Bedeutung und Charakteristik

Rebsorte	Hektar 1999	Hektar 2011	% 2011
Riesling	23 039	22 636	22,2
Müller-Thurgau	22 973	13 374	13,1
Spätburgunder	7 453	11 756	11,5
Dornfelder	2 142	8 009	7,8
Silvaner	7 475	5 185	5,1
Grauburgunder	2 565	4 859	4,8
Weißburgunder	2 032	4 280	4,2
Portugieser	4 603	3 966	3,9
Kerner	7 465	3 328	3,3
Trollinger	2 542	2 378	2,3

Berechnen Sie den Prozentanteil aller zehn Hauptrebsorten gemeinsam (in Deutschland 2011) ebenso wie die damit bepflanzte Rebfläche. Setzen Sie diese Zahlen mit der gesamten Weinanbaufläche in Deutschland von Seite 114 in ein Verhältnis und errechnen Sie so die Fläche, auf der andere, in Deutschland seltenere Rebsorten angepflanzt sind.

Riesling (Klingerberger, Johannisberger)

- Gilt als „die große weiße Traubensorte Deutschlands“ (Jancis Robinson).
- Gelbgrün-hellgelb im Glas.
- Duft nach Pfirsich, Apfel, Honig und im Alter typische Petrolnote.
- Hohe natürliche Säure.
- Erbringt großartige langlebige, restsüße Weine.
- Selten mehr als 12 Vol.-% Alkohol.
- Bringt jeweiligen Terroir-Charakter gut zum Ausdruck.
- Frosthart.
- Mag kein Eichenholz.

Typische Riesling-Anbaugebiete: Mosel, Rheingau, Mittelrhein

Müller-Thurgau (Rivaner)

- Wurde 1882 von Dr. Hermann Müller aus dem Kanton Thurgau (Schweiz) gezüchtet (Kreuzungspartner: Riesling und Madeleine Royale).
- Reift früh und gedeiht fast überall auf nährstoffreichen Böden.
- Liefert in der Regel hohe Erträge („Massenträger").
- In den 1970er- bis 1990er-Jahren meistangebaute Rebsorte und generell erfolgreichste Neuzüchtung der Welt.
- Blass-hellgelbe Farbe.
- Nicht sehr säurebetont.
- Fruchtiges leicht muskatartiges Aroma.
- Meist trocken ausgebaut.
- Nicht besonders lagerfähig.

Typische Müller-Thurgau-Anbaugebiete:
Rheinhessen, Pfalz, Franken

Spätburgunder (Pinot noir, Blauer Burgunder)

- Zisterzienser brachten Klone in den Rheingau und an die Ahr.
- Lieferte lange Zeit liebliche, blasse Weine.
- In 1990er-Jahren steiler Aufstieg in der Beliebtheitsskala.
- Gilt als „Diva" im Weinberg und Keller.
- Genetische Stabilität sehr gering (viele Mutationen, wie z. B. Grau- und Weißburgunder).
- Hell – rubinrot.
- Wenig Tannin und harmonische Säure.
- Aromen: Himbeeren, Erdbeeren, Kirschen, zum Teil Sandelholz und Weihrauch.

Typische Spätburgunder-Anbaugebiete:
Ahr, Baden, Pfalz

Dornfelder

- 1956 von August Herold gezüchtet (Helfensteiner und Heroldrebe).
- Auffallend tiefdunkle Farbe (ursprünglich als Färbertraube entwickelt).
- Bereits jung trinkfähig, aber auch gute Entwicklung im Barrique.
- Samtig, fruchtbetont (Sauerkirschnote).
- Erreicht ohne Weiteres hohe Erträge.
- Erfolgreichste Neuzüchtung im Rotweinbereich.

Typische Dornfelder-Anbaugebiete:
Rheinhessen, Pfalz, Nahe

Wussten Sie, dass ...
die pilzwiderstandsfähige Rebsorte (Piwi) Regent 1967 am Institut für Rebenzüchtung Geilweilerhof aus Diana und Chambourcin gezüchtet wurde? Ihre offizielle Zulassung für den Anbau erfolgte 1995 und mittlerweile ist sie der erfolgreichste rote Piwi in Deutschland.

Silvaner (Sylvaner, Grüner Silvaner)

- Laut DNA-Analyse Kreuzung aus Traminer und Österreichisch-Weiß.
- 1659 erster Nachweis in Castell (Franken).
- Frühreifend, ertragreich, aber frostempfindlich.
- Keine hohen Mostgewichte und nicht sehr langlebig.
- Blassgelb.
- Vegetabiles Aroma und Stachelbeernoten.
- Verhaltene Säure.
- Die feinsten Silvaner kommen aus Franken (Bocksbeutelflasche).
- Passt sehr gut zu Spargel.

Typische Silvaner-Anbaugebiete:
Rheinhessen, Franken, Pfalz

Der feine Silvaner passt sehr gut zu Spargel

Grauburgunder (Grauer Burgunder, Pinot gris, Ruländer, Grauer Mönch)

- Weiße Rebsorte mit dunkler Schale.
- Mutation des Spätburgunders.
- Extraktreiche, säurearme Weine.
- In der Regel sehr alkoholreich.
- Typischer Duft nach Mandeln und Honig.
- Süßere Version „Ruländer".

Typische Grauburgunder-Anbaugebiete:
Baden, Rheinhessen, Pfalz

Weißburgunder (Weißer Burgunder, Pinot blanc)

- Weiße Mutation des Grauburgunders.
- Wächst bevorzugt auf tiefgründigen, kalkhaltigen Böden.
- Grünlich-gelb im Glas.
- Verhaltene Aromen (Birnen, Quitten, Aprikosen, Zitrusfrüchte, Ananas, Lindenblüten).
- Relativ wenig Säure und rund im Geschmack.

Typische Weißburgunder-Anbaugebiete:
Baden, Rheinhessen, Pfalz

Portugieser (Blauer Portugieser)

- Wahrscheinlich österreichische Wurzeln.
- Wuchskräftig, frühreifend und sehr ertragreich.
- Heller, leichter, säure- und tanninarmer Rotwein.
- In der Regel leider oft belanglos und nicht lange lagerfähig.
- In der Pfalz vor allem als „Weißherbst".
- Zartes Beerenaroma (Himbeer, Johannisbeer, Erdbeer), manchmal Pfeffer.
- Rückgang der Rebfläche in den 1970ern, seit den 1990ern Stabilisierung.

Typische Portugieser-Anbaugebiete:
Rheinhessen, Pfalz, Württemberg

Kerner (Kernerrebe)

- Sehr erfolgreiche weiße deutsche Neuzüchtung (Trollinger und Riesling).
- Frosthart.
- Reift verlässlich aus bei hohen Mostgewichten.
- Hell- bis strohgelbe Farbe.
- Ähnelt im Säuregehalt sehr dem Riesling.
- Kräftigere Aromen als Riesling (Grüner Apfel, Johannisbeeren, Eisbonbon).
- Seit den 1990er-Jahren Rebfläche stark rückläufig.

Typische Kerner-Anbaugebiete:
Rheinhessen, Pfalz, Franken

Trollinger (Blauer Trollinger, Vernatsch, Black Hamburg)

- Heimat wahrscheinlich Südtirol.
- Fast nur in Württemberg angebaut („Nationalgetränk").
- Lange Vegetationsperiode (reift spät).
- Vor allem auf warmen Keuper- oder Muschelkalkböden sehr ertragreich.
- Blassrote Weine mit leichtem Körper und frischer Säure.
- Aromen: floral, etwas Muskat und Wildkirsche.
- Selten langlebig.

Typische Trollinger-Anbaugebiete:
Württemberg, Baden

Ziele erreicht?

1. Welche Person hatte maßgebliche Bedeutung für den deutschen Weinbau und warum?
2. Welches Ziel verfolgt die EU mit der gemeinsamen Marktorganisation für Wein?
3. Wie viele Qualitätsweinanbaugebiete hat Deutschland? Nennen Sie diese und beschreiben Sie drei davon genauer (Größe, Rebsorten, Besonderheiten).
4. Wie heißen die Güteklassen für Wein in Deutschland? Erklären Sie die Unterschiede zwischen diesen.
5. Finden Sie die sechs Prädikatsstufen?

T	I	U	W	Y	P	E	J	Q	H	C	R	O	X	G	S	O	F	N	J
V	R	F	K	N	H	Z	T	V	P	Y	M	A	I	P	D	E	N	I	J
P	E	O	Q	U	A	Y	J	V	N	T	C	G	A	P	S	X	Z	E	K
X	W	T	C	G	V	S	M	N	F	T	I	E	J	T	Z	J	J	W	O
L	N	S	M	K	X	K	E	W	V	X	T	A	I	J	P	J	H	S	U
Q	O	D	G	T	E	C	A	L	U	L	M	W	Z	Y	R	O	S	I	Y
E	K	G	F	Y	C	N	G	X	E	V	W	Z	A	X	R	Z	D	E	O
X	S	O	Q	P	G	J	B	S	V	I	O	B	M	W	G	B	N	H	V
E	B	E	O	Q	X	K	E	E	B	S	D	E	N	E	Z	V	I	Q	G
J	Z	G	L	E	O	Q	S	R	E	O	M	E	W	K	C	W	X	S	A
V	G	P	B	S	Q	D	E	X	X	R	C	R	A	I	U	C	H	W	I
H	P	M	F	X	U	K	O	T	H	P	E	E	G	B	K	I	Z	M	M
A	D	K	W	W	E	A	B	B	T	T	E	N	I	B	A	K	E	U	U
H	J	O	N	C	B	P	N	D	G	O	E	A	A	J	Z	C	K	N	H
C	Y	Q	B	Q	C	A	M	Y	U	I	P	U	R	U	Q	A	E	K	M
X	S	J	Z	E	U	Q	T	K	T	E	K	S	B	H	S	K	C	Y	W
D	E	L	Q	I	C	G	L	N	V	B	H	L	L	B	B	L	R	K	Z
W	T	U	H	S	Z	Z	K	T	Z	Y	V	E	S	O	C	Y	E	W	A
H	W	A	W	X	T	D	L	S	F	T	D	S	F	X	Y	S	C	S	T
O	W	B	V	L	Z	S	C	F	I	D	X	E	B	H	W	Z	Z	A	E

6. Warum ist Eiswein so teuer?
7. Worin genau besteht der Unterschied zwischen einer Auslese, Beerenauslese und Trockenbeerenauslese?

Auslese		
Beerenauslese		
Trockenbeerenauslese		

8. Ab welcher Qualitätsstufe darf laut dem deutschen Weingesetz der Most nicht mehr angereichert werden?
9. Wie heißt das südlichste und wärmste Anbaugebiet Deutschlands und welche weinrechtliche Besonderheit weist es auf?

10. Lösen Sie folgendes Kreuzworträtsel zu den deutschen Anbaugebieten:

Senkrecht

1 Welches Anbaugebiet liegt an der Elbe?
2 Zu welchem Anbaugebiet gehören die Weine aus dem Werderaner Wachtelberg?
3 Aus welchem Anbaugebiet kommen die meisten Weine Deutschlands?
4 Welches Anbaugebiet weist den höchsten Rotweinanteil auf?

Waagrecht

5 Welches Anbaugebiet liegt am dichtesten an Berlin?
6 Wo befinden sich die steilsten Weinberge Deutschlands?

11. Versuchen Sie die deutschen Weinbaugebiete in die nachfolgende Karte einzuzeichnen.

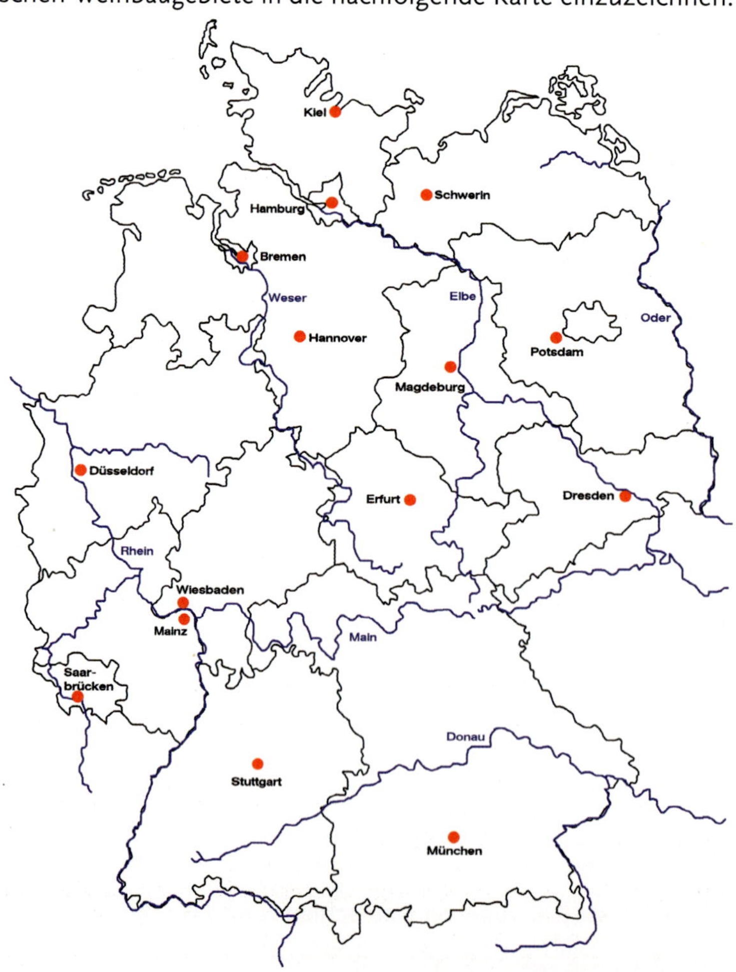

12. Bei welchen Weinen dürfen Chips als Ersatz für Holzfässer benutzt werden?

13. Welches Anbaugebiet darf die Bezeichnung „Erstes Gewächs" verwenden?

14. Nennen Sie drei wichtige Weißweinrebsorten Deutschlands und charakterisieren Sie diese näher, indem Sie jeweils einen Steckbrief in Form eines Flyers erstellen.

15. Welche rote Rebsorte spielt in Deutschland die größte Rolle und was unterscheidet diese von den anderen in Deutschland angebauten roten Rebsorten?

16. Ein Gast behauptet, dass es in Deutschland so gut wie keine Rotweine gäbe und wenn, dann seien diese von miserabler Qualität. Nehmen Sie Stellung dazu.

17. Finden Sie heraus, warum die Rebsorte Müller-Thurgau auch Rivaner genannt wird.

18. Welche Geschmacksstufe empfehlen Sie einem Gast, der weder zu viel noch zu wenig Restsüße mag?

19. Wie heißt die typische Flaschenform in Franken? Zeichnen Sie eine derartige Flasche auf.

20. Welche Geschmacksstufe verbirgt sich in der Regel hinter der gesetzlich nicht festgelegten Angabe „feinherb"?

21. Ein Gast möchte von Ihnen wissen, worin sich die drei hellroten Weinarten Rotling, Rosé und Weißherbst unterscheiden.

22. Entwerfen Sie ein Etikett für einen fiktiven Wein Ihrer Wahl. Achten Sie dabei auf die vorgeschriebenen Angaben und die Bestimmungen für zulässige Angaben. Verwenden Sie für die vorgeschriebenen und zulässigen Angaben unterschiedliche Farben.

23. Welche deutschen Weine bietet Ihr Betrieb an? Suchen Sie sich zwei heraus und beschreiben Sie diese näher (z. B. genaue Herkunft, Erzeuger, Rebsorten, Geruch, Geschmack).

24. Recherchieren Sie, welche Betriebe in den einzelnen Anbaugebieten Mitglied im VDP sind. Geben Sie jeweils ein Beispiel an.

4.3 Frankreich

Frankreich ist das zweitgrößte europäische Anbauland nach Spanien und beeindruckt durch seine Weinvielfalt. Bei der Weinmenge liegt es zusammen mit Italien und Spanien im weltweiten Spitzenfeld. Frankreich erzeugt eine **Vielzahl der weltweit berühmtesten Weine,** zum Beispiel aus Bordeaux, Burgund und der Champagne. Es gibt etwa 450 Qualitätsanbaugebiete und ca. 100 Anbaugebiete für Landweine. Zentrales Ziel des französischen Weinbaues ist es, dass jeder Wein den typischen Charakter der Weine seiner Ursprungsregion haben soll. Frankreich hat 16 Weinbauregionen.

Frankreich im Überblick

Rebfläche: ca. 807 000 Hektar
Weinproduktion: ca. 49 Mio. Hektoliter/Jahr

Weinbauregionen in Frankreich

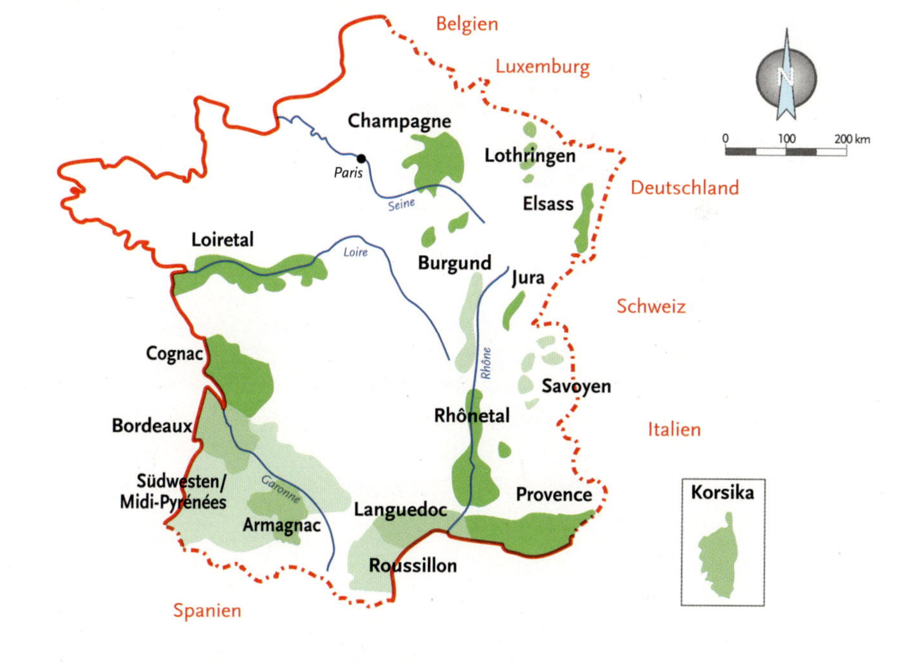

■ 14 Tro

Französische Weingüteklassen

Seit 2010 gelten folgende Weingüteklassen		
Vin (de France)	Weine ohne regionale/geografische Angabe, mit oder ohne Rebsorte und Jahrgang. Ersetzt die bisherige Bezeichnung „Vin de Table".	Pflichtangaben: Mitgliedstaat (gilt nicht als Herkunft) und Abfüller.
IGP Indication géographique protégée	Übersetzt: geschützte geografische Angabe. Ersetzt die bisherige Bezeichnung „Vin de Pays"; die Qualität dieser Weine wird vom INAO gewährleistet.	■ Stammt aus größeren Regionen. ■ Mitgliedstaat und Region müssen angegeben werden. ■ 85 % der Trauben müssen aus dem Gebiet stammen. ■ Herstellung des Weins im Gebiet.

INAO = das französische Institut National des Appellations d'Origine (des Vins et Eau-de-Vins) mit Sitz in Paris; für die Verwaltung, Regulierung, Antragsbearbeitung, Zuerkennung, Kontrolle und den Schutz der Weingüteklassen zuständig. Dies betrifft aber nicht nur rund 470 Weine und zwei Weinbrände, sondern auch alle herkunftsgeschützten landwirtschaftlichen Produkte und Lebensmittel (z. B. Käse, Olivenöl, Fleisch).

AOP Appellation d'Origine protégée	Übersetzt: geschützte Ursprungsbezeichnung. Ersetzt die bisherigen Bezeichnungen „VDQS-Weine" (Vins délimités de Qualité supérieure) und „AOC-Weine" (Appelation d'Origine contrôllée); die hohe Qualität dieser Weine bestimmter Anbauflächen wird vom INAO gewährleistet.	■ Stammt aus kleineren Gebieten (genaue Abgrenzung). ■ Alle Trauben ausschließlich aus dem Gebiet. ■ Herstellung des Weins im Gebiet. ■ Analytische und sensorische Prüfung. ■ Vorgeschriebene Rebsorten, Weinbereitungsmethoden und Höchsterträge.

Bis 2013 sind die alten Bezeichnungen noch erlaubt, ab 2014 nur noch die neuen.

Appellation = kontrollierte und garantierte Herkunfts- und Qualitätsbezeichnung für Weine.

Auf Englisch werden IGP-Weine mit PGI (protected geographical Indication) und AOP-Weine mit PDO (protected Designation of Origin) bezeichnet.

Bordeaux (Bordelais)

Eine der bedeutendsten Weinbauregionen der Welt ist nach Bordeaux, der Hauptstadt des Départements Gironde, benannt und liegt in der Nähe des Atlantiks im Südwesten Frankreichs. Diese weltweit größte Anbaufläche (113 000 ha) für Qualitätsweine wird von 20 000 Weinbauern liebevoll gepflegt. Ihre Gutshöfe bezeichnen die Winzer als **Châteaux,** die zwar nicht immer Schlösser, aber meistens prachtvolle Herrschaftssitze sind. 57 Qualitätsanbaugebiete mit kontrollierter Herkunftsbezeichnung gehören zum Bordelais. Die Rebflächen liegen an den Ufern des Flusses Gironde sowie der Flüsse Dordogne und Garonne.

Château Pichon Longueville Comtesse de Lalande in Pauillac im Bordeaux

In diesem Gebiet herrschen ideale klimatische Bedingungen für stilvolle und körperreiche Weine. Die **Nähe des Atlantiks** und der **warme Golfstrom** sorgen für ein gemäßigtes Klima, wobei die ausgedehnten Wälder auch gegen die kräftigen Meereswinde schützen und so die Frostgefahr stark reduzieren. Der Sommer ist warm, aber nicht zu trocken oder zu heiß, der Herbst meist warm und sonnig und der Winter mild.

Die Böden verfügen über eine gute Wasserdurchlässigkeit und hervorragende Wärmespeicherung. Am nördlichen Dordogne-Ufer dominieren Sand- und schwere Lehmböden, im Süden überwiegen Kiesböden.

Bordeaux auf einen Blick

Weiße Rebsorten	Sémillon, Sauvignon blanc, Muscadelle
Rote Rebsorten	Cabernet Sauvignon, Merlot, Cabernet Franc, Malbec, Petit Verdot

Der Zeitpunkt der **Weinlese** richtet sich hier nicht nach dem Säure- und Zuckergehalt, sondern **nach dem Tanningehalt.** Aus diesem Grund wird erst einige Tage nach der maximalen Zuckerkonzentration mit der Traubenernte begonnen, nämlich dann, wenn die enthaltenen Tannine wasserlöslich und dadurch zarter werden.

Für die Herstellung von Bordeauxweinen werden vorwiegend kleine Eichenholzfässer – sogenannte **Barriques** – verwendet. Sie haben ein Füllvolumen von 225 Litern und werden neu vor allem für die Reifung von Premiers Crus verwendet.

Barriques

Wussten Sie, dass ...
Premier Cru classé die höchste Stufe der Klassifikation im Gebiet Bordeaux ist?

Obwohl das **Château Haut-Brion** nicht im Gebiet von Médoc liegt, wurde es bereits 1855 mitklassifiziert.

Die Klassifizierung der Médoc-Weine von 1855 umfasst bis auf Château Haut-Brion (Graves) nur Médoc-Weine und ist mit einer Ausnahme bis heute gültig.

- 5 Premiers Crus classés
  - Château Lafite-Rothschild
  - Château Mouton-Rothschild
  - Château Latour (alle Pauillac in Médoc)
  - Château Margaux (Margaux in Médoc)
  - Château Haut-Brion (in Graves)
- [redacted]4 Deuxièmes Crus classés
- [redacted]isièmes Crus classés
- 10 Quatrièmes Crus classés
- 18 Cinquièmes Crus classés

Recherchieren Sie, welches der Weingüter erst später in die Riege der großen Bordeauxweine aus dem Médoc aufgenommen wurde und damit die oben erwähnte Ausnahme ist.

Die fünf Premiers Crus classés

Klassifizierung der Bordeauxweine

Bordeaux-Klassifizierung in drei Stufen	
Allgemeine Herkunftsbezeichnung	Bordeaux A. C. oder Bordeaux Supérieur A. C. (höherer Alkoholgehalt).
Regionale Herkunftsbezeichnung	Sie entspricht den Gebieten, wie beispielsweise Médoc, Graves, Sauternes, Saint-Émilion, Pomerol.
Lokale Herkunftsbezeichnung	Sie bezieht sich auf einen Weinbauort, vielfach in Verbindung mit einem Erzeugerbetrieb, z. B. Pauillac (Ort) – Château Pichon Longueville, Comtesse de Lalande (Erzeugerbetrieb).

Die Klassifizierung der Bordeauxweine wurde anlässlich der Weltausstellung in Paris im Jahre 1855 ins Leben gerufen. Sie basiert bis heute auf den Marktpreisen und dem **Prestige der Weine.** 87 Gewächse wurden damals bestimmt.

Heute hat fast jedes Weinbaugebiet von Bordeaux eine eigene Klassifizierung.

Médoc

Der Name Médoc leitet sich vom lateinischen „medio aquae“ (in der Mitte des Wassers) ab. Dieses ca. 10 km breite Gebiet liegt im Nordwesten von Bordeaux zwischen dem linken Gironde-Ufer und der Atlantikküste. Das Gebiet wird in zwei Zonen geteilt: **Médoc im Norden** und **Haut-Médoc im Süden.**

Die in **Médoc** produzierten Weine sind weniger körperreich und nicht so langlebig wie jene von Haut-Médoc. Crus classés gibt es in Médoc nicht, die Weine werden unter dem Namen der Châteaux verkauft. Ab dem Jahr 2003 sah die Klassifikation 247 Crus Bourgeois vor, und zwar 9 Crus Bourgeois Exceptionnels, 87 Crus Bourgeois Supérieurs und 151 Crus Bourgeois.

Haut-Médoc hingegen ist die Heimat der berühmtesten klassifizierten Crus: Saint-Estèphe (5), Pauillac (18), Saint-Julien (11), Margaux, Listrac und Moulis. Die Crus Classés machen jedoch nur einen kleinen Teil der Appellation Haut-Médoc aus, den größeren Teil nehmen Crus Bourgeois, gefolgt von Crus Artisans und Crus Paysans, ein.

Château Lafite-Rothschild in Pauillac

Cabernet Sauvignon ist die traditionelle Traube in Médoc und am stärksten verbreitet (rund 50 %), gefolgt von Merlot (ca. 40 %) und Cabernet Franc (ca. 10 %).

> Die meisten Rotweine aus dieser Region sind in ihrer Jugend verschlossen. Nach entsprechend langer Reifung (oft bis zu 20 Jahre) gehören sie zu den besten der Welt: charaktervoll, kräftig, körperreich und gut strukturiert.

Bordeaux

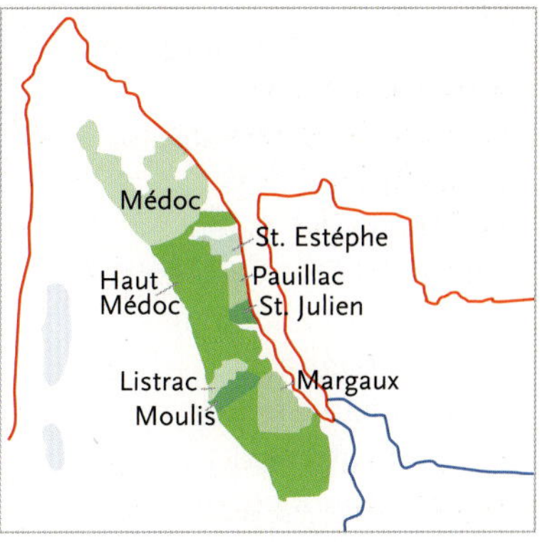

Die Gemeinde **Saint-Estèphe** erstreckt sich entlang der Gironde. Die obersten Bodenschichten bestehen hier aus silikathaltigem Kies und Sand, die tieferen Schichten sind eisen- und kalkhaltig. Diese Komponenten verleihen dem Wein eine **erdige Note, viel Tannin und Säure.**

Die auf eisenhaltigen Schotter- und Sandböden angebauten Weine der Gemeinde **Pauillac** gelten als die edelsten und zeigen typische Aromen von **Minze, Zeder und schwarzen Johannisbeeren.** Von dort kommen auch drei der vier Premiers Crus classés, nämlich **Lafite, Latour und Mouton**. Die Weine von Pauillac zeigen unter den Médoc-Weinen am meisten Charakter und sind von unübertrefflicher Zartheit und Harmonie.

Die Gemeinde **Saint-Julien** bietet als Besonderheit noch die eleganten, fruchtigen Clairets, die auf Kiesböden gedeihen und vorwiegend aus Cabernet Sauvignon und Merlot erzeugt werden.

Clairets/Claret = roséfarbene, fruchtige Weine aus blauen Trauben, die schon im Mittelalter in großen Mengen nach England verschifft wurden.

Im Süden von Médoc befinden sich die namhaften Gemeinden **Margaux, Listrac und Moulis.** Die Böden hier sind vergleichbar mit jenen von Pauillac, wobei der Cabernet hier seine ganze Kraft entfalten kann. **Margaux** gilt als die feinste Herkunftsbezeichnung – unter anderem wegen des Château Margaux.

Graves

Der Ruhm der exzellenten Rotweine von Graves, die als „zart wie Seide" beschrieben werden, reicht bis ins Mittelalter zurück. Die ältesten Weinberge von Bordeaux wurden in Graves angelegt. Das Gebiet erstreckt sich von der Stadt Bordeaux aus in südlicher Richtung bis nach Langon.

Diese Appellation Frankreichs ist die einzige, die sowohl außergewöhnliche Rot- und Weißweine sowie restsüße Weine produziert. Rund zwei Drittel der Weingärten sind mit Cabernet Sauvignon, Merlot und Cabernet Franc bepflanzt. Auf den Geröllterrassen aus Kiesel (daher der Name Graves) wachsen komplexe, weiche, aromatische, rauchige Weine, die verhältnismäßig **schnell trinkreif** sind, aber **sehr langlebig** sein können. Die Weißweine, vorwiegend aus Sauvignon blanc und Sémillon, sind in der Regel trocken, gehalt- und charaktervoll, elegant und werden frisch ausgebaut.

Die Klassifizierung von Graves (Crus classés de Graves) gibt keine Rangfolge wieder und erfolgt alphabetisch:

- Beispiele für Weißweine:
  - Château Bouscaut
  - Château Olivier
  - Domaine de Chevalier
- Beispiele für Rotweine:
  - Château Haut-Brion
  - Château Olivier
  - Château Pape-Clément

Der Norden der Appellation Graves hat seit 1987 eine eigene Appellation mit dem Namen **Pessac-Léognan** (benannt nach den beiden Städten). Zu den bekanntesten Weinen zählen sicherlich jene des 1855 bereits klassifizierten Château Haut-Brion und des im Jahr 1300 von Papst Clemens V. gegründeten Château Pape-Clément.

Sauternes

Im Norden der kleinen Stadt Langon befindet sich eine stark kalkhaltige Hügellandschaft, deren Winzer sich auf die Produktion von **edelsüßen Weißweinen** spezialisiert haben. Daher wird oft auch vom „goldenen Bordeaux" gesprochen. Als Traubensorten werden vorwiegend Sémillon (ca. 70 %) und Sauvignon blanc (ca. 25 %) angebaut. An der Spitze dieses Gebietes steht ein Premier Cru classé supérieur – Château d'Yquem.

> **Wussten Sie, dass ...**
> vom Ertrag der 100 ha großen Fläche des Château d'Yquem nicht einmal 100 000 Flaschen Wein erzeugt werden? Das sind nur rund 800 Liter je Hektar. Wegen der strengen Qualitätskriterien ist auch nicht jedes Jahr eine Produktion möglich.

Die Klassifizierung von Sauternes umfasst

- Einen Premier Cru classé supérieur
  - Château d'Yquem
- Premiers Crus classés: z. B.
  - Château Suduiraut (in Preignac)
  - Château Guiraud (in Sauternes)
  - Château Rieussec (in Sauternes)
- Seconds Crus classés: z. B.
  - Château de Myrat (in Barsac)
  - Château Filhot (in Sauternes)

Die Klassifizierung von Saint-Émilion umfasst

- Zwei Premiers grands Crus classés A:
  - Château Ausone
  - Château Cheval Blanc
- Elf Premiers grands Crus classés B: z. B.
  - Château Figeac
  - Château La Gaffelière
  - Château Pavie
- Grands Crus classés
- Grands Crus

Wussten Sie, dass ...
Saint-Émilion eine Station auf dem Jakobsweg nach Santiago de Compostela ist und 1999 als erster Weinbaubereich der Welt zum UNESCO-Weltkulturerbe erklärt wurde?

Eine Erzählung besagt, dass Marquis de Lur Saluces, der Besitzer des Château d'Yquem, 1847 etwas verspätet von einer Russlandreise zurückgekommen sei. Während die benachbarten Weinberge bereits abgeerntet waren, hatte es keiner der beim Marquis angestellten Winzer gewagt, ohne seine persönliche Anordnung mit der Ernte zu beginnen. Fast alle Trauben waren bereits vom Edelschimmel befallen – und so begann die ruhmreiche Geschichte dieses Süßweines ...

Die Ernte der edelfaulen Beeren, die großteils von Hand erfolgt, kann mehrere Monate dauern. Der Most wird in neuen Eichenfässern vergoren und bis zu drei Jahre ausgebaut. Die Weine weisen einen Zuckergehalt von 80 bis 120 g/l sowie einen Alkoholgehalt von 14 bis 15 % auf. Aroma und Bukett erinnern an Honig, Nüsse, Traubenmost, Orangen und Pfirsiche.

Saint-Émilion

Das Städtchen Saint-Émilion, auf einem Hügel aus Kalkstein gelegen, zählt zu den schönsten Weinbauorten des Bordelais. Das gleichnamige Weinbaugebiet liegt etwa 40 km nordöstlich der Stadt Bordeaux und südlich von Libourne in einem Bogen um das Dordogne-Tal.

Burg in Saint-Émilion

Dieses Gebiet umfasst **sechs Appellationen** (Saint-Émilion, Saint-Émilion Grand Cru sowie die vier Satelliten-Appellationen Montagne, Lussac, Puisseguin und Saint-Georges). Die Anbauflächen sind von Kalkböden auf tonigem, kalkigem oder lehmig-sandigem Untergrund geprägt.

Die Hauptrebsorte ist **Merlot** (bis zu 60 %). Die Weine sind fruchtbetont, würzig, vollmundig, elegant und harmonisch. Durch ihren höheren Anteil an Merlot reifen die Weine rascher, sie sind leichter zu trinken und nicht so lange lagerfähig wie etwa die Weine aus Médoc.

Pomerol

Die Appellation Pomerol, die seit 1900 besteht, zählt zu den kleinsten (ca. 800 ha), aber auch zu den bedeutendsten Bereichen des Bordeaux. Noch stärker als in Saint-

Émilion dominiert hier die **Merlot-Traube.** Auf den lehm- und kalkhaltigen Böden ergibt sie geschmeidige, raffinierte Weine, schwer, üppig und rassig. Der hohe Merlot-Anteil ermöglicht eine rasche Entwicklung der Weine. In Pomerol gibt es keine Grand-Cru-Klassifizierung, wobei es einige Spitzenweingüter wie Château Pétrus oder Château Clinet gibt.

Château Pétrus wird sehr oft als der beste Wein der Welt bezeichnet und ist durchaus mit den fünf Premiers Crus classés de Médoc vergleichbar. Er wächst auf einer 11,5 ha großen Rebfläche mit kiesigem Sand-Lehm-Boden, der auf einem Bett aus eisenhaltiger Erde liegt. In der Regel werden nur ca. 4000 Kisten dieses meistens aus 100 % Merlot bestehenden Spitzengewächses produziert. Optimale Trinkreife erreicht der Wein erst nach etwa 10 Jahren.

Etikett eines Pétrus'

Burgund (Bourgogne)

Das weltweit berühmte Burgund verfügt über jahrtausendelange Weinbauerfahrung. Die im Osten von Frankreich gelegene Region besteht aus vielen einzelnen charakteristischen Weinbaugebieten. Burgund grenzt im Norden an die südlichsten Weinberge der Champagne und im Süden an das Departement Rhône. Die Weinberge von Burgund erstrecken sich über etwa 30000 ha. Hier wachsen die fast immer sortenreinen Weine, die sich durch große Komplexität, Finesse, Körper und Fülle auszeichnen. Überwiegend wird **Rotwein** produziert (60 %).

Die Weinregion Burgund

Das Klima in Burgund ist **kontinental.** Der Winter ist kalt und trocken und kann vor allem im Gebiet Chablis bis in den späten Frühling mit Spätfrösten wiederkehren. Der Sommer ist warm, aber unbeständig. Von größter Bedeutung ist für alle Bodenarten im Burgund die Wechselwirkung einer guten Entwässerung in den Gesteinsanteilen mit dem Wasserhaltevermögen des lehmigen, tonigen oder mergeligen Substrats.

Wussten Sie, dass ...
als Folge des von Napoleon eingeführten Erbrechtes im Burgund immer kleinere Parzellen (Rebflächen) entstanden? Viele Winzer füllen ihre Weine nicht selbst in Flaschen, sondern verkaufen den Wein im Fass an die sogenannten Négociants (Händler). Die Händler bauen den Wein aus und füllen ihn in Flaschen ab.

Burgund auf einen Blick	
Weiße Rebsorten	Chardonnay, Aligoté
Rote Rebsorten	Pinot noir, Gamay

Klassifikation der Burgunderweine

Die erste Klassifikation stammt von Dr. Jules Lavalle aus dem Jahre 1861. Im Gegensatz zu Bordeaux gilt diese Klassifizierung für alle Appellationen des Burgunds. Mit der Gründung des INAO im Jahre 1935 legte der Gesetzgeber in den Folgejahren alle Ursprungsbezeichnungen für das Burgund fest.

Das berühmte ehemalige Hôtel Dieu (einst ein Krankenhaus) in Beaune, dem Zentrum des Burgund

Klassifizierung im Burgund	
Grands Crus	Höchste Qualitätsstufe: auf dem Etikett wird nur die Lagenbezeichnung genannt, z. B. Le Chambertin, Musigny, Clos de Vougeot, La Romannée (bleibt den besten 32 Lagen der Côte d'Or sowie 7 Lagen in Chablis vorbehalten).
Premiers Crus	Zweite Qualitätsstufe: auf dem Etikett wird der Gemeindename mit der Lage genannt, z. B. Appellation Gevrey-Chambertin-Varoilles contrôlée, Aloxe-Corton-Fournières contrôlée.
Appellation communale (Gemeindeweine)	Dritte Qualitätsstufe, auf dem Etikett wird nur der Gemeindename genannt, z. B. Aloxe-Corton, Vosne-Romanée, Vougeot, Gevrey-Chambertin, Puligny-Montrachet.
Appellation régionale (Distriktweine)	Vierte Qualitätsstufe: auf dem Etikett wird Burgund in Verbindung mit einem Gebiet genannt, z. B. Bourgogne Côte de Nuits, Bourgogne Côte de Beaune.
Appellation générique (Gebietsweine)	Niedrigste Qualitätsstufe: z. B. Bourgogne, Bourgogne Aligoté, Bourgogne Passe-Tout-Grain.

Die Klassifizierung von Chablis umfasst

- Grands Crus
  - Valmur
  - Vaudésir
  - Les Clos
  - Grenouilles
  - Les Preuses
  - Bougros
  - Blanchot
- Premiers Crus
- Chablis
- Petit Chablis

Chablis

Das nördlichste Weinbaugebiet der Region Burgund liegt rund 200 km südlich von Paris und ist die Heimat **eines der berühmtesten Weißweine der Welt – des Chablis.** Obwohl die kleinklimatischen Eigenschaften sowie die Bodenbeschaffenheit (Ton, Kalk und fossile Muscheln) sehr vielfältig sind, wird hauptsächlich der für den Chablis ausschließlich verwendete **Chardonnay** angepflanzt.

Der häufige Spätfrost, der bis Mitte Mai den Reben gefährlich werden kann, stellt für die Winzer eine besondere Herausforderung dar. Bereits in den 1960er-Jahren wurde damit begonnen, die Weinberge zu beheizen, indem man Ölöfen in die Rebzeilen stellte. Um dem Frost entgegenzuwirken, werden die Reben heute mit Wasser berieselt, was zur Folge hat, dass die jungen Triebe von einem Eisfilm überzogen werden und so vor noch tieferen Temperaturen geschützt sind.

Der elegante, finessenreiche Chablis wird vorwiegend im Edelstahltank (gibt dem Wein mineralische Noten), manchmal auch im Holzfass (hier wird er weicher und voller) ausgebaut. Die vielfältige Frische des Chardonnays, seine zarte Fruchtigkeit und blumige Note, seine Komplexität und sein Reichtum an Salzen, die Bukett und Würze noch erweitern, zeigen, was diesen Gebietstyp auszeichnet. Seine Vorzüge kommen erst nach entsprechender Lagerung (bis zu 20 Jahren) zur vollen Entfaltung. Er ist der bekannteste Weißwein Frankreichs.

Côte d'Or

Das Herzstück des Burgund, die etwa 50 km lange Côte d'Or, liegt zwischen Dijon und Chagny. Im nördlichen Teil, der **Côte de Nuits**, wachsen die großartigsten Rotweine der Bourgogne, allesamt **reinsortig aus Pinot noir-Trauben** hergestellt. Hier befinden sich u. a. die berühmten Appellationen Chambertin, Clos de Vougeot und Romanée-Conti. Sie gelangen jedoch nicht unter dem Namen Côte de Nuits, sondern unter dem Lagen- oder Gemeindenamen in den Verkauf.

Clos de Vougeot wurde bereits im 12. Jahrhundert von Mönchen des Zisterzienserordens angelegt

Clos = von Mauern umgebene, zusammengehörige Weingärten. Die Mauern wurden errichtet, wenn die Weingärten durch Erbfolge aufgeteilt wurden.

Mit rund 400 ha Rebfläche ist Gevrey-Chambertin die größte Weinbaugemeinde. Bekannt ist der Ort für seine Grands und Premiers Crus, die zu den kräftigsten roten Burgunderweinen gehören.

Die Weinbaugemeinde Vougeot verfügt mit dem etwa 50 ha großen Clos de Vougeot über die größte Grand-Cru-Lage der Côte de Nuits. Der weltberühmte Weinberg ist vollständig von einer Mauer eingefasst, den sich 80 Winzer teilen.

Das kleine Dorf Vosne-Romanée liegt im Herzen der Côte de Nuits, deren Weine durch ihre besonders duftige, feinwürzige und samtige Art bestechen. In der Mitte der Gemeinde liegen die weltbekannten Grand-Cru-Lagen Romanée-Conti, Richebourg, La Romanée, La Tâche, La Grand-Rue, Romanée-Saint-Vivant, Grands-Echézeaux und Echézeaux.

Im Süden der Côte d'Or befindet sich die **Côte de Beaune,** benannt nach der berühmten Weinstadt Beaune. Neben dem Pinot noir ist das Gebiet vor allem wegen seiner ausdrucksstarken Chardonnays bekannt geworden. Diese sind reinsortig, unvergleichlich voll, körper- und alkoholreich.

Die Weinbaugemeinde **Puligny-Montrachet** erzeugt einige der besten Weißweine der Welt (Montrachet, Bâtard-Montrachet, Chevalier-Montrachet und Bienvenues-Bâtard-Montrachet). Die Appellation Volnay bringt duftige Rotweine mit zarter Frucht hervor, die zu den feinsten der Côte de Beaune zählen. Aloxe-Corton ist ein kleines Dorf am Fuße des Berges Corton mit den beiden Grand-Cru-Lagen Corton (für Weiß- und Rotwein) und Corton-Charlemagne (nur Weißwein).

Côte Chalonnais

Dieses Gebiet hat keine Grands Crus, dafür eine Vielzahl von Appelation-Communale-Weinen. Hier werden aus Pinot noir und Chardonnay die Weine **Rully, Mercurey, Givry und Montagny** erzeugt. In Bouzeron werden der für das Burgund einzigartige **Bourgogne Aligoté** sowie der **Passe-Tout-Grain** produziert. Seit 1975 wird hier auch der **Crémant de Bourgogne,** ein ausgezeichneter Schaumwein, hergestellt.

Passe-Tout-Grain = wird aus allen Weintrauben eines Weinberges erzeugt (gemischter Satz).

Näheres zu **Crémant** finden Sie im Schaumweinkapitel S. 55.

Mâconnais

Das Mâconnais ist die **sonnigste Region von Burgund.** Rund um die Stadt Mâcon am Fluss Saône werden gute Weißweine produziert. Auf den Kalksteinhügeln um das Dörfchen Pouilly im Süden des Mâconnais entstehen sehr gute Qualitäten. Aus den Gemeinden Fuissé (Pouilly-Fuissé) und Saint-Véran (Saint-Véran) kommen die besten Weißweine des Gebietes.

Beaujolais

Ganz im Süden der Bourgogne befindet sich das Beaujolais-Gebiet. Der gleichnamige Wein zählt zu den bekanntesten Rotweinen der Welt und wird aus der Gamay-Traube gewonnen.

Beaujolais Nouveau wird bei 12 bis 14 °C getrunken, länger gereifter Beaujolais bei 16 °C. Für den Export wird eher der Begriff Beaujolais nouveau, für den französischen Markt Beaujolais primeur verwendet.

Beaujolais Nouveau weist ein Aroma von Erdbeeren und Himbeeren auf, das nur wenige Monate anhält. Der Wein verliert danach sehr rasch an Qualität.

Die Herkunftsbezeichnungen des Beaujolais

- **Beaujolais:** aus dem ganzen Gebiet.
- **Beaujolais Village** umfasst 39 ausgesuchte Gemeinden im Zentrum der Region.
- **Beaujolais primeur (bzw. nouveau)** ist ein junger, frischer, leicht zu trinkender Rotwein, der bereits am dritten Donnerstag im November in den Handel kommt.

Das Anbaugebiet nördlich von Lyon hat aber weitaus mehr zu bieten als die verschiedenen Varianten des Beaujolais. Die im Norden gelegenen Crus-Lagen Brouilly, Côte de Brouilly, Chénas, Chiroubles, Fleurie, Juliénas, Morgon, Moulin-à-Vent, Régnié und Saint-Amour bringen charaktervolle Spitzengewächse hervor, die aber außerhalb Frankreichs wenig bekannt sind.

Die Trauben der Gamay-Reben wachsen bevorzugt auf Granit und besitzen helles Fruchtfleisch

Die Klassifizierung im Elsass umfasst

- AOP Alsace
- AOP Alsace Grand Cru (51)
- AOP Crémant d' Alsace

Elsass (Alsace)

Das Elsass liegt zwischen der Rheinebene und den Vogesen im äußersten Nordosten Frankreichs und erstreckt sich zwischen Straßburg im Norden und der Ortschaft Thann im Süden. Das Klima ist mild mit kontinentalem Einfluss, die Bodenarten sind aufgrund der geologischen Formation sehr vielfältig. Anders als in den übrigen französischen Anbaugebieten sind die Weine nicht nach ihrer Herkunft benannt, sondern nach dem Namen der Rebsorte. Elsässer Weine sind zu 90 % weiß, rebsortenrein und der Name der verwendeten Rebsorte ist auf dem Etikett vermerkt.

Wussten Sie, dass ...
rund 18 % der französischen Weißweine aus dem Elsass kommen? Nur ein geringer Teil aller Winzer füllt die Weine selbst ab, die meisten verkaufen ihre Trauben an Genossenschaften und Handelshäuser.

Elsass auf einen Blick

Weiße Rebsorten	Riesling, Pinot blanc, Gewürztraminer, Silvaner, Pinot gris, Muscat
Rote Rebsorten	Pinot noir

Eine Spezialität ist der **Edelzwicker,** eine Weißweincuvée aus mehreren Rebsorten, der heute kaum noch Bedeutung hat. In Jahren mit besonders warmen und sonnigen Herbstmonaten werden aus Riesling, Pinot gris, Muscat und Gewürztraminer ausgezeichnete Spätlesen, sogenannte **Vendanges tardives,** oder **Sélections des Grains nobles** (Beerenauslesen) produziert.

Loiretal (Val de Loire)

Tausend Kilometer lang ist die Loire und ein Großteil der Flussufer ist mit Reben bepflanzt. Die Vielfalt der Weine ist enorm und reicht von trocken bis lieblich, von leicht bis kräftig und von still bis moussierend.

Die berühmten Loire-Schlösser prägen die Landschaft des Loiretals

Wussten Sie, dass ...
Pouilly-Fumé angeblich der Lieblingswein von Napoleon I. war und aus 100 % Sauvignon blanc bereitet wird? Der Name leitet sich von der Stadt Pouilly und seinen an Rauch bzw. Feuerstein erinnernden Duft (Fumé) ab.

Das Loiretal ist in vier große Weinbaugebiete unterteilt. Ganz im Westen rund um die Stadt Nantes liegt das Pays Nantais, bekannt durch die Muscadet-Weine. Östlich anschließend liegt das nach den beiden Städten benannte Gebiet Anjou-Saumur. Noch weiter östlich, rund um die Stadt Tour, befindet sich die Touraine mit den sehr guten Rotweinlagen Bourgueil und Chinon. An der oberen Loire ganz im Osten, im sogenannten Centre (Zentralzone), wachsen die berühmten Weißweine **Pouilly-Fumé** und **Sancerre** (beide aus Sauvignon blanc erzeugt).

Loiretal auf einen Blick

Weiße Rebsorten	Sauvignon blanc, Chenin blanc, Melon de Bourgogne (Muscadet), Chardonnay
Rote Rebsorten	Cabernet Franc, Gamay, Grolleau, Cabernet Sauvignon, Pinot noir

Rhônetal (Côtes du Rhône)

Die zweitgrößte Region Frankreichs erstreckt sich entlang der Rhône von der Stadt Lyon im Norden bis nach Avignon im Süden auf einer Länge von 200 km. Es werden vorwiegend Rotweine produziert (95 %).

Der Nordteil des Rhônetals hat klimatisch und geologisch viel mit der Nachbarregion Burgund gemeinsam. Die Erzeugnisse von den steilen Hängen im Norden sind charaktervoll, wuchtig, gerbstoffreich und langlebig. Es entstehen Cru-Weine von Weltklasse: Hermitage, Côte Rôtie, Château Grillet, Crozes-Hermitage, Cornas, Condrieu, Saint-Joseph und Saint-Péray. Die rote Hauptrebsorte ist **Syrah,** die traditionell sortenrein vinifiziert wird.

Die Grenache-Rebe ist neben dem Syrah und dem Mourvèdre die wichtigste Rebsorte für den Châteauneuf-du-Pape

Châteauneuf-du-Pape wurde als eines der ersten Weinanbaugebiete Frankreichs 1938 staatlich geprüft und geschützt.

Der Südteil des Rhônetals zeigt deutliche mediterrane Züge. Vor allem aus den Crus-Lagen Châteauneuf-du-Pape, Gigondas, Vaqueyras, Lirac und Tavel kommen charaktervolle Weine. Der Châteauneuf-du-Pape ist der bekannteste Wein des Rhônetales und wird aus bis zu 13 Rebsorten hergestellt. Als König der Rosés wird der **Tavel** bezeichnet, ein Roséwein aus der gleichnamigen Appellation.

Rhônetal auf einen Blick

Weiße Rebsorten	Viognier, Marsanne, Roussanne
Rote Rebsorten	Syrah, Grenache, Mourvèdre, Cinsault

Languedoc und Roussillon

Languedoc

Die beiden Gebiete im äußersten Süden Frankreichs erstrecken sich von Nîmes bis zur spanischen Grenze. Aufgrund zahlreicher Rodungen beträgt die Gesamtrebfläche heute nur noch 260 000 ha. Dennoch bilden Languedoc und Roussillon zusammen die größte Weinbauregion Frankreichs und eine der größten weltweit. Zusammen mit der Provence wird dieses Gebiet oft auch als „Midi" bezeichnet.

Das Gebiet Languedoc ist vor allem durch seine zahlreichen preiswerten Landweine berühmt geworden. Momentan ist ein enormer Qualitätsschub in beiden Regionen bemerkbar.

Aufgrund der Größe des Gebietes sind auch die Klima- und Bodenbedingungen sehr unterschiedlich. Die Böden im Norden bestehen aus Granit und Gneis, wodurch die Weine sehr körperreich und mineralisch wirken. Im Süden herrscht hingegen mediterranes Klima, die Böden bestehen aus Sandstein, Schiefer und Kalklehm. Die Weine sind leichter, würziger und erinnern an Wildkräuter.

Es werden **vorwiegend Rotweine** produziert (85 %). Von den elf Appellationen ist Corbières die größte. Weitere bekannte klassifizierte Weine sind: Saint-Chinian (elegante Rotweine), Minervois, Corbières, Fitou (körperreiche Rotweine), Crémant de Limoux (Schaumwein), Banyuls (ein Rotwein, der an dunklen Portwein erinnert).

Languedoc und Roussillon auf einen Blick

Weiße Rebsorten	Picpoul, Clairette, Bourboulenc, Marsanne, Roussanne
Rote Rebsorten	Grenache, Carignan, Cinsault, Mourvèdre, Syrah, Cabernet Sauvignon

Provence

Weingut in der Provence

Die mediterrane Region Provence erstreckt sich von Arles bis Nizza entlang der Côte d'Azur. Die meistverbreitete Rebsorte ist die **rote Grenache.** Die Großappellation Côtes de Provence sowie die AOP Coteaux d'Aix-en-Provence bringen eine große Qualitätspalette an Roséweinen auf den Markt, für die sie auch sehr bekannt sind.

Eine Ausnahmestellung nimmt Bandol ein, die Appellation der gleichnamigen Hafenstadt. Die **roten Bandol-Weine** sind feurig, körperreich, würzig und tanninreich, aber dabei sanft, was auf die Verwendung der Mourvèdre-Traube zurückzuführen ist. Es ist vorgeschrieben, dass 50 % der Trauben Mourvèdre-Trauben sein müssen.

Provence auf einen Blick

Weiße Rebsorten	Clairette, Ugni blanc, Sémillon, Marsanne, Rolle
Rote Rebsorten	Mourvèdre, Grenache, Carignan, Syrah, Cinsault, Cabernet Sauvignon

Jura

Aus dem Kalksteingebirge, dem französischen Jura, das parallel zur Côte d'Or (Burgund) verläuft, kommen unverwechselbare, eigenständige Weine. Die Region hat vier Appellationen, darunter die bekannteste Arbois und die kleine Appellation L'Étoile.

Die Weine werden in der Regel oxidativ ausgebaut und sind zu 80 % weiß. Eine Spezialität ist der **Vin Jaune** (gelber Wein), ein sherryähnlicher Wein, der sechs Jahre unter einer Florhefeschicht reift. Eine weitere regionale Besonderheit ist der **Vin de Paille, ein Strohwein.**

Wussten Sie, dass ...
Louis Pasteur in Arbois geboren wurde und dort auch seine Untersuchungen zur Gärung und Oxidation durchführte?

Jura auf einen Blick

Weiße Rebsorten	Savagnin (Traminer), Chardonnay, Pinot blanc
Rote Rebsorten	Trousseau, Poulsard, Pinot noir

Die weiteren Weinbauregionen Frankreichs sind: Champagne (siehe Kapitel Schäumende Weine), Cognac (siehe Kapitel Spirituosen), Lothringen, Savoyen, Armagnac und Korsika.

Ziele erreicht?

1. Finden Sie sechs wichtige Weinbauregionen Frankreichs und kreuzen Sie die richtigen Lösungen an.

☐ Campagne	☐ Médoc
☐ Elsass	☐ Loiretal
☐ Paille	☐ Rhônetal
☐ Grenache	☐ Bordeaux
☐ Seinetal	☐ Burgund
☐ Pyrenäen	☐ Champagne

2. Beschreiben Sie die Weingüteklassen (Qualitätsstufen) des französischen Weingesetzes.
3. Zählen Sie mindestens vier Appellationen des Bordeaux auf.
4. Welche Rotweinrebsorten dominieren in der Weinbauregion Bordeaux?
5. Nennen Sie zwei Weißweinrebsorten, die in der Weinbauregion Bordeaux dominieren.
6. Wie unterteilt man die Region Burgund?
7. Nennen Sie drei Rebsorten, die in Burgund dominieren.

Weinberge in Italien

4.4 Italien

Italien kann auf eine mehr als 2500-jährige Geschichte im Weinbau zurückblicken. Bereits die Griechen bezeichneten Italien als das Land des Weines, da die Reben, die von griechischen Siedlern und Händlern gepflanzt wurden, hier besser gediehen als in ihren Herkunftsländern.

Durch moderne Arbeitsmethoden im Weingarten und im Keller erlangt der Wein schneller seine Trinkreife und kann früher auf den Markt gebracht werden. Die Dauer der Fasslagerung wurde von bis zu fünf Jahren auf heute durchschnittlich 1,5 Jahre verkürzt.

Die erste verbindliche Weinappellation wurde bereits 1716 vom Großherzog der Toskana getroffen, als er das Chianti-Gebiet festlegte. Es dauerte jedoch bis 1963, bis eine nationale Weingesetzgebung über die Herkunftsbezeichnung erlassen wurde. Italien hat 21 Weinbauregionen, die im Gegensatz zu anderen Weinländern den politischen Regionen gleichen.

Im Gegensatz zum germanischen System, wo die Rebsorte namensgebend ist, werden im romanischen System regionale Bezeichnungen bevorzugt (z. B. Chianti).

Italien im Überblick

Rebfläche: ca. 786 000 Hektar
Weinproduktion: ca. 42 Mio. Hektoliter/Jahr

Weinbaugebiete in Italien

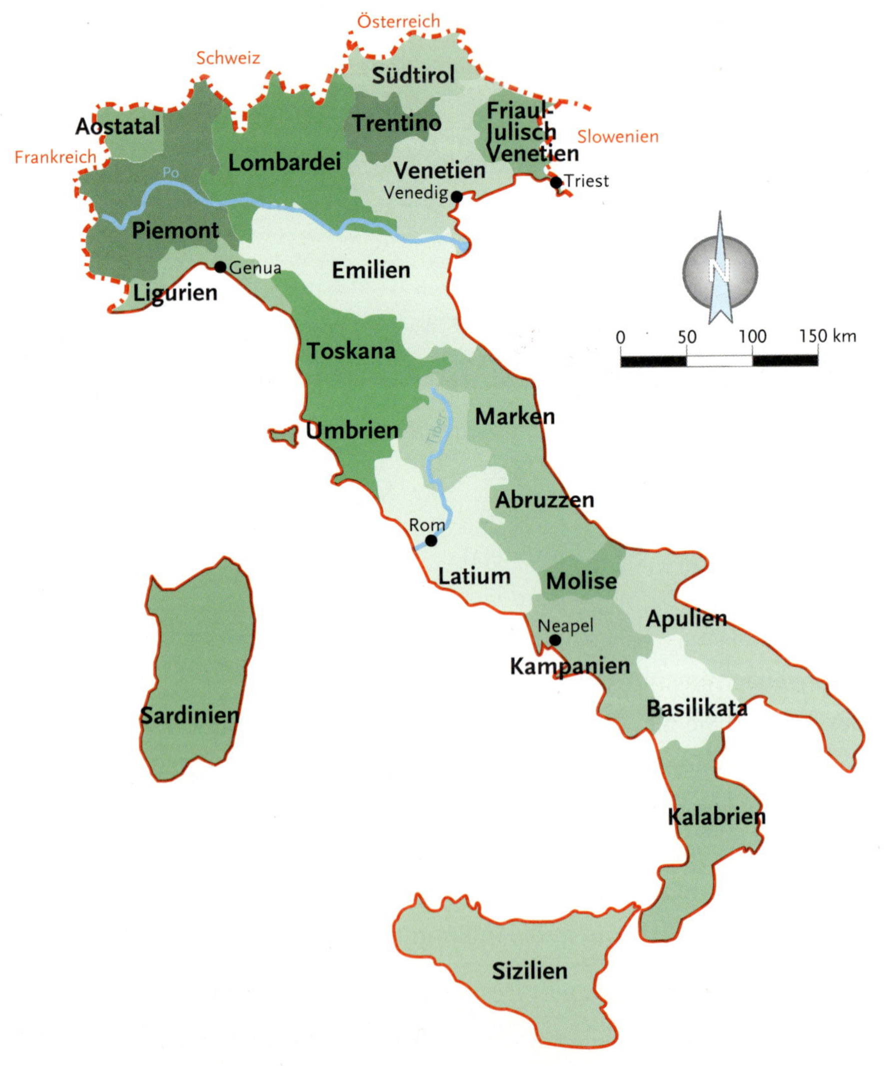

Italienische Weingüteklassen

Seit 2010 gelten folgende Weingüteklassen		
Vino	Entspricht dem als Begriff nun nicht mehr erlaubten „Vino da Tavola" für Tafelweine.	■ Pflichtangaben: Mitgliedstaat (gilt nicht als Herkunft) und Abfüller. ■ Ansonsten lediglich „bianco" (weiß) oder „rosso" (rot).
IGP (Indicazione geografica protetta)	Übersetzt: geschützte geografische Angabe. Ersetzt die bisherige Bezeichnung IGT (Indicazione geografica tipica) für Tafelweine mit typischer geografischer Herkunft.	■ Stammt aus größeren Regionen/Provinzen. ■ Mitgliedstaat und Region müssen angegeben werden. ■ 85 % der Trauben müssen aus dem Gebiet stammen. ■ Herstellung des Weins im Gebiet.
DOP (Denominazione di Origine protetta)	Neue Klassifizierung für die bisherigen „DOC-Weine" (Denominazione di origine controllata – Qualitätsweine mit kontrollierter Ursprungsbezeichnung) und „DOCG-Weine" (Denominazione di origine controllata e garantita – Qualitätsweine mit kontrollierter und garantierter Ursprungsbezeichnung). Die Unterteilungen in die Klassen DOC und DOCG bleiben in Italien bestehen. Die Weine oder Regionen können nach wie vor in der Qualitätshierarchie auf- oder absteigen. Weine, die fünf Jahre ihre Qualität aufrechterhalten haben, kann der DOC-Status und nach weiteren fünf Jahren der DOCG-Status zuerkannt werden.	■ Stammt aus kleineren Gebieten (genaue Abgrenzung). ■ Trauben ausschließlich aus dem Gebiet. ■ Herstellung des Weins im Gebiet. ■ Mindestalkoholgehalt. ■ Vorgeschriebene Rebsorten, Weinbereitungsmethoden und Höchsterträge. ■ Analytische und sensorische Prüfung. ■ Staatliche Banderole.

Für DOCG-Weine gibt es ein Gesetz, das vorschreibt, nur Korken als Verschluss zu verwenden.

Wussten Sie, dass ...
das Chianti-Classico-Gebiet als Kernzone des Chiantigebiets seit 1996 eine eigenständige DOCG ist und strengeren Bestimmungen unterliegt?
Es dürfen z. B. keine weißen Trauben mehr im Cuvée enthalten sein. Erkennungszeichen dieser qualitativ besseren Weine ist der „Gallo nero" (schwarze Hahn).

Toskana (Toscana)

Die Weinberge der Toskana erstrecken sich über eine 200 km lange Hügellandschaft zwischen dem Apennin und dem Tyrrhenischen Meer und sind Heimat des im Ausland bekanntesten italienischen Weines, des **Chianti.** Das DOCG-Gebiet nimmt rund ein Drittel der Rebfläche der Toskana ein und erstreckt sich von Pisa über Florenz und Siena bis nach Montalcino im Süden. Es ist in sieben Unterzonen aufgeteilt, von denen das Chianti Classico die bekannteste ist (Chianti Classico, Colli Fiorentini, Colli Senesi, Colline Pisane, Montespertoli, Montalbano, Rufina). Chianti Riserva muss mindestens 24 Monate reifen, davon mindestens drei Monate in der Flasche und mindestens 12 Vol.-% Alkohol aufweisen.

In Montalcino in der Provinz Siena entsteht einer der ersten mit dem DOCG-Prädikat ausgezeichnete Weine (1980), der berühmte **Brunello di Montalcino**. Er wird ausschließlich aus der Sangiovese-Unterart Brunello gekeltert. Mit zunehmendem Alter entwickelt er sich zu einem hochklassigen, eleganten, rassigen und vollmundigen Wein.

Toskana

Lange Zeit konnten die nach französischem Vorbild vinifizierten Weine nur als Tafelweine vermarktet werden. Aufgrund ihrer herausragenden Qualität sind sie unter der Bezeichnung „Super-Toskaner (Super Tuscans)“ mittlerweile berühmt geworden.

Aus den Hügellagen in der Gemeinde Montepulciano kommt der **Vino Nobile di Montepulciano** (DOCG), der zweite bedeutende Rotwein der Südtoskana. Auch dieser Wein wird hauptsächlich aus einer Sangiovese-Unterart erzeugt und hat mindestens 12,5 Vol.-% Alkohol. Nach dreijähriger Lagerung im Holzfass und mindestens 13 Vol.-% Alkohol erhält er die Bezeichnung „Riserva“.

Die erste Erzeugung des **Carmignano** (DOCG) geht in der Geschichte so weit zurück, dass er zu den ältesten Weinen Italiens zählt. Er unterscheidet sich von den Chianti-Weinen durch die zusätzliche Verwendung von Rebsorten aus dem Bordeaux (Cabernet Sauvignon und Cabernet Franc). Das Dorf Bolgheri südlich von Pisa ist die Heimat des berühmten **Sassicaia** sowie der Weine **Ornellaia** und **Tignanello**, die ebenso aus französischen Reben erzeugt werden.

Vernaccia di San Gimignano (DOCG) und **Vin Santo Toscana** (ein kräftiger Süßwein) gehören zu den großen Weißweinen der Region Toskana.

Toskana

Toskana auf einen Blick

Weiße Rebsorten	Trebbiano Toscano, Malvasia Bianca, Vernaccia di San Gimignano, Vermentino
Rote Rebsorten	Sangiovese, Canaiolo nero, Aleatico, Cabernet Franc, Cabernet Sauvignon

Piemont (Piemonte)

Das Piemont liegt rund um die Stadt Turin im Nordwesten Italiens und ist die Heimat großer Rotweine. Hauptrebsorten sind Barbera, Dolcetto und Nebbiolo. Aus Nebbiolo-Trauben werden die namhaften Rotweine Barolo, Barbaresco, Gattinara, Ghemme und Roero (alle DOCG) erzeugt.

Die berühmte weiße Trüffel wächst vor allem rund um Alba

Barolos zeichnen sich durch einen vollen Körper und kräftige Tannine aus. Der **Barbaresco** ist nicht so kraftvoll, sondern zeigt sich differenziert, finessenreicher und rassig. **Gattinara** und **Ghemme** sind charaktervoll und mächtig.

Die meistangebaute Rebsorte des Piemonts ist die Barbera-Traube, aus der der kräftige **Barbera del Monferrato** erzeugt wird. Um den Ort Asti befindet sich die Heimat der süßen DOCG-Schaumweine **Asti Spumante** und **Moscato d'Asti.** Aus der Gegend bei Alessandria stammen die leichten, zartfruchtigen Weißweine der DOCG **Gavi.**

Die Leitsorte des Piemonts ist der Nebbiolo.

Piemont auf einen Blick

Weiße Rebsorten	Moscato bianco, Cortese, Arneis, Favorita
Rote Rebsorten	Nebbiolo, Barbera, Dolcetto, Grignolino

Lombardei (Lombardia)

Die im Norden gelegene Region mit der Hauptstadt Mailand, die stark industriell geprägt ist, kann in drei Zonen eingeteilt werden: Oltrepò Pavese, Franciacorta und Valtellina. Aus dem Gebiet **Oltrepò Pavese** an der Grenze zum Piemont kommen vor allem Rotweine aus Barbera, Bonarda und Pinot nero, aber auch edelste Schaumweine. Fast die Hälfte der erzeugten Weinmenge geht als Grundwein in die benachbarte Region Piemont für die Schaumweinerzeugung.

Das Gebiet **Franciacorta** ist für seine Schaumweine (DOCG) sowie für Chardonnay und rustikale Rotweine bekannt. Im Gebiet **Valtellina** wird ein gleichnamiger Rotwein (80 % Nebbiolo) erzeugt. Valtellina Superiore und Sforzato di Valtellina tragen das DOCG-Prädikat. Nennenswert ist auch das Weißweingebiet Lugana (DOC) südlich von Sirmione (Gardasee), das delikate, extraktreiche Weißweine hervorbringt.

Superiore = Weine, die einen höheren als den vorgeschriebenen Alkoholgehalt und zum Teil auch eine längere Reifezeit aufweisen.

Sforzato = aus Nebbiolo-Trauben gewonnen, die rund drei Monate in Körben getrocknet werden. Dabei verlieren sie 40 % des Wassers und der Zucker wird freigesetzt. Der Alkoholgehalt beträgt mindestens 14 Vol.-% und die Reifezeit mindestens 25 Monate.

Lombardei auf einen Blick

Weiße Rebsorten	Pinot bianco, Chardonnay, Pinot grigio, Trebbiano, Malvasia
Rote Rebsorten	Pinot nero, Cabernet Sauvignon, Barbera, Croatina, Merlot, Chiavennasca (Nebbiolo), Bonarda

Pinot nero ist der Spätburgunder.

Trentin (Trentino)

Trentin gilt heute als das bedeutendste Anbaugebiet für Pinot grigio und Chardonnay in Italien. Chardonnay wird vorwiegend für die Spumante-Erzeugung verwendet, bei welcher das Trentin mit an erster Stelle Italiens liegt. Auch die Vernatschrebe findet große Verbreitung. Marzemino und Teroldego bringen würzige, charaktervolle und konzentrierte Rotweine hervor. Etwa 70 % der Weine aus diesem Gebiet haben DOC-Status.

In der Region Trentin beherrschen Genossenschaften die Weinproduktion. Viele der Weine sind leicht und sortenrein.

Trentin auf einen Blick

Weiße Rebsorten	Chardonnay, Pinot grigio, Nosiola, Müller-Thurgau
Rote Rebsorten	Vernatsch (Schiava), Teroldego, Marzemino

Im Trentin wächst der Wein in geschützten Tallagen

Südtirol (Alto Adige)

Die Weinberge von Südtirol erstrecken sich in den Tälern entlang der Etsch zwischen Schlanders und Salurn und entlang des Flusses Eisack **zwischen Bozen und Brixen.** Die Weinbauregion Südtirol beeindruckt einerseits durch den hohen Anteil an Qualitätsweinen und andererseits durch die Vielfalt der Rebsorten.

Drei wichtige Rebsorten werden mit Südtirol verbunden und haben hier ihre Wurzeln: der typische und weitverbreitete **Vernatsch,** der aromatische **Gewürztraminer** und der wiederentdeckte, kraftvolle **rote Lagrein.** Neben den unterschiedlichen Bodenformationen dominiert in der Nähe des Kalterersees und bei Meran fast mediterranes Klima, im übrigen Teil kontinentales und kühles Klima. 98 Prozent der gesamten Weinbaufläche von Südtirol stehen heute unter DOC-Schutz und liegen damit an der Spitze der Weinnation Italiens. Die wichtigsten Ursprungsbezeichnungen zur Kennzeichnung sind **Südtiroler** oder **Südtirol** und **Kalterersee.**

Südtiroler (Südtirol) = Weiß-, Rosé- und Rotweine, die aus einer Vielzahl von Rebsorten (meist reinsortig) erzeugt werden und den Namen der Rebsorte tragen. Weitere Unterbezeichnungen: Eisacktaler, Terlaner und Vinschgauer.

Kalterersee = Rotweine bestimmter Gemeinden der Provinzen Bozen oder Trient aus Großvernatsch und/oder Edelvernatsch und Grauvernatsch.

Südtirol auf einen Blick

Weiße Rebsorten	Chardonnay, Grauburgunder (Pinot grigio), Weißburgunder (Pinot blanc), Sauvignon blanc, Müller-Thurgau (Rivaner), Goldmuskateller, Kerner, Gewürztraminer
Rote Rebsorten	Vernatsch (Schiava), Spätburgunder (Pinot nero), Cabernet Sauvignon, Cabernet Franc, Merlot, Lagrein

Friaul (Friuli)

Das Friaul liegt im äußersten Nordosten Italiens, grenzt an Österreich und Slowenien und ist für seine **hervorragenden Weißweine** bekannt. Aus den DOC-Gebieten Colli Orientali del Friuli und Collio kommen Weine mit knackiger Säure, Körper und ausdrucksstarken, fruchtigen Primäraromen. Der moderne Weinbau wurde bereits Mitte des 20. Jahrhunderts mit der Einführung europäischer Edelsorten begonnen.

Friaul auf einen Blick

Weiße Rebsorten	Friulano (ehemals Tocai friulano), Sauvignon blanc, Chardonnay, Pinot grigio, Ribolla, Verduzzo, Picolit
Rote Rebsorten	Merlot, Cabernet Sauvignon, Pinot nero, Refosco, Schiopettino, Tazzelenghe

Venetien (Veneto)

Das aufgrund seines gemäßigten Klimas und der außerordentlich fruchtbaren Böden begünstigte Venetien kann in drei Weinbauzonen eingeteilt werden. Die Provinz Verona im Westen mit den Bergen um den Gardasee und der Stadt Soave, die Hügelregionen in den Provinzen Treviso, Padua und Vicenza und die Ebene nordöstlich von Venedig.

In der Weißweinzone **Soave** (DOC) werden große Mengen des gleichnamigen Weines aus der Garganega-Traube erzeugt. Eine Besonderheit stellen der **Soave Superiore** (DOCG) sowie der delikate Süßwein **Recioto** (DOCG, aus getrockneten Trauben) dar. Garganega- und Trebbiano-Trauben bilden auch die Basis für die milden DOC-Weißweine **Gambellara** und **Bianco di Custoza** vom südlichen Gardasee.

Große Popularität haben in den letzten Jahren der DOCG **Prosecco di Conegliano-Valdobbiadene** (Still- und Schaumweine aus der Glera-Traube) sowie der DOC **Bardolino** (fruchtiger Rot- und Roséwein vom Gardasee) gewonnen. Er wird aus den drei Sorten Corvina, Rondinella und Negrara gekeltert. Wird bei der Assemblage die Negara durch die Molinara ersetzt, entsteht daraus der beliebte **Valpolicella.** Eine Rotweinspezialität aus dem Gebiet nördlich von Verona ist der feurige **Amarone.**

Venetien auf einen Blick

Weiße Rebsorten	Garganega, Glera, Verduzzo, Trebbiano, Chardonnay
Rote Rebsorten	Corvina, Rondinella, Molinara, Negrara, Cabernet Sauvignon, Merlot

Pergolasystem in Südtirol

Friaul

Verduzzo di Ramandolo und Colli Orientali del Friuli Picolit tragen das DOCG-Prädikat.

Die berühmte Arena di Verona

Wussten Sie, dass ...
Prosecco seit 2009 nicht mehr der Name einer Rebsorte, sondern der eines geschützten Gebietes ist? Die Rebsorte heißt nun Glera.

Assemblage = Verschnitt oder das Vermischen verschiedener Traubensorten.

Amarone della Valpolicella (DOCG) = ein durchgegorener Wein aus getrockneten Trauben mit hohem Alkoholgehalt (14 –17 Vol.-%) und drei Jahren Fass- sowie 1,5 Jahren Flaschenreifung.

Emilia-Romagna

Die Weinbauregion in Norditalien reicht von Ligurien bis zur Adria und ist bekannt für **Lambrusco,** einen perlenden, fruchtigen Rotwein. Lediglich zehn Prozent der erzeugten Menge sind als DOC-Weine eingestuft, der Rest wird als Vino vermarktet.

Hauptsächlich werden in der Region um Bologna leichte Rotweine und neutrale Weißweine erzeugt. Aus der Romagna kommen vorwiegend reinsortige Weine wie **Sangiovese di Romagna** (DOC) und **Trebbiano di Romagna** (DOC) sowie der weiße **Albana di Romagna** (DOCG).

Der Lambrusco ist der Klassiker aus Emilia-Romagna

Albana di Romagna erhielt 1986 als erster italienischer Weißwein die DOCG-Auszeichnung, wobei umstritten ist, wie es dazu kam.

Emilia-Romagna auf einen Blick

Weiße Rebsorten	Malvasia, Moscato giallo, Sauvignon blanc, Albana, Trebbiano
Rote Rebsorten	Lambrusco, Barbera, Sangiovese, Canaiolo nero, Montepulciano

Marken (Marche)

Östlich von Umbrien an der Adria gelegen sind die Marken – die Heimat der hervorragenden Verdicchio-Weißweine, die bereits in den 1950er- bis 1970er-Jahren die Aufmerksamkeit der Konsumenten in aller Welt auf sich gezogen haben.

Nach einer weniger erfolgreichen Phase zählen heute der DOC **Verdicchio dei Castelli di Jesi** und der DOC **Verdicchio di Matelica** zu den Aushängeschildern der Region. Bekannte Rotweine sind der DOC **Rosso Conero** aus der Montepulciano-Traube, der DOC **Rosso Piceno** aus Sangiovese und der rote Schaumwein **Vernaccia di Serrapetrona** (DOCG).

Wussten Sie, dass ...
aus der Region Marken viele berühmt gewordene Weinproduzenten der sogenannten „Neuen Welt" stammen, wie z. B. Gallo (Kalifornien) und Catena (Argentinien)?

Marken auf einen Blick

Weiße Rebsorten	Verdicchio, Trebbiano
Rote Rebsorten	Montepulciano, Sangiovese, Vernaccia nera

Umbrien (Umbria)

Umbrien wird aufgrund seines reichhaltigen Wasservorkommens als das „grüne Herz" Italiens bezeichnet und ist vor allem wegen des DOC-Weißweines **Orvieto** bekannt. Er stammt aus der Provinz Viterbo und wird vorrangig aus Trebbiano- und Verdello-Trauben erzeugt. Die bekanntesten Rotweine sind der **Sagrantino di Montefalco** aus 100 % Sagrantino (gibt es auch als Passito), der **Torgiano Rosso Riserva,** beide mit DOCG-Prädikat, sowie der DOC-Wein **Montefalco Rosso**.

Passito = ein Süßwein aus luft- oder sonnengetrockneten und dadurch rosinierten Weintrauben, der in der Regel süß ist.

Umbrien auf einen Blick

Weiße Rebsorten	Malvasia, Trebbiano, Grechetto, Verdello
Rote Rebsorten	Sangiovese, Barbera, Canaiolo, Montepulciano, Sagrantino

Latium (Lazio)

Die Region Latium rund um die Stadt **Rom** ist geprägt von Weißweinen, von denen der DOC **Frascati**, aus Malvasia- und Trebbiano-Trauben gekeltert, der bekannteste ist. Auch der DOC **Est! Est!! Est!!! di Montefiascone**, ein frisch-fruchtiger Weißwein mit Mandelgeschmack, zählt zu den bekannten Spezialitäten des Latiums. Mit dem Rotwein **Cesanese del Piglio** besitzt das Gebiet seit 2008 auch einen DOCG-Wein.

Der **Est! Est!! Est!!! di Montefiascone** verdankt seinen Namen einer geschichtlichen Begebenheit. Während seiner Reise nach Rom zur Krönung Heinrichs V. beauftragte der deutsche Bischof Johann Fugger seinen Diener, gute Unterkünfte für ihn und sein Gefolge auszukundschaften. So sollte dieser passende Gasthöfe mit der Bezeichnung „Est" über dem Eingang kennzeichnen. Bei ihrer letzten Übernachtung vor der Ankunft in Rom war an einem Gasthof die Bezeichnung „Est Est Est" zu lesen. Dem Bischof schmeckte der Wein des Hauses so gut, dass er sich mit Moscato zu Tode trank und Rom nicht mehr erreichte.

Latium auf einen Blick

Weiße Rebsorten	Trebbiano, Malvasia
Rote Rebsorten	Sangiovese, Montepulciano, Cesanese

Basilikata (Basilicata)

Einfache Tischweine dominieren in der Basilikata. Der **Aglianico del Vulture** (DOC), ein tanninreicher Rotwein aus der gleichnamigen Rebsorte, ist ein Geheimtipp in der Region zwischen Kalabrien und Apulien.

Basilikata auf einen Blick

Weiße Rebsorten	Malvasia, Moscato, Bombino bianco, Fiano
Rote Rebsorten	Aglianico, Aleatico, Ciliegiolo, Malvasia nera

Kampanien (Campania)

Die süditalienische Region mit der Hauptstadt **Neapel** ist eine der heißesten und niederschlagsärmsten Zonen Italiens. Schwere, extrakt- und körperreiche Rotweine aus der Aglianico-Traube beherrschen die Weinlandschaft. Der bedeutendste Aglianico-Wein ist der **Taurasi** (DOCG). Von den Hängen des Vesuvs stammen die DOC **Vesuvio** und **Lacryma Christi del Vesuvio** (Weiß-, Rosé- und Rotweine). **Greco di Tufo** und **Fiano di Avellino** sind ausdrucksstarke Weißweine mit DOCG-Prädikat.

Wussten Sie, dass ...
Kampanien seinen Namen den Römern verdankt, die es aufgrund der optimalen Bedingungen für Weinbau „Campania Felix" (glückliches Land) nannten?

Blick auf den Vesuv

Kampanien auf einen Blick

Weiße Rebsorten	Biancolella, Greco, Falanghina, Fiano, Malvasia, Trebbiano
Rote Rebsorten	Aglianico, Aleatico, Barbera, Piedirosso

Apulien (Puglia)

Apulien, der Absatz des italienischen Stiefels, ist die zweitgrößte Weinregion des Landes und produziert rund ein Fünftel der gesamten Weinmenge Italiens. Die Region hat etwa 25 DOC-Zonen, die teilweise nur kleine Flächen aufweisen. Zu den bekannten DOC-Weinen zählen **Castel del Monte, Salice Salentino** sowie **Primitivo di Manduria.**

Apulien auf einen Blick

Weiße Rebsorten	Bombino bianco, Fiano, Falanghina, Moscato bianco
Rote Rebsorten	Primitivo, Negroamaro, Montepulciano, Uva di Troia, Aleatico, Aglianico

Castel del Monte in Apulien

Kalabrien (Calabria)

Kalabrien ist die südlichste Region des italienischen Festlandes und bildet die Spitze des italienischen Stiefels. Bereits die Griechen waren von den klimatischen Bedingungen dieser Region für den Weinbau begeistert. Sie ist geprägt von Hügeln und Bergen. In dieser heißen, trockenen Gegend dominieren zwei ursprünglich griechische Rebsorten: Gaglioppo (rot) und Greco (weiß). Der bekannteste Wein ist der Cirò, ein feinwürziger, körperreicher Wein, den es in Weiß, Rosé und Rot gibt.

Kalabrien hat viele Steilküsten

Kalabrien auf einen Blick

Weiße Rebsorten	Greco bianco, Trebbiano, Sauvignon blanc, Moscato
Rote Rebsorten	Gaglioppo, Greco nero, Grenache, Calabrese (Nero d'Avola)

Schafe sind in Sardinien allgegenwärtig

Sardinien (Sardegna)

Von der Insel Sardinien stammen großteils reinsortige Weine. Aus dem Norden kommt der Vermentino di Gallura (DOCG), ein fruchtiger Weißwein aus der Vermentino-Rebe. Aus den Sorten Malvasia und Moscato entsteht eine Vielzahl von Weinen mit Restsüße. Regionstypisch sind substanzreiche, alkoholintensive Rotweine.

Sardinien auf einen Blick

Weiße Rebsorten	Vermentino, Nasco, Nuragus, Malvasia, Moscato
Rote Rebsorten	Cannonau (Grenache), Monica, Carignano

Sizilien (Sicilia)

Mit rund 130 000 ha Rebfläche ist Sizilien die größte Weinbauregion Italiens, zu der auch die nordöstlich und südwestlich gelegenen Inseln zählen. Einen großen Teil nimmt allerdings die **Produktion von Tafeltrauben** ein. Jahrzehntelang galt Sizilien als Erzeuger von Massenweinen, die von Genossenschaften dominiert wurden. Immer häufiger entstehen jedoch frische, modern vinifizierte Weine, etwa aus der DOC-Region **Alcamo.** Die bekanntesten Weine der Insel sind der Dessertwein **Marsala** (DOC) aus der Provinz Trapani und der DOCG-Wein **Cerasuolo di Vittoria.**

Weingut bei Marsala

Wussten Sie, dass ...
75 % der Weine Siziliens weiß sind?

Sizilien auf einen Blick

Weiße Rebsorten	Catarratto, Grillo, Inzoliza, Chardonnay, Sauvignon blanc
Rote Rebsorten	Calabrese (Nero d'Avola), Nerello, Perricone

Weitere italienische Weinbaugebiete mit regionaler Bedeutung liegen in Ligurien, Abruzzen, Molise und im Aostatal.

Ziele erreicht?

1. Nennen Sie sechs wichtige Weinabaugebiete Italiens.
2. Zählen Sie die Weingüteklassen (Qualitätsstufen) des italienischen Weingesetzes auf.
3. Welche Leitsorte hat die Toskana, welche das Piemont?
4. Nennen Sie sechs DOCG-Weine aus Italien.

4.5 Spanien

Spanien hat zwar die größte Rebfläche aller Weinbauländer der Erde, liegt aber bei der erzeugten Menge deutlich hinter Italien und Frankreich. Dies hängt vor allem damit zusammen, dass die Abstände zwischen den Rebzeilen, aber auch zwischen den einzelnen Rebstöcken um ein Vielfaches größer sind als in den anderen Ländern.

Die Geschichte des spanischen Weinbaues geht auf die Phönizier und Griechen etwa 1000 vor Christus zurück. Aufgrund der Reblauskatastrophe in Europa (Mitte des 19. Jahrhunderts) emigrierten viele Winzer aus Bordeaux nach Spanien und brachten ihr Wissen über den Ausbau von Rotweinen im kleinen Eichenfass mit. 1850 kam der erste moderne, im Barrique ausgebaute Rotwein – **Rioja** – auf den Markt und begründete den Erfolg der gleichnamigen Region.

Der **Consejo Regulador** definiert für jedes DO-Gebiet das „Reglamento“ mit der Beschreibung der zugelassenen Rebsorten, Entscheidungen über Neupflanzungen, der Regulierung des Hektarertrags, der Dichte der Bestockung, des Rebschnitts und der Herstellungsmethoden. Erst nach sensorischer Prüfung gibt der Consejo das Etikett frei. Die zentrale Behörde nennt sich **INDO** (Instituto Nacional de Denominaciónes de Origen).

Weingut in Rioja

Vor knapp 20 Jahren begann der spanische Weinbau mit einer qualitätsorientierten Modernisierung. Der stetig wachsende Anteil an Qualitätsweinen liegt derzeit bei rund 30 % der gesamten Weinproduktion. Etwa die Hälfte der in Spanien erzeugten Weine sind Weißweine, 27 % sind Rotweine und 23 % entfallen auf die Roséweinproduktion. Spanien hat 14 Regionen, in denen sich 66 Qualitätsweinbaugebiete (D. O.) befinden, die vom **Consejo Regulador** kontrolliert werden.

Spanien im Überblick

Rebfläche: ca. 1 032 000 Hektar
Weinproduktion: ca. 34 Mio. Hektoliter/Jahr

Weinbaugebiete in Spanien

Wussten Sie, dass …
La Mancha die größte zusammenhängende Weinbauregion der Welt ist?

Spanische Weingüteklassen

Seit 2010 gelten folgende Weingüteklassen		
Vino	Wein ohne regionale/geografische Angabe; mit oder ohne Rebsorte und Jahrgang. Ersetzt die bisherige Bezeichnung „Vino de Mesa" für Tafelweine.	
IGP (Indicación Geográfica protegida)	Übersetzt: geschützte geografische Angabe. Ersetzt die frühere Bezeichnung „Vino de la Tierra" für Landweine.	▪ Stammt aus größeren Regionen/Provinzen. ▪ Weniger strenge Bestimmungen bezüglich Rebsorten und Produktion als bei DOP-Weinen. ▪ Voraussetzungen für Altersangabe am Etikett: noble = mindestens 18 Monate Lagerung anejo = mindestens 24 Monate Lagerung viejo = mindestens 36 Monate Lagerung
DOP (Denominación de Origen protegida)	Übersetzt: geschützte Ursprungsbezeichnung. Ist die neue Klassifizierung für die bisherigen „DO-Weine" (Denominación de Origen – Qualitätsweine mit kontrollierter Ursprungsbezeichnung) bzw. „DOCa-Weine" (Denominación de Origen Calificada – Qualitätsweine mit besonders kontrollierten Bestimmungen), die, wie in Italien, bestehen bleiben.	▪ Stammt aus kleineren Gebieten (genaue Abgrenzung), ca. 50 % der Produktion. ▪ Vom Consejo Regulador überwacht. ▪ Trauben ausschließlich aus dem Gebiet. ▪ Herstellung des Weins im Gebiet. ▪ Mindestalkoholgehalt. ▪ Vorgeschriebene Rebsorten, Weinbereitungsmethoden und Höchsterträge. ▪ Analytische und sensorische Prüfung. **DOCa** ▪ Bis jetzt nur die Gebiete Rioja und Priorat qualifiziert. ▪ Vorher mindestens 10 Jahre DO. ▪ Abfüllung der Weine nur im Gebiet. ▪ Nur 2 % nichtklassifizierte Weinberge.

Die Tempranillo-Traube gilt als die bedeutendste Rotweintraube Spaniens

Etikettensprache für spanische Qualitätsweine

- **Crianza:** Müssen je nach Region mindestens 24 Monate, davon sechs Monate im Eichenfass reifen, bevor sie in den Handel kommen.
- **Reserva:** Müssen mindestens drei Jahre ausgebaut sein, davon eines im Eichenfass.
- **Gran Reserva:** Das ist der höchste Titel für Weine aus besten Jahrgängen oder aus den besten Trauben einer Saison. Sie müssen zumindest fünf Jahre ausgebaut sein, davon mindestens 18 Monate im Eichenfass bei Rotweinen, bei Weißweinen ein Jahr im Fass und vier Jahre in der Flasche.

Einige spanische Weinbauregionen werden im Folgenden näher beschrieben.

Rioja

Das berühmte spanische Weinbaugebiet liegt im Norden an den Ufern des Ebros und erstreckt sich über eine Länge von 120 Kilometern. Bereits 1926 wurde die Region Rioja gesetzlich eingegrenzt und erhielt 1991 den DOCa-Status. Das Rioja-Gebiet gliedert sich in drei Unterzonen: Rioja Alavesa im Westen, Rioja Alta im Süden (beste Weine aus diesem Gebiet) und Rioja Baja im Osten. Die besten Rioja-Rotweine enthalten aufgrund der Rebsorte **Tempranillo** viele Gerbstoffe und eine kräftige Säure, sodass sie viele Jahre und Jahrzehnte reifen können.

Rioja wird folgendermaßen ausgesprochen: Riocha.

Rioja auf einen Blick

Weiße Rebsorten	Macabeo (Viura), Malvasia, Garnacha blanca
Rote Rebsorten	Tempranillo, Garnacha tinta, Graciano, Mazuelo

Kastilien-León

Ribera del Duero (DO) ist das bedeutendste Anbaugebiet dieser Region und weist ein besonderes Klima auf (kurze, trockene Sommer und lange, frostkalte Winter), was sich in den Weinen widerspiegelt. Dunkelfarbene, mächtige Rotweine aus der Tinta del País (einer Tempranillo-Variante) stehen den großen Riojas um nichts nach.

Navarra

Das nordspanische DO-Anbaugebiet zählt zu den aufstrebendsten und erfolgreichsten Weinbaugebieten Spaniens. Neben einfachen, fruchtigen Rosés aus der Garnacha-Traube werden immer mehr moderne Rotweine aus Garnacha, Tempranillo, mit Mazuelo (Cariñena) und Graciano oder Cabernet Sauvignon und Merlot verschnitten.

La Mancha

Die einsame Hochebene im Südosten von Toledo war lange Zeit ein Anbaugebiet für Massenweine aus der weißen Airén-Traube. Rund die Hälfte der Anbaufläche ist als DO-Herkunftsgebiet anerkannt. Neben den Weißweinen aus der Airén-Rebe werden auch verstärkt Rotweine aus Cencibel (Tempranillo), Cabernet Sauvignon, Syrah und Petit Verdot erzeugt.

Wussten Sie, dass ...
der Rotwein **Unico Reserva Especial** des Weingutes **Vega-Sicilia** zu den spanischen Kultweinen zählt?

Galicien

Das in der nordspanischen Region Galicien gelegene **Rias Baixas** (DO-Anbaugebiet) gilt als das **beste Weißweingebiet Spaniens.** Die Albariño-Rebe dominiert (90 %) und ergibt hocharomatische, elegante, frische, würzige Weine. Es gibt auch Weißweincuvées aus den heimischen Rebsorten Treixadura, Loureira und Caiño.

Katalonien

Katalonien ist eine der größten und vielfältigsten Regionen Spaniens und verfügt über zehn Anbauzonen mit kontrollierter Ursprungsbezeichnung. Im Gebiet Penedès (DO) werden überwiegend einfache Weißweine erzeugt. Besondere Qualitäten, die reinsortig ausgebaut werden, sind auch für längere Haltbarkeit bestimmt. Bekannt geworden ist das Gebiet allerdings durch den Cava (DO). Dieser mindestens neun Monate in der Flasche gereifte Schaumwein wird traditionell aus den Rebsorten Xarello, Macabeo und Parellada erzeugt.

Cava = spanischer Schaumwein, der nur in den Regionen Katalonien, Aragonien, Extremadura, Kastilien-León, Navarra, Rioja und Valencia erzeugt werden darf.

Priorato ist das zweite Qualitätsanbaugebiet der DOCa-Kategorie und zählt zu den kleinsten von Spanien. Es liegt in der Region Katalonien und umfasst lediglich elf Dörfer. Der Großteil der Anbaufläche ist mit Garnacha- und Cariñena-Rebstöcken bepflanzt, aus denen tiefdunkle, alkoholreiche und intensive Rotweine gekeltert werden. Daneben werden Syrah, Cabernet Sauvignon und Merlot für komplexe, finessenreiche Rotweine mit fast süßlichen Tanninen verwendet.

Ziele erreicht?

1. Zählen Sie drei Weinbauregionen Spaniens auf.
2. Nennen Sie die wichtigste spanische Rotweinrebsorte und beschreiben Sie deren Eigenschaften.

Portugal

4.6 Portugal

Von allen großen europäischen Weinbauländern gehört Portugal – das ca. 200 km breite und knapp 800 km lange Randgebiet der Iberischen Halbinsel – wohl zu den am wenigsten bekannten. Spricht man von portugiesischem Wein, denkt man in erster Linie an **Portwein** und **Madeira.** Neben diesen **weltbekannten Likörweinen** hat Portugal aber eine große Vielfalt unterschiedlicher und qualitativ hochwertiger Weiß-, Rosé- und Rotweine zu bieten. Außerhalb Portugals sind hiervon allerdings hauptsächlich der **Vinho Verde** und die **aus dem Dourogebiet stammenden Rotweine** bekannt.

Wegen der zum großen Teil sehr kargen und steinigen Verwitterungsböden, der hohen Sommertemperaturen und der großen Stockabstände sind die Erträge mit 30 hl/ha häufig geringer als in anderen Weinbauländern. Etwas mehr als 30 % der Weine Portugals sind Weißweine, knapp 70 % Rot- oder Roséweine.

Mit der Erzeugung von Roséweinen wurde in Portugal erst in den 1940er-Jahren in der Umgebung von Vila Real im Dourogebiet begonnen. Die Marken **Mateus Rosé** und **Lancers Rosé,** Verschnittweine aus überwiegend roten und auch weißen Traubensorten, erreichten schnell internationale Bedeutung. Sie wurden zu den meistverkauften Roséweinen der Welt.

Portugal auf einen Blick

Rebfläche	ca. 240 000 Hektar
Weinproduktion	5,9 Mio. Hektoliter/Jahr
Weiße Rebsorten	Alvarinho, Antão Vaz, Arinto, Fernão Pires, Moscatel, Loureiro, Trajadura
Rote Rebsorten	Baga, Castelão, Tinta Cão, Tinta Franca, Tinta Roriz (Aragonez), Touriga Nacional, Trincadeira

Weinbauregionen
Portugals Qualitätsweingebiete sind mit DOP gekennzeichnet und nehmen ca. 85 % der Rebfläche ein. Bekannte DOP sind z. B.: Alentejo, Bairrada, Dão, Douro, Madeira und Vinho Verde. Darüber hinaus gibt es für geringere Qualitätsstufen noch die IGP-Zonen und die einfachen Vinhos.

4.7 Österreich

AUSTRIA

www.oesterreichwein.at.

ÖSTERREICH WEIN

Österreich hat eine sehr alte Weinbautradition. Das kontinentale, das pannonische und auch das mediterrane (illyrische) Klima sowie das Zusammentreffen der nördlichen mit der südlichen Anbauzone Europas ermöglichen die Hervorbringung großartiger Weine mit absoluten Spitzenqualitäten, die zunehmend für nationales und internationales Aufsehen sorgen.

Etwa 20 000 Weinbaubetriebe, davon ca. 40 % im Vollerwerb geführt, erwirtschaften mit Wein einen Verkaufswert von ca. 650 Millionen Euro. Der Großteil des verkauften Weines wird im Inland getrunken. Aufgrund der hohen Qualität steigt der Weinexport aber stetig an. **Zwei Drittel** der österreichischen Weine sind **Qualitätsweine,** ein im internationalen Vergleich sehr großer Anteil.

Österreich im Überblick

Durch die Weingesetznovellen 1999, 2002 und 2007 wurden neue Gebietsregelungen durch Einbeziehung größerer Weinbaugebiete unter Beibehaltung der kleineren getroffen. Der Vorteil liegt darin, dass nun für die Produktion eines Landweines die Bezeichnungen „Weinland Österreich“ bzw. „Steirerland“ – ein nach europäischen Maßstäben großes Einzugsgebiet (Niederösterreich, Burgenland, Wien bzw. Steiermark) – zur Verfügung steht.

Rebfläche ca. 46 000 Hektar
Weinproduktion: ca. 2,8 Mio. Hektoliter/Jahr

Weinerlebniswelt Loisium im Kamptal

Weinbauregionen	Generische Weinbaugebiete	Spezifische Weinbaugebiete
Weinland	Niederösterreich (ca. 27 200 ha)	Wachau, Kremstal, Kamptal, Traisental, Wagram, Weinviertel, Carnuntum, Thermenregion
	Burgenland (ca. 14 000 ha)	Neusiedler See, Neusiedler-See-Hügelland, Mittelburgenland, Südburgenland
	Wien (ca. 600 ha)	Wien
Steirerland	Steiermark (ca. 4 200 ha)	Südoststeiermark, Südsteiermark, Weststeiermark
Bergland	Vorarlberg, Tirol, Kärnten, Oberösterreich und Salzburg (ca. 80 ha). Es werden meist frühreife Sorten von Hobbywinzern angebaut. Die Weine dienen großteils der Eigenversorgung.	

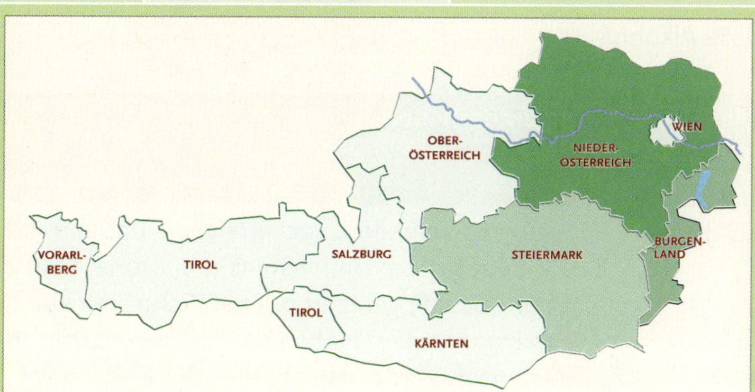

Die Weinbaufläche Österreichs gliedert sich in drei Weinbauregionen, in generische Weinbaugebiete (mit den Namen der Bundesländer) und in 16 spezifische Weinbaugebiete (mit klaren, gebietstypischen Weinprofilen; DAC-Weine).

Wussten Sie, dass ...
es in Österreich eine mit dem deutschen VDP vergleichbare Organisation gibt? Der Verein österreichischer Traditionsweingüter (ÖTW) klassifiziert auch Weine der besten, typischsten und traditionellsten Lagen.

Der jährliche Pro-Kopf-Verbrauch von Wein liegt in Österreich bei etwa 30 Litern.

Beispiel: Riede Ehrenfels

Das Etikett eines Qualitätsweins darf einen Hinweis auf örtliche Herkunft aufweisen (Großlage, Riede, Gemeinde)

Für den Etikettzusatz „Reserve“ gibt es spezielle Einreichtermine für die Weine, die einen Mindestalkoholgehalt von 13 Vol.-% haben müssen.

Trauben für Strohwein/Schilfwein

Österreichische Weingüteklassen

Das österreichische Weingesetz ist eines der strengsten der Welt.

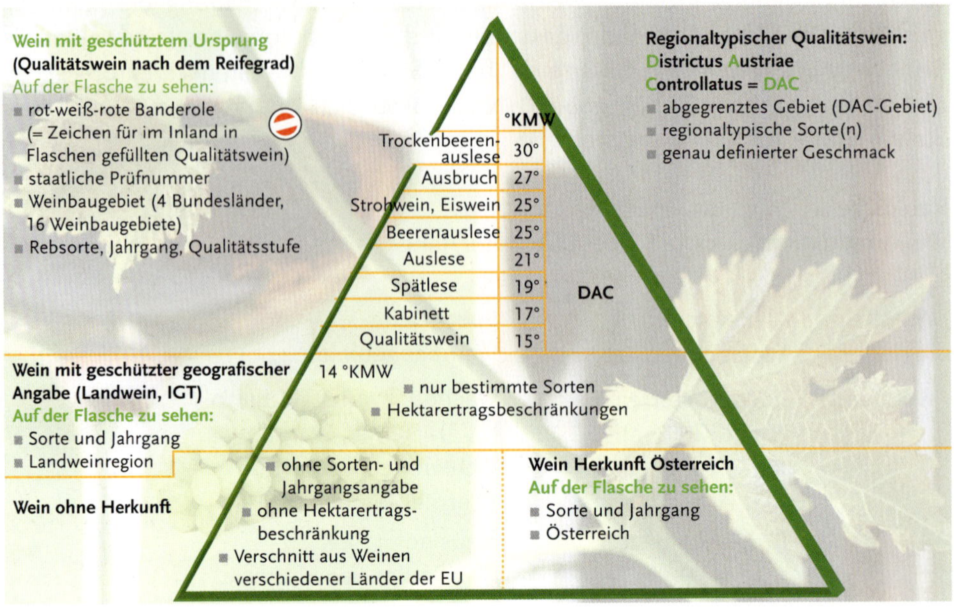

Kabinett oder Kabinettwein

- Der Saft der Weintrauben muss ein Mindestmostgewicht von 17° KMW aufweisen.
- Der Most darf nicht aufgebessert (angereichert) werden.
- Er darf höchstens 9 g Restzucker/l enthalten (ohne Restzuckerverleihung – keine Süßung des Weines); das entspricht der Geschmacksrichtung „trocken“.
- Höchstens 13 Vol.-% Alkohol.

Prädikatswein (Qualitätswein besonderer Reife und/oder Leseart)

- Der Saft der Weintrauben muss ein Mindestmostgewicht von 19° KMW aufweisen.
- Der Most darf nicht aufgebessert (angereichert) werden.
- Der Wein darf keine Süßung erhalten. Die Restsüße darf nur durch die vorzeitige Unterbrechung der Gärung herbeigeführt werden, nicht aber durch Zusatz von Traubenmost.
- Mindestens 5 Vol.-% Alkohol.

Rein österreichische Prädikatsweinstufen	Mindestmostgewicht	Besonderheiten
Strohwein/ Schilfwein (SW)	25° KMW	Wein aus vollreifen, zuckerreichen Trauben, die vor dem Keltern mindestens drei Monate auf Stroh (Schilf) gelagert oder an Schnüren aufgehängt wurden. Haben die Trauben nach mindestens zwei Monaten bereits 30° KMW oder mehr, dürfen sie sofort gepresst werden. Ein Verschnitt zur Aufbesserung ist nicht erlaubt.
Ausbruch (AB)	27° KMW	Wein aus ausschließlich überreifen, edelfaulen, natürlich eingetrockneten Beeren. Zur besseren Auslaugung des Zuckergehaltes kann dem Lesegut frisch gekelterter Traubenmost oder Spätlese-, Auslese- oder Beerenauslesewein aus derselben Lage zugesetzt werden.

Der österreichische DAC-Wein

Österreichs DAC-Weine
- Weinviertel DAC
- Mittelburgenland DAC
- Traisental DAC
- Kremstal DAC
- Kamptal DAC
- Leithaberg DAC
- Eisenberg DAC
- Neusiedler See DAC

Wussten Sie, dass ...
der Begriff **„autochthone Rebsorte"** für gebietstypische, heimische, alteingesessene, bodenständige Rebsorten (wie Riesling, Silvaner und Elbling in Deutschland) steht?

DAC steht für **Districtus Austriae Controllatus** und bedeutet österreichische kontrollierte Herkunftsbezeichnung, die 2002 eingeführt wurde.

Die **Herkunft** und **nicht die Rebsorte** soll in Zukunft bei diesen Weinen im Vordergrund stehen. Angelehnt an die Appellationssysteme renommierter Weinbaugebiete, wie das französische AOP, das italienische DOP oder das spanische DOP, möchte man die Identität der einzelnen Regionen stärken. Ein DAC-Wein ist also grundsätzlich kein neuer Wein. Es handelt sich dabei um **Qualitätsweine, die geschmacklich unverkennbar für ihre Herkunft aus einem bestimmten Weinbaugebiet** stehen. Diese Weine sollen sich durch ihr gebietstypisches Geschmacksprofil auszeichnen und tragen anstelle der Bezeichnung Qualitätswein die Bezeichnung DAC. Entscheidend ist aber nicht das Kürzel DAC, sondern der geografische Begriff, der davor steht.

Auch für den österreichischen Export, in dem es wegen der großen Vielfalt der Rebsorten, der Anbauregionen, der vielen Anbaugebiete mit ihren vielen Einzellagen schwierig ist, den Wein marketingstrategisch zu positionieren, wird es in Zukunft dadurch einfacher werden.

Aber auch der Handel soll künftig mit größeren Mengen beliefert werden können, weil jedes DAC-Gebiet seinen gebietstypischen Wein nach den vom regionalen Weinkomitee bestimmten Vorgaben vermarkten kann, z. B.:
- bestimmte Rebsorte
- bestimmte Fruchttöne
- Holzeinsatz oder Botrytis-Ton (DAC-abhängig)
- bestimmter Alkoholgehalt
- bestimmte Geschmacksrichtung (trocken)
- maximaler Restzucker
- Erstvermarktungstermin

Die lokalen Weinkomitees prüfen eingereichte Weine sensorisch und chemisch, ob sie als DAC bezeichnet werden dürfen.

Alle anderen Qualitätsweine eines DAC-Gebietes dürfen als geografische Herkunft nur mehr das übergeordnete Weinbaugebiet (Bundesland) auf dem Etikett führen.

Vom zuständigen Bundesministerium wird ein **nationales Weinkomitee** auf fünf Jahre bestellt. Es stellt die Verbindung der **regionalen Weinkomitees** zum Bundesministerium her. Außerdem überprüft das nationale Weinkomitee die Gründung von regionalen Weinkomitees und deren Beschlüsse, die die Festlegung von DAC-Weinen betreffen, sowie alle sonstigen rechtlichen Beschlüsse bezüglich des österreichischen Weinbaues.

Geplant ist, ein Weinkomitee pro Weinbaugebiet einzurichten, das sich aus Vertretern der Weinwirtschaft des örtlichen Wirkungsbereiches zusammensetzt (Trauben- bzw. Weinproduzenten, Weinhandelsbetriebe sowie Genossenschaftsvertreter). Jedes Weinbaugebiet kann und soll durch sein regionales Komitee einen oder mehrere DAC-Weine festlegen (jüngstes DAC-Gebiet: Leithaberg).

Wussten Sie, dass ...
der Weinbau in Österreich nur etwa 1 % des internationalen Weinbaues beträgt?

SALON 13
ÖSTERREICH WEIN

Die Salon-Tournee führt diese jährlich rund 260 ausgewählten Weine durch ganz Österreich. Zu beachten ist aber: Nicht alle guten Weine Österreichs tragen derartige Auszeichnungen. Manche Winzer/innen reichen ihre Produkte prinzipiell nicht zu Prämierungen ein.

Die Banderole dient der eindeutigen Kennzeichnung von österreichischem Qualitätswein

Die Weinbaugebiete Niederösterreichs

- Niederösterreich

Spezifische Weinbaugebiete: Wachau, Kremstal, Kamptal, Traisental, Wagram, Weinviertel, Carnuntum, Thermenregion

Wachau

Wussten Sie, dass ...
die **Steinfeder** das unter Naturschutz stehende Gras „Stipa pinnata" ist, das getrocknet den Hut der Wachauer Tracht ziert und dass der Begriff **Federspiel** auf die herrschaftliche Falkenjagd in der Wachau zurückgeht?

Ziele und Aufgaben des regionalen Weinkomitees

- Bessere Vermarktung des DAC-Weines.
- Aktuelle Marktforschung und Marketingmaßnahmen zusammen mit der **Österreichischen Wein Marketing GmbH.**
- Erstellung von Bedingungen für die Produktion und Vermarktung von regionaltypischen hochwertigen Weinen mit ihren typischen Herkunftsprofilen.

So bietet zum Beispiel der **Salon Österreich Wein** eine ausgezeichnete nationale und internationale Präsentationsplattform für den österreichischen Wein. Die Österreichische Wein Marketing GmbH präsentiert damit alljährlich die 260 besten Weine Österreichs, die mit der „Salon"-Schleife gekennzeichnet werden.

Besondere Bezeichnungen auf dem Etikett und der Banderole in Österreich

Ein **Heuriger** muss aus österreichischen Trauben hergestellt worden sein. Die Bezeichnung gilt bis zum 31. Dezember des darauffolgenden Jahres. Wenn der Wein in Flaschen gefüllt wird, muss der Jahrgang angegeben werden.

Bei der Bezeichnung **Bergwein** handelt es sich um Weine aus Weingärten mit einer Hangneigung von mehr als 26 %. Die Weinbauregion darf angegeben sein.

Die Bezeichnung **Schilcher** darf nur für Roséweine der Sorte Blauer Wildbacher aus der Steiermark verwendet werden.

Weinbauregionen und ihre Gebiete

Weinland (ca. 41 800 ha)

Niederösterreich (ca. 27 200 ha)

Niederösterreich blickt auf eine sehr alte Weinkultur zurück. Man vermutet aufgrund von Traubenkernfunden in Nussdorf und Mödling aus der vorrömischen Zeit, dass hier bereits Illyrer und Kelten aus einer Wildrebe eine Kulturrebe gezogen haben.

Wachau (ca. 1 350 ha)
Die Wachau umfasst die Gemeinden Dürnstein, Weißenkirchen, Mautern, Bergern im Dunkelsteinerwald, Rossatz und den Gerichtsbezirk Spitz. Sie ist sicherlich eines der bekanntesten und landschaftlich schönsten Weinbaugebiete des Landes.

Geprägt wird es durch sein **Mikroklima** und seine **Bodenbeschaffenheit.** Flussaufwärts herrscht noch das pannonische Klima vor, vom nördlichen Waldviertel und südlichen Dunkelsteinerwald beeinflusst aber ein kühleres, feuchteres Klima das Gebiet. Die Steillagen, die bis zu 200 m über der Donau aufragen, bestehen aus verwittertem Urgestein (Schiefer, Gneis, Granit), die flachen Lagen aus Löss und Sand. Nicht zuletzt hilft auch die Donau als Wärmespeicher beim Temperaturausgleich und damit als Klimaregulator mit, den Weinen einen besonderen Charakter, einen eigenen Charme, eine volle Dichte und eine schöne Säure zu verleihen.

Zum Schutz und zur Förderung der Wachauer Weine wurde der Verein **Vinea Wachau Nobilis Districtus** gegründet, die wohl **bekannteste Markengemeinschaft Österreichs.** Sie ist älter als die DAC-Bezeichnung und unterscheidet drei Weinkategorien.

Steinfeder	Federspiel	Smaragd
▪ Trocken, leicht, spritzig ▪ 15 bis 17° KMW ▪ Maximal 11,5 Vol.-% Alkohol ▪ Entspricht etwa dem Qualitätswein	▪ Fruchtig, elegant, klassisch ▪ 17 bis 18,2° KMW ▪ 11,5 bis 12,5 Vol.-% Alkohol ▪ Entspricht etwa dem Kabinett	▪ Trocken, hochreif, kraftvoll ▪ Ab 18,5° KMW ▪ Mindestens 12,8 Vol.-% Alkohol ▪ Entspricht etwa der Spätlese
Steinfeder	FEDERSPIEL	SMARAGD

Wachau auf einen Blick

Rebsorten	Bekannte Rieden
Grüner Veltliner, Riesling, Chardonnay, Muskateller, Muskat-Ottonel, Neuburger, Blauer Zweigelt, St. Laurent	Schütt, Loibenberg, Kellerberg, Superin, Hollerin, Klaus, Achleiten, Rotes Tor, Steinporz, Achspoint, Hochrain, Tausendeimerberg, Singerriedel

Einige Weingüter
Domaine Wachau, Karl Holzapfel, Josef Jamek, F. X. Pichler, Karl Lagler, Karl Stierschneider

Smaragdeidechsen sind das Symbol für die wertvollsten Weine der Wachau – die **Smaragdweine**

Weingartenmauer mit Stufen am Tausendeimerberg

Kremstal (ca. 2 250 ha)
Zum Kremstal gehören die Stadt Krems an der Donau, die Gemeinden Furth bei Göttweig, Gedersdorf, Paudorf, Senftenberg, Imbach, Stratzing-Dross und Rohrendorf/Krems. In diesem Gebiet herrscht großteils ein **mildes Klima,** das auf das Zusammentreffen des milderen pannonischen mit dem eher rauen Klima des Waldviertels zurückzuführen ist. Es gibt größere Temperaturunterschiede zwischen Tag und Nacht, da das weitläufige Kremser Becken – im Gegensatz zur Enge der Wachau – weniger Schutz vor Nachtabkühlung bietet. Die Böden bestehen teils aus Urgestein, großteils aber aus Löss und Lehm, die Ebenen aus Sand und Schotter. Die Weine sind von fruchtigem Bukett und Frische geprägt.

Kremstal

Kremstal auf einen Blick

Rebsorten	Bekannte Rieden
Grüner Veltliner, Riesling, Weißer Burgunder, Chardonnay, Sauvignon blanc, Neuburger, Rivaner, Blauer Zweigelt, Blauer Burgunder, Blauer Portugieser, St. Laurent	Pfaffenberg, Kögl, Goldberg, Wachtberg, Grillenparz, Spiegel, Steiner Hund, Kremsleiten, Sandgrube, Gebling, Ehrenfels

Einige Weingüter
Josef Dockner, Stift Göttweig, Winzer Krems, Weingut Lenz Moser, Josef Nigl, Franz Proidl

Kremstal DAC

- **Rebsorten:** Grüner Veltliner, Riesling
- **Geschmacksprofil**
  - Grüner Veltliner: frisch, fruchtbetont, keine Botrytis-Note, kein Holzton
  - Riesling: duftig, mineralisch, keine Botrytis-Note, kein Holzton
- **Alkohol**
  - Klassik: mind. 12 Vol.-%,
  - Reserve: mind. 13 Vol.-%

Kamptal

Kamptal DAC

- **Rebsorten:** Grüner Veltliner, Riesling
- **Geschmacksprofil**
  - Grüner Veltliner: fruchtbetont, feine Würze, keine Botrytis-Note, kein Holzton
  - Riesling: duftig, aromatisch, elegant, mineralisch, keine Botrytis-Dominanz, kein Holzton
- **Alkohol**
  - Klassik: mind. 12 Vol.-%
  - Reserve: mind. 13 Vol.-%

Kamptal (ca. 3 800 ha)

Das Kamptal entspricht dem Gerichtsbezirk Langenlois. Das Klima ist ähnlich dem des Kremstales, aber die **Einwirkung des raueren Klimas des Waldviertels** macht sich stärker bemerkbar.

Bei der Bodenbeschaffenheit herrschen Lehm und Löss vor. Im hügeligen Teil des Kamptales gibt es auch Urgestein. Die wohl bekannteste Lage des Anbaugebietes ist der **Heiligenstein,** im Mittelalter „Höllenstein" genannt, was auf viel Sonnenschein auf den wunderschön gelegenen Terrassen aus vulkanischem Sandstein zurückzuführen ist. Die Weine zeigen Fülle, Frucht und Spritzigkeit.

Kamptal auf einen Blick

Rebsorten	Bekannte Rieden
Grüner Veltliner, Riesling, Welschriesling, Weißer Burgunder, Sauvignon blanc, Chardonnay, Rivaner, Frühroter Veltliner, Blauer Zweigelt, Blauer Burgunder, Blauer Portugieser	Heiligenstein, Loiserberg, Lamm, Dechant, Steinsetz, Spiegel, Renner, Vogelsang, Hasel, Gaisberg

Einige Weingüter

Willi Bründlmayer, Peter Dolle, Birgit Eichinger, Sonnhof Jurtschitsch, Gerald Schneider („Cobaneshof"), Johann Topf

Traisental

Traisental DAC

- **Rebsorten:** Grüner Veltliner, Riesling
- **Geschmacksprofil**
  - Grüner Veltliner: frisch, fruchtig, würzig, keine Botrytis-Note, kein Holzton
  - Riesling: kräftig, kernig, aromatisch, mineralisch, keine Botrytis-Note, kein Holzton
- **Alkohol**
  - Klassik: mind. 12 Vol.-%
  - Reserve: mind.13 Vol.-%

Traisental (ca. 800 ha)

Zum Traisental gehören die Stadt St. Pölten, die Gemeinden Böheimkirchen und Weißenkirchen/Perschling und der Gerichtsbezirk Herzogenburg. Das Weinbaugebiet liegt südlich der Donau und erstreckt sich von Traismauer über Inzersdorf und Herzogenburg bis nach St. Pölten. Hier ist das Klima vorwiegend mild und der Einfluss des kontinentalen Klimas ist zu spüren. Der Einfluss der Donau hingegen ist nicht mehr so groß. Die Böden bestehen großteils aus Löss, Lehm und Schotter.

Aufgrund der vielen frühgeschichtlichen Ausgrabungen gilt dieses Gebiet als **Wiege des Weinbaus in Österreich.** Das Gebiet wird in nächster Zeit noch ein eigenes, intensiveres Profil seiner Weine erarbeiten. Ansätze sind in den Zusammenschlüssen „Junger Traisentaler" und „Vereinigung Traisentaler Weingüter" sowie Traisentaler DAC bereits erkennbar.

Traisental auf einen Blick

Rebsorten	Bekannte Rieden
Grüner Veltliner, Frühroter Veltliner, Riesling, Welschriesling, Rivaner, Blauer Zweigelt, Blauer Portugieser, St. Laurent	Hintern Schloss, Nussgarten, Hochschopf, Gaisruck, Feldsetzen, Alte Setzen

Einige Weingüter

Andreas Herzinger, Andreas Holzer, Markus Huber, Ludwig Neumayer, Hans Schöller, Johann Steyrer

Wagram (ca. 2 450 ha)

Zum Weinbaugebiet Wagram gehören der politische Bezirk Tulln und der Gerichtsbezirk Klosterneuburg südlich der Donau. Nördlich der Donau erstreckt es sich vom Weinbaugebiet Kamptal nach Osten.

Einst Donauland genannt, wurde es 2007 mit der Begründung von zu großen Unterschieden im Terroir und folglich auch im Weintyp in Wagram umbenannt. Herrscht am Wagram noch der Löss vor, geht dieser südlich der Donau in kalkhaltige Böden über. Die Weine sind daher auch nicht vergleichbar. Im milden Klima mit kühlen Nächten machen sich pannonische und kontinentale Einflüsse bemerkbar. Eine ausgesprochene Rarität dieses Anbaugebietes sind vor allem die **Eisweine.**

Lössschicht auf dem Weingut Leth

Wagram auf einen Blick

Rebsorten	Bekannte Rieden
Grüner Veltliner, Frühroter Veltliner, Roter Veltliner, Weißer Burgunder, Riesling, Rivaner, Blauer Zweigelt, Blauer Burgunder, Blauer Portugieser	Spiegel, Scheiben, Rosenberg, Wagram, Bromberg, Steinberg

Einige Weingüter
Anton Bauer, Karl Diwald, Weinberghof Karl Fritsch, Karl Inführ KG Sektkellerei, Weingut Stift Klosterneuburg, Franz Leth

Weinviertel (ca. 13 400 ha)

Das Weinviertel umfasst die politischen Bezirke Gänserndorf, Korneuburg, Mistelbach, Hollabrunn und Horn und ist **Österreichs größtes und nördlichstes Anbaugebiet.** Es erstreckt sich vom Manhartsberg bis an die March und von der Grenze der Slowakei bis an die Donau. Den Weinbau betreffend spricht man auch von einem **westlichen Weinviertel,** einem **östlichen Weinviertel** und einem **südlichen Weinviertel.**

Das **Klima** ist **großteils kontinental,** mit Ausnahme des Südens (Gänserndorf). Hier macht sich ein pannonischer Einfluss bemerkbar. Auch die Böden sind verschieden. Von etwas Urgestein im Westen gehen sie über in Lössböden mit Schwarzerde, Lehm- und Kalkböden. Dementsprechend vielfältig sind hier daher die Weine. Nicht zuletzt kommen aus dem Weinviertel auch sehr viele Grundweine (Grüner Veltliner, Welschriesling) für die Versektung.

Wagram

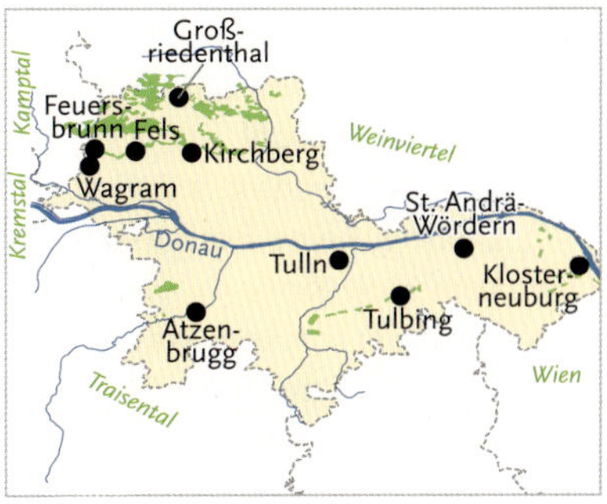

Wussten Sie, dass ...
ein **„gemischter Satz“** ein Wein ist, dessen Traubenmaterial aus verschiedenen Rebsorten besteht, die aus einem Weingarten stammen und gemeinsam verarbeitet werden?
In manchen Weinbaugebieten sind auch heute noch gemischt ausgesetzte Weingärten anzutreffen. Grund dafür war früher der witterungsbedingte Ausfall einer Rebsorte.

Weinviertel

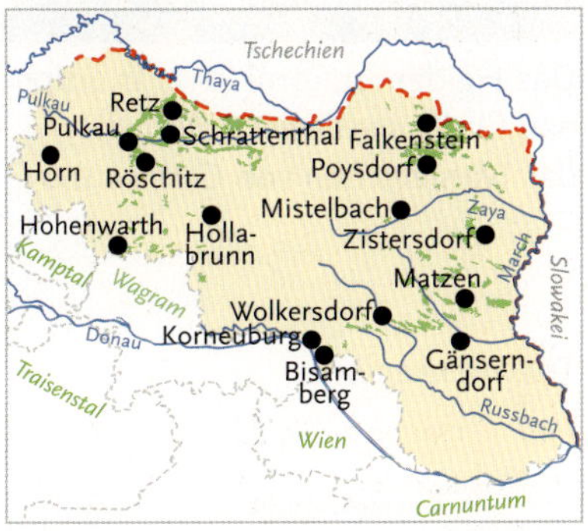

Kellergasse in Falkenstein

Weinviertel DAC

- **Rebsorte:** Grüner Veltliner
- **Geschmacksprofil**
  - Klassik: fruchtig, würzig, pfeffrig, keine Botrytis-Note, kein Holzton
  - Reserve: trocken, kräftig, würzig, zarter Botrytis- und Holzton zulässig
- **Alkohol**
  - Klassik: mind. 12 Vol.-%
  - Reserve: mind. 13 Vol.-%

Weinviertel auf einen Blick

Rebsorten	Bekannte Rieden
Grüner Veltliner, Welschriesling, Riesling, Rivaner, Weißer Burgunder, Blauer Zweigelt, Blauer Portugieser, Blauburger, Cabernet Sauvignon	Galgenberg, Steinleiten, Hundschupfen, Längen, Schilling, Neuberg, Schachern, Donati

Einige Weingüter
Schlossweingut Graf Hardegg, Josef Leberwurst, Roland Minkowitsch, Roman Pfaffl, Helmut Taubenschuss, Werner Zull

Carnuntum

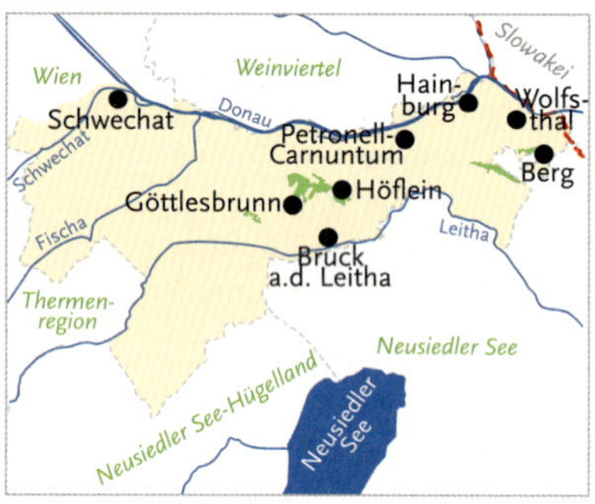

Carnuntum (ca. 900 ha)

Der politische Bezirk Bruck/Leitha und der Gerichtsbezirk Schwechat bilden das Weinbaugebiet Carnuntum. Es erstreckt sich am rechten Donauufer von Wien bis Hainburg. Die Zentren sind **Göttlesbrunn** und **Höflein.**

Es herrscht das **pannonische Klima** vor, was man schon an der frühen Reife der Trauben erkennt. Die Böden sind vergleichbar mit denen des Wagrams. Bei den Weinen gewinnt der Rotwein immer mehr an Bedeutung.

In Carnuntum gibt es zwei Winzervereinigungen: **Primus Carnuntum** (Weißweine), **Rubin Carnuntum** (Rotweine).

Das Heidentor, römischer Triumphbau für Kaiser Constantinus II. – das Wahrzeichen von Carnuntum

Carnuntum auf einen Blick

Rebsorten	Bekannte Rieden
Grüner Veltliner, Weißer Burgunder, Rivaner, Blauer Zweigelt, Blauer Portugieser, Blaufränkisch, St. Laurent, Merlot, Cabernet Sauvignon, Blauer Burgunder	Kräften, Holzwegäcker, Bärnreiser, Rosenberg, Steinäcker, Schauzäcker, Hagelsberg, Gabler, Hochäcker

Einige Weingüter
Hannes Artner, Johann Edelmann, Walter Glatzer, Gerhard Markowitsch, Franz Netzl, Johann Pitnauer

Thermenregion

Thermenregion (ca. 2 450 ha)

Die Thermenregion umfasst die Gerichtsbezirke Mödling, Baden, Ebreichsdorf, Pottenstein, Neunkirchen und Wiener Neustadt. Das Gebiet beginnt **südlich von Wien** und erstreckt sich Richtung **Semmering.**

Klimatisch ist es durch den Wienerwald und die Ausläufer der Alpen gegen allzu kalte Einflüsse geschützt. Der Boden ist kalkhaltig und bestens geeignet für kräftige Weißweine, deren Spezialitäten der Zierfandler und der Rotgipfler sind (deren Cuvée heißt Spätrot-Rotgipfler).

Die Regionen um Sooß, Tattendorf und Teesdorf haben sich als ganz ausgezeichnete Rotweingebiete entwickelt.

Thermenregion auf einen Blick

Rebsorten	Bekannte Rieden
Zierfandler, Rotgipfler, Blauer Portugieser, St. Laurent, Blauer Burgunder, Cabernet Sauvignon, Traminer, Blaufränkisch, Merlot, Neuburger, Weißer Burgunder	Goldeck, Römerberg, Rodauner, Dornenfeld, Steinfeld, Stiftsbreite, Gutenberg, Hausberg, Preisen

Einige Weingüter
Leopold Aumann, Johann Böck, Johanna und Johannes Gebeshuber („Weingut spaetrot"), Johann Reinisch („Johanneshof"), Andreas Schafler, Schlumberger

Weinherbst in der Thermenregion

Burgenland (ca. 14 000 ha)

Im Burgenland dürfte es schon ca. 1 000 v. Chr. (in der späten Bronzezeit) eine einfache Weinwirtschaft gegeben haben. Im Mittelalter spielte der Weinbau bereits eine bedeutende Rolle. So können Eisenstadt und Rust aufgrund ihres Wohlstandes durch den Weinbau auf verliehene Privilegien (Freistadt) verweisen.

Klimatisch ist die ganze Region durch den **pannonischen Einfluss** bevorzugt. Durch die hohe Anzahl an Jahressonnenstunden wird der Reifeprozess der Trauben beschleunigt. Diesem Umstand verdanken die Prädikatsweine ihren weltweiten Ruf. Natürlich tragen auch der Neusiedler See als Klimaregulator und die Vielfalt an Sand-, Schotter-, Kalk- und Lehmböden dazu bei.

1989 wurde die **Weinakademie Österreich** in Rust (mit Zweigstellen in Krems und Wien) gegründet. Sie beherbergt eine Vinothek mit Weinen aus allen Anbaugebieten.

Die Weinbaugebiete des Burgenlandes
- Burgenland

Spezifische Weinbaugebiete: Neusiedler See, Neusiedler-See-Hügelland, Mittelburgenland, Südburgenland

Neusiedler See (ca. 7 700 ha)

Das Gebiet Neusiedler See ist der politische Bezirk Neusiedl am See. Dieses Gebiet, auch **Seewinkel** genannt, liegt östlich des Neusiedler Sees am Rand der Parndorfer Platte. Es ist mit dem **pannonischen Klima,** das sehr viele Jahressonnenstunden bringt, dem großen Steppensee als Klimaregulator (Wärmeausgleich, Luftfeuchtigkeit) und den Bodenverhältnissen (Löss, Kalk und Sand), wie geschaffen für **großartige restsüße Weine.** Aber auch der Rotwein, vor allem aus dem nördlichen Teil, hat beachtliches Format.

Neusiedler See

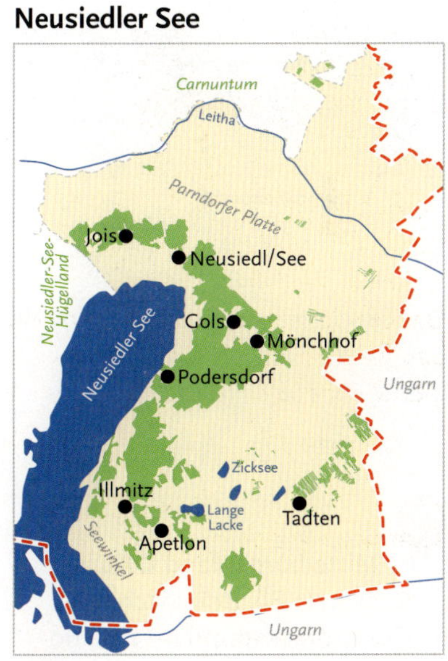

Neusiedler See auf einen Blick

Rebsorten	Bekannte Rieden
Weißer Burgunder, Rivaner, Traminer, Welschriesling, Neuburger, Muskat-Ottonel, St. Laurent, Blauer Burgunder, Blauer Zweigelt, Blaufränkisch, Cabernet Sauvignon	Gabarinza, Salzberg, Hallebühl, Altenberg, Tiglat, Ungerberg

Einige Weingüter
Gernot Heinrich, Leo Hillinger, Weinlaubenhof Kracher, Anita und Hans Nittnaus, Szigeti, Josef Umathum

Neusiedler See DAC
- **Rebsorte:** Blauer Zweigelt
- **Geschmacksprofil**
  - Klassik: fruchtig, würzig
  - Reserve: kräftiger, mind. 60 % Blauer Zweigelt, holzgelagert
- **Alkohol**
  - Klassik: mind. 12 Vol.-%
  - Reserve: mind. 13 Vol.-%

Neusiedler-See-Hügelland

Leithaberg DAC

- **Rebsorten:** Pinot blanc, Chardonnay, Neuburger, Grüner Veltliner, Blaufränkisch
- **Geschmacksprofil**
  - Weiß: fruchtig, würzig, frisch
  - Rot: würzig, elegant, mineralisch, kein bis kaum merkbarer Holzton
- **Alkohol**
  - Mindestens 12 Vol.-%
  - Maximal 13,5 Vol.-%

Neusiedler-See-Hügelland (ca. 3 600 ha)

Zum Weinbaugebiet Neusiedler-See-Hügelland gehören die politischen Bezirke Eisenstadt, Mattersburg und die Freistädte Rust und Eisenstadt.

Das Gebiet erstreckt sich von den Süd- und Osthängen des Leithagebirges südwärts entlang der westlichen Seite des Neusiedler Sees. Auch hier ist das **pannonische** Klima dominant und der positive Einfluss des Steppensees spürbar. Ausgehend vom Leithagebirge besteht der Boden aus Schiefergestein und Kalk. Südwärts findet man Löss und Lehm. Die wohl bekannteste Winzervereinigung für restsüßen Wein, der **Cercle Ruster Ausbruch,** und die **Vereinigung Leithaberg** sind hier zu finden.

Neusiedler-See-Hügelland auf einen Blick

Rebsorten	Bekannte Rieden
Welschriesling, Grüner Veltliner, Weißer Burgunder, Chardonnay, Sauvignon blanc, Rivaner, Muskat-Ottonel, Blauer Zweigelt, Blaufränkisch, Cabernet Sauvignon	Altenberg, Ruster Vogelsang, Mariental, Steinzeiler, Kirchsatz, Haussatz

Einige Weingüter

Weingut Römerhof Kollwentz, Weingut Mad, Adelshof Engelbert Prieler, Rosi Schuster, Ernst Triebaumer, Robert Wenzel

Mittelburgenland

Mittelburgenland DAC

- **Rebsorte:** Blaufränkisch
- **Geschmacksprofil** im traditionellen großen Eichenfass oder im gebrauchten Barrique: fruchtig, würzig, kräftig
  - Klassik
  - Reserve
- **Alkohol**
  - Klassik: mind. 12 Vol.-%, mit Lage mind. 13 Vol-%
  - Reserve: mind. 13 Vol.-%

Mittelburgenland (ca. 2 100 ha)

Zum Mittelburgenland gehört der politische Bezirk Oberpullendorf. Das **„Blaufränkisch-Land"** mit den Zentren Horitschon, Neckenmarkt, Deutschkreutz und Lutzmannsburg hat **pannonisches Klima** und sandige bis schwere Lehmböden. Dies sind die Gründe für die hervorragenden Rotweine (vor allem Blaufränkisch) dieses Gebietes. Der Rotweinanteil beträgt ca. 70 %.

Mittelburgenland auf einen Blick

Rebsorten	Bekannte Rieden
Welschriesling, Rivaner, Weißer Burgunder, Blaufränkisch, Blauer Zweigelt, Cabernet Sauvignon, Merlot, Shiraz	Hochäcker, Sandäcker, Dürrau, Mitterberg, Hochberg, Goldberg, Satz, Siglos, Gfanger

Einige Weingüter

Albert Gesellmann, Anton Markus Iby, Hans Igler, Paul Kerschbaum, Stefan Wellanschitz, Franz Weninger

Weingärten bei Neckenmarkt

Südburgenland (ca. 500 ha)

Das Südburgenland umfasst die politischen Bezirke Oberwart, Güssing und Jennersdorf. Auch das Südburgenland liegt im Einflussbereich des pannonischen Klimas. Die Böden bestehen aus Schiefer und Lehm.

Der **Uhudler,** ein Wein aus Direktträgern (Hybriden wie Ripatella, Isabella, Noah, Othello), gilt bei seinen Liebhabern als Rarität. **Weinidylle** ist das Synonym dieses Weinbaugebietes mit seinen kleinen Weinstraßen und seinem uralten Kellerviertel in Heiligenbrunn.

Südburgenland auf einen Blick

Rebsorten	Bekannte Rieden
Grüner Veltliner, Welschriesling, Blaufränkisch, Cabernet Sauvignon	Königsberg, Szapary, Fasching, Gmärk, Ratschen

Einige Weingüter
Vinum Ferreum, Johann Herist, Manfred Kopfensteiner, Hermann Krutzler, Uwe Schiefer, Arkadenhof Franz Wachter

Südburgenland

Eisenberg DAC
- **Rebsorte:** Blaufränkisch
- **Geschmacksprofil**
  - Klassik: fruchtig, mineralisch-würzig
  - Reserve: fruchtig, mineralisch-würzig, kräftig, Ausbau im traditionellen großen Eichenfass oder im Barrique
- **Alkohol**
  - Klassik: mind. 12,5 Vol.-%
  - Reserve: mind. 13 Vol.-%

Wien (ca. 600 ha)

Auch Wien kann auf eine große und lange Weinbautradition zurückblicken. Schon in der Zeit vor Christi Geburt wurde hier von den Römern Weinbau betrieben. Wien gilt bis heute weltweit als einzige Bundeshauptstadt mit Weinbau. Nicht zuletzt dürfte dazu Kaiser Joseph II. beigetragen haben, indem er die Voraussetzungen für den bis heute geschätzten **Heurigen** schuf.

Wien liegt im **Einfluss des pannonischen Klimas** und auch die Donau trägt in ihrer Funktion als Klimaregulator ihren Teil zu den guten klimatischen Verhältnissen für den Weinbau bei. Der Boden besteht aus Löss, Schiefer und Kalk.

Wien auf einen Blick

Rebsorten	Bekannte Rieden
Grüner Veltliner, Riesling, Weißer Burgunder, Neuburger, Blauer Burgunder, Blauer Zweigelt, St. Laurent	Herrenholz, Hochfeld, Rosengartl, Nussberg, Neubergen, Kaasgraben

Einige Weingüter
Rainer Christ, Johann Kattus, Weingut Mayer am Pfarrplatz, Weingut Reinprecht, Herbert Schilling, Fritz Wieninger

Wien

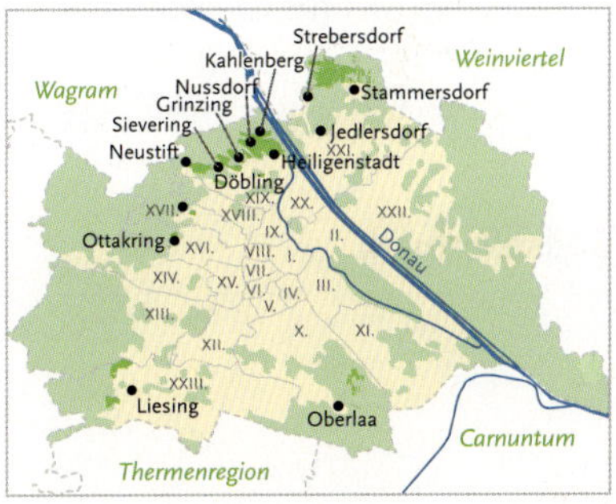

Wiener Gemischter Satz DAC
- **Rebsorten:** mindestens drei aus einem gleichen Weingarten, Hauptrebsorte max. 50 %, dritte Sorte mind. 10 %
- **Geschmacksprofil**
  Trockener Weißwein
- **Alkohol**
  Maximal 12,5 Vol.-%

Die Weinbaugebiete des Steirerlandes

- Steiermark

Spezifische Weinbaugebiete: Südoststeiermark, Südsteiermark, Weststeiermark

Südoststeiermark

Wussten Sie, dass ...
in der Steiermark Morillon das Synonym für Chardonnay ist?

Südsteiermark

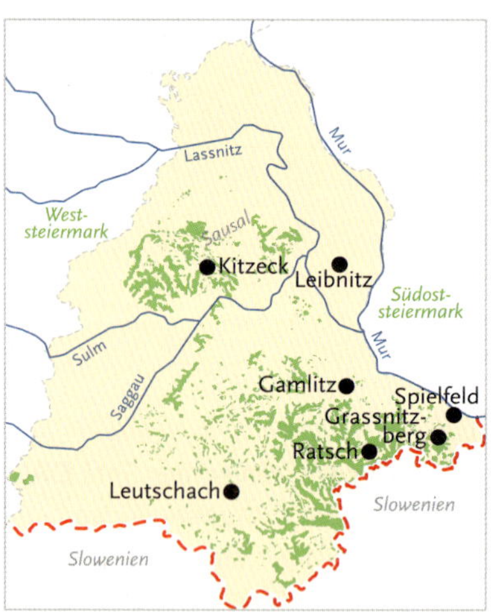

Steirerland (ca. 4 200 ha)

Steiermark

Die Steiermark ist wegen ihrer geologischen Voraussetzungen großteils eine sogenannte **Bergweinzone** (mindestens 26 % Hangneigung). Sogar Lagen mit 60 % Hangneigung sind hier zu finden. Die Bearbeitung ist dementsprechend schwierig und aufwendig. Es herrscht **illyrisches Klima** (ist dem pannonischen Klimatyp sehr ähnlich, hat jedoch eine weitaus höhere Niederschlagsmenge), bei den Böden findet man Vulkangestein, Schiefer, Sand und Löss.

Südoststeiermark (ca. 1 400 ha)

Die Südoststeiermark umfasst die politischen Bezirke Feldbach, Fürstenfeld, Hartberg, Radkersburg und Weiz sowie die Gebiete entlang des linken Murufers der politischen Bezirke Graz-Umgebung und Leibnitz. Der Großteil dieses Weinbaugebietes ist eine Hügellandschaft mit teilweise steilen Hanglagen.

Das Gebiet wird vom trockenen ungarischen Landklima einerseits und von einem feuchtwarmen Mittelmeereinfluss andererseits beeinflusst. Die Bodenverhältnisse sind bestimmt durch Sand und Lehm. Auch Böden vulkanischen Ursprungs sind vorhanden. Die Weine, meist **Welschriesling,** haben regionale Bedeutung (sie werden vorwiegend in Buschenschanken ausgeschenkt) und der **Traminer** (Gewürztraminer) gilt als Leitsorte rund um Klöch.

Südoststeiermark auf einen Blick

Rebsorten	Bekannte Rieden
Welschriesling, Chardonnay (Morillon), Sauvignon blanc, Weißer Burgunder (Klevner), Traminer, Ruländer, Blauer Zweigelt	Riegersburg, Klöchberg, Kirchleiten, Klausen, Steintal, Annberg

Einige Weingüter
Georg und Margot Winkler-Hermaden, Walter Frauwallner, Manfred Platzer, Weingut Ploder-Rosenberg, Gräflich Stürgkh'sches Weingut, Karl Thaller

Südsteiermark (ca. 2 300 ha)

Die Südsteiermark umfasst den politischen Bezirk Leibnitz mit Ausnahme der Gemeinden am linksseitigen Murufer.

Die Südsteiermark weist ein illyrisches Klima auf und ist mit ihren landschaftlichen Reizen das bekannteste Weinbaugebiet mit den steilsten Weinbergen des Steirerlandes. Die Bearbeitung dieser steilen, großteils aus Schiefer bestehenden Böden ist sehr mühsam. Die an den Südhängen wachsenden Reben Chardonnay (Morillon), Sauvignon blanc, Muskateller und Traminer liefern erstklassige Weine, die sich großer Beliebtheit erfreuen.

Das steirische Hügelland

Südsteiermark auf einen Blick

Rebsorten	Bekannte Rieden
Welschriesling, Riesling, Chardonnay (Morillon), Weißer Burgunder (Klevner), Sauvignon blanc, Muskateller, Traminer, Blaufränkisch	Sernauberg, Pössnitzberg, Czamillonberg, Grassnitzberg, Zieregg

Einige Weingüter
Erich und Walter Polz, Wilhelm Sattler („Sattlerhof"), Walter Skoff, Manfred Tement, Lackner-Tinnacher, Roland Tscheppe

Das steirische Windrad heißt Klapotetz

Weststeiermark (ca. 500 ha)

Zur Weststeiermark gehören die Stadt Graz, die Gemeinden des politischen Bezirkes Graz-Umgebung mit Ausnahme der Gemeinden des linksseitigen Murufers und die politischen Bezirke Deutschlandsberg und Voitsberg.

Die Weststeiermark wird auch als **Schilchergebiet** bezeichnet und ist die Heimat dieses säurereichen Roséweines. Der Blaue Wildbacher ist mit ca. 80 % die Hauptrebsorte, die die vorhandenen Gneisböden liebt.

Die bekannte Schilcherweinstraße führt von Ligist über Stainz, Deutschlandsberg und Schwanberg bis Eibiswald. Auch dieses Gebiet ist sehr hügelig und liegt im Einfluss des Mittelmeerklimas.

Weststeiermark

Weststeiermark auf einen Blick

Rebsorten	Bekannte Rieden
Welschriesling, Chardonnay (Morillon), Sauvignon blanc, Weißer Burgunder (Klevner), Blauer Wildbacher, Blauer Zweigelt	Burgegg, Hochgrail, Steinleitn

Einige Weingüter
Johannes Jöbstl, Markus Klug, Erich Kuntner, Langmann vulgo Lex, Domäne Müller, Eduard Oswald vulgo Trapl

Wussten Sie, dass ...
die Rebsorte Blauer Wildbacher großteils als Roséwein (Schilcher) ausgebaut wird?

Bergland (ca. 80 ha)

Die Rebflächen der Bundesländer Oberösterreich, Salzburg, Kärnten, Tirol und Vorarlberg werden großteils von Nebenerwerbs- und Hobbywinzern bewirtschaftet. Genauere Angaben bzw. Einteilungen in Anbaugebiete liegen derzeit noch nicht vor.

Bergland

Bergland auf einen Blick

Rebsorten
Rivaner, Grüner Veltliner, Riesling, Chardonnay, Weißer Burgunder, Blauer Zweigelt, Blauer Burgunder

Grüner Veltliner

Neuburger

Blauer Zweigelt wird auch oft einfach Zweigelt genannt.

Blauer Zweigelt

Der St. Laurent hat seinen Namen vom Laurenzitag (10. August), um dessen Zeit sich etwa die Trauben zu verfärben beginnen.

Typische österreichische Rebsorten und deren Merkmale

Österreich hat 35 Qualitätsrebsorten: 22 Weißwein- und 13 Rotweinsorten.

Rebsorte	Charakteristik (Duft- und Geschmacksstoffe)
Weiß	
Grüner Veltliner/ Weißgipfler	Gelbgrün bis hellgelb, fruchtig, feinwürzig, vegetabile (pflanzliche) Note, pfeffrige Würzigkeit, spritzig, frisch und lebendig, feine Säure, die im Nachhall für Frische sorgt.
Welschriesling	Grüngelb, frisch, dezente Fruchtaromen (grüner Apfel, Pfirsich, Stachelbeeren), zartwürzig, Heublumen, leicht, schlank strukturiert, rassiges Säurespiel, zartherber Nachhall.
Neuburger	Goldgelb, feinwürzig, fruchtig, ausgewogen, dezent, nussartiges Aroma, weich und vollmundig.
Muskat-Ottonel	Goldgelb, feines und würziges Muskatbukett, leicht und schlank, mild mit intensivem Muskatton im Nachhall.
Rot	
Zierfandler/ Spätrot	Goldgelb, würziger Extraktreichtum, fruchtige Säure, kräftiges Aroma mit harmonischer Geschmacksfülle.
Rotgipfler	
Scheurebe/ Sämling 88	Gelbgrün, aromatisch, vollfruchtig, mit feiner, pikanter Säure, schwarze Johannisbeere, Mango, Mandarine, Banane.
Blauer Zweigelt	Hell- bis dunkelrot, lila Rand, fruchtig, Geruch nach Kirschen, voll, kräftig, leicht würzig, oft körperreich, ansprechende Säure, mit zunehmender Reife milder.
Blaufränkisch	Rubinrot, frisch, fruchtig nach Beeren (besonders Brombeeren), samtig, feine Säure, dezent gerbstoffhaltig.
Blauer Wildbacher/ Schilcher	Zwiebelschalenfarben bis hellrot, trocken, fruchtig (Erdbeere), frisch, spritzig, kräftige, manchmal aggressive Säure.
St. Laurent	Granatrot, samtig, trocken, fruchtig, vollmundig, Kirschton, angenehm gerbstoffhaltig.

Ziele erreicht?

1. Nennen Sie die Qualitätsstufen laut österreichischem Weingesetz.
2. Erklären Sie die wichtigsten Kriterien für österreichischen Kabinettwein im Unterschied zu Qualitätswein.
3. Erklären Sie die Weinqualitätsstufe Ausbruch.
4. Was ist ein Strohwein/Schilfwein?
5. Was versteht man unter dem Kürzel DAC?
6. Zählen Sie sechs typische Qualitätsweinrebsorten Österreichs auf.
7. Nennen Sie die Weinbauregionen Österreichs.
8. Zählen Sie die spezifische Weinbaugebiete Österreichs auf.
9. Erklären Sie den Ausdruck „gemischter Satz“. Warum wurde früher gemischter Satz bevorzugt?
10. Beschreiben Sie das Weinbaugebiet Wachau (z. B. Boden, Klima, Rebsorten, Orte, Winzer/innen).
11. Erörtern Sie die Weinkategorien a) Steinfeder, b) Federspiel und c) Smaragd im Detail.
12. Welche Weinspezialität wird im Südburgenland produziert?
13. Wie heißt die Weinspezialität der Weststeiermark und aus welcher Rebsorte darf sie hergestellt werden?
14. Wählen Sie ein österreichisches Weinbaugebiet aus und geben Sie dafür eine Kurzanalyse ab.

4.8 Schweiz

Der Weinbau wird hauptsächlich auf einer Meereshöhe von 400 bis 600 Metern betrieben. 60 % der Produktion entfallen auf Weißwein, 35 % auf Rotwein und 5 % auf Rosé- und Schaumwein. Weniger als ein Prozent der Gesamtproduktion werden exportiert, da die Weine fast ausschließlich im eigenen Land konsumiert werden.

Weinbaugebiete in der Schweiz

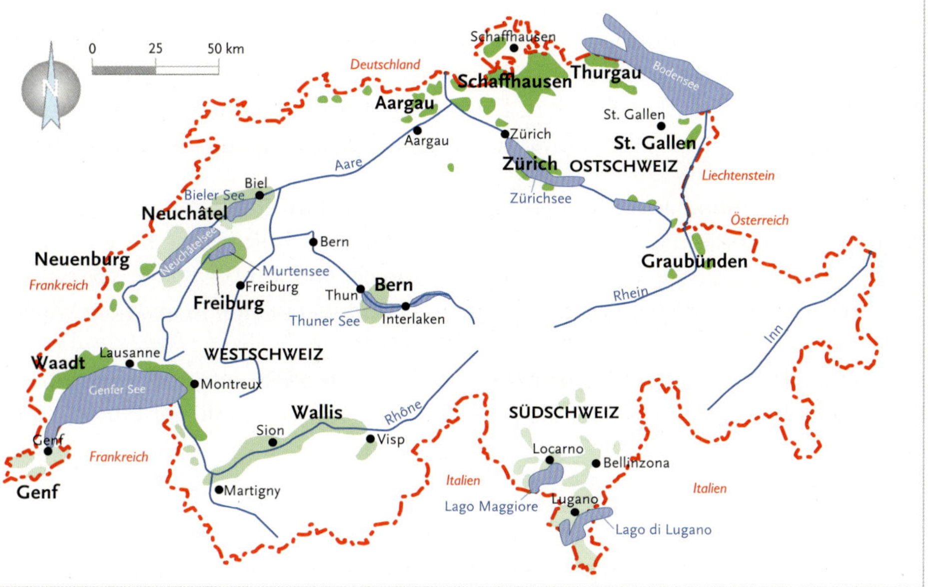

Festung Munot – Schaffhausen, Schweiz

Schweiz auf einen Blick

Rebfläche	ca. 15 000 Hektar
Weinproduktion	1,1 Mio. Hektoliter/Jahr
Weiße Rebsorten	Chasselas (Gutedel, Fendant), Pinot gris, Ermitage, Muscat, Humagne, Grüner Silvaner (Johannisberg), Amigne, Rivaner, Räuschling
Rote Rebsorten	Pinot noir, Gamay, Merlot

Weinbauregionen
Westschweiz, Ostschweiz und Südschweiz

Fendant ist im Schweizer Kanton Wallis eine gebräuchliche und geschützte Bezeichnung für sortenreine Weißweine aus Chasselas (Gutedel), aber auch der hier gebräuchliche Name der Sorte.

Dôle ist ebenfalls eine geschützte Bezeichnung im Kanton Wallis. Hierbei handelt es sich um einen Rotwein aus mindestens 85 % Pinot noir und Gamay.

Ziele erreicht?

1. Finden Sie Näheres über das Konsumverhalten Schweizer Weinliebhaber heraus (wird eher Rot- oder Weißwein getrunken, welche Importe spielen eine Rolle etc.)
2. Suchen Sie im Internet nach aktuellen Siegern von Schweizer Gütesiegeln bzw. Weinauszeichnungen und studieren Sie diese Weine bzw. die dahinterstehenden Weingüter, um im Gespräch mit Schweizer Gästen dieses Wissen beim Weinverkauf von deutschen oder internationalen Weinen als Hintergrundwissen einsetzen zu können.

4.9 Östliche Weinwelt

Neben den bekannten vorangegangenen Weinbauländern haben in den letzten Jahren auch die folgenden europäischen Weinbauländer an Bedeutung gewonnen.

Bulgarien hat nach eigenen Angaben eine viermal so große Cabernet-Anbaufläche wie Kalifornien. Die Cabernets zeichnen sich durch gute Frucht, große Fülle und Kraft aus.

Bulgarien

Bulgarien exportiert etwa 85 % seiner Produktion, wodurch der Wein eine enorme Bedeutung als Devisenbringer gewonnen hat. Der Weinbau (ca. 72 000 Hektar) ist extrem mechanisiert und modernisiert worden, was eine für Osteuropa ungewohnte Konstanz der Qualität garantiert. Es sind vor allem die französischen Sorten **Cabernet Sauvignon, Merlot** und **Chardonnay,** die hier die wichtigste Rolle spielen.

Die in Bulgarien heimischen Rebsorten (Gamza, Pamid, Mavrud, Roter Misket, Muskat-Ottonel) werden immer mehr von den französischen verdrängt.

Es gibt in Bulgarien seit 1978 eine **Appellation von fünf Regionen.** Die nördlichen Regionen bringen genauso wie der Süden hauptsächlich Rotweine hervor. Der Osten an der Schwarzmeerküste ist hingegen vorwiegend auf Weißwein spezialisiert. Im Südwesten halten sich Rotweine (Mavrud) und Weißweine in etwa die Waage.

Es wurde in letzter Zeit auch eine neue, sehr qualitätsorientierte Kategorie von Weinen geschaffen, die zwar teurer als gewohnt, aber von erstaunlicher Qualität sind.

Von der EU wurde dem Retsina eine traditionelle Bezeichnung zuerkannt

Griechenland

Griechenland ist das älteste europäische Weinbauland. Ein Qualitätsbewusstsein hat sich aber erst in den letzten 20 Jahren entwickelt. Vor allem waren es die EU-Richtlinien, die den Weinbau, die Weinerzeugung und die Qualität auf den heutigen Standard brachten. Die Weinspezialität des Landes ist der **Retsina,** ein einfacher, geharzter Tafelwein.

Sehr bekannt ist auch der aromatische weiße Likörwein **Samos.** Er wird aus Muskatellertrauben der gleichnamigen ägäischen Insel hergestellt. Die Trauben sind zum Zeitpunkt der Verwendung bereits überreif, der Most weist einen Restzuckergehalt von 130 g/l auf. Dem noch nicht voll vergorenen Most wird Branntwein zugesetzt und somit die Gärung gestoppt. Nach einer fünfjährigen Reifezeit in Eichenholzfässern hat der Samos einen natürlichen Alkoholgehalt von zirka 14 Vol.-%.

Ca. 70 000 Hektar der Rebfläche werden für den Weinbau genutzt, der Rest entfällt auf die Rosinenerzeugung sowie auf die Erzeugung von Destillaten.

Griechenland auf einen Blick

Rebfläche	ca. 111 000 Hektar
Weinproduktion	2,6 Mio. Hektoliter/Jahr
Weiße Rebsorten	Assyrtiko, Athiri, Debina, Malagousia, Moscato, Robola, Roditis, Savatiano, Vilana
Rote Rebsorten	Agiorgitiko, Kotsifali, Limnio, Mavrodaphne, Xinomavro

Weinbauregionen
Die bekanntesten Regionen sind Zentralgriechenland, Ipiros, Ionische Inseln, Peloponnes, Kreta, Ägäische Inseln, Thessalien.

Rumänien

Rumänien liegt auf gleicher geografischer Breite wie Frankreich und produziert bei etwas kontinentalerem Klima (sehr heiße Sommer) beachtliche Qualitäten verschiedenster Weine. Bei der Quantität steht Rumänien durch enorme Anbauflächenerweiterungen an sechster Stelle unter den europäischen Weinbauländern (ca. 205 000 ha).

Der ursprünglich aus Moldawien stammende, früher weltweit bekannte **Cotnari,** ein restsüßer Wein ähnlich dem Tokajer, jedoch etwas zarter und schlanker, war für einige Jahre in Vergessenheit geraten. Daneben werden auch Weißweine, besonders für den Export, gekeltert. Es sind vor allem Weine aus verschiedenen Muskatellersorten, deren Tradition bis in die Antike zurückgeht.

Die größten Weinbaugebiete befinden sich an den Ausläufern der Karpaten, wo besonders Rotweinsorten (vor allem Cabernet Sauvignon) angepflanzt wurden. Diese früher süßen und plump wirkenden Weine wurden in den letzten Jahren verfeinert und auf den Export in den Westen (besonders in die USA) abgestimmt.

Rumäniens Weine sind wie fast alle Weine aus Osteuropa sehr preisgünstig.

Slowenien

Die Weinberge über dem Meer, in den Alpen, über der pannonischen Tiefebene und unter der Gorjanci sind mit viel Sonne und fruchtbarem Boden gesegnet. So vielschichtig wie die Rebsorten sind auch die Bodenarten (von Urgesteinsböden wie Schiefer bis zu Mergel und Muschelkalk). Feuchtwarmes, mediterranes Klima ist verantwortlich für eine lange Vegetationszeit in den Weingärten Sloweniens.

Slowenien auf einen Blick

Rebfläche	ca. 24 000 Hektar
Weinproduktion	ca. 1 Mio. Hektoliter/Jahr
Weiße Rebsorten	Weißer Burgunder (Beli Pinot, Bijeli burgundac) Grauburgunder (Sivi pinot), Chardonnay, Rheinriesling (Ranjski Rizling), Welschriesling (Grasevina, Italijanski Rizling), Sauvignon blanc, Furmint (Sipon), Traminer, Gelber Muskateller, Pikolit, Pinela, Zelen (Rotgipfler), Malvasier, Zlate Rebula
Rote Rebsorten	Blaufränkisch, Blauer Köllner, St. Laurent, Portugieser, Blauburgunder, Kraski Teran, Merlot, Cabernet Sauvignon, Barbera

Weinbauregionen
Slowenien hat drei Weinbauregionen (Primorska, Posavje und Podravje), die sich auf 14 Weinbaugebiete aufteilen.

Auch in **Kroatien** und **Serbien** ist man bestrebt, die Qualität der slowenischen Weine zu erreichen. Besonders aus der Lokalrebe Zilavka werden trockene, erstaunlich fruchtige Weißweine gekeltert. Die Weine werden meist in Genossenschaften produziert. Einen Kontrast dazu bilden die kleinbäuerlichen Betriebe an der dalmatinischen Küste und auf den davorliegenden Inseln.

Neben bekannten und renommierten Rebsorten findet man auch weniger bekannte, autochthone und alte Rebsorten. Aus der Vielfalt verschiedener slowenischer Reben produzieren die Winzer Qualitätsweine, Spitzenweine, Weine besonderer Qualität, Prädikatsweine und Schaumweine.

Tschechien und Slowakei

1993 wurde die Tschechoslowakei in die Tschechische Republik im Westen und die Slowakei im Osten aufgeteilt. Die Tschechische Republik besteht aus den alten Regionen Böhmen und Mähren.

Das Klima ist relativ kühl und üblicherweise recht trocken (zentraleuropäisches Klima). Die Ernte beginnt spät im September oder erst Anfang Oktober und dauert bis Ende November. Die Anbautechniken entsprechen im Wesentlichen jenen in Österreich.

Die Qualitätskontrolle beschränkt sich nur auf die Rebsorte und auf einen einfachen Test des Mindestmostgewichts.

Der berühmte Weinberg Šobes im Nationalpark Thayatal

Tschechien und Slowakei auf einen Blick

Rebfläche	ca. 45 000 Hektar
Weinproduktion	ca. 2 Mio. Hektoliter/Jahr
Weiße Rebsorten	Rivaner, Vlassky Ryzling (lokale Bezeichnung für Welschriesling), Pinot blanc, Silvaner, Leanyka, Muskat-Ottonel, Grüner Veltliner und Irsay Oliver (eine Kreuzung verschiedener Muskat-Klone, die 1930 entstand)
Rote Rebsorten	Frankovka (Blaufränkisch), St. Laurent, Cabernet Sauvignon, Pinot noir

Weinbauregionen
Böhmen, Mähren und die Slowakei.

Ungarn

Ungarn hat eine große Weintradition. Bereits im 17. Jahrhundert wurden die berühmten Tokajerweine (siehe auch S. 70) in Europa gehandelt. Es gibt den Tokajer nicht nur als restsüßen Wein, sondern auch als trockenen Weißwein. Die wichtigste Rebsorte ist die Furmint, daneben gibt es noch die Hárslevelü und die Smárgamuskotály. Der Tokajer wird in die typische weiße Halbliterflasche abgefüllt.

Tokajer wird oft noch traditionell in Butten geerntet

Tokajeressenz
Die ausgelesenen edelfaulen Trauben kommen auf Keltertische, wo ihre Haut platzt und der Saft ohne Druck, d. h. ohne Pressen, abfließt. Der extrem zuckerreiche Most kommt in Fässer, in denen er sehr langsam vergärt. Diese sogenannte Tokajeressenz ist sehr süß und weist einen Alkoholgehalt von 6 bis 10 Vol.-% auf.

Wussten Sie, dass ...
der Tokajer sehr ähnlich den österreichischen Ausbruchweinen ist? Der Wein der Kaiser- und Königshäuser lagert oft Jahrzehnte, bis er seine Trinkreife erlangt.

In den letzten Jahrzehnten – seit dem Ende der kommunistischen Herrschaft – haben Weinbau und Weinproduktion einen großen Wandel erfahren. Viele Weingüter und Kellereien wurden privatisiert, alte Rebbestände gerodet und durch internationale Sorten ersetzt. Der Produktionsschwerpunkt liegt heute nicht mehr auf der Quantität, sondern auf der Qualität. Ein neues Weingesetz, das dem der Europäischen Union entsprechen soll, ist im Entstehen. Der Anteil der Weißweine liegt bei 70 %.

Beim Tokajer findet man drei Ausbaustufen:
- Tokaji Eszencia (sehr süß)
- Tokaji Aszú (edelsüß)
- Tokaji Szamorodni (trocken)

Die beliebteste und verbreiteteste Rebsorte in Ungarn ist der **weiße Olaszrizling.** Der Plattensee, an dessen flachen Ufern sich die Weinberge erstrecken, ist der größte See Europas. Klimatisch gesehen wirkt er als Wärmespeicher und -spender.

Ungarn auf einen Blick

Rebfläche	ca. 65 000 Hektar
Weinproduktion	ca. 2,4 Mio. Hektoliter/Jahr
Weiße Rebsorten	Welschriesling (Olaszrizling), Furmint, Lindenblättriger (Harslevelü), Grauer Burgunder, Mädchentraube (Leánka), Traminer
Rote Rebsorten	Blaufränkisch (Kékfrankos), Kadarka, Cabernet Franc, Cabernet Sauvignon, Portugieser, Merlot, Blauer Zweigelt

Weinbauregionen
Es gibt vier geografische Hauptanbaugebiete: Alföd, Nordtransdanubien, Südtransdanubien und Nordungarn.

Sprechen Sie mit Ihren Kolleginnen und Kollegen, welche Weine des östlichen Europa Ihnen bekannt sind bzw. welche persönlichen Erfahrungen Sie diesbezüglich haben.

5 Weine der Neuen Welt

Fabian wundert sich über den altmodischen Begriff „Neue Welt", der ihn an Christoph Columbus' Seefahrten erinnert. Tatsächlich war einst Nordamerika damit gemeint. Jedoch hört man heute noch oft vom „Good old Europe", was alle anderen, außereuropäischen Länder zur sogenannten Neuen Welt macht. Aber auch der Begriff Übersee würde passen.

Dazu gehören wie schon erwähnt jene Länder, die von Kolumbus entdeckt wurden. Mit der Zeit hat sich der Begriff erweitert, und zwar auf alle Länder, die von Europa zwischen dem 15. und 19. Jahrhundert besiedelt wurden und in den letzten Jahrzehnten Weine im neuen Stil keltern.

Bei der Bewertung der Weine der Neuen Welt muss in Betracht gezogen werden, dass die **Vitis vinifera** (die kultivierte Weinrebe) aus Europa stammt. Zur Erzeugung von qualitativen Weinen war es deshalb für all diese Länder notwendig, Rebsetzlinge aus Europa zu importieren.

Obwohl diese außereuropäischen Länder zum Großteil eine lange Tradition des Weinbaues und der Weinproduktion hatten, trat erst ab den 1960er-Jahren eine neue Generation von hoch qualifizierten Önologinnen und Önologen ins Rampenlicht. Es waren Önologinnen und Önologen aus Davis in Kalifornien bzw. aus Roseworth in Australien, die mit großem Enthusiasmus und mithilfe von wissenschaftlichen Forschungen die optimalen Keltertechniken und Ausbauarten von Wein studierten und auch anwandten.

Bedenken Sie, dass in den Ländern südlich des Äquators die Lese und Weinbereitung immer ein halbes Jahr vor der Lese und Produktion bei uns stattfindet.

Wussten Sie, dass ...
Mexiko das erste Land außerhalb Europas war, wo 1522 europäische Weinreben kultiviert wurden?

Etwa 1860 wurde die Reblaus von Amerika mit katastrophalen Folgen in Europa eingeschleppt

5.1 Australien

Völlig frei von Einschränkungen durch alte Traditionen ist der „Winemaker", also der Önologe, heute der einzige bestimmende Faktor bei der Produktion eines Weines. Dem Terroir – den naturgegebenen Faktoren (Boden, Klima, Topografie etc.) – wird hier nur geringer Wert beigemessen.

Es gibt keine gesetzlichen Vorgaben bei der Wahl der Rebsorten, der Bewässerung, der Experimentierfreude, keinerlei Beschränkung beim Zukauf, Lesezeitpunkt, bei der Methodik oder beim Einsatz von Hilfsmitteln (z. B. Holzchips) – allein das Ergebnis zählt. Das Gesetz verlangt allerdings, dass alle Angaben auf dem Etikett der Wahrheit entsprechen.

Kein anderes Land hat ein solches Entwicklungspotenzial aufgrund der geografischen und klimatischen Voraussetzungen. Die Weinproduktion wird von einigen Großkonzernen bestimmt, wie Southcorp Wines, denen unter anderem die Domains Penfold's und Lindeman's gehören, Orlando-Wyndham, der die Marke Jacob's Creek geschaffen hat, und BRL Hardy. Die vier größten Betriebe des Landes produzieren allein fast 80 % des australischen Weines.

Bekannte australische Weinbaubetriebe: Hardy's, Hill Smith Estate, Peter Lehmann, Lindeman's, Wynn's, Yalumba.

Sehr bekannte Weine sind u. a.
- **„Grange"** von Penfold's (Cuvée aus Syrah und Cabernet Sauvignon)
- **„Hill of Grace"** von Hill Smith Estate (100 % Syrah).

Seit 2001 gibt es in Australien statt der französischen AOP die sogenannten GI (Geographical Indications). Diese legen jedoch nur die Grenzen der jeweiligen Anbauzonen fest.

Weinbaugebiete in Australien

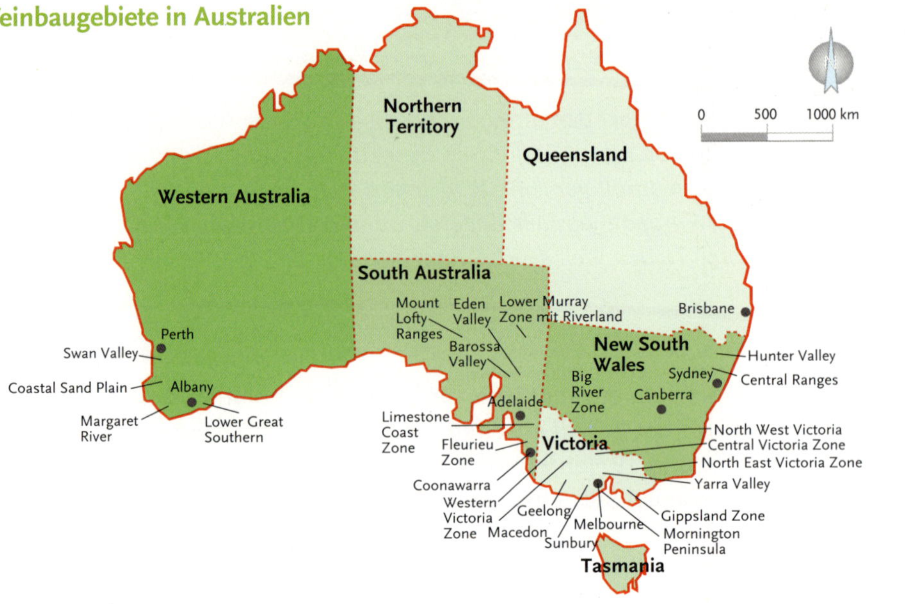

Wussten Sie, dass ...
das „Australian Wine Research Institute of Adelaide" eines der größten Forschungszentren für Weinbau ist?

Australien auf einen Blick

Rebfläche	ca. 174 000 Hektar
Weinproduktion	11 Mio. Hektoliter/Jahr
Weiße Rebsorten	Chardonnay, Semillon, Sauvignon blanc, Rheinriesling
Rote Rebsorten	Shiraz (Syrah), Cabernet Sauvignon, Merlot, Pinot noir

Weinbauregionen
Zwar wird Wein in allen australischen Bundesstaaten angebaut, aber er konzentriert sich doch hauptsächlich auf den Südosten, auf die Staaten **Neusüdwales, Victoria** und **Südaustralien.** Seit Kurzem erlebt der Weinbau auch im Südwesten in der Nähe von Perth einen Aufschwung.

5.2 Neuseeland

Die Weingärten Neuseelands sind vom Norden bis in den Süden auf einige Zentren verteilt, wobei Southland auf der Südinsel das südlichste Weinbaugebiet der Welt ist. Das kühle Klima und ausreichende bis üppige Niederschläge schaffen für die Reben günstige Bedingungen, die teilweise mit europäischen Verhältnissen gleichzusetzen sind. Dies ist auch an den Weinen erkennbar. Die durchwegs jungen, vulkanischen Böden gelten als besonders fruchtbar und erbringen einen durchschnittlichen Ertrag von etwa zwölf Tonnen pro Hektar.

Bekannte neuseeländische Weinbaubetriebe: Cloudy Bay Vineyards, Corbans, Grove Mill Wine Company, Goldwater Estate, Villa Maria, Montana, Morton Estate, Nobito.

Circa 66 % Weißweinanteil machen Neuseeland zu einem klassischen Weißweinland, wobei mit ca. 54 % Anteil der Sauvignon blanc deutlich herausragt. Relativ ungewöhnlich für die Neue Welt ist die große Bedeutung von Pinot noir.Der verbleibende Marktanteil wird mit Rotwein (über 10 %), Schaumweinen und versetzten Weinen abgedeckt.

Wie in Australien wird ein Großteil des Weines im Massenware-(Cask-)Segment verkauft.

Schon durch die verschiedenartigen klimatischen, geografischen und geologischen Konditionen und die daraus resultierende Zusammenfassung der Weingartenflächen in Gebiete und Regionen ist in Neuseeland so etwas wie eine Ursprungsbezeichnung gegeben. Ein eigenständiges Appellationssystem gibt es allerdings nicht.

Neuseeland auf einen Blick

Rebfläche	ca. 37 000 Hektar
Weinproduktion	2 Mio. Hektoliter/Jahr
Weiße Rebsorten	Sauvignon blanc, Chardonnay, Gewürztraminer, Semillon, Chenin blanc, Riesling
Rote Rebsorten	Pinot noir, Merlot, Cabernet Sauvignon

Weinbauzonen und -gebiete
Wie das Land selbst werden auch die Weinbauzonen in die Nord- und die Südinsel eingeteilt. Die drei größten Weinbaugebiete sind Marlborough auf der Südinsel und Gisborne sowie Hawke's Bay auf der Nordinsel.

Neuseeland

5.3 Südafrika

Südafrika hat eine relativ lange Weinbautradition. Bereits 1653 wurden erste Trauben aus europäischen Weinsorten geerntet. Ende des 18. Jahrhunderts waren die restsüßen Weine der Region an Europas Fürstenhöfen sehr beliebt.

In den letzten 30 Jahren fand eine stürmische Entwicklung statt, die zu einem breiten Angebot an international angesehenen Qualitätsweinen führte. Große Genossenschaften bilden das tragende Gerüst der Weinwirtschaft (80 %), aber auch immer mehr private Weingüter liefern hauptsächlich Rotweine, aber auch restsüße Weine erster Güte.

Südafrika

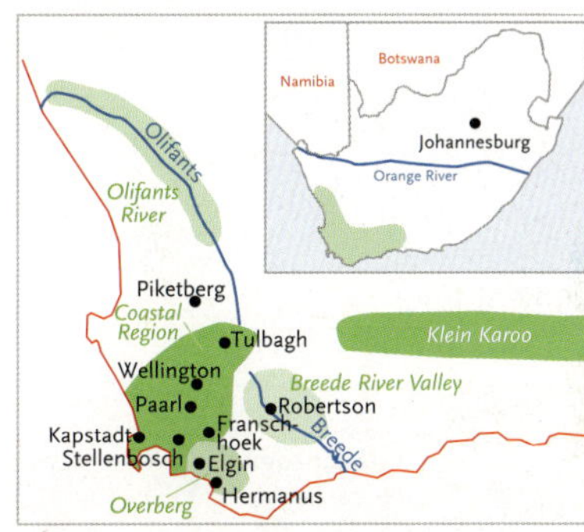

Südafrika auf einen Blick

Rebfläche	ca. 131 000 Hektar
Weinproduktion	9 Mio. Hektoliter/Jahr
Weiße Rebsorten	Sauvignon blanc, Chardonnay, Chenin blanc (Steen), Colombard, Muscat d'Alexandrie (Hanepoot)
Rote Rebsorten	Cabernet Sauvignon, Syrah, Merlot, Pinotage, Cinsault

Weinbauregionen und -gebiete
Grundsätzlich unterscheidet man in Südafrika zwei Hauptzonen, in denen Wein angebaut wird: das unter dem Einfluss des Meeres gemäßigtere, regenreichere sogenannte Küstengebiet mit meist trockenen Weiß- und Rotweinen und die regenärmere, heißere, durch Bergketten von der Küste abgetrennte Region Klein Karoo mit im Allgemeinen eher alkoholreicheren Weinen.

Bekannte südafrikanische Weinbaubetriebe: Kanonkop Estate, Meerlust Estate, Mulderbosch Vineyards, Simonsig Estate, Stellenbosch Vineyards.

Wussten Sie, dass ...
Pinotage in Stellenbosch 1925 aus Pinot noir und Cinsault gekreuzt wurde? Heute gilt sie als die besondere rote Rebsorte Südafrikas und ist immer häufiger Bestandteil der sogenannten „Cape Blends".

5.4 Argentinien

Argentinien betreibt seit gut 450 Jahren Weinbau und ist flächenmäßig eines der zehn größten Weinbauländer der Erde. Die Weinbaugebiete liegen hauptsächlich an den Ausläufern der Anden, also im Nordwesten des Landes. In den letzten Jahren ist ein sehr hoher Qualitätsanstieg bei argentinischen Weinen bemerkbar.

Bekannte argentinische Weinbaubetriebe: La Acricola, Catena, Colomé, Etchart, Norton, Peñaflor, Trapiche, Weinert.

Argentinien

Chile

Wussten Sie, dass ...
Chile eine ca. 5 000 km lange Küste hat?

Pisco = Destillat aus Traubenmost; ist das alkoholische Nationalgetränk Chiles.

Bekannte chilenische Weinbaubetriebe: Santa Rita, Carmen, Errázuriz und Terra Noble.

Argentinien auf einen Blick

Rebfläche	ca. 218 000 Hektar
Weinproduktion	16 Mio. Hektoliter/Jahr
Weiße Rebsorten	Chardonnay, Chenin blanc, Torrontes, Moscatel d'Alejandria
Rote Rebsorten	Malbec, Bonarda, Cabernet Sauvignon, Syrah, Criollo

Weinbauregionen
Mendoza ist die wichtigste Weinbauregion des Landes. Von hier stammen mehr als 75 % der Gesamtproduktion. Sie liegt etwa 1 000 km westlich von Buenos Aires am Fuße der Anden und ist klimatisch bevorzugt, aber trocken. Rio Negro (südlich von Mendoza) ist klimatisch Europa am ähnlichsten. Daher ist dies auch die Region, für die sich europäische Investoren interessieren. Weitere Regionen sind Occidente, Norte und Cordoba.

5.5 Chile

Chile liegt in verschiedenen Klimazonen, vom subtropischen bis zum polaren Klima. Durch seine abgeschiedene Lage, nämlich einerseits durch den Pazifik und andererseits durch die Höhenzüge der Anden, blieb Chile weitgehend von Weinschädlingen, insbesondere der Reblaus, verschont. Dies mag allerdings auch daran liegen, dass zu dieser Zeit Wein nur exportiert, aber keine Trauben oder Rebstöcke importiert wurden. Der Weinbau in Chile geht bis in das 16. Jahrhundert zurück. Weitsichtige, engagierte Gutsbesitzer stellten französische Önologen in ihren Dienst. Bis heute setzt sich diese Tradition des europäischen Engagements in Chile fort, was viele Kooperationen wie jene von Rothschild, Torres und anderen eindrucksvoll beweisen.

Chile auf einen Blick

Rebfläche	ca. 202 000 Hektar
Weinproduktion	9 Mio. Hektoliter/Jahr
Weiße Rebsorten	Chardonnay, Sauvignon blanc, Moscatel d'Alejandria
Rote Rebsorten	Cabernet Sauvignon, Merlot, Carmenère, Syrah, Cabernet Franc, Pais

Weinbauregionen
Chile gliedert sich in drei Weinbauregionen (mit Unterregionen/Zonen). Die nördlichste – ca. 100 km von Santiago entfernte – ist das **Aconcaguatal.** Das trockene Klima fördert alkoholschwere und säurearme Weine. Die Produktion geht hauptsächlich an Brennereien (Pisco) oder wird als Tafeltrauben verkauft.

Die bekannteste Region ist das **Zentraltal** (Zona del Valle Central) mit seinen Unterregionen Maipotal (Valle del Maipo) und Maule (Valle del Maule). Das Zentraltal ist mit 40 000 ha die zweitgrößte Region des Landes. Die Niederschläge variieren von 300 bis 750 mm pro Jahr. Das Klima ähnelt dem der Nordküste Kaliforniens, ist also optimal für den Qualitätsweinbau. Die von Santiago ca. 400 km entfernte **Südregion** (Región del Sur) mit ihren Zonen Valle del Itata, Valle del Biobío und Valle del Malleco ist die kühlste Region Chiles und eher für einfache Tafelweine bekannt.

5.6 Kalifornien

Der erste kalifornische Wein wurde 1782 gekeltert. In den 1830er-Jahren pflanzten französische Siedler europäische Reben in größerem Stil. In den 1920er-Jahren brachte die Prohibition den Weinbau fast zum Erliegen. Nur wenige Betriebe überlebten diese schwierige Zeit. Sie produzierten Messweine für die Kirche und Wein für medizinische Zwecke. Die lange Unterbrechung ließ eine Generation heranwachsen, die von Geschichte, Tradition und Geschmack des Weines keinen Begriff mehr hatte. Die Auswirkungen waren lange spürbar. Anfang der 1980er-Jahre stieg die Nachfrage nach kalifornischen Weinen stark an und es kam zu einer Blüte im Weinbau.

So unterschiedlich sich die einzelnen Regionen und Gebiete zeigen, so ist auch das Klima. Die Gebiete nördlich von San Francisco sind durch ein gemäßigtes Klima begünstigt. Der kalte kalifornische Strom auf der einen Seite und heiße Luftströme auf der anderen Seite ermöglichen ideale Wachstumsbedingungen. Im Süden und vor allem im Landesinneren herrscht ein heißes, trockenes Klima.

Ein Weinbaugesetz mit strengen europäischen Normen gibt es nicht. Die wichtigste Regel aber lautet: Mindestens 85 % der in einem AVA-Wein verarbeiteten Trauben müssen tatsächlich aus dem angegebenen Gebiet stammen. Innerhalb der Regionen liegen die Countys, also Verwaltungsbezirke, denen wiederum die Anbaugebiete zugeordnet sind. Weitere gesetzliche Bestimmungen:

- Weine mit der Herkunftsbezeichnung „Kalifornien" müssen zu 100 % aus dem angegebenen Gebiet stammen.
- Ist eine Weinlage angegeben, muss der Wein zu 95 % aus dieser Lage stammen.

Kalifornien auf einen Blick

Rebfläche	ca. 200 000 Hektar
Weinproduktion	ca. 13,8 Mio. Hektoliter/Jahr
Weiße Rebsorten	Chardonnay, Chenin blanc, Viognier, Semillon
Rote Rebsorten	Cabernet Sauvignon, Merlot, Zinfandel, Cabernet Franc, Syrah, Malbec

Weinbauregionen und -gebiete

In Kalifornien kultivieren ca. 800 Weinbauern ihre Reben auf einer Fläche von ca. 200 000 Hektar, wovon ca. die Hälfte momentan für die Qualitätsweinerzeugung genützt wird. Die kalifornischen Regionen und ihre Gebiete sind:

- **North Coast:** Mendocino, Sonoma, Lake und Napa Valley. Die beste Lage in den USA ist die Rutherford Bench im Napa Valley. Hier befinden sich große Weingüter wie die von Robert Mondavi, der den größten Teil besitzt.
- **Central Coast:** Alamenda, Santa Clara, Santa Cruz, Monterey, San Benito, San Lois Obispo, Santa Barbara
- **South Coast:** San Bernadino, San Diego, Riverside
- **Central Valley:** San Joaquin
- **Sierra Foothills:** Sierra Foothills

Der spanische Missionar Junipero Serra brachte 1769 Samen und Stecklinge von mittelmäßigen, aber genießbaren europäischen Rebsorte nach Kalifornien.

Prohibition = Verbot der Alkoholherstellung und -abgabe.

In den 1960er-Jahren ging vom Napa Valley die Revolution und Erneuerung des kalifornischen bzw. amerikanischen Weinbaus aus. Der Terroir-Gedanke hat dort eine große Anhängerschaft.

AVA = American Viticultural Area. Dies ist gleichzusetzen mit der französischen Appellation Contrôlée.

Kalifornien

Wussten Sie, dass ...
etwa 90 % des amerikanischen Weines ins Kalifornien produziert werden?

Bekannte kalifornische Weinbaubetriebe: Beringer Vineyards, E. & J. Gallo, The Hess Collection, Robert Mondavi Winery, Niebaum-Coppola, Shafer Vineyards.

Ziele erreicht?

1. Nennen Sie vier wichtige Weinbauländer der Neuen Welt und beschreiben Sie deren Weinanbau.
2. Zählen Sie fünf international bekannte Weine und ihr Herkunftsland auf.

Der Wein – Faktoren für den Genuss

Um die Qualität eines Weines professionell beurteilen zu können, ist es wichtig, die dafür nötigen Faktoren zu kennen: Welche Sinnesorgane werden dafür eingesetzt? Was ist das ideale Glas zur Beurteilung von Wein? Welches Vokabular wird zur Weinbeschreibung verwendet? Ausgestattet mit diesem Grundwerkzeug steht der Weinbeurteilung dann – neben der notwendigen Übung und der Bereitschaft, sich auf die verschiedenen Geschmäcker auch wirklich einzulassen und ihnen auf die Spur zu kommen – nichts mehr im Wege.

Meine Ziele

Nach Bearbeitung dieses Kapitels kann ich

- eine sensorische Beurteilung von Wein vornehmen;
- beschreiben, welche Aufgaben die einzelnen Sinne dabei übernehmen;
- bei praktischen Übungen das internationale Degustationsvokabular verwenden;
- die Eigenschaften eines perfekten Kostglases beschreiben;
- die verschiedenen Gläserformen dem Weintyp zuordnen;
- eine Weinempfehlung zu Speisen geben;
- die Grundregeln für die Kombination von Speisen und Wein nennen;
- die neuen Trends betreffend Harmonie von Speisen und Wein schildern;
- den Einfluss des Weingenusses auf die Gesundheit erläutern.

Sensorisch = die Aufnahme von Sinnesempfindungen durch die Sinnesorgane.

1 Sensorische Beurteilung von Wein

Fasziniert beobachtet Fabian seinen Chef, einen Sommelier, wie dieser den Gästen bei der Auswahl des passenden Weines behilflich ist. Die Gäste hängen förmlich an den Lippen seines Chefs, da dieser nicht nur gut erklären kann, sondern auch zu unterhalten weiß. Fabian beschließt, die Weinkarte seines Betriebes genauer zu studieren, um Weine ebenso gut beschreiben zu können wie sein Vorgesetzter.

Die Bewertung eines Weines kann entweder subjektiv sein („Ich verstehe nichts davon, aber ich weiß, was ich mag") oder objektiv, basierend auf einem grundlegenden Wissen bezüglich Weinbau, Rebsorten und Weinbereitung.

Die Prüfung des Weines mit all seinen Sinnen nennt man organoleptische oder sensorische Analyse.

Organoleptische Analyse = Bewertung eines Lebensmittels in Bezug auf Eigenschaften wie Geruch, Geschmack, Aussehen und Farbe nach einem bestimmten Bewertungsschema. Da das Ergebnis nicht messbar ist, kommt es besonders auf die Erfahrung des Prüfers/der Prüferin an.

Es werden drei Hauptgruppen von Weinverkostungen unterschieden:
- Die Verkostung zu Kontrollzwecken (z. B. Qualitätskontrolle, Prüfnummernvergabe).
- Die Verkostung im Rahmen von Wettbewerben.
- Die Verkostung durch die Konsumentinnen und Konsumenten.

Weinqualität

Es gibt verschiedene Definitionen für Weinqualität. Sie basieren auf Weingesetzen, Klassifizierungen oder analytischen Untersuchungen.

Für den mündigen Konsumenten/die mündige Konsumentin ist vor allem ein Qualitätsbegriff entscheidend:
„Schmeckt mir der Wein oder schmeckt er mir nicht?"

Bei der Bewertung eines Weines gebrauchen wir alle unsere Sinne:
- den Sehsinn,
- den Geruchssinn,
- den Geschmackssinn,
- den Tastsinn und
- den Hörsinn.

1.1 Sinne

Sehsinn

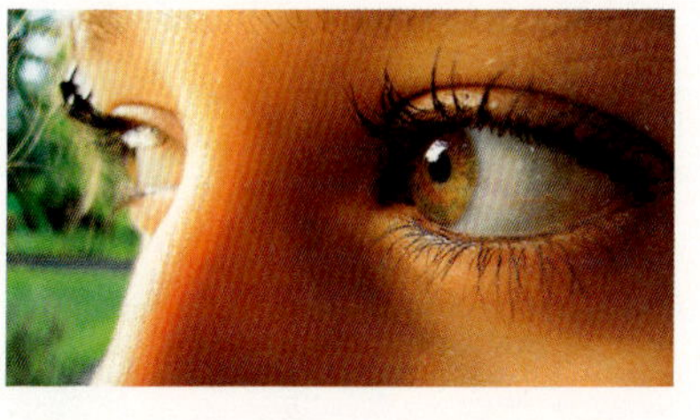

Mit unserem Auge nehmen wir in erster Linie die Klarheit, die Farbe sowie den CO_2-Gehalt (die Kohlensäure) im Glas wahr. Bei der Beurteilung der Farbe des Weines sind die Lichtverhältnisse von entscheidender Bedeutung. Vor einem weißen Hintergrund kann man die Farbe des Weines in verschiedenen Positionen am besten beurteilen.

Vinifizierung = Bezeichnung für die Verarbeitung der Trauben.

Einflussfaktoren für die Farbe des Weines sind:
- der Boden,
- die Rebsorte,
- der Reifegrad,
- die Vinifizierung,
- die Lagerung (Holzfass oder Stahltank) und
- das Alter des Weines.

Geruchssinn

Wussten Sie, dass ...
der Geruchssinn der einzige unserer Sinne ist, den wir durch konsequentes Training schulen können? Obwohl unsere Nase täglich tausende Gerüche wahrnehmen kann, sind es nur ganz wenige, die wir tatsächlich beschreiben können.

Prinzipiell kann man zwischen dem **Aroma** eines Weines unterscheiden, das von der **Traube** stammt (Primäraroma), und dem **Bukett,** das von der **Weinbereitung** (Sekundäraroma) und der **Lagerung** (Tertiäraroma) herrührt. Die erste geruchliche Bewertung des Weines erfolgt indem man am Wein riecht. Man kann auch am Wein schnüffeln. Darunter versteht man das mehrmalige kurz aufeinanderfolgende Einatmen durch die Nase, um die Gerüche besser wahrnehmen zu können. Kurz bevor man einen Schluck nimmt, macht man unbewusst einen kurzen Atemzug. Dadurch wird das Bukett stärker wahrgenommen.

Die nächste geruchliche Beurteilung erfolgt mit dem Mund: Durch das Einsaugen von Luft und durch die Erwärmung des Weines werden weitere Gerüche freigesetzt und gelangen durch die Mund- und Nasenhöhle ins Geruchszentrum (retronasale Wahrnehmung). Ein Ausatmen durch die Nase macht uns den Unterschied deutlich, was Geschmacks- und was Geruchskomponenten sind.

Mehr als 1 000 Duft- und Geschmacksstoffe sind bisher im Wein wissenschaftlich dokumentiert.

Nachdem das Glas geleert wurde, ist die gesamte Innenoberfläche des Glases benetzt und bietet uns eine optimale Geruchsfläche. Daher wird auch das geleerte Glas noch einmal einer Geruchsprüfung unterzogen.

Unsere Geruchseindrücke in Worte zu fassen und sie anderen Personen zu vermitteln ist sehr schwierig, da man den persönlichen Geruchseindruck auf einen allgemein bekannten Duft abstimmen und in allgemein verständliche Begriffe fassen muss.

Geschmackssinn

Unser Geschmacksempfinden beschränkt sich hauptsächlich auf folgende Geschmackseindrücke: **süß, sauer, salzig, bitter** und **umami.**

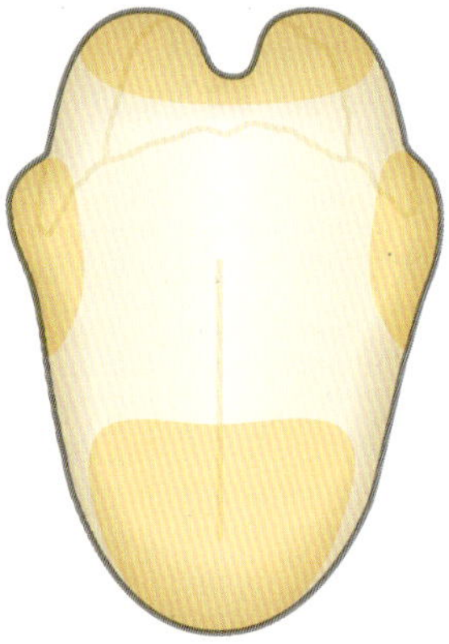

Die Geschmackszonen für süß, sauer, salzig, bitter, umami

Umami, mit dem die Aminosäure Glutamat erkannt wird, wurde in den 1990er-Jahren von amerikanischen Psychologen als fünfte Geschmacksrichtung definiert. Dieser Geschmack findet sich u. a. in Algen, Sojasauce, getrockneten Shiitake-Pilzen, Parmesan, reifen und getrockneten Tomaten. Ein reifer Cabernet Sauvignon und manche Pinot-noir-Weine weisen ebenfalls diese Geschmacksrichtung auf. Die Bezeichnung „umami" (jap.: Wohlgeschmack, größte Köstlichkeit) stammt vom japanischen Forscher Kikunae (1864–1936), der diesen Geschmack bereits 1907/08 identifiziert hatte.

Bei der Verkostung von Wein unterscheiden wir folgende Geschmackskomponenten:
- **Säuren:** Dies sind einerseits mineralische, andererseits organische Säuren, wobei Apfelsäure und Weinsäure dominieren: Bei Weintrauben, die in kühlerem Klima gewachsen sind, kommt eher die Apfelsäure zum Tragen, bei Weintrauben, die in wärmerem Klima gewachsen sind, die Weinsäure.

- **Zucker:** Abhängig davon, wie viel Zucker unvergoren bleibt, schmeckt der Wein mehr oder weniger süß. Der nach der Gärung verbleibende Zucker wird als **Restsüße** bezeichnet.
- **Bitterkeit:** Bitterkeit oder Gerbstoffe im Wein kommen von der Extraktion der Beerenschalen, der Kerne und den Kämmen. Vor allem für Rotweine ist ein relativ hoher Gerbstoffgehalt erwünscht.

Tastsinn

Wenn man in der Weinsprache Wörter wie prickelnd, cremig, rau, rund und hart verwendet, bezieht man diese Sinneseindrücke auf den Tastsinn. Wir nehmen diese Eindrücke über Zunge und Gaumen wahr und unterscheiden zwischen:

- **Temperatur:** In Mitteleuropa lehnen wir warme Weißweine oder kalte Rotweine eher ab.
- **Schmerz:** Obwohl der Schmerz eher bei scharfen Speisen vorkommt, kann z. B. ein zu hoher Alkoholgehalt im Wein unsere Nase reizen. Dasselbe trifft auch bei zu hohem Schwefelgehalt zu.
- **Druck:** Die Hauptursachen, die den Druck im Wein beeinflussen, sind Traubengerbstoffe, Holzgerbstoffe (Barriques) und das Kohlendioxid.

Wussten Sie, dass ...
amerikanische Wissenschaftler vor einigen Jahren „fett“ als sechste Geschmacksrichtung nachgewiesen haben und eine siebente Geschmacksrichtung – nämlich „Wasser“ – vermutet wird?

Natürlich spielt bei der Verkostung von Wein auch der **Hörsinn** eine gewisse Rolle: Das Zischen beim Öffnen unterschiedlicher Flaschenverschlüsse oder das Zerplatzen der Perlen eines Schaumweines im Glas sind die erwünschte Begleitmusik beim Weingenuss.

1.2 Degustationsvorbereitung und Vokabular

Als **Degustation** bezeichnet man die Kunst, einen Wein zu beurteilen:
- Das Auge prüft das Aussehen, also Farbton und Farbtiefe.
- Die Nase nimmt die Duftaromen auf.
- Der Gaumen analysiert Eigengeschmack, Sortencharakter und Harmonie einer Probe.

Bereits die Römer beschäftigten sich intensiv mit dem Thema Weinprobe. Aus jener Zeit stammt die Formel **COS: Color (Farbe) – Odor (Geruch) – Sapor (Geschmack).** Diese Reihenfolge wird beim Probieren von Wein auch heute noch eingehalten.

Weinfachausdrücke siehe S. 184 ff.

Folgende Punkte garantieren eine erfolgreiche Weinverkostung:
- **Klarer Kopf:** Das Degustieren beansprucht alle Sinne, daher ist es wichtig, ausgeruht zu sein.
- **Neutraler Gaumen:** Die Geruchs- und Geschmacksnerven dürfen nicht durch ein vorheriges, stark gewürztes Essen, durch Kaffee oder durch Zigarettenrauch erschöpft sein.
- Möglichst **keine Speisen** zur Verkostung anbieten, evtl. **ungesalzenes Weißbrot.**
- **Richtiger Zeitpunkt:** Degustieren ist ein Akt der Ruhe. Um den Zauber des Weines zu ergründen, braucht man genügend Zeit. Die geeignete Tageszeit dazu ist die Zeit vor dem Mittag- oder Abendessen.
- **Ideales Umfeld:** Stärkere Geschmacks- und Geruchseindrücke, wie z. B. Zigarettenrauch oder starke Parfüms, stören eine Weinprobe. Daher unbedingt in gut belüfteten Räumen degustieren. Für die optische Beurteilung des Weines braucht man gutes Licht und ein weißes Tischtuch oder weißes Papier als Hintergrund.
- **Optimales Glas:** Entscheidend für die Entfaltung der Gerüche bei der Weinprobe sind Form und Größe des Glases sowie die Füllmenge. Für eine einwandfreie Weinverkostung empfiehlt sich ein farbloses, dünnwandiges und durchsichtiges Glas mit Stiel, das sich nach oben tulpenförmig verengt (siehe auch „Das perfekte Kostglas“, S. 194 f.).

- **Richtige Weintemperatur und zeitgerechtes Öffnen der Flasche:** Aroma und Geschmack entfalten sich je nach Temperatur unterschiedlich. Weißweine sollten erst unmittelbar vor der Weinprobe geöffnet werden, während einige Rotweine bereits Stunden vorher geöffnet werden können, damit sie Gelegenheit zum „Atmen“ haben.
- **Die Reihenfolge beachten**
  - Weißweine vor Rotweinen
  - Rotweine vor restsüßen Weinen und Likörweinen
  - Leichte Weine vor schweren Weinen
  - Trockene, säurereichere Weine vor lieblichen, säurearmen Weinen
  - Jüngere vor älteren Weinen
  - Kleine Jahrgänge vor großen Jahrgängen

Degustationssprache (Weinfachausdrücke)

adstringierend, zusammenziehend	Durch Phenole (Gerbstoffe bzw. Tannine) bedingtes Trockengefühl im Mund, das sehr appetitanregend wirkt.
alkoholisch	Der Alkoholgehalt ist überproportional, stechend und scharf.
Alterston	Ist ein Begriff für einen Geruchs- und Geschmackseindruck, der vor allem bei alten Weißweinen (z. B. Rieslingen) auftritt. Gemeint sind damit würzige Noten. Auch Honig, Harz und Öl können dabei wahrgenommen werden.
ansprechend	Bei teuren Weinen eher abwertend, bei einfacheren ein Lob.
Aroma	Steht allgemein für den Geruch; wird aber erst beim Ausatmen wahrgenommen.
Ausgewogenheit	Säure, Alkohol, Geschmacksstoffe etc. sollten im gut abgestimmten Verhältnis zueinander stehen.
Bitterkeit	Durch Gerbstoffe bedingt; oftmals bei nicht voll ausgereiften Trauben.
blumig	Beschreibt die Anklänge von Blumen, wie z. B. Veilchen oder Rosen.
Botrytis	Bei vollreifen Trauben erwünschte Pilzkrankheit. Die Trauben werden durch den Pilz perforiert und das Wasser kann so aus der Beere diffundieren und verdunsten. Die Beere enthält deshalb nur noch Zucker und Extraktstoffe. Aus diesen Beeren gekelterte Weine zählen zu den besten der Welt, z. B. Trockenbeerenauslese.
brandig	Zu alkoholbetont.
Bukett	Blume, Geruchsbild des Weines, Gesamtheit aller Duftstoffe im Wein.
Charakter	Geschmackseigenschaften des Weines.
dünn	Extraktarm, alkoholarm.
Eichenholz	Duft und Geschmack nach gesägtem Holz. Diese Weine eignen sich für eine lange Flaschenreife.
elegant	Besonders harmonisch in Säure, Alkohol und Bukett.
erdig	Der Mineralstoffgehalt des Bodens schlägt sich meist positiv im Aroma des Weines nieder.
Extrakt, extraktreich	Die Stoffe, die nach der Verdunstung einer Flüssigkeit zurückbleiben. Beim Wein sind dies vor allem Zucker, Alkohol, Säuren, Gerbstoffe, Farbstoffe und Mineralstoffe. Einfach gesagt: alle im Wein gelösten Stoffe. Ein extraktreicher Wein besitzt viel Geschmack.

fad	Säurearm und ausdruckslos.
fein	Ausdruck für hohe Qualität.
fett	Ein/e den Mund ausfüllende/r Geschmack/Konsistenz.
feurig	Bei Rotwein Ausdruck für kräftig und alkoholbetont.
firnig	Bereits merkbarer Alterston (Oxidationsbukett).
flach	Nichtssagend, kein Geschmack und Charakter.
flüchtig	Nur kurz wahrnehmbare Duftstoffe.
Foxton (Fuchsgeschmack)	Meist Hybriden, Erdbeer-, Himbeeraroma, erinnert an nasses Fuchsfell/Fuchsbau.
frisch	Lebendigkeit/Spritzigkeit, fruchtige Säure.
fruchtig	Zarter Anklang von Fruchtaromen, bezeichnet den Körper und die Reichhaltigkeit des Weines.
gefällig	Ein Wein, der sich wenig filigran, unkompliziert, angenehm präsentiert. Braucht keine lange Reifezeit, bleibt wenig in Erinnerung.
gehaltvoll	Negativ gebraucht für Überfülle, im Vergleich zur Eleganz; im Allgemeinen aber ein positiv besetzter Begriff, bezogen auf den Gesamteindruck und den Alkoholgehalt.
geschmeidig	Harmonisch, ausgewogen in Säure und Alkohol.
Goudron	Französisch für Teer, bei bestimmten Weinen, wie z. B. Barolo und Barbaresco.
grasig	Geschmack nach Pflanzen, Heu, Kräutern und frisch geschnittenem Gras.
harmonisch	Damit ist das im Wein vorhandene Verhältnis der verschiedenen Geruchs- und Geschmackseindrücke zueinander gemeint. Harmonisch ist ein Wein dann, wenn der Nachhall überzeugend an die Geruchs- und Geschmackseindrücke anschließt. Unharmonisch wäre er, wenn er im Duft viel Frucht besitzt, nicht aber im Geschmack.
herb	Hoher Gerbstoffgehalt, aber nicht sauer. Meist bei Rotwein.
honigartig	Bei reifen, guten Jahrgängen auftretender Duft und aromatischer Ton; bei weißen, edelsüßen Weinen besonders ausgeprägt.
kernig	Kräftig, säurebetont im Nachhall.
Korkgeschmack	Inakzeptabler, muffiger Beigeschmack, bedingt durch die Reaktion des Korks mit Schimmelpilzen und chlorhaltigen Stoffen.
Körper	Siehe gehaltvoll und voll. Beschreibt das „Gewicht" eines Weines (Geschmacks- und Alkoholreichtum).
kräftig	Extrakt- und alkoholreich.
kurz	Kurzer Nachhall, ohne nachhaltigen Geschmackseindruck.
leer	Dünn und ausdruckslos.
leicht	Weine mit wenig Alkohol und Körper.
markant	Bestimmte, typische Eigenschaften.
matt	Fehlende Frische, müde und schal.
mild	Säurearm.
mineralisch	Schwierig zu definierender Geruchs- und Geschmackseindruck, der an Gesteine oder Salze erinnert. Ausgesprochen trockene Weißweine können vor allem in ihrer Jugend mineralische Anklänge aufweisen.

Nachhall	Nachhaltigkeit nach dem Schlucken des Weines; je länger ein Wohlgeschmack zurückbleibt, desto hochwertiger ist der Wein (kurz: 1–5 Sekunden, mittel: 6–20 Sekunden, lang bis 50 Sekunden).
nervig	Kräftiger, rassiger säurebetonter Wein.
oxidiert	Verändert in Farbe, Geruch und Geschmack.
pfeffrig	Würziger Geruch.
pikant	Betont feine, fruchtige Säure.
plump	Viel Alkohol und Extrakt, wenig Säure und Charakter.
rassig	Voller Körper, feine Säure.
rau	Herb (zu hoher Gerbstoffgehalt), Säure dominiert.
reich	Viel Bukett, Geschmack und Alkohol.
reichhaltig	Fülle, nicht unbedingt süß.
reif	Voll entwickelt.
reintönig	Sauber, kein Nebenton in Geruch und Geschmack.
resch	Säurebetont und spritzig.
robust	Extraktreich, noch nicht abgerundet.
rund	Ausgeglichen in Säure und Restzucker, harmonischer, voller Wein.
saftig	Hat Kraft und Saft, ist aber nicht fleischig.
samtig	Mild, bereits abgebautes Tannin.
sauber	Geruchlich und geschmacklich einwandfrei.
Säure	Für die Haltbarkeit eines Weines (besonders bei Weißweinen) unentbehrlich. Der Begriff Säure umfasst die Gesamtheit aller enthaltenen Säurearten.
schal	Inhaltslos.
schlank	Extraktarm.
schwer	Alkoholreich.
spritzig	Säuerlich frisch, leicht, mit einer oftmals spritzigen Kohlensäure.
stahlig	Kräftig, viel Fruchtsäure.
stilvoll	Eigenständiger, ausdrucksstarker Wein.
streng	Unreif und eckig.
Tiefe, tief	Kennzeichnet einen feinen Wein; er ist eindrucksvoller, als der erste Eindruck gezeigt hat.
verschlossen	Noch nicht voll entwickelt.
Viskosität (Kirchenfenster, Schlieren)	Ist ein Maß für die Zähflüssigkeit eines Stoffes. Flüssigkeiten mit niedriger Viskosität sind wässrig, solche mit höherer Viskosität ölig oder sirupartig. Verantwortlich dafür sind Alkohol, Restzucker und Extrakt.
voll, vollmundig	Körper-, extraktreich (Alkohol und Extrakt wirken vollmundig zusammen), hoher Gerbstoffgehalt, ausgeprägter Nachhall; meist bei Rotweinen.
weich	Mild, säurearm, samtig.
wuchtig	Extrakt- und alkoholreich.
würzig	Beispiele sind Zimt, Pfeffer, Nelken, Vanille, Maggikraut (Liebstöckel).
zart	Fein, delikat, nuancenreich, unaufdringlich.

Weinaromarad

Mithilfe des Weinaromarades können einzelne Komponenten aus einem Gesamtaroma herausgefunden und treffend beschrieben werden. Zweck ist ein standardisiertes System zur sensorischen Beschreibung.

Das Aromarad besteht aus zwei Seiten – die eine für Weißwein und die andere für Rotwein.

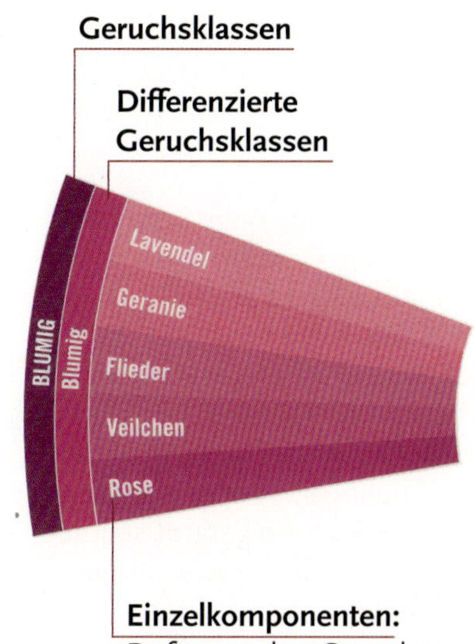

Dafür wurden Geruchsempfindungen aus dem täglichen Leben herangezogen, um eine Weinsprache zu entwickeln, die für jeden verständlich ist.

1.3 Degustationstechnik (sensorische Weinanalyse)

Einen Wein zu verkosten heißt, ihn mit allen Sinnen wahrzunehmen und zu analysieren.

Das Auge: Farbe – Color

Der Wein wird zuerst im stehenden Glas direkt von oben betrachtet: Funkelt die Oberfläche, ist er klar. Beurteilt werden Farbtiefe und Kohlensäure.

Im zweiten Schritt wird das Glas vor eine weiße Fläche (Tischtuch, Serviette, Papier ...) gehalten. So können Farben im Zentrum sowie Farbschattierungen am Rand beurteilt werden.

Im dritten Schritt wird das Glas geschwenkt, um die Viskosität (Schlierenbildung) festzustellen.

Schon das Auge beeinflusst das spätere Geschmacksempfinden: Wissenschaftliche Tests mit Weißweinen beweisen, dass wir von Weißweinen von vornherein mehr Säure erwarten. Der gleiche als Rosé gefärbte Wein wirkt auf uns fruchtiger, aber wenig komplex. Als Rotwein getarnt schmecken wir plötzlich mehr Körper und Reife.

Klarheit
Ein klarer Wein strahlt. Eine Trübung deutet im Allgemeinen auf unerwünschte Inhaltsstoffe hin, die jedoch nicht gesundheitsschädlich sind.

Kohlensäure
Sie tritt sichtbar in Bläschenform auf. Vor allem junge Jahrgänge, Weiß- und Roséweine enthalten Kohlensäure, was ein Zeichen von Lebendigkeit ist. Enthält Rotwein Kohlensäure, so deutet dies auf eine unerwünschte Nachgärung hin und ist somit ein Weinfehler.

Farbtiefe
Generell sind junge Weißweine heller, reifere Weißweine werden farbintensiver. Rotweine haben in der Jugend eine tiefere Farbe, mit zunehmendem Alter werden sie heller und nehmen orange oder bräunliche Töne an. Wasserrand und Reifefarbtöne sind Hinweise auf ein gewisses Alter des Weines.

Farbton
Der Farbton ist von vielen Faktoren abhängig: Rebsorte, Reifegrad, Klimazone, Boden, Jahrgang, Reifung im Holzfass (farblich dichter) oder im Stahltank (eher klar, glänzend) etc.

Farbschattierungen bei Weißweinen

Farbschattierungen bei Roséweinen

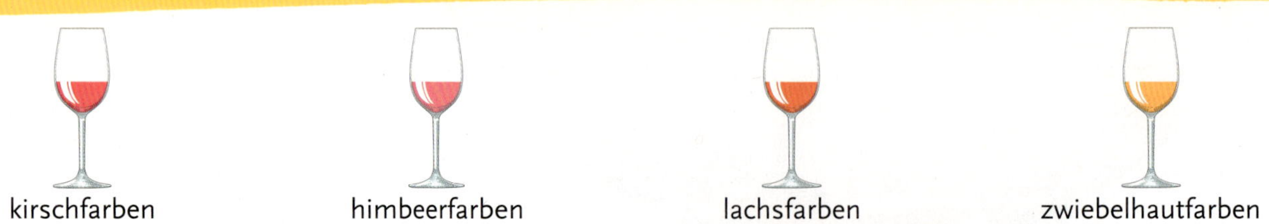

Farbschattierungen bei Rotweinen

Viskosität (Schlierenbildung)

Die Schlierenbildung ist ein Hinweis auf die Konzentration des Alkohols und der Extraktstoffe (Dichte) im Wein. Um die Schlierenbildung beurteilen zu können, wird das Glas geschwenkt. Dabei beobachtet man, wie der Wein an der Glasinnenwand abläuft. Sind die Schlieren zähflüssig, deutet das auf einen hohen Alkoholgehalt und eine hohe Reife bei trockenen Weinen bzw. bei restsüßen Weinen auf einen erhöhten Restzucker und auf Extrakt hin.

Die Schlierenbildung am Glas

Klarheit		strahlend – klar – matt – trüb
Kohlensäure		perlend – prickelnd – schäumend
Farbtiefe		blass – mittel – intensiv
Farbton	**Weißwein**	graugelb – grüngelb – blassgelb – blassgold – goldgelb – golden – goldbraun – bernstein – braun
	Rotwein	tintenfarben – purpurrot – kirschrot – rubinrot – granatrot – ziegelrot – kupferrot
	Rosé	kirschfarben – himbeerfarben – lachsfarben – zwiebelhautfarben
Konsistenz, Extrakt, Viskosität		gering – mittel – hoch

Versuchen Sie in der Klasse, gemeinsam diese Checklisten um einige Begriffe zu erweitern.

Die Nase: Geruch – Odor

Die Geruchssubstanzen, die durch die Nase wahrgenommen werden, sind äußerst vielschichtig. Ein guter Wein weist immer einen angenehmen Duft auf.

Erster Eindruck: Bei der Beurteilung des Geruches wird das Glas zuerst ruhig gehalten und der Duft eingeatmet oder es wird am Wein geschnüffelt. Halten Sie das Glas an die Nase und konzentrieren Sie sich auf den ersten, flüchtigen Eindruck. Erkennen Sie bereits einige der sehr feinen Aromen?

Schwenken: Dann wird das Glas leicht geschwenkt, damit sich die verschiedenen Duftsubstanzen entfalten können. Mehrmaliges, kurzes Schnuppern ist tiefem Einatmen vorzuziehen.

Die Nase ist auch für den nachfolgenden Geschmack unabkömmlich, denn er wird durch das retronasale Empfinden stark beeinflusst.

Kräftiges Schwenken: Nun schwenkt man das Glas kräftig, damit die verschiedenen Duftsubstanzen sich noch besser entfalten und wahrgenommen werden können, und noch weitere, schwerere Aromastoffe freigesetzt werden.

Schnuppern Sie unmittelbar nach dem letzten Schluck am leeren Glas für den **abschließenden Eindruck.** Im leeren Glas entdecken Sie oft weitere Aromen, angenehme, wie auch weniger erfreuliche Gerüche.

Kosten Sie ein und denselben Wein mit zugehaltener Nase bzw. auf übliche Weise. Beschreiben Sie den Unterschied.

Zum genaueren Analysieren bewertet man nicht nur die allgemeinen Duftempfindungen, sondern teilt ein in:

- **Reintönigkeit:** Riecht der Wein reintönig, sauber oder ist er unsauber und fehlerhaft?
- **Intensität:** Wie stark duftet der Wein überhaupt?
- **Qualität:** Wie stuft man den Wein qualitativ ein?
- **Entwicklungsstadium:** Hat er noch Entwicklungspotenzial?
- **Art der Aromen:** Womit lässt sich der Duft vergleichen?

Reintönigkeit	reintönig – sauber – dumpf – leicht fehlerhaft – Kork – übelriechend
Intensität	verhalten – zart – dezent – gut ausgeprägt – intensiv – wuchtig – aufdringlich
Qualität	komplex – fein – rassig – einfach – plump
Entwicklungsstadium	hefig – jugendlich – gereift – müde – oxidativ
Aromen	blumig – fruchtig – pflanzlich – nussig – erdig – würzig – holzig – Röstaromen – mineralisch – animalisch – chemisch

Der Gaumen: Geschmack – Sapor

Den Geschmack empfindet man auf der Zungenoberfläche durch die Geschmackspapillen mit ihren Geschmacksknospen. Man kann grundsätzlich vier Geschmacksempfindungen wahrnehmen, nämlich **süß, salzig, sauer** und **bitter**. Die fünfte Geschmacksempfindung, **umami,** steht für **Wohlgeschmack.**

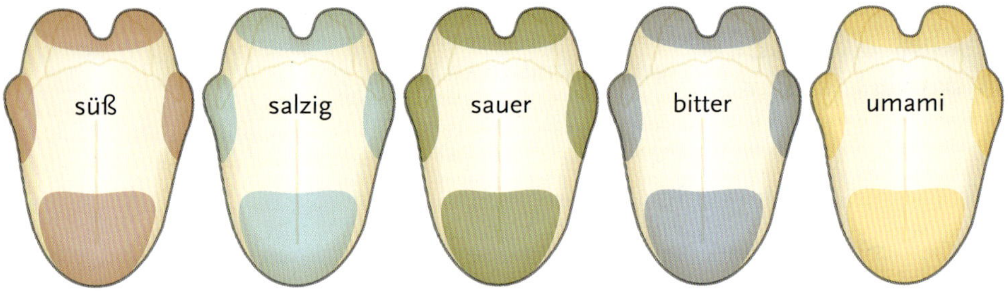

Leichtes Schlürfen bewirkt zusätzliche Luftzufuhr und intensiviert die Sinneseindrücke. Am Gaumen bestätigen sich meist die Eindrücke des Auges und der Nase.

Es ist daher besonders wichtig, zur Beurteilung des Geschmacks eine kleine Menge Wein in den Mund zu nehmen, zu erwärmen und die Probe über die ganze Zungenoberfläche fließen zu lassen.

Bei Weinverkostungen gibt es den Begriff des **Weinbeißens,** weil durch das Im-Mund-Behalten des Probeschlucks optisch der Eindruck entsteht, man „beiße" den Wein. Kauen des Weines sowie zusätzliches Schlürfen intensivieren die Empfindungen und sind nicht nur erlaubt, sondern empfehlenswert.

Süße	trocken – halbtrocken – süß – extrasüß – edelsüß – besonders süß
Säure	schal – flach – mild – frisch – gut integrierte Säure – stützende Säure – rassig – spitz – nervig – aggressiv – beißend – scharf
Gerbstoffe (Tannine)	weich – samtig – abgerundet – gerbstoffreich – adstringierend
Qualität	gut eingebundene Tannine – spröde Tannine – unreif – sperrig – rau – pelzig – bitter
Körper (Extrakt), Komplexität	dünn – schlank – mittelgewichtig – dicht – extraktreich leer – flach – kraftvoll – würzig
Geschmacksintensität, Alkohol	leicht – angenehm – mittelgewichtig – kräftig – schwer – wuchtig – mächtig – alkoholisch
Geruchskategorien, Aromen	blumig – fruchtig – pflanzlich – nussig – erdig – würzig – holzig – Röstaromen – mineralisch – animalisch – chemisch
Nachhall, Länge	sehr kurz – kurz – mittel – lang – lang anhaltend – harmonisch

Alkohol ist als wärmender, scharfer Geschmack spürbar und hinterlässt einen süßlichen Eindruck.

Anschließend wird der Wein ausgespuckt und der Vorgang wiederholt. Der zweite Schluck darf die Kehle hinabrinnen, damit der Nachhall des Weines beurteilt werden kann.

Wussten Sie, dass ...
es auch eine Maßeinheit für die Länge des Nachhalls gibt, die „Caudalie“ genannt wird? Ein Caudalie entspricht einer Sekunde. 5 Caudalie sind ein kurzer Nachhall, 20 Caudalie kennzeichnen einen sehr guten und 50 Caudalie einen grandiosen Wein.

Zum Abschluss wird festgehalten, wie lange der Wein nach dem Schlucken noch am Gaumen spürbar ist:

- **Kurz:** bis 5 Sekunden
- **Mittel:** 6–20 Sekunden
- **Lang:** bis 50 Sekunden

Gesamteindruck

Nach Abschluss der Verkostung werden die Wahrnehmungen beschrieben und interpretiert.

Es ist schwierig, absolute Objektivität in der Beurteilung zu wahren. Je öfter man verkostet, desto treffender wird das Beurteilungsvermögen. Bei Verkostungen werden Eindrücke und Vergleichsmöglichkeiten gesammelt. Dies erweitert das Fachvokabular und macht die Beurteilungen sicherer und professioneller.

Harmonie	harmonisch – elegant – ausgewogen – finessenreich – körperreich – vielschichtig – schwach – unausgewogen – fehlerhaft
Charakter	charakterarm – charmant – süffig – elegant – samtig – rau – rustikal – schwer – kraftvoll – außergewöhnlich
Qualität	fehlerhaft – schwach – mittelmäßig – gut – sehr gut – außergewöhnlich
Trinkreife	unreif – Potenzial – jung – jugendlich – reif – abbauend – abgebaut

Führen Sie eine Weindegustation durch und verwenden Sie das folgende Musterblatt für Ihr Degustationsprotokoll.

Unter dem Titel „Weindegustation" finden Sie im TRAUNER-Kompetenzportal sowohl Protokollvorlagen als auch die Übersicht der Sensorikbegriffe zum Downloaden.

Wein	
Farbe:	
Geruch:	
Geschmack:	
Gesamteindruck:	
Wein	
Farbe:	
Geruch:	
Geschmack:	
Gesamteindruck:	
Wein	
Farbe:	
Geruch:	
Geschmack:	
Gesamteindruck:	
Wein	
Farbe:	
Geruch:	
Geschmack:	
Gesamteindruck:	
Wein	
Farbe:	
Geruch:	
Geschmack:	
Gesamteindruck:	
Wein	
Farbe:	
Geruch:	
Geschmack:	
Gesamteindruck:	

2 Glas und Wein

Von Weinfesten kennt Linda einfache Weingläser. Jetzt arbeitet sie in einem gehobenen Restaurantbetrieb und muss hier lernen, die verschiedensten Glasformen für Wein richtig zu wählen.

Wein und Kultur sind untrennbar miteinander verbunden. Eine anspruchsvolle Esskultur setzt auch voraus, dass man mit Wein entsprechend umgehen kann.

Wein kommt am besten in einem **farblosen, ungeschliffenen** und **dünnwandigen Glas** zur Geltung. Eine Ausnahme ist das aus Traditionsgründen verwendete Römerglas. Ein klarsichtiges Weinglas mit einem längeren Stiel ermöglicht es, die Farbe des Weines zu beurteilen, ohne dabei den Kelch selbst zu berühren und damit die Temperatur des Weines zu beeinflussen. Der Wein kann leichter geschwenkt werden, wodurch er sich mit Luft anreichert und die Duftstoffe entfaltet.

Früher wurde Wein auch aus farbigen und geschliffenen Gläsern – mit und ohne Stiel – getrunken. Dies ist heute nicht mehr üblich.

Geschichtliche Entwicklung der Trinkgefäße

Im alten Ägypten bediente man sich des **Kuhhorns,** aus dem der edle Rebensaft geschlürft wurde. Es gab auch den unglasierten Tonkrug, die **Amphora,** die mit dem Spitzfuß in den Sand gesteckt wurde.

Das **Glas** entstand einer Sage nach um 3000 v. Chr. Nach einem Brand auf einem Meeresstrand glitzerte seine Oberfläche glasig. So wurden die Rohstoffe für Glas, und zwar Sand, Quarz und Kalk, entdeckt.

Ein Glasmacher bei der Arbeit

Die Kunst des Glasmachens stammt aus Syrien, dem Libanon und Palästina. Als die Römer diese Länder okkupierten, erlernten sie dort dieses Kunsthandwerk. Die Legionäre tauschten ihre Trinkhörner gegen Glasbecher und stellten fest, dass der Wein daraus um vieles besser schmeckte. Jede Legion bekam daraufhin einen „Vetrarius" zugeordnet, der im Winterlager seinen Glasofen aufstellte, um aus Sand, Quarz und gemahlenem Kalkstein Glas zu schmelzen und Becher zu blasen.

Das Aneinanderschlagen der Becher bedeutete „Vinarius, bring mehr Wein!". Erst als der Becher einen Stiel aus einer angedrehten Spirale bekam, wurde das Aneinanderschlagen der Becher Musik. Auch heute noch wird durch das Anstoßen der gefüllten Gläser auf das Wohl getrunken.

Entstehung eines Glases mit der Glasmacherpfeife

Durch die Ausdehnung des Römischen Reiches verbreitete sich auch die Kunst des Glasmachens. Im sechsten Jahrhundert zerbrach jedoch das Römische Reich und damit geriet auch das Glasmachen in Vergessenheit. Erst im zwölften Jahrhundert entstanden wieder Glasmanufakturen in Venedig und Genua. Durch die Auswanderung von Venezianern und Genuesen wurde aus dem sorgfältig gehüteten Monopol des Glasmachens eine weltumspannende Handwerkskunst.

Glasmodel

Herstellung von Glas

Kristallglas wird aus Quarz (Quarzsand), Pottasche und Kalk hergestellt. Dem Bleikristallglas werden noch 24 % Bleioxid beigemengt. Diese Grundmaterialien werden gemahlen, gemischt und bei 1 350 bis 1 500 °C in Glasöfen geschmolzen. Es entsteht der sogenannte Glasfluss, der gereinigt und geformt wird. Das Hohlglas wird maschinell geblasen bzw. gepresst oder mit der Glasmacherpfeife mundgeblasen.

Unterscheidungsmerkmale

- **Qualität:** Pressgläser, Kristallgläser, Bleikristallgläser.
- **Form:** Stielgläser, Bechergläser, Spezialgläser.

Verwendungszweck

- **Schankgläser:** einfache Gläser aus Pressglas mit hoher Haltbarkeit, meist dickwandig und spülmaschinenfest.
- **Tischgläser:** sind qualitativ hochwertiger; meist Kristallgläser.
- **Tafelgläser:** Diese Gläser haben eine wesentlich höhere Qualität (Bleikristallglas), ihre Form ist vielfältiger, sie sind fein, elegant und haben immer einen Stiel.

Wird Wein nicht in der Originalflasche, sondern offen serviert, muss er in geeichten Gläsern oder Karaffen serviert werden.

Moderne Keltermethoden lassen neue Geschmacksrichtungen aufkommen. Die heutigen Weine schmecken anders als die vor 50 Jahren hergestellten. Deshalb wurden für diese neuen Weine auch neue Glasformen entwickelt.

Funktion der Form von Weingläsern

Die Form des Glases ist ausschlaggebend für den Geschmack des Weines. Wein soll nicht nur schmecken, sondern mit allen Sinnen genossen werden. Bereits beim Einschenken nimmt das **Auge** die Farbe des Weines wahr oder das samtartige Anlaufen des Glases, wenn kühler Weißwein serviert wird.

Wein muss man riechen. Darum dürfen Gläser nicht zu voll geschenkt werden, um dem Wein genügend Raum zur Duftentfaltung zu lassen. Rotweingläser werden maximal zu einem Viertel, Weißweingläser zu einem Drittel gefüllt. Ausnahmen gibt es natürlich auch hier: Ballongläser werden nur bodenbedeckend gefüllt. Bei geeichten Gläsern hat man sich an den Füllstrich zu halten.

Jedem Wein sein Glas

Um die Authentizität der Weine nicht zu verfälschen, ist es wichtig, dass die Form des Glases auf den Charakter der Rebsorte abgestimmt ist. Der erste Kontakt des Weines mit der Zunge ist der wichtigste. Er bestimmt den Gesamteindruck. Alle Geschmackssensoren werden aktiviert bis hin zum Nachhall.

Ein angenehmer Klang der Gläser beim Anstoßen ist wie Musik in den Ohren.

Wie der Wein auf die Zunge gelenkt wird (schmal, breit, vorne oder hinten), dafür sind die **Form des Glases** und die **Beschaffenheit des Glasrandes (Rollrand)** verantwortlich.

Das perfekte Kostglas

Das ideale Kostglas ist tulpenförmig

In Zusammenarbeit mit Sommelièren und Sommeliers, Weinkennern und Designern werden heute Gläser geschaffen, die nicht nur optisch außerordentlich sind. Ihre Innenfläche hat die Großporigkeit eines schweren Bleikristallglases. Dadurch werden die im Wein gelösten CO_2-Moleküle durch Reibung in Schwingungen versetzt und formen sich am scharf geschliffenen Rand zu CO_2-Bläschen, die sich erfrischend auf die Zungenpapillen legen und so die Spritzigkeit bestimmen.

Ein anerkannter Designer hat seine Weingläser als „Lautsprecher des Weines" bezeichnet. Tatsächlich ist die Wahl des richtigen Glases von großer Wichtigkeit für den perfekten Weingenuss.

Was zeichnet das perfekte Kostglas aus?

Das perfekte Kostglas sollte

- tulpenförmig sein, um die Weinaromen zu konzentrieren;
- farblos und durchsichtig sein und keine Ornamente haben, damit die Klarheit und die Farbe des Weines beurteilt werden können;
- dünnwandig sein, um evtl. den Inhalt mit den Händen erwärmen zu können;
- einen Stiel haben, damit es sich leichter schwenken lässt und ein möglicherweise unerwünschter Temperaturanstieg durch Handwärme vermieden wird;
- ausreichend groß sein, damit sich die Weinaromen voll entfalten können;
- richtig gewartet, also richtig gereinigt und aufbewahrt werden.

Ein Glas mit Rollrand macht jeden Wein kurz und sauer – es ist für besonderen Weingenuss ungeeignet. Ein geschliffener Rand erlaubt dem Wein hingegen, sanft über die Zunge zu fließen.

Hauptglasformen

Glas für junge Weißweine: Riesling-Glas

Tulpenförmiges Glas mit Auslippung. Diese bewirkt, dass sich beim Nippen oder Trinken die Zunge aufstellt. Der Wein gelangt somit zuerst auf die Zungenspitze und läuft erst dann über die Zungenränder zum hinteren Teil. Dadurch werden Frucht, Süße und Spritzigkeit betont und die Säure weitestgehend neutralisiert. Die **schlanke, eiförmige Form** bündelt die Duftstoffe.

Passende Rebsorten: Riesling, Silvaner, Grüner Veltliner, Muskateller, Rivaner, Sauvignon blanc.

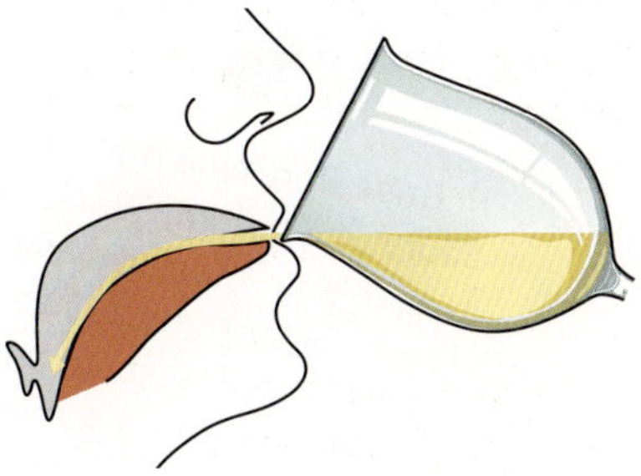

Durch den ausgestellten oberen Rand am Kelch werden Frucht und Süße beim Eintritt in den Mund besonders betont. Ideal für alle jungen, blumigen Weißweine.

Geschmacksprofil

Riesling

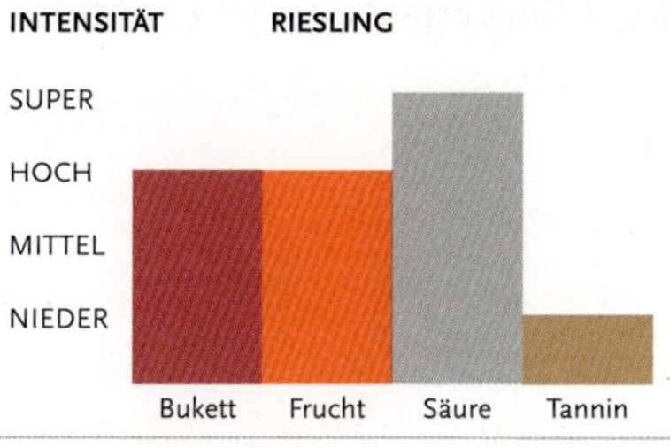

am Gaumen

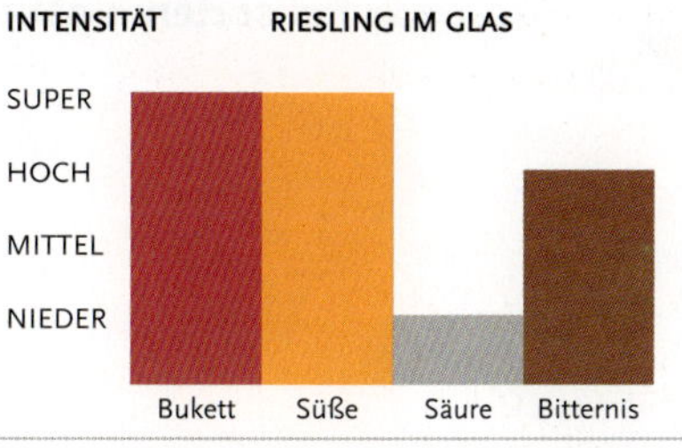

Fruchtbetonte, leichte Weißweine mit hoher Säure verlangen eine Glasform, die die Frucht mit zartbitterem Nachhall betont.

Glas für gereifte und kräftige Weißweine: Chardonnay-Glas

Glas, das sich nach oben verjüngt. Dies bewirkt, dass man den Wein nicht nippen kann, sondern heraussaugen muss. Der Wein gelangt sofort auf die Zungenmitte. Somit werden Säure und Salz stärker wahrgenommen. Bei reifen Weinen der Rebsorte Chardonnay werden die nussig-würzigen, mineralischen Noten betont.

Passende Rebsorten: Chardonnay, Weißburgunder, Grauburgunder, Traminer.

Körperreiche, kräftige Weißweine mit mittlerer Säure verlangen eine Glasform, die die Säure betont und den Alkohol unterdrückt.

Geschmacksprofil

Chardonnay

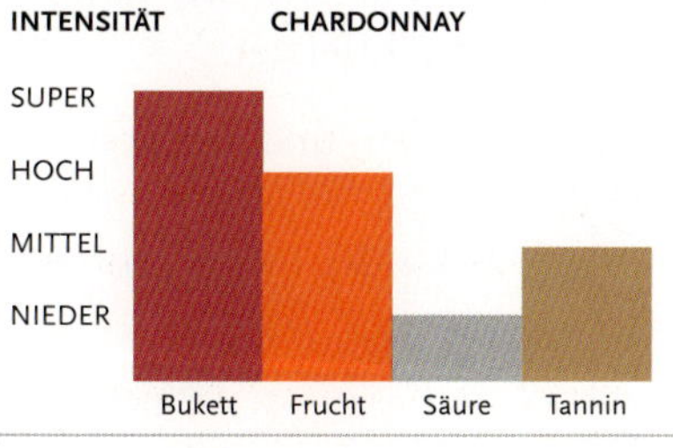

am Gaumen

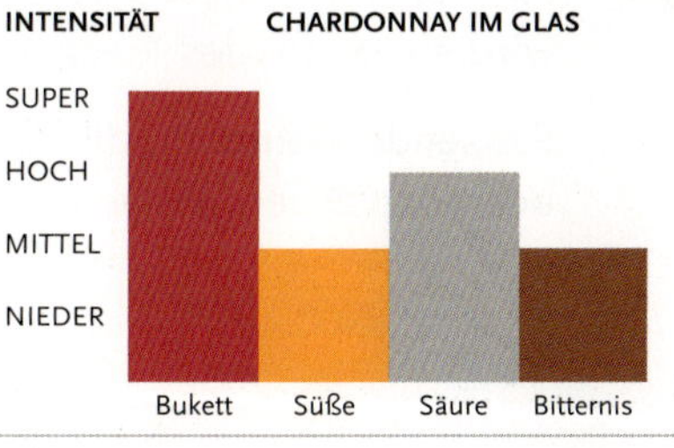

Im Chardonnay-Glas können auch leichtere Rotweine serviert werden, dafür eignet sich das Bordeaux-Glas auch für kräftige, gereifte Weißweine.

Kräftige Rotweine mit mittlerer Säure und hohem Tannin verlangen eine Glasform, die die Frucht betont und das Tannin etwas unterdrückt.

Zum Reinigen der Gläser sollte ein parfumfreies Spülmittel verwendet werden. Nach gründlichem Spülen mit Wasser werden die Gläser mit einem nicht fasernden Poliertuch poliert und dann an einem Ort ohne Fremdgerüche aufbewahrt.

Fruchtbetonte, kräftige Rotweine mit hoher Säure und mittlerem Tannin verlangen nach einer Glasform, die die Frucht betont und die Säure unterdrückt.

Das Glas wird auch gern Dessertweinglas oder Süßweinglas genannt und ist kleiner als die anderen Weingläser, da restsüßer Wein nur in kleinen Mengen genossen wird.

Glas für hochwertige Rotweine: Bordeaux-Glas

Es ist dem Chardonnay-Glas ähnlich. Nur etwas größer und höher. Dies bewirkt, dass sich die bitteren und herben Geschmacksempfindungen sofort in die Zungenmitte und in den hinteren Zungenmund begeben. Die Duftstoffe sammeln sich ebenfalls auf der Weinoberfläche – die feinen Aromen erschließen sich erst nach und nach.

Passende Rebsorten: Lemberger, Merlot, Cabernet Sauvignon, Cabernet Franc, Blauer Zweigelt.

Geschmacksprofil

Bordeaux

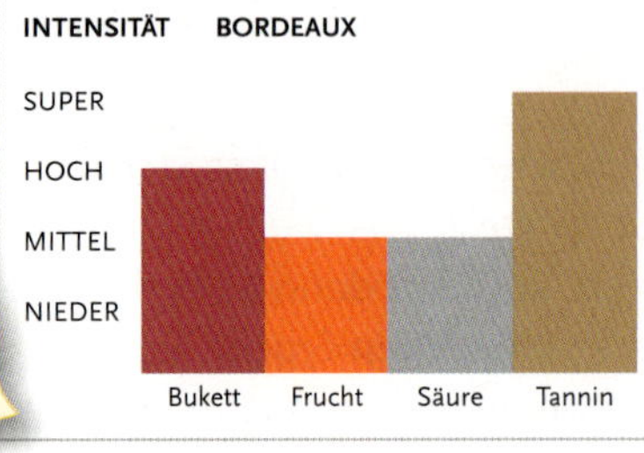

am Gaumen

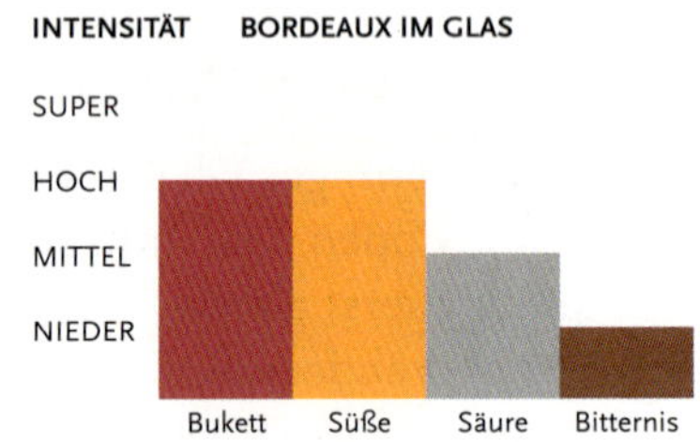

Glas für hochwertige Rotweine: Burgunder-Glas

Sehr großes, bauchiges und nach oben sehr stark verjüngtes Glas. Dadurch erreicht man bestmögliche Duftentfaltung.

Passende Rebsorten: Spätburgunder, Frühburgunder, St. Laurent.

Geschmacksprofil

Burgunder

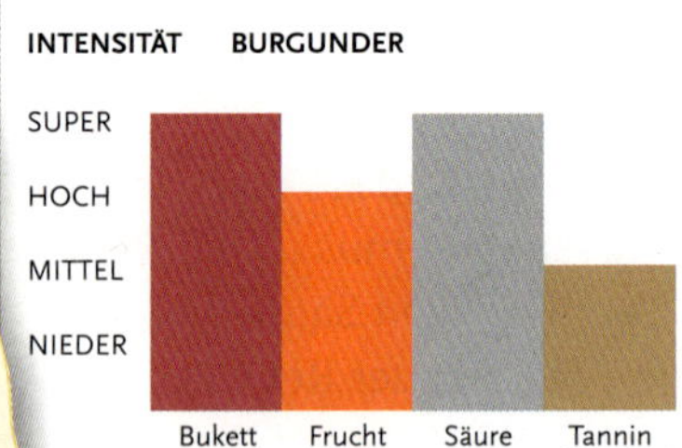

am Gaumen

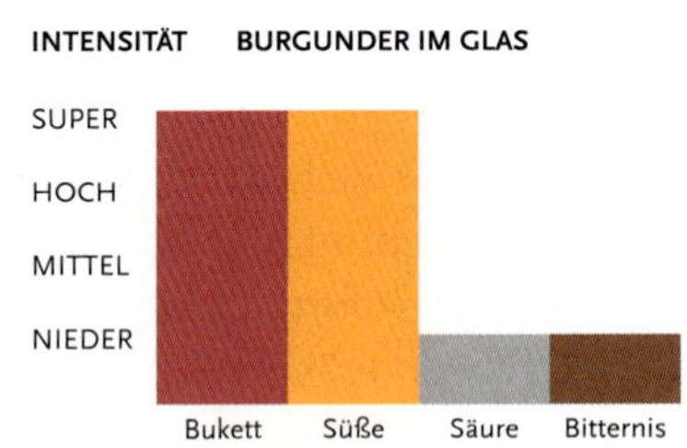

Glas für restsüße Weine

Kennzeichnend für dieses kleinere Glas ist der große Duftkamin (Freiraum im Glas über dem Flüssigkeitsspiegel). Durch die spezielle Form des Glases werden die Bukettstoffe konzentriert, somit wird ein optimales Riech-Trink-Vergnügen gewährleistet.

Passende Weine: Prädikatsweine wie z. B. Beeren- und Trockenbeerenauslesen, Eiswein.

3 Harmonie von Speisen und Wein

Bisher hatte Fabian wenig Kontakt zum Küchenpersonal. Seit einiger Zeit nimmt er aber nicht nur an den täglichen Service-Küche-Meetings teil, sondern fragt auch bei Arbeitsbeginn das Küchenteam, welche Besonderheiten er bei der Weinempfehlung berücksichtigen soll. Damit hat er schon viel Erfolg bei den Gästen verbuchen können und dementsprechenden Respekt bei seinem Chef geerntet.

Wein ist ein perfekter Begleiter von Speisen. Er regt den Appetit an, kann den Geschmack der Gerichte noch verbessern und trägt zweifellos viel zur Geselligkeit bei Tisch bei. Die Kombination von Speisen und Wein wird aber erst dann zum vollendeten Genuss, wenn sich beide ergänzen. Welcher Wein aber mit welchen Speisen wirklich gut harmoniert, darüber gehen die Meinungen weit auseinander.

Bei der Weinauswahl zählt in erster Linie der persönliche Geschmack

3.1 Grundlagen für die Kombination von Speisen und Wein

Längst sind die Zeiten vorbei, in denen zu dunklem Fleisch nur kräftige Rotweine, und zu Fisch nur Weißweine empfohlen wurden, während Wein zu Süßem völlig undenkbar war. Für die Weinauswahl werden heute so viele Verhaltensregeln aufgestellt, dass sie einander oft widersprechen. Daher sollte man mutig für das eintreten, was einem persönlich schmeckt – ein paar Hinweise können anfangs helfen:

Empfehlungen zur Reihenfolge der Weine im Menü		
Helle Weine		dunklen Weinen.
Leichte Weine		schweren Weinen.
Junge Weine	**vor**	älteren Weinen.
Trockene Weine		restsüßen Weinen.
Einfache Weine		exklusiven Weinen.

Diese Empfehlungen sind sozusagen klassisch. Sie werden aber in manchen Bereichen und aufgrund der neueren Entwicklungen in der Küche heute häufig gebrochen (siehe auch S. 198 f.). Das gibt Spielraum für Fantasie und Kreativität.

Welche Komponente der Speise passt zu welchem Inhaltsstoff im Wein?

- Säurehaltige Speisen und säurehaltige Weine vertragen sich nicht, da sich die Säure negativ addiert.
- Süße Speisen harmonieren am besten mit noch süßeren Weinen.
- Süße benötigt immer auch Säure als Gegengewicht.
- Salz verstärkt und unterstützt alle anderen Aromen und passt besonders gut zu fruchtigen, süßlichen Weinen.
- Scharfe Speisen werden durch alkohol- und gerbstoffreichen Wein noch schärfer. Durch leichte, spritzige und fruchtsüße Weine werden sie harmonischer.
- Bittere Speisen schmecken mit gerbstoffbetonten Weinen noch bitterer.
- Fetthaltige Speisen harmonieren sehr gut mit gerbstoffreichen Weinen.
- Süße Speisen und gerbstoffbetonte Weine vertragen sich nicht.
- Zu Gemüsegerichten passen besser Weißweine.

Die Wechselwirkung zwischen Getränken und Speisen in Kurzform:

Verstärken sich gegenseitig	
Speise	**Getränk**
Süß	Süß
Salzig	Salzig
Salzig	Sauer
Sauer	Sauer
Sauer	Bitter
Bitter	Bitter

Überdecken sich gegenseitig	
Speise	**Getränk**
Süß	Salzig
Süß	Bitter
Süß	Sauer
Salzig	Bitter

Weitere Kriterien, die bei der Kombination von Wein und Speise zu beachten sind:

- Energiegehalt (leichte Speisen zu alkoholarmen Weinen, gehaltvolle zu alkoholreichen Weinen)
- Anlass
- Ort
- Jahreszeit

3.2 Trends bei der Abstimmung von Speisen und Wein

Eine gute Zusammenarbeit zwischen dem Sommelier/der Sommelière und dem Küchenchef/der Küchenchefin ist die Grundlage für eine optimale Weinempfehlung.

Um eine begründbare Empfehlung machen zu können, ist es notwendig, beide Produkte – das Gericht und den Wein – möglichst genau zu analysieren. Nicht nur über die Rohware, sondern auch im gleichen Maß über die Zubereitungsart und vor allem über die geschmacksgebenden Substanzen, die in der Küche verwendet werden, muss der Sommelier/die Sommelière Bescheid wissen.

Der Alkohol im Wein verstärkt den Eindruck der Süße und die Wirkung von Gewürzen.

Kohlensäure im Wein (besonders im Schaumwein) verdeckt teilweise die Süßeempfindung. Im Zusammenspiel mit dem Essen wirken diese Weine süßer, als sie tatsächlich sind.

Mit der Abstimmung von Speisen und Wein beschäftigt sich seit Jahren sehr erfolgreich der Chefkoch Jerry Comfort von Beringer Vineyards in Kalifornien:
"We look at wine and food pairing a little differently here at Beringer Vineyards. Our Wine & Food Pairing information explains our theories and has some delicious suggestions for making perfect pairings. To understand how wine interacts with food, we need to look at the food in terms of the simple elements of taste. Any specific dish will contain one or more of the five basic tastes: sweet, sour, salty, bitter and protein/umami. These dominant tastes in the food will have a profound effect on the taste of the wine."
Mehr dazu finden Sie unter: www.beringer.com

Faktoren, die Einfluss auf die Weinauswahl haben

Art der Gerichte

- Die **Zubereitung** einer Speise ist bei der Weinauswahl ein äußerst wichtiges Kriterium, denn sie beeinflusst maßgeblich den Geruch und Geschmack des Essens. Zart gedämpfte, gedünstete oder pochierte Speisen dürfen z. B. nicht durch kräftige Weine überdeckt werden, sondern benötigen leichte Partner. Kräftige Weine harmonieren wiederum bestens mit den Röststoffen in gebratenen Gerichten.
- Die **Sauce** nimmt maßgeblichen Einfluss auf alle anderen Zutaten eines Gerichtes und ist somit auch ausschlaggebend für die Weinauswahl.
  - Werden z. B. **Fleischspeisen mit Sauce** gereicht, so ist der Wein nicht auf die Hauptzutat wie Fleisch bzw. Fisch, sondern auf die Sauce abzustimmen, da die Sauce meist der geschmacksintensivste Teil einer Speise ist.
  - Werden **Fleischspeisen ohne Sauce** gereicht, z. B. Gebackenes, dann soll der dazu bestimmte Wein auf das Fleisch abgestimmt werden. Er darf aber niemals das Essen überdecken.
- Sehr fetthaltige Speisen sind bekömmlicher mit Weinen, die reich an Säuren, Gerbstoff und Alkohol sind.
- Käse und Wein können harmonische Kombinationen eingehen, aber viel Tannin im Wein wirkt in Verbindung mit dem im Käse enthaltenen Eiweiß unangenehm. Hartkäse eignen sich im Gegensatz zu Weichkäse besser für eine Kombination mit Wein. Intensive fetthaltige Käsesorten verlangen nach süßem und alkoholreichem Wein.

Grundsätzlich gilt: Weder Speisen noch Wein dürfen Übergewicht erhalten. Der Wein ist deshalb immer auf das geschmacksintensivste Produkt auf dem Teller abzustimmen. Im Zweifelsfall soll eher der Wein etwas zurückstehen.

3.3 Möglichkeiten der Kombination

Folgende Empfehlungen zur Vorgehensweise bei der Kombination von Wein und Speisen gibt die bekannte deutsche Sommelière Christina Fischer in ihrem Werk „Wein und Speisen – eine Leidenschaft mit System“.

Zunächst einmal ist es wichtig, die Aromen beider Partner zu analysieren. Denn 90 % dessen, was wir zu schmecken meinen, riechen wir. Bei den Aromen sind vor allem die wichtig, die gut erkennbar sind. Die Analyse der Aromen ist leichter, wenn man versucht, die einzeln wahrgenommenen Aromen den Geruchsklassen des Aromarades (Außenkreis) zuzuordnen (siehe S. 187).

Geruchsklassen

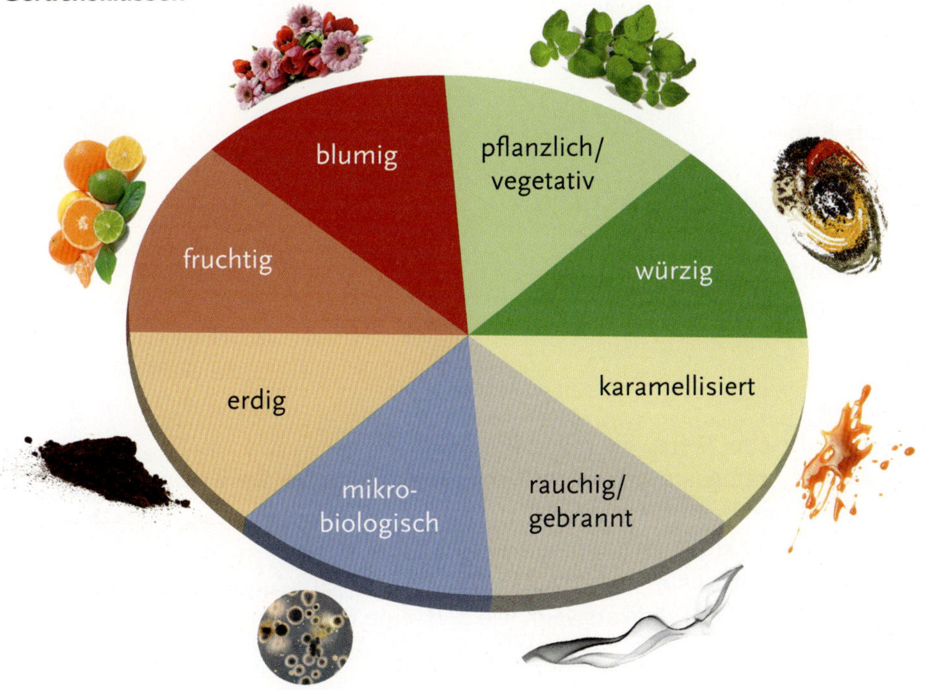

Nach der Analyse der Aromen muss man sich nun laut Fischer entscheiden, ob man bei der Kombination von Wein und Speise den harmonischen Weg wählt oder bewusst gegensätzliche Reize schaffen will.

Hat man sich für Harmonie entschieden, sind folgende Kombinationen nicht empfehlenswert:

- Säurereiche Weine mit Säure im Essen.
- Mineralische Weine mit salzigen Speisen.
- Trockene Weine mit süßen Speisen.
- Tanninreiche Weine mit rohem Eiweiß in Speisen.

Folgende „Eselsbrücken“ erleichtern das Kombinieren:

- Harmonie wird erzeugt, wenn viele runde Anteile (Alkohol, Fett, Süße und Kohlenhydrate) kombiniert werden.
- Gegensätze und somit Herausforderungen werden geschaffen, wenn spitze Anteile (Säure, Extrakt und Tannin) kombiniert werden.

Eine alte Weisheit besagt: „Probieren geht über Studieren“. Bei der Auswahl von Getränken zu Speisen trifft das sicherlich zu.

Die asiatische Küche verträgt extraktreiche Weine

Leichter ist es immer, Harmonie zu erzeugen, indem man Aromengruppen von Speise und Wein kombiniert, die sich ähnlich sind. Kombiniert man hingegen Aromen, die weit auseinanderliegen, wird der Gaumen herausgefordert.

Starten Sie in Ihrer Gruppe die Verkostung. Probieren Sie jede Speise mit jedem Wein. Notieren Sie im Arbeitsblatt (siehe S. 201) Ihre Eindrücke. Diskutieren Sie in der Gruppe die einzelnen Geschmacksrichtungen. Viel Spaß!

Arbeitsaufgabe

Probieren Sie selbst, wie sich die einzelnen Geschmackskomponenten der Speisen wie süß, sauer, salzig und bitter mit den Getränken im Mund vertragen.

Einige Komponenten werden sich wunderbar ausgleichen und damit sehr harmonisch wirken. Manch andere Kombinationen werden genau das Gegenteil hervorrufen.

Einkaufsliste

Speisen

- Joghurt
- Mischbrot
- Butter
- geräucherter Speck
- grüne Äpfel
- reife Birnen
- Orangen
- Radicchio oder Chicorée
- Apfelstrudel
- Schokoladenkuchen
- Staubzucker
- Salz

Getränke

- Junger, frischer Weißwein mit kräftiger Säure
- Gereifter, kräftiger, eventuell im Barrique ausgebauter Weißwein
- Junger, fruchtbetonter, klassisch ausgebauter Rotwein
- Gereifter, mit kräftigen Tanninen ausgebauter Rotwein
- Leichter, nicht zu süßer Prädikatswein, wie z. B. eine Spätlese oder Auslese
- Kraftvoller, süßer Prädikatswein, wie z. B. eine Beerenauslese oder Trockenbeerenauslese

Bereiten Sie für jede Weingruppe (Weiß-, Rot- und Süßwein) und für jeden Ihrer Kolleginnen und Kollegen ein Glas und folgende Probeteller vor:

- Joghurt
- Brot mit Butter
- Brot mit geräuchertem Speck
- grüne Apfelspalten
- reife Birnenspalten
- Orangenfilets
- Radicchio oder Chicorée
- Apfelstrudel (nicht zu süßes Dessert)
- Schokoladenkuchen (eher schwereres, süßes Dessert)

Staubzucker und Salz sollen à part am Tisch eingestellt werden. Jeder kann nach Belieben das Butterbrot mit Salz würzen oder die Süßspeisen mit Staubzucker verfeinern.

Ein Verkostungsprotokoll für die Kombination von Speisen und Getränken finden Sie als Download im TRAUNER-Kompetenzportal.

Radicchio oder Chicorée (im Bild roter Chicorée) sind wegen ihrer Bitterstoffe für die Verkostung sehr interessant

Hier kann man seine Eindrücke festhalten. Als Kürzel eignen sich
+ hat geschmeckt ○ ist o.k. – nicht gut

Degustationsprotokoll

	Joghurt	Butterbrot	Butterbrot mit Salz	Brot mit geräuchertem Speck	Grüne Apfelspalten	Reife Birnenspalten	Orangenfilets	Radicchio und/oder Chicorée	Apfelstrudel	Schokoladenkuchen
Junger, frischer Weißwein mit kräftiger Säure										
Gereifter, kräftiger, evtl. im Barrique ausgebauter Weißwein										
Junger, fruchtbetonter, klassisch ausgebauter Rotwein										
Gereifter, mit kräftigen Tanninen ausgebauter Rotwein										
Leichter, nicht zu süßer Prädikatswein, wie z. B. eine Spätlese oder Auslese										
Kraftvoller, süßer Prädikatswein, wie z. B. eine Beerenauslese oder Trockenbeerenauslese										

Wie harmonisch waren die einzelnen Geschmackskomponenten wie süß, sauer, salzig und bitter in der Kombination von Speise und Getränk? (Kreuzen Sie je nach Empfinden an!)

Kombination	harmonisch	weniger harmonisch	gar nicht harmonisch
Säure im Getränk und Säure in der Speise	☐	☐	☐
Säure im Getränk und Salz in der Speise	☐	☐	☐
Säure im Getränk und Fett in der Speise	☐	☐	☐
Säure in der Speise und Tannine im Getränk	☐	☐	☐
Säure und Alkohol im Getränk und Gewürze in der Speise	☐	☐	☐
Säure in der Speise und Süße im Getränk	☐	☐	☐
Salz in der Speise und Süße im Getränk	☐	☐	☐
Bitterstoffe in der Speise und Süße im Getränk	☐	☐	☐
Bitterstoffe in der Speise und Gerbstoffe (Tannine) im Getränk	☐	☐	☐
Bitterstoffe in der Speise und Säure im Getränk	☐	☐	☐
Bitterstoffe im Getränk und Fett in der Speise	☐	☐	☐
Bitterstoffe im Getränk und Salz in der Speise	☐	☐	☐
Süße im Getränk und Süße in der Speise	☐	☐	☐

Vorschläge für die Korrespondenz von Speisen und Wein

Speise	Empfehlung	Beispiel
Kalte Vorspeisen		
Fischterrine 	Leichte trockene Weiß- und Roséweine	Riesling, Müller-Thurgau, Weißburgunder, Silvaner, Grüner Veltliner
Carpaccio	Trockene, leichte bis mittelschwere Weine	Chardonnay, Sauvignon blanc, Spätburgunder
Gänse- und Entenleberpastete	Schwere Weine mit Restsüße	Gewürztraminer, Scheurebe, Muskateller
Räucherlachs	Schaumweine	Champagner, Winzersekt
Suppe		
Kürbisrahmsuppe 	Schwere Weine	Chardonnay, Grauburgunder
Weinsuppe	Verwendeter Wein	
Fischsuppe	Leichte trockene Weiß- und Roséweine	Müller-Thurgau, Silvaner, Sauvignon blanc, Blauer Portugieser Weißherbst
Warme Vorspeise		
Pochierte Jakobsmuscheln	Leichte trockene Weiß- und Roséweine	Riesling, Sauvignon blanc, Grüner Veltliner
Gebratenes Fischfilet	Trockene, extraktreiche Weine	Riesling, Grüner Veltliner, Grauburgunder
Nudel- und Reisgerichte 	In Verbindung mit leichten Saucen – leichte trockene Weine In Verbindung mit kräftigen, schweren Saucen – mittelschwere, trockene Weine	Müller-Thurgau, Weißburgunder, Silvaner Chardonnay, Grauburgunder, Blauer Portugieser, Spätburgunder, Lemberger, Sangiovese
Fisch		
Gekocht oder gedämpft	Trockene Weißweine	Riesling, Weißburgunder, Silvaner, Grüner Veltliner
Gebraten oder gebacken	Trockene, kräftige Weine	Chardonnay, Grauburgunder, Sauvignon blanc
Geräuchert	Trockene bis halbtrockene Weine	Riesling, Grauburgunder
Mit leichten Saucen	Trockene bis halbtrockene Weine	Riesling, Weißburgunder, Müller-Thurgau, Grüner Veltliner
Mit schweren Saucen	Trockene, kräftige, extraktreiche Weine	Chardonnay, Grauburgunder
Mit Rotweinsauce	Verwendeter Wein	

Fleisch		
Gekocht	Mittelschwere Weißweine	Scheurebe, Riesling, Grüner Veltliner
Gebraten, gegrillt, geschmort	Trockene, schwere Weiß- oder mittel bis schwere, kräftige Rotweine	Riesling, Grauburgunder, Grüner Veltliner, Chardonnay, Blauer Portugieser, Spätburgunder, Lemberger
Stark gewürzt	Im Holzfass ausgebaute extraktreiche, schwere Weine	Cabernet Sauvignon, Spätburgunder, Lemberger, Rotwein-Cuvée
Geflügel		
Gekocht	Trockene Weißweine	Riesling, Weißburgunder, Grüner Veltliner
Gebraten, gegrillt, geschmort	Mittelschwere Weiß- und Roséweine oder leichte bis mittelschwere Rotweine	Chardonnay, Grauburgunder, Blauer Portugieser, Spätburgunder, Sangiovese
Wild und Wildgeflügel		
Wild und Wildgeflügel	Extraktreiche schwere Rotweine	Cabernet Sauvignon, Spätburgunder, Lemberger, Rotwein-Cuvée, Tempranillo, Sangiovese
Käse		
Frischkäse von der Kuh	Leichte frische, fruchtsüße Weißweine	Riesling, Scheurebe, Welschriesling
Frischkäse von Schaf und Ziege	Fruchtbetonte, aromatische Weißweine	Müller-Thurgau, Muskateller, Riesling, Sauvignon blanc
Weißschimmelkäse	Fruchtige, säurehaltige Weine	Riesling, Sauvignon blanc, Chenin blanc
Rotkulturkäse	Kräftige Weiß- sowie mittelschwere Rotweine	Grauburgunder, Chardonnay, Spätburgunder, Blauer Zweigelt
Blauschimmelkäse	Edelsüße Weine sowie Likörweine	Beerenauslese, Trockenbeerenauslese, Eiswein, Portwein
Hartkäse	Schwere Rotweine	Lemberger, Spätburgunder, Sangiovese, Cabernet Sauvignon
Süßspeisen und Desserts		
Schokoladenmousse 	Süße Schaumweine, restsüße Weine und Likörweine	Asti Spumante, Moscati d'Asti, Beerenauslese, Trockenbeerenauslese, Eiswein, Ausbruch, Sherry, Tokajer, Portwein
Honig-Zimt-Parfait		
Apfelstrudel		

Weinempfehlungen zu ausgewählten deutschen Speisen

Frischer Spargel

Die Auswahl des passenden Weines hängt vor allem von der Begleitung zum Spargel ab. Wenn er kalt mit einer **Sauce Vinaigrette** oder warm nur mit Butter serviert wird, sollte er von einem sehr feingliedrigen Wein begleitet werden, wie z. B. einem Weißburgunder oder Silvaner.

Wenn er warm mit einer **Sauce Hollandaise** oder nach **Wiener Art** serviert wird, verlangt der Spargel nach einem kräftigeren Wein, wie einem Wein aus den Sorten Chardonnay, Grüner Veltliner, Grauburgunder oder nach einem trockenen Riesling Spätlese.

Forelle blau

Als korrespondierende Getränke eignen sich trockene Weißweine. Aufgrund des Essiganteils im Garwasser sollte jedoch darauf geachtet werden, dass die Weine eher eine verhaltene Säure aufweisen, wie z. B. Silvaner und Weißburgunder.

Schwäbische Maultaschen

Trollinger wächst nicht nur in der gleichen Region, sondern passt auch sehr gut zu diesem Nudelgericht mit Fleischbrät, Spinat und Zwiebeln.

Rheinischer Sauerbraten

Wenn Rotwein bei der Zubereitung verwendet wurde, dann eignet sich ein nicht ganz so säurebetonter Rotwein, z. B. Dornfelder oder Regent. Wurde das Gericht ohne Rotwein zubereitet, passen auch schwere, kräftige Weißweine wie Chardonnay und Grauburgunder.

Schweinebraten mit Sauerkraut und Kartoffelpüree

Wein und Sauerkraut vertragen sich eigentlich nicht, kommen jedoch puffernde Zutaten wie z. B. das Kartoffelpüree dazu, ist eine Kombination denkbar. Ein extraktreicher, alkoholbetonter Riesling kann mit der Fülle und Geschmacksintensität dieses Gerichts problemlos mithalten.

Mit seinen klassischen Beilagen ist der Gänsebraten die typische Spezialität zur Weihnachtszeit

Gänsebraten mit Rotkohl und Klößen

Zu diesem klassischen Weihnachtsgericht passen fruchtige, gerbstoff- und säurebetonte Rotweine wie ein Spätburgunder besonders gut.

Belegte Brote

Säurebetonte mittelschwere Weine, z. B. Spätburgunder und Riesling, können es mit den meist sehr fettigen und würzigen Zutaten aufnehmen. Auch ein einfacher Beaujolais ist ein guter Begleiter solch rustikaler Alltagsgerichte.

Bayrische Creme

Je süßer die Nachspeise, umso süßer darf der begleitende Wein sein. Die Palette der passenden Weine reicht von der Spätlese über den Eiswein bis zur Trockenbeerenauslese.

Arbeitsaufgaben

1. Bereiten Sie eine Blindprobe für Gerüche vor (z. B. mit Kräutern, Beeren oder Gemüse) und führen Sie sie durch, um ihre Geruchswahrnehmung zu testen.
2. Erarbeiten Sie mit Ihrer Ausbildnerin oder Ihrem Ausbildner die Degustationsbegriffe.
3. Organisieren Sie eine Degustation, um die einzelnen Weintypen kennenzulernen.

4 Wein und Gesundheit

Manchmal hat Linda ein zwiespältiges Gefühl bei der Empfehlung von Wein – schließlich empfiehlt sie Alkohol. Daher sucht sie im Internet mehr Information über dieses Thema.

Alkohol und Gesundheit – ein Widerspruch? Der **griechische Arzt Hippokrates** verordnete bereits 400 v. Chr. Rotwein bei Störungen des Herz-Kreislauf-Systems. Im Mittelalter besaß so ziemlich jedes Krankenhaus einen Weinkeller, denn viele heilsame Mixturen waren im Wein gelöst. Zwar war die Wirkungsweise des Weines noch nicht wissenschaftlich analysiert, dennoch wurden ihm **zahlreiche positive Auswirkungen auf Wohlbefinden und Gesundheit** zugeschrieben. Es sollte jedoch bis 1991 dauern, bis die positive Wirkung des moderaten Weingenusses auch in der Öffentlichkeit bestätigt und angenommen wurde.

Das französische Paradoxon

Die am 17. November 1991 ausgestrahlte Diskussionssendung „60 Minutes" des amerikanischen Senders CBS zum Thema „Gesunde Ernährung" trug dazu bei, dass das Produkt Wein fortan in einem anderen Licht erstrahlte. Die Behauptung des Moderators, dass das niedrige Herzinfarktrisiko der Franzosen auf deren Rotweinkonsum zurückzuführen sei, entfachte heftige Diskussionen. Von einem Moment zum anderen wurde aus der gefährlichen Droge eine Medizin gegen die amerikanische Volkskrankheit Nummer 1 – dem aus einer Verfettung der Gefäße resultierenden Herzinfarkt.

Auf einmal wurde offiziell, was die Menschen in den Weinbauregionen aus eigener Erfahrung schon immer wussten: Weinkonsum kann, **sofern er moderat ausfällt,** Bestandteil einer gesunden Lebensweise sein. Zahlreiche Folgestudien beweisen dies.

4.1 Wirkung von Wein

Polyphenole

Im Rotwein lassen sich drei Substanzen nachweisen, die eine antioxidative Wirkung aufweisen: Quercetin, Catechin und vor allem **Resveratrol.** Alle drei gehören zur Gruppe der Polyphenole, die sich in jedem Wein befinden. Im Rotwein sind sie in zehnmal größerer Menge enthalten als im Weißwein. Resveratrol ist in den Schalen der Weintrauben zu finden, wo es die Pflanze vor Pilzen, Viren und Bakterien schützt. Durch das spezielle Herstellungsverfahren der Schalenmaische ist der Anteil bei Rotwein entsprechend hoch.

Als sehr wirksames **Antioxidans** bremst der sekundäre Pflanzenstoff Resveratrol auch Alterungsprozesse in den Zellen. Eine „königliche Substanz im Anti-Aging" ist Resveratrol laut Prof. Dr. Markus Metka, Präsident der österreichischen Anti-Aging-Gesellschaft: „Dieser Traubeninhaltsstoff ist einer der stärksten natürlichen Fänger der gefürchteten freien Radikale und ein idealer **Entzündungshemmer."** Immerhin gelten oft unbemerkte chronische Entzündungen als mitverantwortlich für Herz-

Wussten Sie, dass ...
ein 1/4 Liter Weißwein rund 12 % der Tageszufuhr an Kalium, 10 % an Magnesium, 10 % an Eisen, 10 % an Mangan und 20 % an Kupfer abdeckt? Außerdem 17 % des täglichen Bedarfs an Vitamin C und 7 % des Nervenvitamins B_6.

Studien zur Wirkung von Wein

- **MONICA-Studie** (MONItoring trends and determinants in CArdiovascular disease) der WHO – weltweit 13 Millionen Menschen erfasst (1985 bis 1995).
- **Nancy-Studie:** die größte Wein-Langzeitstudie der Welt von Prof. Serge Renaud, Bordeaux (1991).

Besonders viel Resveratrol ist in den Schalen von blauen Weintrauben enthalten

Polyphenole = aromatische Verbindungen, die in Pflanzen als bioaktive Substanzen wie Farbstoffe, Geschmacksstoffe und Gerbsäuren vorkommen.

Antioxidans = Oxidationshemmer, also ein Stoff, der Sauerstoffverbindungen verhindert.

Kreislauf-Erkrankungen, Demenz und Krebs im hohen Alter. Selbstverständlich sind diese Stoffe auch im alkoholfreien (roten) Traubensaft.

HDL- und LDL-Lipoprotein = in Blutfetten enthalten; stehen in Verbindung zum Cholesterin.

Das **Tannin des Weines** schützt das Herz. Es erhöht die Produktion des HDL-Lipoproteins und senkt die Menge des gefährlichen LDL-Lipoproteins. Dieses setzt sich bei zu fettreicher Ernährung wie Wachs an den Arterienwänden der Herzkranzgefäße ab, verengt sie und kann einen Herzinfarkt auslösen. Des Weiteren bindet es Sauerstoff, der dem Blut entzogen wird, sodass der Herzmuskel unterversorgt ist. Der hohe Tanningehalt eines Rotweines kann dem vorbeugen.

Wussten Sie, dass ...
1977 in Mainz die Deutsche Weinakademie (DWA) gegründet wurde? Ihr Ziel ist es, auf Grundlage wissenschaftlicher Erkenntnisse über den verantwortungsvollen Genuss von Wein als gesundheitsförderndes Getränk zu informieren.

Schwefel und Histamin

Mit Abstand die häufigste Ursache für **Kopfschmerzen** nach dem Weingenuss ist zu hoher Alkoholkonsum. Aber auch ein hoher Anteil an schwefeliger Säure kann bei empfindlichen Menschen zu Kopfschmerzen führen, ebenso wie Histamin. Es ist ein unerwünschtes Nebenprodukt bei der malolaktischen Gärung. Bereits kleinste Mengen (5 bis 8 Milligramm) genügen, um die unangenehmen Reaktionen (z. B. Rötungen, Schwellungen, Juckreiz) hervorzurufen.

Malolaktische Gärung siehe S. 102.

Alkohol

Kaum im Magen angekommen, stimuliert der Wein die Magensäure, die Fett und Eiweiß spaltet und die Verdauung ermöglicht. Die Magensäure sorgt dafür, dass das saure Milieu im Magen einen pH-Wert von unter eins aufweist, also sehr sauer ist. Bei Menschen mit verstärkter Magensäureproduktion kann Alkohol in größeren Mengen zur **Reizung der Magenschleimhäute** führen. Bei empfindlichen Menschen kann bereits geringer Weingenuss aufgrund der Säure zu einer starken Reizung der Magenschleimhäute (beginnend mit Sodbrennen) und des Zwölffingerdarms führen.

Aromastoffe, Mineralstoffe, Säure und Alkohol im Wein bewirken eine verstärkte Speichelabsonderung und Magensaftsekretion. Deshalb wird Wein auch gerne als Aperitif getrunken bzw. gegen Appetitlosigkeit eingesetzt.

Den größten Anteil der Kalorien liefert der Alkohol. Eine Flasche (0,75 Liter) enthält rund **500 Kalorien.** Regelmäßiger Weingenuss kann also zu Übergewicht beitragen. Vor allem bei übergewichtigen Personen kann Wein einen zusätzlichen Gewichtsschub hervorrufen. Acetaldehyd bremst zudem den Fettabbau im Gewebe. **Wein regt aber auch den Appetit an** und animiert zum Verzehr größerer Nahrungsmengen. Insgesamt hängt eine Gewichtsabnahme oder -zunahme jedoch davon ab, wie es um den Stoffwechsel des Weintrinkers/der Weintrinkerin generell bestellt ist.

Es entsprechen in etwa (bei spez. Gewicht von ca. 0,8 g/ml):

Vol.–%	Alkohol in 100 ml
8,0 Vol.–%	6,4 g
10,0 Vol.–%	8,0 g
12,0 Vol.–%	9,6 g
14,0 Vol.–%	11,2 g

4.2 Wie viel Wein darf's sein?

Da Wein kein vorschriftsmäßig zu dosierendes Medikament ist, bleibt es jedem selbst überlassen, wie viel man sich selbst zumuten möchte. Deshalb gibt es auch keine offiziell empfohlene Tagesdosis. Laut Studien können Frauen bis ca. 24 Gramm Alkohol (bis 0,3 Liter Wein) und Männer bis ca. 32 Gramm Alkohol (bis 0,4 Liter Wein) täglich zu sich nehmen, ohne gesundheitliche Beeinträchtigungen in Kauf nehmen zu müssen. Wie viel Alkohol man verträgt, hängt von **Geschlecht, Körpergewicht** und **Konstitution** ab.

Ziele erreicht?

1. Was versteht man unter dem COS-System?
2. Welche Anforderungen soll ein optimales Weinglas erfüllen?

Der Wein und sein Service

Wein ist ein Genussmittel und muss daher dem Gast entsprechend präsentiert werden. Fundiertes Fachwissen als Basis hilft im Umgang mit dem Gast, doch nur ein professioneller Service ermöglicht den optimalen Genuss.

Meine Ziele

Nach Bearbeitung dieses Kapitels kann ich

- die Definition der Begriffe „Sommelière/Sommelier“ erläutern;
- einen Überblick über die Ausbildungsmöglichkeiten zur Sommelière oder zum Sommelier geben;
- die Aufgabenbereiche in diesem Fachgebiet anführen;
- die wichtigsten Grundsätze nennen, die beim Einkauf und bei der Lagerung von Wein beachtet werden müssen;
- Degustationen vorbereiten und durchführen;
- über die Methoden der Kalkulation und der Preisgestaltung von Getränken Auskunft geben;
- die Richtlinien zur Gestaltung einer Weinkarte wiedergeben;
- weitere Verkaufshilfen aufzählen und einsetzen;
- Präsentations- und Verkaufstechniken beschreiben;
- Fachbegriffe beim Weinservice erklären;
- die verschiedenen Arten des Weinservice definieren und anwenden.

1 Die Sommelière/der Sommelier

Eigentlich dachte Fabian, dass sein Interesse für Getränke und vor allem für Wein für seine Zukunft als Jungsommelier ausreichen würde. In der Praxis stellt er jedoch fest, dass der richtige Umgang mit den verschiedenen Gästen ebenso gelernt sein will wie gutes Rechnen bei der Kalkulation.

Bacchus wurde von den Römern als Gott des Weines und des Weinbaus verehrt

Anbieter für die Ausbildung zum Commis Sommelier ist das International Wine Institute (IWI) in Bad Neuenahr-Ahrweiler.

Sommelière/Sommelier ist die französische Bezeichnung für die Weinkellnerin/den Weinkellner. Der Beruf entwickelte sich aus der Tätigkeit von höherrangigen Dienstboten an den Höfen Frankreichs. Dort wurde er als „Saumelier" oder „Säumler" bezeichnet, was zu Deutsch „Mundschenk" bedeutet. Er war die Vertrauensperson, die für Speisen und Getränke verantwortlich war und sie vorkostete.

Ausbildungsmöglichkeiten

Wie werde ich Jungsommelier/Jungsommelière (Commis Sommelier)?

Voraussetzungen	Der zweite Schritt
▪ Restaurantfachfrau, -mann, ▪ Hotelfachfrau, -mann oder ▪ Auszubildende des dritten Lehrjahres mit Empfehlungsschreiben vom Betrieb	▪ Ca. 12 Wochen berufsbegleitende Ausbildung und E-Learning ▪ Abschluss: IWI-geprüfte/r Commis Sommelière/Sommelier

Wie werde ich Sommelière/Sommelier?

Anbieter	Zulassung	Ablauf und Abschluss
Sommelierschule Heidelberg	▪ Ausbildung in der Gastronomie und ▪ 3 Jahre Berufserfahrung	▪ 10 Monate Vollzeitausbildung ▪ „Staatlich geprüfte Sommelière/geprüfter Sommelier" ▪ Sommelière/Sommelier mit Ausbildereignung
Sommelierschule Koblenz (Zweigstellen in Berlin, Hamburg und Würzburg)	▪ Ausbildung als Restaurantfachfrau/-mann oder Hotelfachfrau/-mann und ▪ 2 Jahre Berufserfahrung	▪ 6 Monate berufsbegleitend ▪ 2-wöchiges Praktikum im Weinberg ▪ Exkursionen ▪ „IHK-geprüfte Sommelière/geprüfter Sommelier"

IHK = Industrie- und Handelskammer. In der IHK Koblenz befindet sich die „Deutsche Wein- und Sommelierschule".

Welche darüber hinausgehenden Qualifikationen gibt es?

Anbieter	Zulassung	Ablauf und Abschluss
Sommelier-Union	▪ Mind. 5 Jahre Berufserfahrung als Sommelière/Sommelier ▪ Mind. 1 Jahr Mitglied der Sommelier-Union	▪ Keine Ausbildung, nur Prüfung ▪ „Verbandsgeprüfte Sommelière/verbandsgeprüfter Sommelier"
Wine and Spirit Education Trust (WSET)	Spezielle Prüfung oder bereits geprüfte Sommelière/geprüfter Sommelier	▪ 2-jähriges berufsbegleitendes Fernstudium ▪ „Weinakademiker"

Die zusätzlichen Ausbildungen und Prüfungen zum „Master-Sommelier/Master Sommelière" und „Master of Wine" sind die beiden höchsten Auszeichnungen für Weinkenner. Die Prüfung zum Master of Wine gilt als die schwierigste dieses Faches.

Berufsanforderungen

Sommelièren/Sommeliers sind Fachleute mit umfassenden Kenntnissen über alle Getränke, haben aber vorwiegend die Aufgabe, den passenden Wein zu den Gerichten auszuwählen bzw. die Gäste bei der Weinbestellung zu beraten.

Der direkte Kontakt mit dem Gast erfordert
- Freundlichkeit,
- ein angenehmes Auftreten und
- Taktgefühl sowie
- gute sprachliche Ausdrucksfähigkeit.

Dazu muss man über hervorragende Weinkenntnisse sowie über außergewöhnliches Wissen über den Weinbau, die Kellerwirtschaft und die Gläserkunde verfügen.

Besonders wichtig ist das Einfühlungsvermögen. So erkennt eine gute Sommelière bzw. ein guter Sommelier, was der Gast wünscht, und geht geschickt auf seine Bedürfnisse ein. Er wendet sich dabei freundlich an den Gast, ohne aufdringlich oder gar arrogant bzw. unterwürfig zu wirken. Oberstes Gebot ist es, dem Gast in jeder Hinsicht entgegenzukommen.

Für eine perfekte Getränkeempfehlung bedarf es einer umfassenden Kenntnis der Speisen. Deshalb informiert sich die Sommelière bzw. der Sommelier in der Küche über Zutaten und Zubereitungsart der Speisen und Beilagen.

Aufgabenbereiche der Sommelière/des Sommeliers

Lange Zeit wurden mit dem Begriff Sommelière/Sommelier vorwiegend die Tätigkeit des Weinservierens sowie ein entsprechendes Weinwissen verbunden. Heute dagegen werden weitaus umfangreichere Kenntnisse und Fertigkeiten verlangt.

Zu den vielfältigen Aufgaben zählen unter anderem
- Einkauf, fachgerechte Lagerung und Verwaltung aller Getränke
- Überwachung der Reifung der Weine
- Permanenter Kontakt zu Winzerbetrieben und Weinhandelsfirmen
- Kalkulation aller Getränke
- Gestaltung von Getränke- und Weinkarten
- Schulung von Mitarbeiterinnen und Mitarbeitern im Bereich Getränke
- Empfehlungen von korrespondierenden Getränken zu Speisen
- Kreativer Verkauf zum richtigen Zeitpunkt
- Durchführung des fachgerechten Service der Getränke
- Organisation von Weindegustationen und Weinkulinarien

Zukunftsperspektiven und Berufschancen

Sommelièren/Sommeliers sind mittlerweile weltweit in der Gastronomie anzutreffen. In Restaurants, Weinhandlungen und in Verkaufs- und Marketingabteilungen großer Weingüter finden sie ihre Beschäftigungsmöglichkeiten.

Vor allem Auslandsaufenthalte wirken sich positiv auf die Berufslaufbahn aus, da sie nicht nur das Wissen erweitern, sondern auch nützliche Sprachkenntnisse auffrischen.

Außerdem sind Sommelièren/Sommeliers im Weinjournalismus oder als Referentinnen bzw. Referenten für Fortbildungen im Einsatz. Das Zertifikat zur Diplomsommelière oder zum Diplomsommelier ermöglicht den Einstieg in die Ausbildung zum **Master of Wine.**

Wussten Sie, dass ...
Paolo Basso aus der Schweiz Sommelier-Weltmeister 2013 wurde? Unter den drei Finalisten in Tokio/Japan war auch eine Frau.

Finden Sie heraus, welche drei fachlichen Titel Gérard Basset, der französische Sommelier-Weltmeister 2010, als einziger Mensch weltweit trägt.

Sommelier-Weltmeisterschaft

Alle drei Jahre trifft sich die Weltelite der Sommelièren/Sommeliers zum „Concours Mondial de la Sommellerie“, also zur Weltmeisterschaft des Sommelierwesens.

Rund 45 Teilnehmer/innen aus 45 Ländern (von Asien bis Südamerika) bereiten sich jahrelang auf den von der „Association de la Sommellerie Internationale“ durchgeführten Event vor.

Zu den Wettbewerbsbereichen zählen unter anderem

- die Blinddegustation von vier Weinen und die Ermittlung ihrer Herkunft,
- die Erstellung internationaler Weinempfehlungen zu vorgegebenen Menüs,
- die Blinddegustation von zwölf Spirituosen,
- die Betreuung von Gästen an mehreren Tischen in einer inszenierten Restaurantsituation und
- die Durchführung eines perfekten Rotweinservice.

2 Kellermanagement

Den Einkauf sehr teurer Weine traut sich Linda noch nicht alleine zu, da sie im Berufsalltag sieht, wie viel Erfahrung und Fingerspitzengefühl dazu nötig sind. Die richtige Lagerhaltung übernimmt sie aber dank ihres erworbenen Wissens schon recht verantwortungsbewusst.

Kellermanagement ist sowohl für die Sommelière und den Sommelier als auch für die private Weinliebhaberin oder den Weinliebhaber eine wichtige Voraussetzung für den fachgerechten Umgang mit dem Produkt Wein. Gerade in diesem Bereich können Fehler passieren, die die Qualität des Weines extrem beeinflussen können.

Viele Faktoren entscheiden letztendlich darüber, ob der Konsument dieses lebenden Produktes ein genussvolles Highlight oder eine bittere Enttäuschung erlebt.

2.1 Weineinkauf

Weinkeller als Repräsentationsraum

Vom betriebswirtschaftlichen Standpunkt aus fällt dem Einkauf von Wein eine ganz besondere Bedeutung zu. Fundierte Produktkenntnis und jahrelange Erfahrungen sind Voraussetzungen, um dem Gast eine erlesene Palette an Weinspezialitäten anbieten zu können.

Die Preise der Premiers Crus classés des berühmten 1982er-Jahrganges sind innerhalb von zehn Jahren um 700 bis 1 000 % gestiegen. Der 1983er-Jahrgang im Vergleich legte pro Jahr nur um rund 15 % zu.

Möglichkeiten des Weineinkaufes

Der Einkauf von Weinen ist für den Betrieb mit großen Ausgaben verbunden und muss gut überlegt werden. Heute stehen jedem mehrere Einkaufsmöglichkeiten zur Verfügung.

Weinbaubetrieb	**Ab-Hof-Verkauf** Dies ist die interessanteste Möglichkeit, Wein zu kaufen, verbunden mit einem besonderen Einkaufserlebnis (evtl. Verkostung und Besichtigung des Kellers). Man erhält meist auch detaillierte Informationen über Betrieb, Ernte und die Produkte aus erster Hand. Lediglich eine weitere Anreise kann jemanden davon abhalten, seine Winzerin/seinen Winzer selbst aufzusuchen und direkt vor Ort zu kaufen.
	Subskription ■ Gekauft wird, wenn sich der Wein noch im Reifezustand im Fass befindet. Es gibt eine Mindestbestellmenge. Die Bezahlung muss umgehend erfolgen. Geliefert wird meist zwei bis drei Jahre später, sobald der Wein in Flaschen abgefüllt ist. ■ Der Vorteil bei seltenen Weinen ist, dass man sein Kontingent zu einem bestimmten Preis gesichert hat. Die Preise manch rarer Tropfen steigen nach der Auslieferung gewaltig, der Wein wird so zum Spekulationsobjekt. Es kann aber auch ein Risikogeschäft mit negativem Ausgang werden.
Weinfachgeschäfte, Vinotheken	Hier erhält man meist kompetente Beratung (oft von Sommelièren/Sommeliers oder Weinakademikern/-akademikerinnen), kann verschiedene Weine vor dem Kauf verkosten und hat den Vorteil einer großen Auswahl. Häufig werden auch Weinproben gegen Gebühr für teurere Produkte angeboten. In den letzten Jahren haben sich auch verstärkt regionale Vinotheken etabliert.
Einzelhandel	Besonders bei Delikatessengeschäften und Kaufhäusern mit einer entsprechend großen Lebensmittelauswahl kann man fündig werden. Große Supermarktketten verfügen nicht selten über eine gut sortierte Verkaufsfläche für Weine, die mit einfachen Weinen ebenso bestückt sind wie mit teuren Spitzengewächsen. Diese Häuser sind um Beratung bemüht und stehen dem Fachhandel oft in nichts nach.
Weinversandfachhandel	■ Die meisten Weinhandelshäuser bieten eine breit gefächerte nationale und internationale Weinpalette mit gutem Preis-Leistungs-Verhältnis an. Neben einem exklusiven Bestellkatalog wird oft auch eine Internet-Bestellmöglichkeit angeboten. ■ Kompetente Weinhandlungen vertreten nicht nur bekannte große und namhafte, sondern auch kleinere Weingüter. Da die Käuferin/der Käufer die Weine vor dem Kauf nicht probieren kann, bieten sie auch sortierte Probepakete an.
Weinauktionen	■ Lange Zeit waren Weinauktionen Marktplätze für den Handel mit reifen Weinen. Bordeauxweine des großen Jahrganges 1847 wurden erstmals als Spekulationsobjekte eingesetzt. Die letzte große Spekulationswelle setzte mit dem Topweinjahrgang 1982 ein. Heute kommen auch vermehrt junge Weine unter den Hammer. ■ Die Zeitschrift „The Wine Advocate" des amerikanischen Weintesters Robert Parker ist dabei Wegweiser für Weininvestoren und -investorinnen in aller Welt.

Vor einem Besuch beim Weinbaubetrieb sollte man sich rechtzeitig anmelden. Nicht immer hat die Winzerin bzw. der Winzer unbeschränkt Zeit, sich seinen Besuchern zu widmen, vielleicht ist sie oder er gar nicht anwesend.

Wussten Sie, dass ...
das Auktionshaus Christie's bereits in 43 Ländern mit über 80 Verkaufsräumlichkeiten vertreten ist? Im Jahr 1766 versteigerte das weltweit bekannte Auktionshaus Christie's erstmals eine größere Anzahl an Bordeaux- und Madeiraweinen.

Erfahrene Internetkäufer/innen informieren sich über die aktuellen Geschäftsbedingungen, wie z. B.:

- kostenlose Zustellung ab einem bestimmten Auftragswert oder
- garantiertes Rückgaberecht und Bezahlung erst nach Erhalt der Ware.

Internet	■ Hier gibt es viele Kombinationen mit den bereits oben genannten Kaufmöglichkeiten. Perfekt aufgebaute, benutzerfreundliche Homepages helfen dabei, den Überblick zu bewahren und Tipps und Informationen (z. B. Harmonie von Speisen und Wein) zu transportieren. Hauptsächlich werden Basisqualitäten sowie Accessoires angeboten. ■ Bestellungen bei vertrauenswürdigen Anbietern werden sicherlich zur Zufriedenheit der Besteller erfolgen. ■ Manchmal endet die Begeisterung für das E-Commerce aber beim Empfang von zerbrochenen Flaschen, bei zeitlichen Verzögerungen und höheren Transportkosten.

Wichtige Punkte des Weineinkaufes

Große Weine binden eine Menge Kapital und stellen sich bei Unverkäuflichkeit als Verlustposten heraus, was sich wiederum auf die Verwaltung eines Kellers negativ auswirkt.

Hier sind wichtige Parameter in Betracht zu ziehen: die Gästeschicht, das Image des Unternehmens, das Verkaufstalent der im Service tätigen Mitarbeiterinnen und Mitarbeiter und vieles mehr.

Tipps für den richtigen Weineinkauf

- Bedenken Sie das Ziel Ihres Einkaufes – wer sind Ihre Gäste?
- Verkosten Sie die Weine niemals alleine, die Meinung mehrerer Personen relativiert so manches und schützt vor dem Kauf zu großer Mengen.
- Machen Sie Verkostungsnotizen, um den derzeitigen Stand der Reife und des Geschmackes festzuhalten. Oft sind Verkostungsprotokolle zu einem späteren Zeitpunkt sehr hilfreich.
- Kaufen Sie Weine nach dem Geschmack Ihrer Gäste – nicht nur nach Ihrem persönlichen Geschmack.
- Von jung zu trinkenden Weinen nicht zu große Mengen kaufen.
- Bei ausgefallenen Weinen (in Barriques ausgebauten Weißweinen, sehr kräftigen Rotweincuvées, teuren Bordeaux ...) bedenken Sie die Möglichkeiten des Absatzes.
- Beachten Sie beim Kauf die Lagerkapazitäten.
- Nach dem Kauf sollte nicht der Fehler begangen werden, den Wein im Auto bei sehr hohen oder sehr niedrigen Temperaturen länger liegen zu lassen.

2.2 Weinkeller – Weinlagerung

In einem **zu warmen** Keller reifen die Weine zu rasch, sie verlieren Gerbstoffe und Frucht. Die Weine wirken beim Verkosten flach und alkoholisch.
Ist ein Weinkeller **zu kalt,** reifen die Weine zu langsam. Die Gerbstoffe können nicht ausreifen und wirken hart und metallisch.

Beim Wort Weinkeller denken viele Menschen an einen dunklen, feuchten und verstaubten Ort mit wenig behaglichem Ambiente. Im privaten Bereich ist dies auch manchmal der Fall, im betrieblichen Umfeld ist das in der heutigen Zeit jedoch nicht mehr vorstellbar.

Ein moderner Weinkeller muss allen hygienischen und organisatorischen Voraussetzungen entsprechen und hat die Aufgabe, einen Wein so lange optimal lagern und reifen zu lassen, bis er zum Verkauf gelangt.

Lagerbedingungen

Folgende wichtige Voraussetzungen sollte ein optimaler Weinkeller erfüllen:

Tipps für die richtige Weinlagerung	Mögliche Auswirkungen falscher Lagerung
Gleichbleibende Temperatur zwischen 8 und 12 °C (kann jahreszeitlich um ca. 4 °C variieren)	Erwärmt sich der Keller im Sommer auf 16 bis 18 Grad oder mehr, verdirbt der Wein zwar nicht, aber er reift um ein Vielfaches schneller, so dass Weißweine ihre gewünschte Frische verlieren und keine volle Entfaltung der Inhaltsstoffe stattfinden kann.
Relative Luftfeuchtigkeit von 70 bis 80 %	▪ Wird ein Wein zu trocken gelagert, trocknet der Naturkorken aus, er schrumpft, was wiederum den Zutritt von Sauerstoff ermöglicht. Der Wein beginnt zu oxidieren, verfärbt sich und bricht letztendlich. ▪ Zu hohe Luftfeuchtigkeit fördert die Bildung von Sporen und schafft damit die Grundlage für die unerwünschte Schimmelbildung auf dem Korken. Der Pilz kann mit der Zeit durch den Korken wachsen und einen Schimmelton verursachen.
Gedämpfte Beleuchtung (Neonlicht ist zu vermeiden) **Erschütterungsfreiheit**	Der Einfluss von grellem Licht und Erschütterungen beschleunigen Oxidationsprozesse.
Gute Luftzirkulation **Keine Beeinträchtigung durch Fremdgerüche**	▪ Bei mangelnder Durchlüftung eines Weinkellers kann es einerseits zur verstärkten Schimmelbildung kommen, andererseits kann durch den Naturkorken ein Fehlgeruch in die Flasche gelangen und den Wein geschmacklich beeinträchtigen. ▪ So wirkt sich die Lagerung beispielsweise von Heizöl, Benzin, Autoreifen oder stark riechenden Lebensmitteln in der Nähe von Wein sehr negativ aus.

Tonröhren stabilisieren Temperatur und Feuchtigkeit

Als eines der lebenden Produkte unter den Genussmitteln benötigt Wein zu seiner Entwicklung einen mehr oder weniger langen Reife- und Lagerungsprozess. So entfaltet eine Rotweincuvée oft erst nach mehrjähriger Lagerung ihre Geschmacksfülle und Finesse.

Gründe für die Einlagerung von Wein

Zumindest eine kurze Lagerung ist immer nötig, weil jeder Transport die Bukett- und Geschmackseigenschaften von Wein stört. Erst nach einer zwei- bis dreiwöchigen Ruhephase kann der Wein wieder in seiner ursprünglichen Aromenvielfalt genossen werden.

Außerdem ist es in der Gastronomie heutzutage wegen des breit gefächerten Speisenangebots unumgänglich, einen gewissen Vorrat an verschiedensten Weinen auf Lager zu haben.

Darüber hinaus haben gerade ältere, gereifte Weine oft einen hohen Preis und wären zum Zeitpunkt des Kaufes als bereits gereifte Weine für ein Unternehmen kaum erschwinglich.

Kellergasse im österreichischen Weinviertel: Hier stehen schlichte weiße Gebäude (auch Presshäuser genannt, weil die Pressen für die Weinerzeugung darin stehen) dicht aneinandergereiht. Darunter dehnt sich das dunkle Labyrinth der Erdkeller. Die Kellergassen des Weinviertels sind in ihrer Gesamtheit weltweit einzigartig.

2.3 Möglichkeiten der Lagerung

Wer einen Naturkeller sein Eigen nennen darf, kann stolz darauf sein, eine ideale Möglichkeit der Lagerung seiner Weine zu besitzen.

Naturkeller

Erd- oder Lehmkeller, die das Klima speichern, bieten die besten Voraussetzungen für die Lagerung von Weinen. Dass diese Keller traditionell ein Gewölbe haben und aus Ziegeln gefertigt sind, hat seinen Sinn:

- Bei einem Gewölbe gibt es keinen Lüftungsstau in Ecken und Kanten, die Luft kann somit frei zirkulieren.
- Der Vorteil der Ziegel liegt in ihrer hygroskopischen Eigenschaft – die Feuchtigkeit wird auf konstantem Niveau gehalten, muffige Gerüche werden absorbiert.

Hygroskopisch = Wasser anziehend, Feuchtigkeit speichernd.

Lagerkeller

Neben den allgemeinen Lagerbedingungen sollte besonders auf die Beschaffenheit des Bodens geachtet werden. Ideal ist der Boden eines Naturkellers oder ein Boden aus Vollziegeln auf einem besonderen Schotter-Kies-Aufbau. Dieser Boden atmet und trägt zu einer konstanten Luftfeuchtigkeit im Raum bei. Zum Streichen der Wände wird am besten Kalk verwendet.

Lagerkeller eines Restaurants

Die Flaschenregale sollten aus einem temperaturbeständigen Material gefertigt sein und über entsprechende Tragkraft verfügen. Aus Sicherheitsgründen sollten die Regale mit der maximalen Gewichtsbelastung beschriftet sein. Auch die Tiefe (ideal 70 cm) der Regale ist zu berücksichtigen. Hohe Stellagen müssen durch Befestigungen an den Wänden gesichert werden. In diesem Fall wird es auch erforderlich sein, den Lagerkeller mit einer strapazierfähigen Hochleiter mit großer Abstellfläche (Größe einer internationalen Holzkiste für zwölf Normalflaschen) auszustatten.

Lager- und Schaukeller der Hospiz-Alm in St. Christoph am Arlberg – der größte gastronomische Großflaschenkeller der Welt

Weinklima- und Weintemperierschränke

In den **Weinklimaschränken** können Weine für den optimalen Reifeprozess langfristig gelagert werden. Je nach eingestellter Temperatur können jedoch auch Weiß- oder Rotweine in der passenden Serviertemperatur vorrätig gehalten werden.

In **Weintemperierschränken** können Rotweine, Weißweine oder sogar Schaumweine mit der richtigen Serviertemperatur gelagert werden. Sie verfügen über verschiedene Temperaturzonen, die zwischen 5 und 18 °C unabhängig voneinander eingestellt werden können. Durch permanente Frischluftzufuhr über Aktivkohlefilter und Umluftkühlung gewährleisten diese Geräte eine gleichbleibend hohe Luftqualität. Speziell entwickelte Kompressoren sorgen zudem für eine besonders ruhige Lagerung der Weine. Das getönte, isolierte Sicherheitsglas gewährleistet einen optimalen UV-Schutz. Bis zu 220 Flaschen fasst ein durchschnittlicher Weinschrank.

Wussten Sie, dass ...
die Temperatur des Weines maßgeblichen Einfluss auf seine Geruchs- und Geschmackswahrnehmung hat? So werden z. B. süß und sauer bei höheren Temperaturen stärker wahrgenommen, hingegen bitter und salzig eher bei kühleren.

Die Bestückung eines Weintemperierschrankes ist von Gerät zu Gerät unterschiedlich, bei unserem **Beispiel** befindet sich oben die kühlste und unten die wärmste Zone:

- Schaumweine bei 4 bis 6 °C
- Junge, frische Weiß- und Roséweine bei 8 bis 10 °C
- Gereifte Weißweine bei 10 bis 12 °C
- Leichte, junge Rotweine bei 12 bis 15 °C
- Körperreiche Rotweine bei 15 bis 17 °C
- Gereifte, körperreiche Rotweine bei 18 °C

Ideale Lagerpositionen

Abhängig vom Verschlusssystem werden Weine auf folgende Arten gelagert	
Naturkorken	■ Derart verschlossene Weine sollten liegend mit dem Etikett nach oben gelagert werden. ■ Die waagerechte Lagerung ermöglicht die Befeuchtung des Naturkorkens, der wiederum den Flaschenmund abdichtet und einen größeren Sauerstoffzutritt verhindert. Der zur Reifung notwendige minimale Luftaustausch ist aber gegeben.
Alternativverschluss (Kunststoffstopfen, Dreh- oder Glasverschluss bzw. Kronenkorken)	■ Solche Weinflaschen können stehend oder liegend gelagert werden. ■ Sehr oft sind dies Weine, deren Frische und Jugendlichkeit für einige Zeit erhalten bleiben soll, die Gasdichte des Verschlusses macht dies möglich.

Faktoren für die Lagerfähigkeit von Weinen

Es gibt wesentliche Kriterien, die die längere Lagerung von Weinen ermöglichen:

- Je höher der Alkoholgehalt, desto länger kann der Wein gelagert werden.
- Je höher der Restzuckergehalt, umso mehr Lagerpotenzial hat der Wein.
- Säure kann ein Faktor für eine längere Lagerung sein.
- Gerbstoffe (Tannine) tragen wesentlich zur Haltbarkeit bei.
- Die Lagerung im Barrique kann die Lagerfähigkeit des Weines positiv beeinflussen.
- Der Reifegrad der Trauben bei der Lese ist ein weiterer Faktor: Mittel- und spätreifende Weißweinrebsorten wie Riesling, Weißburgunder, Chardonnay ... eignen sich für eine längere Lagerung.
- Kräftige Rotweinsorten wie Lemberger, Cabernet Sauvignon, aber auch Pinot noir und vor allem gerbstoffbetonte Rotweincuvées mit höherem Alkoholgehalt und Barriqueausbau weisen ein gutes Lagerpotenzial auf.

2.4 Kellerbuch

Ein Kellerbuch besteht hauptsächlich aus der Buchführung über den Weinverbrauch (Kauf, Lagerung und Verbrauch) und aus Verkostungsnotizen. Folgende Daten sollten vermerkt sein:

- Anzahl der Flaschen einen Weines bzw. der Jahrgänge
- Bezugsquelle
- Einkaufspreis und -datum
- Lagerplatz
- Entnahmemenge und -datum
- Degustationsnotizen

Insbesondere anhand der Degustationsnotizen lässt sich nachvollziehen, wann ein Wein seine optimale Trinkreife erlangt und womit er am besten harmoniert. Dies ist hilfreich, wenn man eine größere Anzahl von Flaschen eines einzelnen Weines im Keller hat, der im Lauf der Jahre geöffnet wird.

Dadurch kann immer wieder auf die eigenen Notizen zurückgegriffen und die Entwicklung des Weines nachvollzogen werden. So erlangt man nach und nach Erfahrung und vermeidet, einen Wein über seine Trinkreife hinaus zu lagern und seinen geschmacklichen Höhepunkt zu verpassen.

Wie lange ist ein geöffneter Wein haltbar?
In einer angebrochenen Flasche befindet sich mehr Sauerstoff als zuvor, weshalb sich der Wein verändert. Manchmal zum Guten: Sehr gehaltvolle Rotweine können nach einem Tag vollmundiger werden.
Doch die meisten Weine werden in angebrochenen Flaschen nach spätestens einem Tag schlapper. Wenn man den Wein in eine kleinere Flasche umfüllt, gut verschließt und kühl stellt, kann man den Verfall etwas bremsen.

Wussten Sie, dass ...
bereits in Rom Wein in Amphoren aus Terrakotta lagerte? Erst im 17. Jahrhundert wurde mit der Lagerung in Flaschen und dem Verschließen der Flaschen mit Kork begonnen.

Kellerverwaltung mit dem Computer
Zu den ausgefeiltesten und teuersten Softwareprogrammen für Weinverwaltung zählt „Robert Parker's Wine Advisor & Cellar Manager", das sehr visuell einen detaillierten Überblick über den eigenen Weinkeller gibt. Darüber hinaus erhält man Zugang zu 34000 Bewertungen von Robert Parker.

Winzer/innen sind gesetzlich verpflichtet, ein amtliches Kellerbuch zu führen, in dem von der Erntemeldung bis zum Verkauf alles dokumentiert wird.

Arbeitsaufgaben

1. Definieren Sie den Begriff „Sommelière/Sommelier“.
2. Nennen Sie Schulen und Voraussetzungen für die Ausbildung zur Sommelière bzw. zum Sommelier in Deutschland.
3. Geben Sie einen kurzen Überblick über die Aufgabenbereiche der Sommelière/des Sommeliers.
4. Welche wichtigen Grundsätze müssen beim Einkauf beachtet werden?
5. Nennen Sie Grundregeln bei der Lagerung von Wein.
6. Finden Sie fünf Bezugsquellen von Wein:

O	Y	O	E	Q	B	C	L	I	E	H	N
H	Y	Q	I	N	D	C	Z	B	D	N	U
S	D	D	N	B	K	S	U	H	O	E	J
V	B	J	Z	S	Z	J	P	I	D	Q	X
I	W	S	E	L	E	O	N	S	N	B	X
N	I	F	L	B	I	T	Z	F	O	G	Q
O	N	K	H	Y	E	W	F	P	I	K	P
T	Z	E	A	R	C	R	Z	P	T	Q	D
H	E	G	N	J	F	R	Y	W	K	H	F
E	R	E	D	K	X	K	X	M	U	P	H
K	T	C	E	W	Q	H	C	U	A	R	B
Y	O	M	L	Q	X	G	D	A	X	F	U

3 Organisation einer Weindegustation

Weindegustationen machen Fabian besonders Spaß, weil er ausreichend Zeit für die zielgruppenorientierte Vorbereitung hat und deshalb wirklich gut auf die Gäste eingehen kann.

Die Organisation und die Durchführung einer Weindegustation zählen sicherlich zu den interessantesten und spannendsten Aufgaben der Sommelière und des Sommeliers. Um eine derartige Veranstaltung für alle Beteiligten zu einem wahren Erlebnis werden zu lassen, bedarf es neben einem großen Fachwissen und den entsprechenden Fertigkeiten vor allem einer guten Vorbereitung (Mise en Place).

Um die Organisation einer Weindegustation so praxisnahe wie möglich darzustellen, soll sie hier in Form eines Beispiels dargestellt werden.

3.1 Organisation

Wie auch bei anderen gastronomischen Veranstaltungen sollten vorweg wichtige Fakten in Erfahrung gebracht bzw. geklärt werden, die den weiteren Verlauf beeinflussen.

Eine Besichtigung der Räumlichkeiten und des vorhandenen Inventars (Tische, Stühle, Lichtquellen ...) ist ratsam und erspart unliebsame Überraschungen.

Beispiel – Veranstaltungsdaten

Ansprechpartner	Herr Max Muster
Adresse	Winzerweg 4, 54470 Bernkastel-Kues
Telefonnummer	0172 500190
Datum der Veranstaltung	Montag, 3. April 20..
Ort der Veranstaltung	Firmenadresse von Herrn Muster: Muster AG, Konferenzraum 1, Weinzierlstr. 8, 54470 Bernkastel-Kues
Beginn der Organisation	16:00 Uhr (Anlieferung des Equipments)
Beginn der Veranstaltung	18:00 Uhr
Dauer der Veranstaltung	Ca. 3,5 Std.
Ablauf	Kurzes Impulsreferat – Degustation von sechs Weinen – gemütlicher Ausklang
Personenanzahl	Ca. 16
Personenkreis	Mitarbeiter/innen mit Begleitung
Rechnung ergeht an	Herrn Muster privat

Überlegen Sie sich Anlässe, die durch die Organisation einer Weindegustation profitieren könnten.

3.2 Ablauf der Veranstaltung

Die Uhrzeit der Verkostung ist von großer Bedeutung. Der ideale Zeitpunkt wäre am Morgen, weil sich dann der Verkoster grundsätzlich in bester psychischer und physischer Verfassung befindet. Wird eine Verkostung für den Nachmittag angesetzt, ist darauf zu achten, dass sie nicht unmittelbar nach dem Mittagessen stattfindet.

Beispiel – Ablauforganisation

16:00 Uhr:	▪ Anlieferung des Equipments. ▪ Aufbau der Tafel und des Displaytisches. ▪ Vorbereitungen (Gläser, Weinkühler etc. aufbauen).
18:00 Uhr:	▪ Eintreffen der Gäste und Aperitifempfang.
18:15 Uhr:	▪ Begrüßung und Erläuterungen zum Ablauf des Abends.
18:30 Uhr:	▪ Kurze Einführung in die Weintheorie mit Handout.
19:00 Uhr:	▪ Degustation der ersten drei Weinsorten.
19:45 Uhr:	▪ Pause – ein Imbiss wird gereicht.
20:30 Uhr:	▪ Degustation weiterer drei Weinsorten.
21:15 Uhr:	▪ Vorstellung einer restsüßen Weinspezialität als Abschluss.
21:30 Uhr:	▪ Zusammenfassung und offizielles Ende der Degustation. ▪ Weitere Verkostungsmöglichkeit der Weine. ▪ Gemütlicher Ausklang.

Displaytisch = Tisch zur Präsentation der Weine.

3.3 Verkostungsliste

Ergänzt durch an den Gästekreis angepasste Informationen über das Weinland bzw. die Weinbauregionen sowie eine kurze Einführung in die Weinerzeugung, wird jeder Teilnehmerin und jedem Teilnehmer die Degustationsliste in Form eines Handouts überreicht.

Eine zusätzlich eingefügte dritte Spalte dient persönlichen Notizen und ergänzenden Vermerken, um die Sinneseindrücke zu einem späteren Zeitpunkt nochmals in Erinnerung rufen zu können.

Wussten Sie, dass ...
es sich bewährt hat, Weine nach internationalen Punkteschemata zu beurteilen?

Beispiel für die Gestaltung einer Degustationsliste

WEINPROBE	WEINBESCHREIBUNG
Aperitif **Katharina die Große** Cuvée Katharina Sekt Brut Q. b. A., Rheinhessen Sekthaus Raumland Alzeyer Str. 134 67592 Flörsheim-Dalsheim www.raumland.de Alkohol: 12,0 Vol.-% Restzucker (RZ): 4,2 g/l Säure (S): 6,0 g/l **Notizen**	**Beschreibung:** hellgekelterte Cuvée aus Spätburgunder und Pinot meunier **Geruch:** Biskuit, Orangen, Feigen, Walnuss **Geschmack:** frisch, leicht, dicht und samtig
1. Weinprobe **2011 Magic Mountain** Riesling trocken Q. b. A., Rheingau Weingut Josef Leitz Theodor-Heuss-Straße 5 65385 Rüdesheim am Rhein www.leitz-wein.de Alkohol: 12,5 Vol.-% **Notizen**	**Beschreibung:** selektionierte Trauben vom Rüdesheimer Berg **Geruch:** Zitrus, Pfirsich, Kräuter (Thymian, Dill) **Geschmack:** saftig-frische Säure, kraftvoll, mineralisch, lang im Nachhall
2. Weinprobe **2011 Randersacker Pfülben** Silvaner GG trocken Franken Weingut Schmitt's Kinder Am Sonnenstuhl 45 97236 Randersacker www.schmitts-kinder.de Alkohol: 13,5 Vol.-% **Notizen**	**Beschreibung:** 100 % Silvaner vom verwitterten Muschelkalkboden **Geruch:** reife Birne, Kräuter, leichte Hefenote **Geschmack:** vielschichtig, saftig, erdigmineralisch, hat Entwicklungspotenzial

Die Menge der zu verkostenden Weine ist dem Kreis der Verkoster/innen anzupassen. Es empfiehlt sich, bei ungeübten Personen mit einer kleinen Anzahl von Weinen zu beginnen und sich langsam zu steigern.

Suchen Sie Ihnen unbekannte Begriffe in den hier angeführten Weinbeschreibungen und arbeiten Sie Erklärungen dazu aus.

3. Weinprobe

2010 Scheurebe trocken
Q. b. A., Rheinhessen
Weingut Wittmann
Mainzer Str. 19
77593 Westhofen
www.wittmannweingut.com
Alkohol: 12,5 Vol.-%

Beschreibung: biodynamisch erzeugter Gutswein
Geruch: Litschi, Johannisbeeren, reife Pampelmuse, Jasmin
Geschmack: erfrischend, mineralisch, elegantes Süße-Säure-Spiel

Notizen

4. Weinprobe

2010 Blauer Zweigelt trocken
Q. b. A, Saale-Unstrut
Weingut Bernhard Pawis
Auf dem Gut 2
06632 Zscheiplitz
www.weingut-pawis.de
Alkohol: 12,5 Vol.-%

Beschreibung: „Österreicher" im Osten Deutschlands
Geruch: Brombeeren, reife Kirschen, würzig
Geschmack: samtige Tannine, jugendliche Frische

Notizen

5. Weinprobe

2009 Spätburgunder „B"
trocken
Weingut Friedrich Becker
Hauptstr. 29
76889 Schweigen
www.friedrichbecker.de
Alkohol: 13 Vol.-%

Beschreibung: Vergärung in offenen Eichenholzbottichen und 12-monatiger Ausbau im gebrauchten Barrique, unfiltriert
Geruch: rote Beerenfrüchte, Kirschen, rauchig-röstig
Geschmack: junge saftige Säure, feine Tannine, ausgewogener Alkohol, langer Nachhall

Notizen

6. Weinprobe

2008 Syrah trocken
Weingut Rings
Dürkheimer Hohl 21
67251 Freinsheim
www.weingut-rings.de
Alkohol: 14,5 Vol.-%

Beschreibung: Gewinner des deutschen Rotweinpreises, 22 Monate in französischer und Pfälzer Eiche
Geruch: Pfeffer, Cassis, Bitterschokolade, orientalische Gewürze
Geschmack: extraktreich, vollmundig, kräftiges und zupackendes Tannin, endlos im Nachhall

Notizen

⚠ Bei erfahrenen Verkosterinnen und Verkostern bzw. weinkundigen Gästen kann die vorgegebene Weinbeschreibung entfallen bzw. im Anschluss an die Degustation nachgereicht werden.

Wussten Sie, dass ...
die Reihenfolge der Weine bei der Verkostung eine wesentliche Rolle spielt?
Die optimale Reihenfolge unter Berücksichtigung des Jahrganges und des Alkoholgehaltes:

- Junge, leichte Weißweine
- Gehaltvolle Weißweine
- Gereifte, schwere Weißweine
- Roséweine
- Junge, leichte Rotweine
- Gehaltvolle Rotweine
- Gereifte, schwere Rotweine
- Restsüße Weine bzw. Likörweine

7. Weinprobe

2011 Piesporter Goldtröpfchen
Riesling Auslese Goldkapsel
Mosel
Weingut Sankt Urbans-Hof
Urbanusstr. 16
54340 Leiwen
www.urbans-hof.com
Alkohol: 8,0 Vol.-%
Restzucker (RZ): 91,2 g/l
Säure (S): 7,8 g/l

Beschreibung: Der Name „Goldtröpfchen" symbolisiert die herausragende Lage
Geruch: Passionsfrucht, Cassis, Grapefruit
Geschmack: trotz der Süße frisch und saftig, sehr hohes Lagerpotenzial

Notizen

3.4 Einkaufsliste

Unter der Berücksichtigung einer Reserve (Weinfehler, z. B. Korkgeschmack) und der Möglichkeit, dass die Gäste im Anschluss an die Degustation die präsentierten Weine nochmals verkosten möchten, ergibt sich folgende Einkaufsliste:

Beispiel – Einkaufsliste

Brot	2 Vollkornbrote, 15 Baguettes
Getränke	■ 3 Flaschen Sekt „Katharina die Große" ■ Je 3 Flaschen von den sieben geplanten Weinproben (Riesling, Silvaner, Scheurebe, Blauer Zweigelt, Spätburgunder, Syrah und Riesling Auslese) ■ 12 Flaschen stilles Mineralwasser oder Leitungswasser in Karaffen
Speisen	Entsprechend dem Anlass und dem Ort der Degustation sollten regionale Spezialitäten für die Weinprobe eingeplant werden (diverse Schinken-, Wurst- und Käsesorten). Auf Speisen und Beigaben mit stark anhaltendem und sehr würzigem Geschmack (Zwiebeln, Knoblauch, Pfeffer, Chilischoten ...) sollte verzichtet werden, damit die Geschmacksnerven nicht zu sehr beeinflusst werden.

Besonders salzarmes Brot (z. B. Weißbrot) sowie Wasser dienen der geschmacklichen Neutralisierung des Gaumens.

Nicht vergessen: Die Getränke müssen rechtzeitig (am besten einen Tag vorher) richtig temperiert werden.

Die wichtigsten persönlichen Voraussetzungen für eine Verkostung sind eine gute Tagesverfassung und das Fehlen einer Verkühlung, damit die sensorischen Empfindungen nicht beeinträchtigt werden. Außerdem sollen Parfums und stark duftende Kosmetika vermieden werden.

3.5 Raum und Inventar

Der geplante Raum sollte über Tageslicht (oder zumindest über eine gute Beleuchtung) verfügen, eine angenehme Temperatur aufweisen und eine gute Luftzirkulation haben. Die Wände sollten weiß oder pastellfarben sein, da dunkle und kräftige Farben die visuelle Prüfung des Weines beeinflussen.

Fremdgerüche durch Blumen, Zigarettenrauch oder Küchengerüche sind unbedingt zu vermeiden, um die Weine objektiv beurteilen zu können.

4.2 Kalkulation des Inklusivpreises (Bruttoverkaufspreises)

Berechnungsschema Kartenpreis (Inklusivpreis, Bruttoverkaufspreis)

Für alkoholfreie und alkoholische Getränke einschließlich Tee und Kaffee

	Einstands-/Bezugspreis (Wareneinsatz)
–	Deckungsbeitrag (in €) oder Nettorohaufschlag (in %)
=	Grundpreis
+	Bedienungsgeld (in % angegeben)
=	Nettoverkaufspreis
+	Umsatzsteuer 19 %
=	**Inklusivpreis (Bruttoverkaufspreis)**

Unter **Deckungsbeitrag** versteht man die Differenz zwischen dem Einstandspreis und dem Grundpreis (ohne Steuer und Bedienungsgeld). Es ist jener Betrag, der dazu dient, die fixen Kosten (z. B. Gemeinkosten für Räumlichkeiten) zu decken und darüber hinaus Gewinn zu erzielen.

Wird der Deckungsbeitrag als Prozentsatz ausgedrückt, so spricht man vom Nettorohaufschlag. Er wird wie folgt berechnet:

$$\textbf{Nettorohaufschlag} = \frac{\text{Deckungsbeitrag x 100}}{\text{Einstands-/Bezugspreis}}$$

Beispiel

Der Einstandspreis für eine Flasche Silvaner beträgt 5,30 EUR. Der Kartenpreis wurde aufgrund der Zielgruppe mit 18,20 EUR angesetzt und mit einem Bedienungsgeld von 15 % versehen.

Berechnen Sie den Deckungsbeitrag in Euro und den Nettorohaufschlag in Prozent für diese Weinflasche.

Lösung:

	Kartenpreis	18,20 €
–	Umsatzsteuer 19 % (: 119 x 19)	2,91 €
=	Nettoverkaufspreis	15,29 €
–	Bedienungsgeld 15 % (: 115 x 15)	1,99 €
=	Grundpreis	13,30 €
–	Einstands-/Bezugspreis	5,30 €
=	Deckungsbeitrag	**8,00** €

Nettorohaufschlag = 8,00 x 100 : 5,30 = 150,94 %

Ein Bedienungsgeld wird nicht berücksichtigt, wenn nur mit Festangestellten (das sind Mitarbeiter/innen mit einem feststehenden, unveränderlichen Lohn) gearbeitet wird. Im Gegensatz dazu werden Garantielöhner/innen nur zu einem kleinen Anteil mit einem garantierten Lohnanteil und mit einem von ihrem Umsatz abhängigen Zuschlag entlohnt.

Bei Milch, Milchmischgetränken, Kakao und Speiseeis werden nur 7 % USt berechnet!

Berechnen Sie eine Variante des vorigen Beispiels mit einem Bedienungsgeld von 10,5 %.

4.3 Unterschiedliche Ansätze der Kalkulation

Ansatz	Preisberechnung	Probleme
Kosten-orientiert	Diesem traditionellen Ansatz liegt eine betriebswirtschaftliche Berechnung (Bezugskalkulation) zugrunde.	Der Aufschlag enthält sowohl die Kosten als auch den Gewinn. Nur wenige Gastronomen wissen daher, wie hoch ihr Gewinn wirklich ist! Auch stellt sich die Frage, ob die Gäste bereit sind, diesen Preis zu bezahlen.
Nachfrage-orientiert	Sie orientiert sich an der (vermeintlichen) Finanzkraft der Gäste sowie am Standort des Betriebes.	Sehr oft werden die Gemeinkosten, die im Ansatz nicht berücksichtigt werden, vergessen – das kann zu negativen Ergebnissen führen.
Konkurrenz-orientiert	Die Preise werden auf der Basis der Preise der Konkurrenz festgesetzt.	Die tatsächlichen Kosten des Betriebes werden nicht berücksichtigt, was zu falschen betriebswirtschaftlichen Entscheidungen führen kann.

Finanzkraft der Gäste = Welchen Betrag ist der Gast bereit für ein Produkt zu bezahlen?

Kostenorientierte Kalkulation

Zum Einstandspreis werden entweder der Deckungsbeitrag als fixer Eurobetrag oder ein entsprechender Nettorohaufschlag (in Prozent angegeben) hinzugerechnet (siehe Schema unter 4.1). Der Inklusivpreis (Bruttoverkaufspreis) wird als Kartenpreis entsprechend auf- oder abgerundet.

Die besten Erfahrungen wurden mit einem sehr transparenten System gemacht, und zwar mit „dem kalkulierten Flaschenpreis, durch sechs dividiert" (= 1/8 Liter). Bei den Gästen kommt der glasweise Ausschank zunehmend besser an, vor allem die zum Menü speziell abgestimmte Weinbegleitung erfreut sich großer Beliebtheit.

Beispiele von Kalkulationen für je eine Flasche

Einstandspreis pro Flasche in EUR	+	Nettorohaufschlag (Deckungsbeitrag)	+	15 % Bedienungsgeld	+	USt	=	Inklusivpreis (Bruttoverkaufspreis) in EUR
3,00	+	350 % (10,50)	+	2,03	+	2,95	=	18,48
4,50	+	250 % (11,25)	+	2,36	+	3,44	=	21,55
6,50	+	200 % (13,00)	+	2,93	+	4,26	=	26,69
10,00	+	130 % (13,00)	+	3,45	+	5,03	=	31,48
20,00	+	90 % (18,00)	+	5,70	+	8,30	=	52,00
40,00	+	50 % (20,00)	+	9,00	+	13,11	=	82,11

Sehr lange gelagerte Weine müssen unter Umständen neu kalkuliert werden

Beispiel für 1/8 Liter Wein im glasweisen Verkauf

Berechnen Sie den Inklusivpreis (Bruttoverkaufspreis) für 1/8 Liter Chardonnay mit einem Einstandspreis von 5,70 EUR pro Flasche (0,75 l) bei einem Nettorohaufschlag von 200 % (als Variante mit einem Deckungsbeitrag von 12,00 EUR pro Flasche), einem Bedienungsgeld von 15 % und der gesetzlichen Umsatzsteuer.

Da sich aus einer 0,75l Flasche 6 x 1/8 l ausschenken lässt, ist die erste Rechnung:

€ 5,70 : 6 = **€ 0,95** Einstands-/Bezugspreis für 1/8 l

	Einstands-/Bezugspreis	0,95 €		0,95 €
+	Nettorohaufschlag 200%	1,90 €	Deckungsbeitrag	2,00 €
=	Grundpreis	2,85 €		2,95 €
+	Bedienungsgeld 15 %	0,43 €		0,44 €
=	Nettoverkaufspreis	3,28 €		3,39 €
+	Umsatzsteuer 19 %	0,62 €		0,64 €
=	Bruttoverkaufspreis	**3,90 €**		**4,03 € ~ 4,00 €**

Der Kartenpreis für 1/8 Liter Chardonnay beträgt 3,90 EUR (bzw. 4,00 EUR).

Nachfrageorientierte Kalkulation

Bei der nachfrageorientierten Kalkulation soll der Kartenpreis (Bruttoverkaufspreis) der Ausgabebereitschaft der Gäste angepasst werden.

Zu hoch gewählte Preise vertreiben die Gäste. Manchmal kurbelt ein zeitweises Senken des Preises den Absatz eines Produktes an (Wein der Woche etc).

Beispiel

Berechnen Sie den Einstandspreis für ein 1/8 Liter Riesling Kabinett, der mit einem Deckungsbeitrag von 1,50 EUR, 15 % Bedienungsgeld und der Umsatzsteuer berechnet wird, wenn dafür ein Bruttoverkaufspreis von 3,20 EUR erzielt werden kann.

Lösung:

	Bruttoverkaufspreis	3,20 €
–	Umsatzsteuer 19 % (: 119 x 19)	0,51 €
=	Nettoverkaufspreis	2,69 €
–	Bedienungsgeld 15 % (: 115 x 15)	0,35 €
=	Grundpreis	2,34 €
–	Deckungsbeitrag	1,50 €
=	Einstands-/Bezugspreis	**0,84 €**

Der Einstandspreis für 1/8 Liter Riesling Kabinett im Glas beträgt **0,84 EUR.** Beim Einkauf muss also darauf geachtet werden, dass der Einstandspreis für eine ganze Flasche (0,75 l) maximal 5,04 Euro beträgt.

Konkurrenzorientierte Kalkulation

Hier wird das Preiskonzept der Konkurrenz übernommen – ohne Berücksichtigung der eigenen Kostenstruktur.

Beispiel

Ermitteln Sie den Deckungsbeitrag sowie den Nettorohaufschlag für 1/8 Liter Blauer Spätburgunder, für den ein Bruttoverkaufspreis von 2,60 EUR angepeilt wird. Der Einstandspreis für eine Flasche beträgt 5,80 EUR. Das Bedienungsgeld wird mit 10,5 % festgelegt.

Lösung:

	Bruttoverkaufspreis	2,60 €
–	Umsatzsteuer 19 % (: 119 x 19)	0,42 €
=	Nettoverkaufspreis	2,18 €
–	Bedienungsgeld 15 % (: 115 x 15)	0,28 €
=	Grundpreis	1,90 €
–	Einstandspreis (€ 5,80 : 6)	0,97 €
=	Deckungsbeitrag	**0,93 €**

Nettorohaufschlag = 0,93 x 100 : 0,97 = **95,88 %**

Der Deckungsbeitrag beträgt 0,93 EUR, woraus sich ein Nettorohaufschlag von 95,88 % ergibt.

Ermitteln Sie den Deckungsbeitrag sowie den Nettorohaufschlag für denselben Wein, wenn der Einstandspreis für eine Flasche 4,10 EUR beträgt.

Arbeitsaufgaben

1. Die Sommelière eines Restaurants kauft beim Winzer Philipp Zull 30 Kartons Blauen Portugieser (à sechs Flaschen) zum Einkaufspreis von 5,00 EUR netto. Aufgrund der großen Abnahmemenge gewährt Herr Zull 15 % Rabatt auf die Lieferung. Die Sommelière bezahlt bar und erhält noch 2 % Skonto.

   Wie hoch ist der Einstands-/Bezugspreis für eine Flasche und wie hoch ist der Rechnungsbetrag?

2. Der Besitzer eines schwäbischen Ferienhotels kauft während seines Kurzurlaubes an der Mosel beim Weingut Prüm 25 Kartons Riesling Kabinett (à 12 Flaschen) zum Einkaufspreis von 8,50 EUR netto. Aufgrund der langjährigen Treue gewährt Herr Prüm 12 % Rabatt auf die Lieferung. Darüber hinaus werden dem schwäbischen Hotelier 3 % Skonto gewährt.
   a) Wie hoch ist der Einstands-/Bezugspreis für eine Flasche und wie hoch ist der Bruttorechnungsbetrag?
   b) Wie hoch wäre der Einstands-/Bezugspreis für eine Flasche, wenn bei denselben Konditionen der Einkaufspreis 9,30 EUR netto betragen würde und aufgrund der eiligen Lieferung eine Frachtkostenpauschale von 30,00 EUR berücksichtigt werden müsste?

3. a) Berechnen Sie den Inklusivpreis (Bruttoverkaufspreis) für 1/8 Liter Müller-Thurgau (der Einkaufspreis für eine 0,75-l-Flasche beträgt 4,20 EUR inklusive Umsatzsteuer, die Winzerin gewährt einen Rabatt von 6 %) bei einem Nettorohaufschlag von 300 %, einem Bedienungsgeld von 10,5 % und der gesetzlichen Umsatzsteuer.
   b) Wie hoch darf der Einstands-/Bezugspreis maximal sein, wenn der Inklusivpreis (Bruttoverkaufspreis) aufgrund der Konkurrenzsituation lediglich 2,50 EUR betragen kann? Wie hoch sind dabei der Deckungsbeitrag und der Nettorohaufschlag?

5 Präsentation und Verkauf von Wein

Die neu erstellte Getränkekarte soll von Linda nun auch beworben werden. Ebenso erwartet ihr Chef, dass sie das Angebot speziell präsentiert. Daher sucht Linda nach verschiedenen Möglichkeiten.

Fundiert = gesichert, zuverlässig.

Aufgrund des ständig steigenden Qualitätsdenkens auf dem Sektor Wein wünschen und erwarten auch immer mehr Gäste fundierte Informationen über die angebotenen Weine. Daher werden auch an alle Servicemitarbeiter/innen hohe Erwartungen gestellt.

Der qualitativ gute Weingenuss beschränkt sich nicht mehr ausschließlich auf Spitzenrestaurants und Tophotels wie noch vor einigen Jahren, er ist heute eine Selbstverständlichkeit in sämtlichen Bereichen der Gastronomie und Hotellerie.

Um Wein optimal präsentieren und verkaufen zu können, sind einige Vorbereitungsmaßnahmen nötig:

- Richtiges Kellermanagement (siehe S. 210 ff., Weineinkauf und -lagerung)
- Entsprechende Preisgestaltung (siehe Kapitel Kalkulation, S. 221 ff.)
- Werbewirksame Weinkarte (passend zum Speisenangebot)
- Planung von Absatzschwerpunkten und Präsentationsmöglichkeiten
- Schulung und Motivation der Mitarbeiter/innen

Bei der Schulung sollen auch Kenntnisse über die in der Küche verwendeten Produkte und die Zubereitungsarten der einzelnen Gerichte erworben werden.

5.1 Weinkarte

Wenn man landauf und landab die Weinkarten in der Gastronomie betrachtet, wird man leider immer wieder feststellen, dass die Weinkarten oft nichts anderes sind als einfache Preislisten.

Viele Gastronomen haben noch nicht erkannt, dass sie ihre Weinkarten als gezielte Verkaufsförderung einsetzen können. Dies setzt jedoch voraus, dass sich der Unternehmer oder die Unternehmerin und seine bzw. ihre Mitarbeiter/innen darüber im Klaren sind, welche Betriebsidee sie mit ihrem Betrieb verfolgen wollen und welche Gäste sie gewinnen möchten.

Je besser die Karte den Bedürfnissen und Wünschen der Gäste gerecht wird, umso größer ist der Betriebserfolg des Unternehmens. Über die Angebotsgestaltung und die Aufmachung einer Weinkarte können gezielt Kaufreize ausgelöst bzw. bewusste Kaufentscheidungen aufgebaut werden.

Angebotsgestaltung der Weinkarte

Die Angebotsgestaltung der Weinkarte muss gut überlegt sein. Eine Konkurrenzanalyse erweist sich dabei sehr oft als unumgänglich, um die Leistungen und das Angebot der Mitbewerber/innen zu ermitteln.

Achten Sie auf die Sauberkeit der Weinkarte. Verschmutzte und beschädigte Weinkarten müssen umgehend ausgetauscht werden.

Es gilt, von einem Einheitsangebot wegzukommen, um seinen Gästen etwas Besonderes bieten zu können. Entscheidend ist jedoch auch, dass der angesprochene Gast diese positiven Unterschiede erkennt und akzeptiert.

Die Gestaltung der Weinkarte steht in direkter Beziehung zu folgenden Faktoren	
Restaurant	■ Servierart (Weißweinservice, Rotweinservice, Dekantieren, Belüften ...) ■ Atmosphäre (Tischdekoration etc.) ■ Glaskultur ■ Anzahl der Servicemitarbeiter/innen ■ Aus- und Fortbildung der Mitarbeiter/innen
Küche	■ Qualität und Preis der angebotenen Gerichte ■ Schwerpunktwochen mit entsprechendem Weinangebot
Keller	■ Kellergröße und Lagerkapazitäten ■ Preisfindung ■ Aus- und Fortbildung der Mitarbeiter/innen ■ Kontrollsysteme
Gäste	■ Besuchshäufigkeit ■ Sitzplatzumschlag ■ Pro-Kopf-Umsatz ■ Potenzielle Gäste (neue mögliche Gäste)

Die versprochene Leistung muss auch erbracht werden.
Da Wein ein sehr individuelles und außerdem ein sich veränderndes Produkt ist, ist bei allgemein gehaltenen Weinbeschreibungen (z. B. Riesling – typisches Pfirsicharoma, Spätburgunder – Kirscharoma) Vorsicht geboten.

Bitte denken Sie daran: Hauptaufgabe der Weinkarte ist es, dem Gast die Auswahl eines Weines zu seinem Essen zu erleichtern und nicht zu erschweren.

Zu auffällige Motive und Schriften stören den Lesefluss und wirken auf den Betrachter unprofessionell

Die Weinkarte soll:

- **die Leistungsfähigkeit des Betriebes symbolisieren.**
  Ein ansprechendes Weinangebot muss auch entsprechend präsentiert werden. Die Karte muss optisch den Stil des Hauses widerspiegeln. Auch die Auswahl der Weinbaubetriebe spielt hier eine Rolle, wobei nicht unbedingt immer große Namen oder Betriebe gewinnen (Gäste lieben auch Kleinbetriebe als Geheimtipps!).
- **das Kaufverhalten positiv beeinflussen.**
  Die Karte muss beraten (besonders in Stoßzeiten, wo im Service nicht viel Zeit für Empfehlungen bleibt). Wenn die Mitarbeiter nicht über das entsprechende Wissen verfügen, muss die Weinkarte alleine den Wein verkaufen!
- **den Gästen spezielle Tipps geben.**
  Sommeliertipps wie: Dieses Gericht harmoniert mit ..., persönliche Favoriten der Sommelière oder des Sommeliers mit passenden individuellen Bemerkungen oder Anekdoten, Winzer des Monats mit Winzerprofil, Informationen zu Degustationen oder Ähnliches.
- **einen inländischen Schwerpunkt bieten.**
  Gerade deutsche Weine passen ideal zu einer Vielzahl von Speisen, nicht nur zu den landesüblichen Gerichten. Regionstypische Weine kommen bei der Verkostung meist besonders gut an.
- **ein dem Betrieb entsprechendes internationales Angebot umfassen.**
  Bei Themenschwerpunkten im Küchenbereich (z. B. italienische Woche) muss das Weinangebot dementsprechend ausgerichtet werden.
- **den Gast an das Unternehmen binden.**
  Eine erlesene Auswahl an Weinen sowie spezielle Weinraritäten ebenso wie Vorankündigungen animieren den Gast zu einem neuerlichen Besuch.

Hinweise zur Gestaltung der Weinkarte

Richtige Papierauswahl	Um die Produkte selbst in den Vordergrund zu stellen, sollte das Papier eher neutral (keine zu übertriebenen bzw. kitschigen Motive) und in angenehmen, klaren Farben gehalten sein. Gleichzeitig muss es strapazierfähig und leicht auswechselbar sein.
Orthografie	Beim Schreiben einer Weinkarte ist so wie bei allen anderen Karten vor allem auf die richtige Schreibweise zu achten. Alle Wörter am Zeilenanfang werden großgeschrieben. Vermeiden Sie, dass sich die Leserin bzw. der Leser in der Karte auf Fehlersuche begibt, statt sich auf das Wesentliche zu konzentrieren.
Handschriftliche Karten	Eine handschriftliche Weinkarte wirkt durchaus elegant und außergewöhnlich, jedoch nur mit einer tadellosen und gut lesbaren Schrift. Handschriften auf Karten wirken persönlicher. Das Auswechseln einzelner Positionen der Weinkarte (z. B. Änderungen des Jahrgangs) kann sich aber als sehr aufwendig erweisen.
Gedruckte Karten	Bei dieser Art von Weinkarten bietet sich die Möglichkeit, verschiedene Schriftarten und Schriftgrade einzusetzen. Es muss jedoch darauf geachtet werden, dass nicht mehr als drei Varianten eingesetzt werden, da die Karte sonst unruhig wirkt. Der Einsatz von Landkarten und Grafiken sowie von Weinsprüchen kann zur Auflockerung der Karte beitragen – sollte aber mit Maß und Ziel erfolgen.

Rangfolge der Verkaufsartikel

Auf die Karte gehören nur Weine mit positivem Deckungsbeitrag. Regelmäßig sollten der erzielte Deckungsbeitrag der einzelnen Artikel sowie die verkaufte Menge kontrolliert werden, um u. a. auch den Anteil des einzelnen Artikels am Gesamtdeckungsbeitrag zu erhalten. Daraus lässt sich die sogenannte „Gewinner-Verlierer-Renner-Schläfer"-Analyse ableiten:

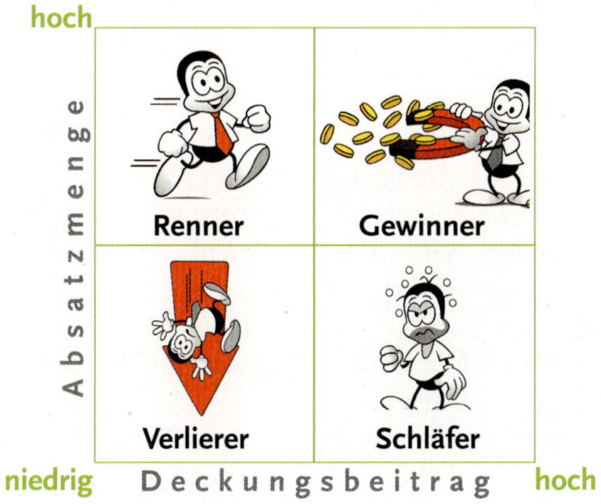

Gewinner

Durch den hohen Deckungsbeitrag und die hohe Verkaufszahl sind diese Weine für den Gastronomen sehr gewinnbringend und daher von großer Bedeutung.

Folgerung: nichts verändern; standardisieren; beste Platzierung auf der Weinkarte (z. B. rechts oben).

Renner

Das sind Weine, die bei den Gästen sehr beliebt sind. Sie liegen aber unter dem durchschnittlichen Deckungsbeitrag der entsprechenden Gruppe. Sie bringen die notwendige Frequenz in den Betrieb und bilden die Basis für einen gewissen Bekanntheitsgrad.

Folgerung: geringe Preiserhöhung; auf der Weinkarte so platzieren, dass sie nicht gleich ins Auge stechen.

Schläfer

Bei diesen Weinen wird pro Flasche ein hoher Deckungsbeitrag erzielt, aber sie verkaufen sich bei den Gästen schlecht.

Folgerung: Herausheben des Produktes auf der Weinkarte; Verkauf gezielt ankurbeln (Schulung der Mitarbeiter/innen, Tischaufsteller, Displaytisch ...); evtl. leichte Preissenkung; darauf achten, dass die Anzahl der Schläfer begrenzt bleibt (auch bei Prestigeartikeln!).

Verlierer

Diese Weine sind bei den Gästen wenig gefragt, haben einen geringen Deckungsbeitrag und tragen wenig zum Betriebserfolg bei.

Folgerung: Analyse durchführen; Verkaufspreis erhöhen, damit zumindest ein Schläfer daraus wird; von der Karte streichen.

Weinkarten können wie Gästebücher auf dekorativen Ständern präsentiert werden

Weinbeschreibungen können die Attraktivität der Karte erhöhen, laufen jedoch auch leicht Gefahr, zu banal (reines Abschreiben ohnehin sortentypischer Begriffe) oder zu abgehoben auszufallen und haben dann einen kontraproduktiven Effekt.
Um die Beschreibungen aktuell zu halten, sollten die Weine alle drei bis sechs Monate neu verkostet, beschrieben und sollte die Weinkarte modifiziert werden. Dies ist jedoch nur bei einem eingeschränkten Weinangebot (z. B. höchstens 50 Produkten) möglich. Bei einem umfangreichen Angebot sollte auf Beschreibungen daher verzichtet werden!

Preisauszeichnungsgesetz = regelt die Auszeichnung der Verkaufspreise und Grundpreise von Sachgütern, sofern diese Verbrauchern bzw. Verbraucherinnen von Unternehmern oder Unternehmerinnen gewerbsmäßig angeboten werden.

Bei mehr als 100 Positionen auf einer Weinkarte erleichtert ein Inhaltsverzeichnis dem Gast die Suche.

Produktangaben auf der Weinkarte

Folgende Daten muss man bei jedem einzelnen Wein vermerken:

- Jahrgang
- Rebsorte bzw. Name des Weines (z. B. Cuvée)
- Qualitätsstufe
- Evtl. durch das Gesetz geschützte Herkunftsbezeichnungen (z. B. DAC, DOCG ...)
- Besondere Herstellungsverfahren (z. B. Méthode traditionelle)
- Evtl. Lagenname (Riede)
- Weinbaubetrieb
- Herkunft – Ort, Weinbaugebiet und evtl. sogar Weinbauregion
- Evtl. Alkoholgehalt in Vol.-%
- Zuckergehalt: trocken, halbtrocken, lieblich oder süß
- Evtl. kurze, prägnante Weinbeschreibung ganz speziell zu dem angebotenen Wein (z. B. trocken, intensive, reife exotische Frucht, Ananas, auffallend extraktsüß, eingebunden in würziger Textur)
- Ausschankmenge
- Befinden sich nur Flaschen mit 0,75 Liter Inhalt auf der Karte, kann ein Vermerk am Seitenende darauf verweisen
- Bei unterschiedlichen Flascheninhalten (z. B. 0,375 l, 0,5 l, 1,5 l) oder Ausschank im Glas (z. B. 0,1 l, 1/8 l, 1/4 l) sollte die Menge bei jedem Produkt angegeben werden
- Preis
- Bedenken Sie, dass der Preis für ein Glas oder eine Flasche Wein immer mit der Füllmenge in Verbindung steht und dem Preisauszeichnungsgesetz unterliegt
- Verweis auf Inklusivpreise am Seitenende

Zwei Beispiele

2010 Grauburgunder unfiltriert
Badischer Landwein
Holger Koch, Bickensohl
12,5 Vol.-%, trocken, 0,75 l
33 €

2010 Grauburgunder
Badischer Landwein, trocken,
unfiltriert, 12,5 Vol.-%,
Holger Koch, Bickensohl
0,75 l 33 €

Unglückliche Erläuterungen auf der Weinkarte	
Ausgetrunken	Dieser Wortlaut kann von Gästen als negativ empfunden werden. Er könnte dem Gast, der gerade diesen Wein trinken wollte, signalisieren, dass er leider zu spät gekommen ist.
Unreif	Vermeiden Sie Andeutungen auf der Karte, die darauf hinweisen, dass ein Wein noch reifen muss. Solche Produkte gehören noch nicht auf die Weinkarte!

Gliederung der Weinkarte

Jede Weinkarte sollte nach einem bestimmten Schema geordnet sein. Die Leserin oder der Leser muss die Gliederung erkennen, was ihr oder ihm die Auswahl erleichtert.

Unterschiedliche Varianten sind möglich, auch Mischformen können passen.

Gliederung nach der Art des Weines

Die Unterteilung in Weißwein, Roséwein, Rotwein, restsüßen Wein und Schaumwein sollte grundsätzlich eingehalten werden. Dabei spielt es keine Rolle, ob weitere Gliederungen Anwendung finden.

Gliederung nach Ausschankmenge

Hier werden offene Weine vor Flaschen und kleine Ausschankmengen vor größeren gereiht, was dem Gast die Suche nach im Glas ausgeschenkten Weinen erleichtert.

Gliederung nach Rebsorten

Diese Möglichkeit ist vor allem in Deutschland und Österreich sehr verbreitet, da deutsche und österreichische Gäste gerne nach Rebsorten aussuchen und ein großer Teil der deutschen und österreichischen Weine sortenrein ausgebaut wird (z. B. werden alle Rieslinge untereinandergereiht).

Wussten Sie, dass ...
international immer mehr dazu übergegangen wird, die Weinkarte nach Geruchskategorien (siehe S. 191) zu ordnen?

Beispiel für die Gliederung nach Rebsorten

Schaumweine

Weißweine
- Riesling
- Müller-Thurgau
- Silvaner
- Grauburgunder/Weißburgunder
- Chardonnay
- Sauvignon blanc
- Weitere Weißweinsorten (Traminer, Kerner, Scheurebe)
- Weißweincuvées

Roséfarbige Weine (Rosé, Weißherbst, Rotling)

Rotweine
- Spätburgunder
- Dornfelder
- Blauer Portugieser
- Trollinger
- Regent
- Lemberger
- Weitere Rotweinsorten (Cabernet Sauvignon, Merlot, Syrah)
- Rotweincuvées

Manche Weinmarketing-Gesellschaften schlagen auch eine Einteilung nach autochtonen Rebsorten (wie Riesling, Silvaner, Elbling), Aromasorten (wie Sauvignon blanc, Muskat-Ottonel, Rivaner) und internationalen Sorten (wie Chardonnay, Pinot noir, Syrah) vor.

Informationen über die Weinbaugebiete finden Sie auf S. 114 ff.

Gliederung nach Weinbauländern

Diese Gliederung ist auf alle Fälle anzustreben, da sie auf den Gast übersichtlicher wirkt.

Beispiel für die Gliederung nach Weinbauländern

- Deutsche Weißweine
- Deutsche Roséweine
- Deutsche Rotweine

Jeweils gegliedert nach den Anbaugebieten/Lagen.

- Ausländische Weißweine
- Ausländische Roséweine
- Ausländische Rotweine

Jeweils gegliedert nach den Herkunftsländern.

- Deutsche Prädikatsweine und Schaumweine
- Champagner und andere ausländische Schaumweine

Gliederung nach Weinbaugebieten

Eine Einteilung nach Weinbaugebieten ist vorteilhaft, wenn es sich um eine sehr umfangreiche Karte handelt. Die Unterteilung von Weinbauländern in einzelne Weinbaugebiete kann einerseits dem Gast helfen, einen bestimmten Wein aus einem Gebiet rascher zu finden, andererseits hat sie aber zur Folge, dass z. B. alle Rieslinge eines Weinbaulandes auf die einzelnen Gebiete verteilt sind. Ein Gast, der seinen Wein nach Rebsorte auswählt, hat bei dieser Gliederung einen Nachteil.

Gliederung nach Weinbauern/Produzenten

Diese Gliederung erscheint nur dann sinnvoll, wenn die Weinkarte nicht zu viele verschiedene Winzer umfasst (höchstens 15 bis 20). Gerade für regionale Weinkarten wird diese Art der Kartengestaltung gerne gewählt. Der Gast kann sich so einen raschen Überblick über das regionale Angebot verschaffen und wird sehr schnell vertraute Weinbaubetriebe, aber auch eher unbekannte Produzenten finden.

Gliederung nach Jahrgängen

Der Gliederung nach Jahrgängen liegt eine Gliederung nach Gebieten zugrunde. So empfiehlt sich diese Art der Gestaltung vor allem für Restaurants der gehobenen Klasse, die beispielsweise an Bordeauxweinen ein sehr umfangreiches Angebot haben. Der Gast (oftmals ein Kenner guter Jahrgänge) sucht seine Lieblingsweine nach dem Château, aber vor allem nach dem Jahrgang aus.

5.2 Präsentation und Absatzschwerpunkte

Ein aktiver Weinverkauf lebt von vielen Details, z. B. Verkauf im Glas, Weindisplay bzw. Weinbuffet, Wein der Woche, Weinbörse und natürlich von der Weinkarte.

Alte Truhen, Vitrinen, Tische, Weinpressen, Schlitten, Wagen, Weinfässer und vieles mehr eignen sich hervorragend zur Gestaltung eines sogenannten Displays – eines Schautisches.

Sinn und Aufgabe eines jeden Displaytisches ist es, die Aufmerksamkeit der Gäste auf ein bestimmtes Thema zu lenken. Damit verbunden sollen einerseits Informationen über ein bestimmtes Thema oder Produkt weitergegeben, andererseits aber auch Kaufreize ausgelöst werden.

Folgendes ist bei der Gestaltung eines Weindisplays zu beachten

- Verwenden Sie bewusst ausgesuchte Weine aus dem hauseigenen Angebot (siehe S. 229 f., Die Rangfolge der Verkaufsartikel).
- Widmen Sie den Schautisch einem speziellen Thema, das vom Betrachter einfach und rasch zu erkennen ist (z. B. Weißweine von der Mosel, Badischer Wein, Große Gewächse, Rotweine aus Deutschland).
- Kombinieren Sie Weindisplays mit Hinweisen auf saisonale Spezialitäten (z. B. Spargelweine und frischer Spargel, Federweißer und Zwiebelkuchen, Rotweine und Wildgerichte).
- Versuchen Sie, die verwendeten Gegenstände (z. B. edle Glasaccessoires, alte Geräte der Weinerzeugung) aufeinander abzustimmen. Zu viele unterschiedliche Materialien und Farben (maximal drei bis vier Arten) zerstören die Harmonie eines Schautisches.
- Zum Thema passende Grünpflanzen, Schnittblumen, Früchte oder Weinstöcke bzw. Rebbündel können den Gesamteindruck sehr positiv ergänzen.
- Fachliteratur, Informationsmaterial und Beschriftungen von Schaustücken erhöhen die Attraktivität und wecken zusätzlich das Interesse an den Produkten.

Besprechen Sie in der Klasse, welche positiven und negativen Beispiele von Weindisplays Sie selbst schon gesehen haben.

Wine-Spectator, Falstaff, Vinum etc. sind bekannte Weinzeitschriften.

Weitere Verkaufshilfen

Die besten Verkaufshilfen sind noch immer die fachliche Kompetenz und die Höflichkeit der Mitarbeiter/innen bei Präsentation und Verkauf eines guten Weines. Dennoch sind klassische Verkaufshilfen notwendig, um das Verkaufsangebot optimal zu präsentieren.

Tischaufsteller – Tischreiter

Das Anbieten von bestimmten Weinen mit Tischaufstellern (als Wein des Tages, der Woche oder des Monats) bietet die Möglichkeit, neue Weine für den Betrieb zu testen bzw. bei den Gästen einzuführen oder auch saisonale Besonderheiten außerhalb der Standardkarte passend zu saisonalen Menüs aufzuzeigen. Vor allem für Stammgäste ist dies eine gute Alternative zu den bekannten Weinen der Standardkarte. Durch Verkosten dieser Weinangebote können Gäste auch dazu animiert werden, eine ganze Flasche zu bestellen.

Hauszeitung

Manche Betriebe veröffentlichen ihr aktuelles Angebot (besonders Schwerpunkte) in einer Hauszeitung. Bei den kulinarischen Empfehlungen (Mittagsmenü, Abendmenü ...) sollte ein Weintipp mit einem fachlichen Hintergrund (Informationen über Produkt, Produzent oder Produzentin, Region ...) nicht fehlen.

Weinklima- und Weintemperierschrank

Als wertvolle Hilfe für den aktiven Weinverkauf hat sich der Weintemperierschrank durchgesetzt. Neben dem Vorteil, jederzeit servierbereit temperierte Weine zur Verfügung zu haben, ist der Weinschrank aufgrund seines zeitgemäßen und gediegenen Erscheinungsbildes ein Blickfang im Restaurant. Durch seine unterschiedlichen Klimazonen ermöglicht er die Lagerung mehrerer Weintypen und ist darüber hinaus ein Hinweis auf eine hohe Weinkultur im Betrieb.

Bei Weinschränken, in denen die Flaschen schräg gelagert werden, kann der interessierte Gast die einzelnen Produkte begutachten. Sehr oft hat schon ein bekanntes Etikett im Klimaschrank eine Kaufentscheidung ausgelöst!

Wandtafel

Wandtafeln

Der Tipp des Tages, mit Kreide auf eine Tafel im Speiseraum oder im Thekenbereich geschrieben, ist immer eine sehr plakative Botschaft. Zu beachten ist, wie kreativ das Design, die Textgestaltung und vor allem der Inhalt der Aussage sind.

Weindegustationen

Regelmäßige Weindegustationen sind nicht nur für die Gäste eine willkommene Abwechslung, sondern stellen auch für die Sommelière oder den Sommelier eine interessante und besondere Herausforderung dar. Wichtig dabei ist, dass sich die oder der Vortragende in jeder Hinsicht auf ihre bzw. seine Gäste einstellen kann. So sollte ein interessanter Mix aus Wissen und Freude am Degustieren vermittelt werden. Sehr oft möchte die Sommelière oder der Sommelier den Gästen allzu viele Weinschätze zur Verkostung präsentieren. Es ist jedoch ratsam, die Anzahl der Weinproben auf höchstens acht zu limitieren (siehe auch S. 218 ff.).

Präsentation von Winzern

Eine weitere Form der besonderen Verkaufshilfe und zugleich eine Animation für die Gäste ist eine Präsentation durch einen oder mehrere Winzer bzw. Winzerinnen. Sehr oft wird sie zu einem festgelegten Abendmenü angeboten. Dabei präsentiert z. B. die Winzerin oder der Winzer zum Aperitif den Betrieb. Im Anschluss daran nehmen die Gäste an ihren Tischen Platz, wo ihnen zu einem mehrgängigen Menü die Weine des Weingutes gereicht und entsprechend erklärt werden. So werden die Gäste nicht nur mit einem Produkt vertraut, sondern auch mit den Menschen, die dahinterstehen. In weiterer Folge wird den Gästen sehr oft der Kauf von Wein zu Ab-Hof-Preisen für den privaten Gebrauch ermöglicht.

Winzer präsentieren ihren Wein

Auch für die Mitarbeiter/innen ist diese Art der Weinpräsentation eine gute Möglichkeit, mehr über das Produkt Wein zu erfahren. Auch wird jeder Mitarbeiter, der bereits mit einem Winzer oder einer Winzerin persönlich gesprochen hat, dessen oder deren Produkte mit mehr Engagement und Überzeugungskraft verkaufen. Informationen, die er im Gespräch mit den Winzerinnen und Winzern erfahren hat, werden bewusst oder unbewusst in Verkaufsgespräche eingebaut.

Weinbörse

Eine sowohl für die Gäste als auch für das Unternehmen lukrative Verkaufshilfe ist die sogenannte Weinbörse. Dabei werden Weinflaschen zu einem günstigen Preis angeboten, da es sich um kleine Restmengen bzw. gar Einzelflaschen eines Produktes handelt. Die Weine werden dazu bereits richtig temperiert auf einem Buffettisch (Weißweine auf Eis gekühlt) präsentiert. Bereits beim Aperitif können sich die Gäste über die angebotenen Weine informieren. Hat sich der Gast für eine Flasche entschieden, wird sie vorbereitet und zum Gästetisch gebracht.

Gut ausgebildete Mitarbeiter/innen fühlen sich sicher beim Thema Wein und verkaufen deshalb ein Mehrfaches. Es bereitet ihnen auch Freude, vom Gast als kompetent betrachtet zu werden, und sie bleiben durch den Erfolg weiterhin motiviert.

Schulungen im Betrieb

Nicht nur die Gäste, auch alle Mitarbeiter/innen schätzen eine Schulung im Bereich der Degustation und des Fachwissens sehr. Die Sommelière oder der Sommelier wird dafür spezielle Themenbereiche wie Weinbaugebiete (z. B. Saale-Unstrut, die Weine der Nahe bzw. fränkische Spezialitäten) oder Rebsorten auswählen. Aber auch im Bereich Verkauf, Weinservice und Reklamation sollten alle Servicemitarbeiter/innen die Möglichkeit zum Training unter Aufsicht haben. Letztendlich ist es immer die gesamte Mannschaft, die gemeinsam mit Fachwissen und Verkaufsgeschick die Basis für den Erfolg schafft.

5.3 Umgang mit dem Gast

Sind alle Vorbereitungsarbeiten erledigt, kommt es wohl zum schwierigsten, aber zugleich auch interessantesten Aufgabenbereich – zum Kontakt mit dem Gast.

Stellen Sie sich kurz vor und geben Sie nach der Weinwahl einen groben Überblick über das kommende Weinservice. Suchen Sie dabei immer Blickkontakt zu Ihren Gästen.

Eine Sommelière oder ein Sommelier sollte kommunikationsfreudig sein, dabei aber immer Diskretion und Unaufdringlichkeit wahren. Die im Laufe der Zeit im Verkaufsgespräch gewonnene Berufserfahrung ist aus psychologischer Sicht von ausnehmender Bedeutung für Klasse und Erfolg einer Sommelière oder eines Sommeliers.

Besuche und Degustationen von und mit Winzerinnen und Winzern sind nicht nur einprägende Erlebnisse, sondern bilden oft die Basis für den Verkauf der Produkte dieser Weinbaubetriebe. Oftmals sind diese Erfahrungen ein ausschlaggebendes Element, das als Emotion vom Gast wahrgenommen wird und ein wesentliches Entscheidungsargument sein kann.

Stetige Weiterbildung ist für einen optimalen Weinverkauf unumgänglich! Regelmäßiges Verkosten und der Austausch mit Gleichgesinnten sowie das Lesen von aktueller Fachliteratur gibt Sicherheit und trägt wesentlich dazu bei, dass man stets auf dem Laufenden bleibt.

Verkosten Sie Weine, die im Glas ausgeschenkt werden, um stets ein aktuelles Geschmacksprofil im Verkaufsgespräch wiedergeben zu können. Bedenken Sie, dass Wein ein lebendes Produkt ist und sich durch Lagerung und Reifung stetig verändert! Außerdem sollte auf die Eigenheit der Jahrgänge geachtet werden. Jedes Weinjahr stellt an das Traubengut, aber auch an die Weinbaubetriebe große Herausforderungen. Der prämierte und ausgezeichnete Wein eines Weinbaubetriebes kann im folgenden Erntejahr ein durchschnittlich guter Wein sein.

Der Gast ist König

Die Sommelière oder der Sommelier hat mit den verschiedensten Gästetypen zu tun – vom eher anspruchslosen Gast bis hin zur erfahrenen Weinsammlerin oder zum ausgewiesenen Weinkenner. Es ist für die Weinfachfrau oder den Weinfachmann anfangs nicht immer einfach, entsprechende Empfehlungen abzugeben.

Feingefühl ist wichtig!

Da heute jedermann leicht auf viele Informationen zugreifen kann, trifft die Sommelière oder der Sommelier auf besonders **weinkundige Gäste,** die sämtliche Ab-Hof-Preise oder aber auch aktuellen Weinbewertungen (Gault Millau, Eichelmann ...) auswendig kennen.

Außerdem gibt es immer mehr **erfahrene Gäste,** die nach vielfältigen eigenen Degustationserfahrungen konkrete Vorstellungen von einem gewünschten Wein – auch als Speisenbegleiter – haben.

Eine weitere Gästekategorie ist jene der sogenannten Etikettentrinker, für die das **Weinwissen** – allerdings häufig nur **oberflächlich** – zum Sozialprestige gehört.

> Wie auch immer Ihr Gegenüber auftritt: Vorhandenes Weinwissen des Gastes muss ebenso wie seine persönlichen Wünsche immer respektiert werden!

Sehr oft ist es hilfreich, den ausländischen Gast nach seinen Lieblingsweinen aus seiner Heimat zu fragen.

Die „didaktische Weinempfehlung“ gehört heute der Vergangenheit an, der Gast möchte nicht belehrt werden. Vielmehr will er von einer kompetenten Person beraten werden, die zu den Speisen passende Weine empfiehlt. Die Sommelière oder der Sommelier ist ein Wegbegleiter und Berater der Gäste, der ihnen auf ihrer kulinarischen Reise zur Seite stehen darf.

Um Gästen, die die deutschen Weine kaum oder gar nicht kennen, die Weinauswahl zu erleichtern, versuchen Sie herauszufinden, welche Weintypen oder Geschmacksrichtungen sie bevorzugen. Um dem Gast die Auswahl zu erleichtern, ist es von Vorteil, Geschmacksgruppen für ihn zu formulieren.

Geschmacksrichtung	Vorschlag deutscher und österreichischer Weine
Fruchtige Weine mit spritziger Säurestruktur	Riesling, Grüner Veltliner, Elbling
Aromatische Weißweine mit ansprechender Säure	Sauvignon blanc, Scheurebe
Vollmundige Weißweine mit mittlerer Säure und nussiger Note	Chardonnay, Weißburgunder, Grauburgunder
Aromatische Weißweine mit milder Säure	Rivaner, Traminer
Feine, milde, harmonische Rotweine	Blauer Portugieser, Spätburgunder
Aromatische, vollmundige Rotweine mit feinen Tanninen	Blauer Zweigelt, St. Laurent, Dornfelder
Vollmundige Rotweine mit kräftigen Tanninen	Lemberger, Cabernet Sauvignon

Richtige Fragetechnik – das gute Verkaufsgespräch

Aktives Verkaufen bedeutet, durch besonderen Service und individuelle Beratung Umsatzziele zu realisieren, die einerseits die Gäste zufriedenstellen und andererseits den Erfolg des Unternehmens garantieren. Wenn es gelingt, ein freundliches Anfangsklima zu schaffen, bestimmt das den gesamten Fortgang des Beratungs- und Verkaufsgesprächs. Bedenken Sie, dass Ihre Verkaufsargumente umso schwächer sind, je geringer Ihr Informationsstand ist.

Um Wein optimal zu verkaufen, sind einige wichtige Punkte zu beachten:

- Der Gast ist König. Oberstes Ziel ist die Zufriedenheit des Gastes.
- Achten Sie auf Ihre Mimik und Gestik (Haltung, Auftreten und Ausdruck, senden Sie deutliche Signale).
- Versuchen Sie, die richtigen Worte zu finden, benutzen Sie ein dem Gästekreis angepasstes Geruchsvokabular und drücken Sie sich klar und sachlich aus.
- Formulieren Sie Ihre Fragen verständlich und prägnant. Geben Sie dem Gast Zeit, auf Ihre Fragen zu reagieren.
- Hören Sie dem Gast zu – so finden Sie am besten und schnellsten heraus, was er wirklich möchte.
- Bei Unklarheiten fragen Sie den Gast gleich nochmals (nicht immer drücken sich die Gäste klar und deutlich aus), um Reklamationen zu vermeiden.
- Bereiten Sie gedanklich immer mehrere Alternativen einer Weinempfehlung zu einer Speise vor – sie sollten unterschiedlich in Preis, Geschmack und Herkunft sein.
- Vergessen Sie nicht, sich beim Gast zu bedanken.

Viele Weinfreunde haben ihre eigenen Vorstellungen, was die besten Weine sind. Beachten Sie daher, dass solche Weine vonseiten des Gastes stets emotional besetzt sind, auch wenn Sie persönlich eine andere Meinung darüber haben.

Der Erfolg eines Verkaufsgesprächs hängt wesentlich von der **Fragetechnik,** also der **Formulierung** der Fragen, ab.

Stellen Sie offene Fragen (was, welche, wer, wie viel, wozu ...). Fragen, die mit Ja oder Nein beantwortet werden können, beenden oft vorzeitig das Verkaufsgespräch.	**Günstig:** „Was würden Sie zu einer Flasche Riesling zur Vorspeise sagen?“
	Ungünstig: „Möchten Sie Wein zur Vorspeise?“
Formulieren Sie Alternativfragen.	**Günstig:** „Darf ich Ihnen eine Flasche Riesling vom Mittelrhein oder einen aus dem Rheingau anbieten?“
	Ungünstig: „Möchten Sie eine Flasche Riesling?“
Stellen Sie dem Gast Fragen, die seine Neugier wecken.	**Günstig:** „Kennen Sie schon den ...?“ Oder: „Haben Sie schon einmal den ... probiert?“ Oder: „Möchten Sie vielleicht die neue Cuvée vom Weingut ... probieren?“
	Ungünstig: „Wir haben auch den ...“
Stellen Sie dem Gast kurze Fragen und vermeiden Sie sogenannte „Bandwurmfragen“.	**Günstig:** „Hätten Sie gerne prickelndes oder lieber mildes Mineralwasser?“
	Ungünstig: „Ich könnte Ihnen ein stilles, mildes oder prickelndes Mineralwasser anbieten oder möchten Sie Sodawasser oder doch lieber nur frisches Leitungswasser?“

Beispiel eines erfolgreichen Verkaufsgesprächs

Mitarbeiter:	Zum Hauptgericht, dem Zanderfilet mit Paprikaschaumsauce und Petersilienkartoffeln, würde ich Ihnen einen Weißwein empfehlen. Darf ich Sie fragen, in welche Richtung dieser Wein gehen soll?
Gast:	Wie meinen Sie das?
Mitarbeiter:	Möchten Sie eher einen erdigen oder einen fruchtbetonten Wein?
Gast:	Ich hätte gerne einen sehr fruchtigen Wein.
Mitarbeiter:	Da kann ich Ihnen einen Sauvignon blanc vom Weingut XY aus der Pfalz anbieten. Dieser Weißwein ist besonders fruchtig und wird von einer sehr anregenden Säure unterstützt. Er besticht durch seine Noten von Paprika und Holunder – wäre also eine ideale Ergänzung zur Paprikaschaumsauce.
Gast:	Das klingt ja perfekt! Diesen Wein nehme ich.
Mitarbeiter:	Danke für Ihre Bestellung. Ich werde Ihren Wein sofort vorbereiten und zu Ihnen bringen.

Wer sich in die Rolle seiner Gäste einfühlen kann, darf sich auch über Verkaufserfolge freuen. Entscheidend ist die Zufriedenheit der Gäste!

Beschwerdemanagement

Zur Kultur eines Unternehmens gehört die positive Erledigung von Reklamationen ebenso wie ein System, das das Personal bei der Bearbeitung von Beschwerden unterstützt. Zusammen mit einem Vorsorge- und Informationsnetz, das ähnliche Fehler in Zukunft vermeiden hilft, ist jede Beschwerde eine Chance, die Qualität des Hauses zu verbessern.

Die Bearbeitung von Beschwerden sollte immer umgehend beim Gast erfolgen – also durch jene Servicemitarbeiterin oder jenen Servicemitarbeiter, die oder der direkten Gästekontakt hat. Dieses selbstständige Bearbeiten von Reklamationen ermöglicht eine schnelle, unbürokratische Lösung des Problems.

Damit Sie die Reklamationen von Gästen besser bearbeiten können, haben wir für Sie **zehn wichtige Punkte** des Beschwerdemanagements zusammengefasst:

Eine Beschwerde ist eine Chance, noch besser zu werden! Betrachten Sie die Beschwerde als ein Geschenk des Gastes: Sie eröffnet Ihnen die Möglichkeit, Fehler zu beheben und die Qualität zu verbessern.

Das Einmaleins des Beschwerdemanagements	
1.	Bedanken Sie sich beim Gast dafür, dass er Sie auf den Beschwerdegrund aufmerksam gemacht hat.
2.	Entschuldigen Sie sich beim Gast.
3.	Hören Sie dem Gast zu.
4.	Zeigen Sie Verständnis und nehmen Sie den Gast ernst.
5.	Fühlen Sie sich nie persönlich angegriffen.
6.	Führen Sie keine Diskussion über das Problem.
7.	Reagieren Sie sofort.
8.	Lösen Sie das Problem.
9.	Prüfen Sie nach, ob der Fehler behoben wurde und der Gast mit der Lösung zufrieden ist (nachfragen!).
10.	Beugen Sie künftigen Fehlern vor.

Professionelles Beschwerdemanagement bewirkt, dass

- durch Übung der Mitarbeiter/innen im Umgang mit Beschwerden die Selbstsicherheit gestärkt wird und Fehler im Umgang mit Reklamationen verringert werden;
- Mitarbeiter/innen, die selbst Beschwerden behandeln und lösen, motivierter sind;
- die Unzufriedenheit reklamierender Gäste sich bei richtiger Behandlung und Lösung des Problems zur Zufriedenheit wandeln kann;
- zufriedene Gäste Werbung für das Unternehmen machen und gerne wieder kommen (Mundpropaganda);
- der Betrieb durch Reklamationen Informationen über seine Dienstleistungen erhält und damit die Chance hat, besser zu werden.

Natürlich ist es unangenehm, wenn ein Gast sich beschwert. Aber noch unangenehmer ist es, wenn sie oder er sich nicht beschwert und ihre/seine Unzufriedenheit Freunden und Bekannten weitererzählt. Sie bzw. er selbst wird für Sie als Gast verloren gehen und auch potenzielle neue Gäste von Ihrem Betrieb fernhalten.

Gerade im Zusammenhang mit Qualitätsmanagement und aktivem Gästemanagement bieten sich Möglichkeiten, Beschwerden nicht nur zur Beseitigung von Fehlern zu nutzen, sondern Gäste aktiv an Ihr Unternehmen zu binden und aus enttäuschten wieder begeisterte Gäste zu machen.

Beispiele von Reklamationen

a)	**Gast:**	„Herr Ober, ich bin mir nicht sicher, aber ich denke, der Wein hat einen Korkgeschmack!"
	Mitarbeiter:	„Danke für die Information und entschuldigen Sie bitte. Wenn es für Sie in Ordnung ist, verkoste ich den Wein gerne. Aber wir sind natürlich auch gerne bereit, Ihnen sofort eine neue Flasche zu servieren."

b) **Gast:** „Ihre Weinkarte enthält aber sehr wenige Zusatzinformationen und weist keine Weinbeschreibungen auf!“

Unternehmerin: „Danke, dass Sie mich darauf aufmerksam machen. Der Grund dafür ist, dass wir großen Wert auf die persönliche Beratung unserer Gäste legen. Deshalb schulen wir unsere Mitarbeiter und Mitarbeiterinnen ständig, damit sie immer auf dem neuesten Stand sind.“

Wussten Sie, dass ...
sich nur 3 bis 5 % der Gäste beschweren, wenn sie unzufrieden sind? Die meisten unzufriedenen Gäste kommen einfach nicht mehr.

Arbeitsaufgaben

1. Welche Aufgaben soll eine gut aufgebaute Weinkarte erfüllen?
2. Nennen Sie die Rangfolge der Verkaufsartikel auf der Weinkarte.
3. Beschreiben Sie Möglichkeiten der Gliederung einer Weinkarte.
4. Was bedeutet der Begriff „Weindisplay“?
5. Was ist bei der Gestaltung eines Weindisplays zu beachten?
6. Worauf ist bei der Fragestellung im Verkaufsgespräch zu achten?
7. Überlegen Sie sich eine Beschwerde eines Gastes und suchen Sie eine möglichst professionelle Lösung für die Situation.
8. Lösen Sie mithilfe des gerade Erlernten folgendes Rätsel:

Senkrecht
1 Eine besondere Verkaufshilfe (bei geringen Restmengen).
3 Fachliteratur.

Waagrecht
2 Mögliche Gliederung einer Weinkarte (nach ...).
4 Richtiges Beschwerdemanagement bietet die Chance zur ...
5 Wichtiges Element im Verkaufsgespräch.
6 Produkt mit hohem Deckungsbeitrag, aber geringem Umsatz.
7 Kartenpreis.

Ziele erreicht?

1. Nennen Sie Voraussetzungen für eine professionelle Durchführung einer Weinverkostung.
2. Erläutern Sie Maßnahmen, um Wein optimal zu präsentieren und zu verkaufen.
3. Zählen Sie fünf wichtige Punkte im Umgang mit dem Gast auf.

6 Weinservice

Fabian darf erstmals einen Wein am Tisch des Gastes öffnen, präsentieren und einschenken. Ihm zittern die Hände und er ist froh, dass er während seiner Ausbildung den Ablauf immer wieder geübt hat.

Die traditionelle Kostschale Tastevin mit Halskette – einst optisches Erkennungszeichen des Sommeliers

Das Öffnen einer besonderen Flasche Wein zählt für manchen sicherlich zu den spannenden Momenten im Leben. Kultivierte Gastgeber/innen lassen so wie auch die Sommelière oder der Sommelier im Restaurant die Gäste daran teilhaben und öffnen die Weinflasche bei Tisch, also vor den Augen der Gäste.

Diese Tradition stammt aus jener Zeit, wo die Gastgeberin bzw. der Gastgeber demonstrieren wollte, dass es sich um Originalwein handelte und nicht um eine gepanschte Mischung.

Je nach Servierart benötigt die Sommelière oder der Sommelier für einen fachgerechten Weinservice entsprechende Arbeitsmittel – die sogenannten **Accessoires.**

6.1 Weinaccessoires

Wie die meisten Berufe haben auch die Sommelière und der Sommelier ein ganz spezielles Arbeitswerkzeug. Das traditionelle Tastevin wird heute nur noch sehr selten verwendet, da es vom praktischeren Degustationsglas abgelöst wurde. Es gibt jedoch eine Reihe anderer Hilfsmittel, die die Sommelière und den Sommelier beim Servieren unterstützen. Ein täglicher Begleiter ist sicher der klassische Korkenzieher.

Korkenzieher

Achten Sie beim Kauf eines Korkenziehers darauf, dass das Kellnermesser ohne Wellenschliff, also mit glatter Klinge versehen ist. Dies ist für einen leichteren, sauberen und glatten Schnitt an der Kapsel von großem Vorteil!

Kaum ein anderes Werkzeug wurde so wie der Korkenzieher in den unglaublichsten Ausführungen und ausgefallensten Stilrichtungen produziert. Die Funktionalität sollte jedoch im Vordergrund stehen.

Im Jahr 1979 begann mit dem Screwpull eine neue Ära. Er weist aber einige Mängel auf. So durchdringt er beispielsweise den Korken zur Gänze und schafft damit oftmals Korkbrösel in den Verkostungsschluck.

Auch die Kunststoffstopfen, die heute manche Flasche jungen Weißweins verschließen, machen dem Screwpull und seiner sonst optimalen Spindel beim Öffnen der Flasche gehörig zu schaffen.

Zu den professionellsten Korkenziehern zählt der klassische Hebelkorkenzieher mit Stahlspindel und integriertem Kellnermesser. Im Gegensatz zu früher kann bei den moderneren Modellen der Hebel zweistufig am Flaschenwulst angesetzt werden. So können auch lange Korken mühelos entfernt werden. Wichtig ist, dass die Spindel eine Seele aufweist, die Platz genug bietet, um ein Streichholz durchschieben zu können.

Seele = Freiraum in der Wendel oder Schraube, also der Abstand zwischen den einzelnen Windungen. Nur Korkenzieher mit Seele können sich quasi beim Herausziehen am dazwischen verbliebenen Korken „festhalten" (ohne Seele bohrt man ein Loch!).

Kapselschneider

Oft wird in Kombination mit dem Korkenzieher ein Kapselschneider angeboten. An den Flaschenmund gesetzt und gedreht, löst er sauber und elegant Blei-, Stanniol- und Kunststoffkapseln. Im Unterschied dazu bietet das im Hebelkorkenzieher integrierte Messer den Vorteil, dass der Verschluss fachlich richtig unterhalb des Flaschenwulstes abgetrennt werden kann.

Kapselschneider

Korkenzange

Das Öffnen einer Flasche Schaumwein bereitet hin und wieder Schwierigkeiten, da der Korken manchmal sehr fest sitzt und sich deshalb nicht aus der Flasche drehen lässt. Mit einer Korkenzange lässt er sich stilgerecht herausziehen, ohne Gefahr zu laufen, dabei abzubrechen.

Weinthermometer

Gerade für noch unerfahrene Weinfachleute ist eine schnelle Temperaturkontrolle des Weines oft wichtig und hilfreich. Zu diesem Zweck gibt es verschiedene Weinthermometer, darunter auch jene Modelle (Spangen, Manschetten ...), die an die Flasche direkt angelegt werden können (ohne die Flasche zu öffnen!).

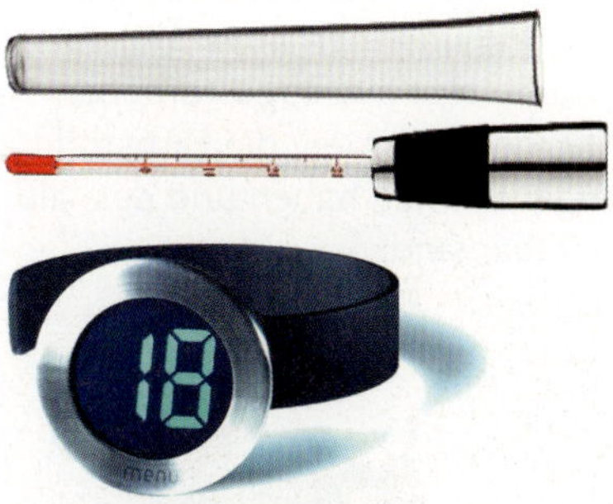

Unterschiedliche Modelle von Weinthermometern

Drop-Stop

Die kreisrunde Folie wird zusammengebogen in den Flaschenmund gesteckt. Beim Ausgießen schneidet die vorderste Kante der Folie den letzten eingegossenen Schluck ab und verhindert so ein Nachtropfen. Er ist ein ideales Hilfsmittel bei einer Degustation oder einem Bankett, beim Flaschenweinservice am Gästetisch sollte es jedoch nicht eingesetzt werden.

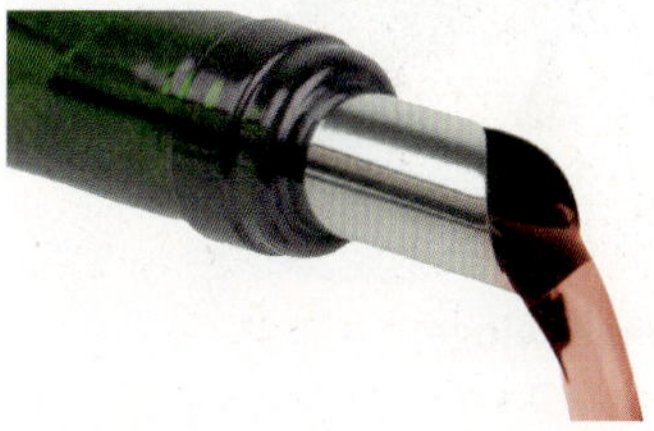

Drop-Stop

Sektflaschenverschluss

Um die Qualität des Schaumweines einer bereits geöffneten Flasche zu einem späteren Zeitpunkt zu gewährleisten, bedarf es eines Sekt- oder Champagnerflaschenverschlusses. Durch eine entsprechende Dichtung und die beiden Seitenhebel wird ein vorzeitiges Entweichen der Kohlensäure aus der Flasche verhindert.

Sektflaschenverschlüsse

Eiskübel

Beim Servieren von Weiß-, Rosé- und Schaumweinen wird gerne ein Eiskübel aus Kristallglas oder Silber verwendet. In guten Restaurants befindet er sich auf einem eigenen Ständer neben dem Gästetisch. Ein großer Vorteil des Eiskübels ist, dass die Flasche sofort weitergekühlt und, wenn sie zu wenig vorgekühlt ist, sogar noch um ein paar Grade heruntergekühlt wird. Zu den Nachteilen zählt, dass bei jedem Nachschenken die Flasche mit der Stoffserviette abgewischt werden muss. Das geschulte Personal muss auch darauf achten, dass die Flasche mit nur mehr geringem Inhalt nicht zu lange im Eiskübel bleibt, da der Rest sonst zu sehr abkühlt.

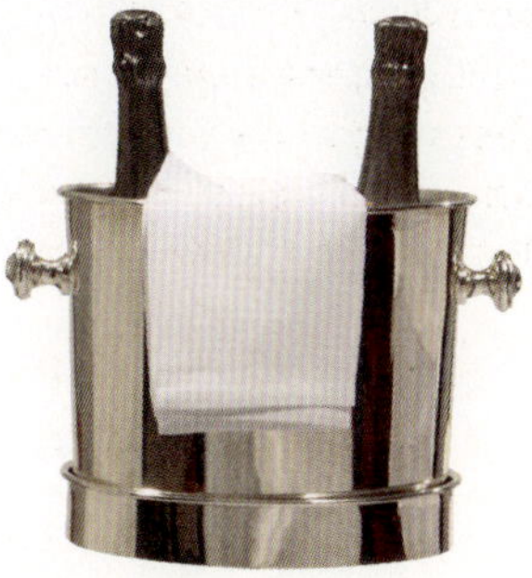

Sektkübel

Thermokühler (Glacette)

Sehr häufig finden auch die sogenannten Glacettes Anwendung beim Weinservice. Entweder aus Acryl, aus Hotelsilber oder aus Silber gefertigt, halten sie die vorgekühlte Temperatur etwa zwei bis drei Stunden konstant. Für eine längere Kühlung sind auch Kühlakkus im Handel erhältlich.

Thermokühler

Tonkühler

Der altbekannte Weinkühler aus Ton oder Terrakotta wirkt sehr rustikal und wird deswegen im eleganten Restaurant nicht verwendet. Trotzdem bietet der nicht dicht gebrannte Tonkühler den Vorteil, dass er beim Füllen mit Wasser und anschließendem Einkühlen das Wasser ansaugt und speichert. Kommt der Weinkühler zum Einsatz, wird der Wein konstant temperiert.

Der Dekantierkorb wird nicht zum eigentlichen Dekantieren verwendet.

Bodensatz = Depot; kommt vor allem bei älteren Rotweinen mit spezifischem Ausbau (traditionell und unfiltriert abgefüllt) vor und besteht aus abgestorbenen Mikroorganismen, die Farbstoff angenommen haben und deshalb sichtbar sind.

Dekantierkorb

Der oft fälschlicherweise zum Dekantieren verwendete Behelf hat nur die Aufgabe, eine besondere Flasche Wein zu transportieren. Der Dekantierkorb ist ein Behältnis, in den der Wein aus dem Keller oder Weinschrank vorsichtig hineingelegt wird, um den Bodensatz nicht aufzuwirbeln. Diese Flaschenkörbe sind entweder aus Korbgeflecht oder Holz oder aber in teurerer Ausführung aus Silberband gefertigt.

Dekantierwiege

Dekantierwiege

Die Dekantierwiege ist eine englische Erfindung, mit der früher alte Portweinflaschen dekantiert wurden. Durch das Drehen der Kurbel kann der Neigungswinkel der eingespannten Flasche genau bestimmt werden. Eine Kerze unter dem Flaschenhals ermöglicht es, das ausfließende Depot zu erkennen. In diesem Moment wird das Dekantieren gestoppt und das Depot bleibt in der Flasche zurück. Heute dienen Dekantierwiegen fast nur noch zeremoniellen Zwecken oder werden für Großflaschenformate verwendet.

Dekantierkaraffe

Dekanter oder Dekantierkaraffe

Heute in vielen unterschiedlichen Designs erzeugt, ist die aus Kristallglas gefertigte Dekantierkaraffe gemeinsam mit dem Dekantierkorb das wichtigste Utensil beim Dekantieren. Vorrangig zum Abtrennen des Depots und zur Belüftung großer, lange gelagerter Rotweine gedacht, dient sie auch zum Belüften von Weißweinen und Rotweinen ohne Depot. Sie sollte bei ihrer Verwendung am Gästetisch penibel sauber sein.

Dekantiertrockner

Um lästige Wasserflecken in den Dekantierkaraffen zu vermeiden, verwendet man einen sogenannten Dekantiertrockner. Nachdem die Dekanter gründlich gereinigt wurden, werden sie in das Metallgestell gestürzt und können so rasch und gründlich trocknen. Transparente Silikonhülsen schützen dabei den Dekanter vor Beschädigungen.

Dekantiertrichter mit Sieb

Dekantiertrichter mit Sieb

Mit diesem Trichter kann der Wein ohne Kerze von der Flasche in die Karaffe umgefüllt werden. Im Dekantiersieb, das im Dekantiertrichter integriert ist, bleibt das Depot zurück. Gerade bei ungeübten Mitarbeitern kann das Dekantiersieb gute Dienste leisten. Des Weiteren kann es bei abgebrochenen Korken und den daraus entstandenen Korkbröseln eine Hilfe sein, um den Wein ungetrübt genießen zu können.

6.2 Flaschenverschlüsse

Ein hochwertiges Produkt verlangt nach einer hochwertigen Verpackung. Diese soll durch ihr Aussehen sowohl den Wert des Produktes unterstreichen als auch den Inhalt bis zum Verbrauch optimal schützen. In den letzten Jahren haben sich neben dem klassischen Naturkorken einige Alternativverschlüsse auf dem Markt etabliert.

57 % der befragten Deutschen bevorzugen mit Naturkorken verschlossene Weine. In Frankreich sind es sogar 87 % der Befragten.

Naturkorken

Der Naturkork ist die Rinde der Korkeiche (Quercus suber), die am häufigsten in Portugal (670 000 ha) und Spanien (480 000 ha) vorkommt. Ehe sich die Rinde der Korkeiche für die Produktion von Korken eignet, muss der Baum mindestens zwanzig Jahre alt sein. Ab diesem Zeitpunkt kann der Eiche ca. alle acht bis zehn Jahre die Rinde, die sich wieder nachbildet, abgezogen werden.

Naturkork wird sterilisiert. Hin und wieder überlebt jedoch ein Schimmelpilz diesen Vorgang und gibt bei der Berührung mit Wein seine Infektion weiter, was den sehr unangenehmen sogenannten Korkgeschmack verursacht.

Ein normaler Korken hat einen Durchmesser von ca. 24 mm und wird in einen Flaschenhals von ca. 18 mm gepresst. Auch die Länge von Korken ist verschieden. Je länger ein Wein lagern muss, desto länger sollte der Korken sein. Der Naturkorken muss durch stete Berührung mit dem Wein feucht gehalten werden. Dies ist auch der Grund, warum Wein, der mit Naturkorken verschlossen ist, liegend gelagert werden muss. So wird er nur ganz langsam spröde und brüchig. Ein guter Korken hält in der Regel 25 Jahre und länger. Fast immer ist der Korken von einer Kapsel bedeckt.

Wussten Sie, dass ...
einige große Weingüter ihre alten Jahrgänge nach 25 Jahren neu verkorken?

Vorteile von Naturkorken	Nachteile von Naturkorken
▪ Leicht ▪ Traditionell, positives Image ▪ Verändert sich nicht bei Temperaturschwankungen (hochelastisch, sitzt immer fest im Flaschenhals) ▪ 100 % natürlichen Ursprungs, vollständig recycelbar ▪ Lässt einen geringen Sauerstoffaustausch zu (Oxidation – Reifung) ▪ Bindung von ca. 14 Mio. t CO_2 weltweit ▪ Vorbeugung der Versteppung (hohe Artenvielfalt)	▪ Qualitätsschwankungen ▪ Korkgeschmack ▪ Preisentwicklung

Presskorken werden nicht in einem Stück aus der Korkeiche herausgeschnitten, sondern es handelt sich um Korkgranulat, das mit Harz gebunden wurde. Sie sind deutlich billiger als Naturkorken. Bessere Presskorken (Verbundkorken) haben oben und unten eine Naturkorkscheibe, damit der Leim keinen negativen Einfluss auf den Wein nehmen kann.

Kunststoffstopfen

Seit Anfang der 1990er-Jahre sind die synthetisch hergestellten Kunststoffverschlüsse, die dem Naturkorken in der Form ähnlich sehen, in Deutschland auf dem Markt. Bestandteile sind Polyethylen und Thermoplaste, die auch als Lebensmittelverpackung eingesetzt werden, aber keine sensorischen Auswirkungen haben. Der große Vorteil ist, dass sich Schimmelpilze in der Porenstruktur nicht festsetzen können. Aber die Weine sind nicht so lange haltbar, da nach ca. eineinhalb Jahren die Oxidation beschleunigt werden kann.

Wegen der starken Qualitätsschwankungen bei den Naturkorken (3–15 % Ausfallsquoten durch Korkfehler) wurden gute alternative Verschlusssysteme entwickelt.

Vorteile von Kunststoffstopfen	Nachteile von Kunststoffstopfen
▪ Geschmacksneutral ▪ Keine Oxidation bei Lagerung ▪ Kein Abbrechen oder Abbröseln beim Öffnen ▪ 30 bis 50 % billiger als Naturkorken	▪ Beschränkte Lagerdauer der Weine (absolut dicht!) ▪ Häufig schwer zu entfernen, schwierig erneut zu verstöpseln ▪ Nicht zu 100 % recycelbar ▪ Herstellung verbraucht am meisten nicht erneuerbare Energien und Wasser ▪ Keine große Akzeptanz, da Verdacht auf minderwertige Weine ▪ Vermutung, dass Weichmacher herausgelöst werden

Drehverschluss – Anrollverschluss

Der Stelvin-Drehverschluss ist seit nahezu 30 Jahren fester Bestandteil der Weinverpackung in Neuseeland (90 % der Weine) und Australien (60 %)

Der von der französischen Firma Pechiney SA entwickelte Stelvin-Drehverschluss ist eine kostengünstige Alternative zu Naturkorken und Kunststoffstopfen und hat mittlerweile sein anfangs negatives Image fast abgelegt. Erfahrungswerte bestätigen eine lange Lebensdauer der Weine von bis zu zehn Jahren. Der Drehverschluss hat vor dem Aufsetzen auf die Flasche kein Gewinde, sondern erhält es erst durch das Aufpressen. So ist eine exakte Anpassung an das Flaschengewinde gewährleistet.

Vorteile von Schraub- bzw. Drehverschlüssen	Nachteile von Schraub- bzw. Drehverschlüssen
▪ Geschmacksneutral ▪ Keine Oxidation bei Lagerung ▪ Einfaches Öffnen ▪ Wiederverschließbar ▪ Preisvorteil gegenüber anderen Verschlüssen	▪ Verlust alter Tradition (kritische Konsumentenhaltung) ▪ Keine Flaschenreifung möglich (nur für jung zu trinkende Weine) ▪ Nicht zu 100 % recycelbar ▪ Entstehung von 24 Mal mehr CO_2 als beim Naturkorken ▪ Produktion der meisten Abfälle von allen Verschlussarten

Die Wiederverschließbarkeit des Drehverschlusses wird gerade beim Weinservice im Glas sowie bei Veranstaltungen im Cateringbereich sehr geschätzt!

Glasverschluss

Eine Neuerung seit 2003 in Deutschland ist der Glasverschluss. Auf dem US-Markt trägt der Glasverschluss Vino-Lok der Firma Alcoa (Deutschland) den Namen Vin Tegra. Das Vino-Lok-System basiert auf der Idee, die Flasche mit einem Verschluss zu versehen, der aus technischer und önologischer Sicht zu 100 % neutral ist. Ein Glasstopfen mit einer Dichtung aus PVDC verschließt die Weinflasche. Der Glasstopfen wird mit einer Überkappe aus Aluminium gesichert.

Polyvinylidenchlorid (PVDC) = Thermoplast, das sich nahe dem Schmelzpunkt von ca. 200 °C leicht zersetzt.

Vorteile von Glasverschlüssen	Nachteile von Glasverschlüssen
▪ Geschmacksneutral ▪ Einfaches, luftdichtes Wiederverschließen offener Flaschen ▪ Voll recyclingfähig ▪ Hochwertige Optik	▪ Fehlende Langzeiterfahrungen ▪ Hoher Preis ▪ Mehr Know-how bzw. präzisere Verarbeitung beim Abfüllen der Weine notwendig ▪ Standardflaschen aus Gründen der Passgenauigkeit nicht verwendbar ▪ Flaschen müssen eine Dichtung aus PVDC aufweisen

Kronkorken – Stainless Cap

Zurzeit spielt der Kronkorken, der dem Drehverschluss technisch ebenbürtig ist, bei Weinen ohne Kohlensäure noch keine wichtige Rolle. Bei der Produktion von Schaumweinen ist er jedoch unentbehrlich geworden. So sind fast alle Champagnerflaschen während der zweiten Gärung und der anschließenden Lagerung (bei Referenzflaschen bis zu 30 Jahren) in der Flasche mit Kronkorken verschlossen. Tatsächlich ist er der ideale Verschluss für alle Getränke mit Kohlensäure.

Flaschenkapsel

Die Flaschenkapsel hat die Aufgabe, die Unversehrtheit des Weines zu garantieren. Im Zeitalter der Weinfälschungen wird das immer wichtiger. Des Weiteren verlangsamt sie den Gasaustausch zwischen dem Flascheninhalt und der Außenwelt und kann den Wein vor der Korkmotte schützen.

Korkmotte = ein Insekt, das seine Eier gerne an feuchten Stellen im Weinkeller ablegt. Wenn das ein Korken ist, wir er von der geschlüpften Raupe (auch Korkwurm genannt) angefressen und dadurch undicht, was in der Folge (neben Schimmelpilzbildung) zur Oxidation des Weines bis hin zum Auslaufen führen kann.

Kapselmaterialien

Das Material dieser Kapseln kann **Stanniol, Plastik** oder **Aluminium** sein. Vor nicht allzu langer Zeit waren auch Kapseln in Verwendung, die Blei enthielten. Aus diesem Grund wurden bzw. werden die Kapseln unter dem Wulst am Flaschenhals abgeschnitten. Man will sichergehen, dass der Wein mit der bleihaltigen Kapsel nicht in Berührung kommt, um eventuelle Geschmacksbeeinträchtigungen zu vermeiden.

> Ursprünglich wurden Flaschen mit Kapseln versehen, die aus Siegellack bestanden. Sollte einmal eine Flasche mit Siegellack zu öffnen sein, so empfiehlt es sich, diesen Lack schon vor dem Service durch Abklopfen zu entfernen, da das am Tisch des Gastes unpassend ist.

Wertvolle Weine tragen heute fast immer eine Kapsel aus Zinn. Zinn hat ab 1990 schrittweise die traditionelle Bleikapsel (auch als Stanniolkapsel bezeichnet) abgelöst. Zinn ist im Unterschied zu Blei kein toxisches Schwermetall. Zinn ist weich, leicht formbar und schmiegt sich deshalb fest an den Flaschenhals an, sodass der Wein fast luftdicht abgeschlossen ist. Der einzige Nachteil ist der hohe Preis.

Toxisch = giftig.

Eine günstigere Alternative zu Zinnkapseln sind die Aluminiumkapseln. Sie schützen den Korken ebenfalls sehr gut. Aluminium als Leichtmetall strahlt jedoch nicht die Wertigkeit von Zinn aus. Beim Abtrennen der Aluminiumkapsel bilden sich darüber hinaus sehr scharfe Schnittkanten, die beim Öffnen der Flasche zu Schnittwunden führen können.

Der Großteil der handelsüblichen Weine wird jedoch mit Kapseln aus Polyethylen, PV und PET versehen. Diese Verschlussmöglichkeiten sind zwar einerseits billig, bergen aber andererseits das Risiko, bei Wärme zu platzen oder bei Kälteeinwirkung rissig zu werden.

Daher hat sich in den letzten Jahren vor allem eine Mischform, also Kapseln aus mit PVC-Folie verschweißtem Aluminium, durchgesetzt.

Flaschenkapseln

Richtiges Abtrennen der Flaschenkapsel

Aufgrund der früheren Verwendung von Bleikapseln bei hochwertigen Weinen hat sich über Jahrzehnte der internationale Trend durchgesetzt, die Kapsel unterhalb des Flaschenwulstes abzuschneiden. Diese Art, den Kapseloberteil vom Flaschenhals zu trennen, hat sich bis heute beim eleganten Weinservice bewährt.

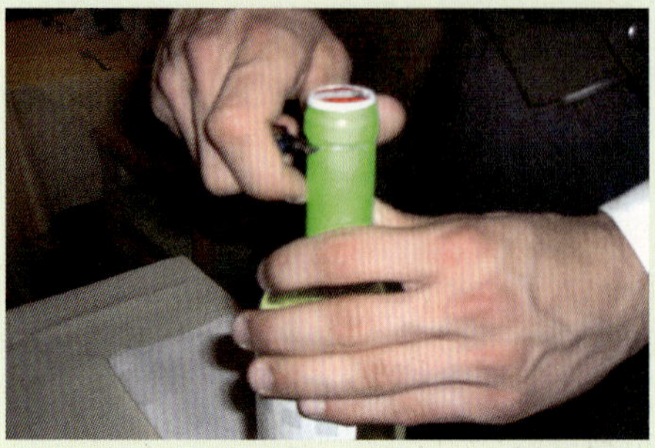

1 Unterhalb des Wulstes wird die Kapsel abgeschnitten.

2 Anschließend folgt ein gerader Schnitt nach oben.

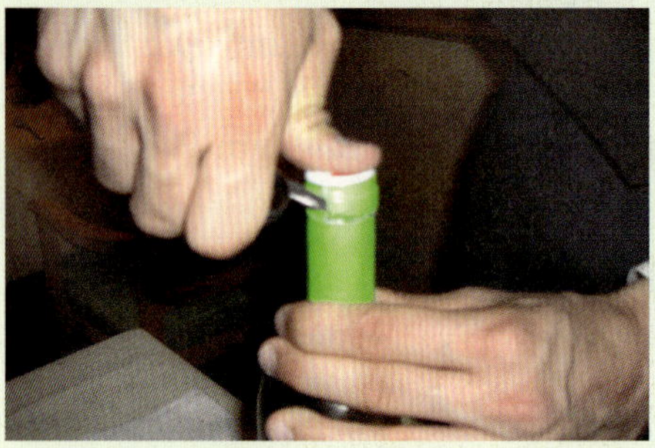

3 Bei der entstandenen Ecke wird das Messer angesetzt.

4 Nun wird die Folie nach hinten abgezogen.

6.3 Weißweinservice

Der Weißweinservice ist mit Sicherheit die gebräuchlichste Weinservierart, die es gibt. Sie findet in jedem Betriebstyp der Gastronomie Anwendung und gehört zum Basiskönnen eines jeden Servicemitarbeiters/einer jeden Servicemitarbeiterin.

Aufbau des Mise en Place für den Weißweinservice

Mise en Place – Guéridon

- Dem Weintyp entsprechende Gläser eindecken.
- Guéridon vorbereiten.
  - Serviertablett mit Stoffserviette/Spitzenpapier
  - Weinkühler (Wasser, Eis) mit Unterteller, Stoffserviette/Spitzenpapier
  - Weinserviette
  - 1 Brotteller mit Spitzenpapier zum Präsentieren von Korken/Verschluss
  - 1 Brotteller als Abfallteller
  - 1 Reserveglas
  - Servietten zum Reinigen des Flaschenhalses/Flaschenmundes
  - Korkenzieher

Das Reserveglas oder Sommelierglas kann bei vom Gast beanstandeten Weinmängeln oder -fehlern vom Sommelier/von der Sommelière zur Kontrolle verwendet werden.

Serviceablauf – Naturkorken/Kunststoffstopfen

1 Einstieg: Begrüßung, Vorstellung, Einleitung.

2 Bestellten Wein der Bestellerin/dem Besteller oder den Gästen präsentieren.
- Die Weinflasche liegt in der linken Hand auf der Weinserviette, das Etikett ist zu den Gästen gerichtet.
- Die rechte Hand kann unterstützend eingesetzt werden.
- Präsentation: Rebsorte, Jahrgang, Produzent/in bzw. Abfüllbetrieb, Herkunft.
- Bei einer Cuvée wird der Name des Weines statt der Rebsorte genannt. Zusätzliche Informationen können gerne gegeben werden.

3 Flasche in die Mitte der Weinserviette stellen, Etikett ist zu den Gästen gerichtet.

4 Abschneiden der Kapsel unterhalb des Flaschenwulstes, die Weinflasche wird dabei nicht gedreht.

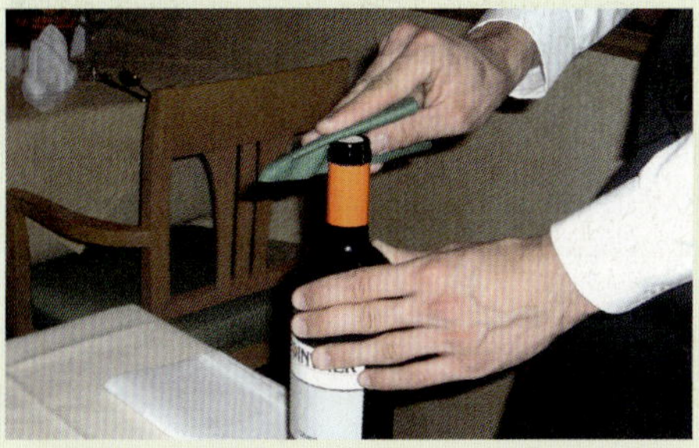

5 Reinigung des Flaschenmundes.

6 Korkenzieher in der Mitte des Korkens ansetzen und hineindrehen.

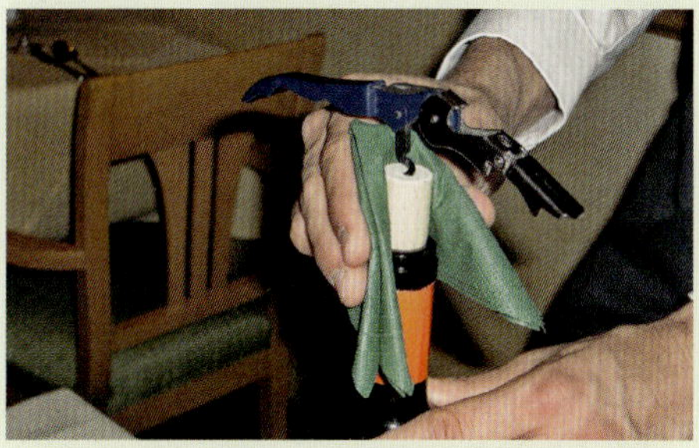

7 Lockern des Korkens durch kurzes Ziehen und geräuschloses Herausziehen des Korkens.

8 Korken kontrollieren und den Gästen präsentieren bzw. einsetzen.

9 Reinigen der Öffnung.

10 Einschlagen der Weinflasche in die Weinserviette.

Eventuell ist ein **Frappieren,** also das rasche Kühlen von Weißweinen oder Schaumweinen, nötig. Mithilfe von Eis, Wasser und grobem Kochsalz wird der zu kühlende Wein in wenigen Minuten um einige Grade kühler. Diese Arbeit wird ausschließlich im Office und nicht am Gästetisch durchgeführt!

Um – besonders mit wenig Übung – ein sicheres Gefühl beim Einschenken zu haben, kann man auch den Zeigefinger in Richtung Flaschenhals ausstrecken (ab Bild 10).

11 Einschenken eines Probeschluckes bei der Verkosterin bzw. beim Verkoster – Sinnesprüfung durch den Gast.

Sinnesprüfung = Aussehen, Duft und Geschmack werden begutachtet.

12 Wenn die Verkosterin oder der Verkoster zufrieden ist: Einschenken nach klassischer Reihenfolge. Achtung: Verkoster/in nicht vergessen!

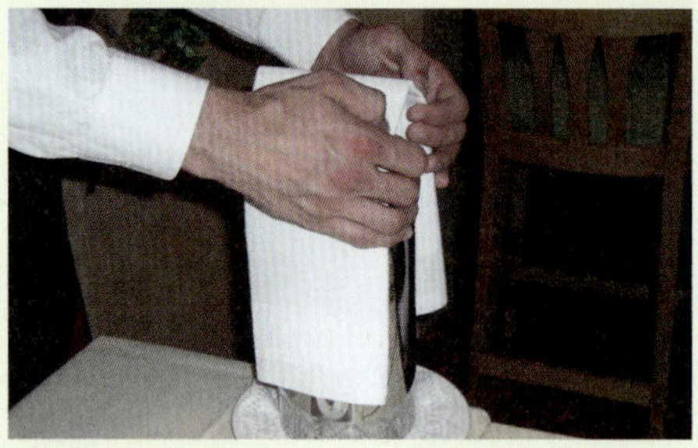

13 Weinflasche in den Weinkühler stellen, Weinserviette bleibt beim Kühler.

14 Korkenteller abservieren.

15 Beistelltisch sauber hinterlassen.

16 Nachschenken nicht vergessen.

Weißweinservice bei Glas- und Drehverschluss

Wenn die Flasche mit einem Glas- oder Drehverschluss verschlossen ist, unterscheidet sich der Service vom klassischen Weißweinservice nur durch Abänderungen beim Öffnen der Flasche.

Aufbau des Mise en Place beim Weißweinservice mit Glas- und Drehverschluss auf dem Guéridon

Serviceablauf – Glasverschluss/Drehverschluss

Nach dem Präsentieren der Weinflasche:

- Flasche auf ein Ende der Weinserviette stellen, das Etikett ist zu den Gästen gerichtet.

- Lösen und Abheben der Schutzkapsel beim Glasverschluss.

- Abheben der Schutzkapsel.

- Die Weinserviette zur Flaschenöffnung anheben.

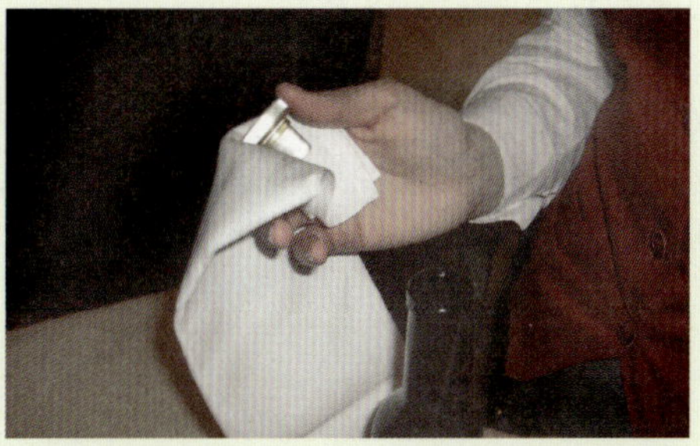

- Öffnen des Glasverschlusses durch Andrücken nach oben.
- Abheben des Verschlusses mit der Weinserviette.
- Gästen, die beim Öffnen des Glasverschlusses Interesse zeigen, kann der Glasverschluss auch präsentiert werden.
- Die weiteren Schritte erfolgen wie beim Weißweinservice mit Natur- oder Kunststoffstopfen.

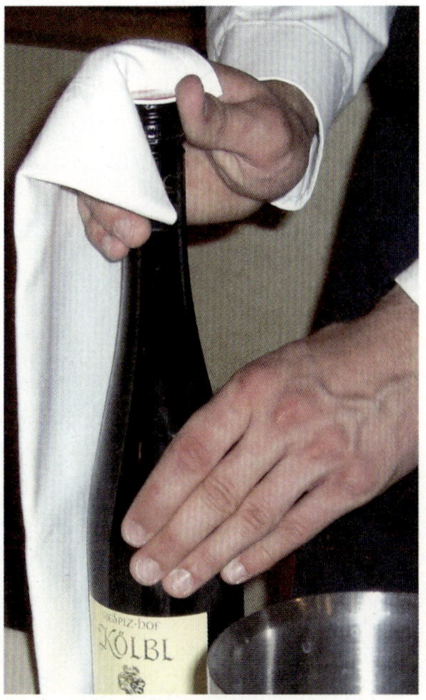

Die Handhabung der Weinserviette beim Abrollen des Drehverschlusses erfolgt wie beim Glasverschluss. Der Drehverschluss wird den Gästen nicht präsentiert.

6.4 Belüften

Bereits im 19. Jahrhundert war es üblich, gehaltvolle Weißweine zur besseren Belüftung bewusst in der Karaffe zu servieren. Im Unterschied zum Dekantieren geriet das Belüften jedoch in Vergessenheit und rückte erst vor einigen Jahren wieder ins Bewusstsein der Fachleute. Eine entsprechende Reaktionszeit mit Sauerstoff ermöglicht den Abbau des Redoxpotenzials. Dadurch wirken die Weine voller und harmonischer und ihr Facettenreichtum kommt besser zur Geltung.

Redoxpotenzial = die Summe der Reaktionsmöglichkeiten aller Bestandteile des Weines (also sowohl der oxidativen als auch reduktiven). Z. B. Tannine werden aufgespalten.

Mise en Place – Guéridon

Zusätzlich zum Mise en Place beim Weißweinservice benötigt man einen Unterteller mit Stoffserviette oder Spitzenpapier und eine passende Karaffe.

Aufbau des Mise en Place beim Belüften von Weißweinen

Serviceablauf – Ergänzung zum klassischen Weißweinservice

Nach dem Öffnen der Weinflasche und dem Eingießen des Probeschluckes:

- Den Wein aus der Flasche in die Karaffe umfüllen.
- Der weitere Weinservice erfolgt aus der Karaffe. Es wird also nach der klassischen Reihenfolge eingeschenkt, wobei beim Service die Weingläser ausgehoben werden.
- Alle weiteren Schritte folgen wieder dem klassischen Weißweinservice.

Das Mise en Place für das Belüften von Rotweinen wird genauso aufgebaut, lediglich der Weinkühler fehlt.

Wussten Sie, dass ...
sich Weine mit höherem Alkoholgehalt z. B. trockene Spätlesen sowie im Barrique ausgebaute Weißweine bzw. junge, sehr tanninreiche Rotweine besonders gut zum Belüften eignen? Hingegen verliert z. B. das feine Aroma eines Pinot noir durch Belüftung.

6.5 Rotweinservice

Wie der Weißweinservice zählt auch der klassische Rotweinservice zu den gängigsten Weinservierarten. Vor allem junge Weine oder Weine mit kurzer Lagerzeit (ein bis drei Jahre) werden dem Gast mit einfachem Rotweinservice serviert.

Aufbau des Mise en Place für den Rotweinservice auf dem Guéridon

Mise en Place – Guéridon

- Dem Weintyp entsprechende Gläser eindecken.
- Guéridon vorbereiten.
  - Serviertablett mit Stoffserviette/Spitzenpapier
  - Unterteller, Stoffserviette/Spitzenpapier für Rotweinflasche
  - Weinserviette
  - 1 Brotteller mit Spitzenpapier zum Präsentieren von Korken/Verschluss
  - 1 Brotteller als Abfallteller
  - 1 Reserveglas
  - Servietten zum Reinigen des Flaschenhalses/Flaschenmundes
  - Korkenzieher

Eventuell ist ein **Chambrieren,** also das Auf-Zimmertemperatur-Bringen eines Rotweines, nötig. Der Wein wird dazu einige Stunden vor dem Öffnen aus dem Lager in einen Raum mit entsprechender Temperatur gebracht.

Serviceablauf – Naturkorken/Kunststoffstopfen

1 Einstieg: Begrüßung, Vorstellung, Einleitung.

2 Der bestellte Wein wird der Bestellerin bzw. dem Besteller oder der Gästegruppe präsentiert.

- Die Weinflasche liegt in der linken Hand auf der Weinserviette.
- Die rechte Hand kann unterstützend eingesetzt werden.
- Präsentation: Rebsorte, Jahrgang, Produzent/in bzw. Abfüllbetrieb, Herkunft.
- Bei einer Cuvée wird der Name des Weines statt der Rebsorte genannt. Zusätzliche Informationen können gerne gegeben werden.

Die Flasche kann zum Öffnen mit dem Unterteller (siehe rechtes Foto) oder aber auf einer längsgefalteten Weinserviette an die Kante des Guéridons gestellt werden.

3 Der bestellte Wein wird den Gästen präsentiert.

4 Flasche auf den Unterteller stellen, das Etikett schaut zu den Gästen.

5 Abschneiden der Kapsel unterhalb des Flaschenwulstes, die Weinflasche wird dabei nicht gedreht.

6 Reinigung des Flaschenmundes.

7 Korkenzieher in der Mitte des Korkens ansetzen und hineindrehen.

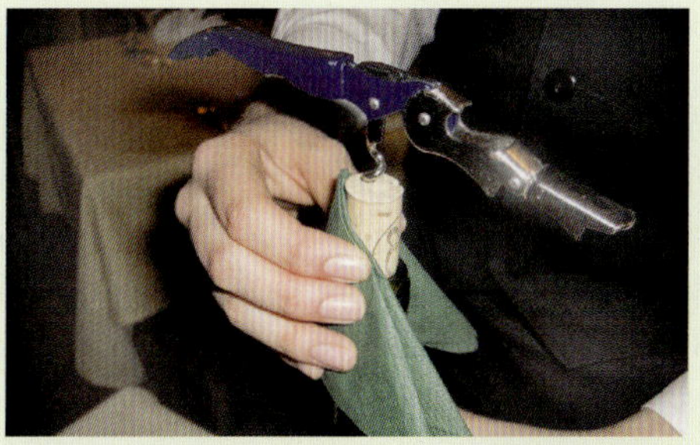

8 Lockern des Korkens durch kurzes Ziehen und geräuschloses Herausziehen.

9 Korken prüfen, präsentieren und beim Gast einsetzen.

10 Reinigen der Flaschenöffnung.

11 Die Weinflasche auf die zusammengelegte Weinserviette in der linken Hand stellen.

12 Einschenken des Probeschluckes bei der Verkosterin bzw. beim Verkoster, der den Wein probiert und gutheißt.

13 Einschenken nach der klassischen Reihenfolge, am Schluss der Verkosterin bzw. dem Verkoster. Abservieren des Korkens auf dem Teller.

14 Nach erfolgtem Weinservice die Weinflasche auf den Unterteller zurückstellen.

15 Den Guéridon säubern – die Weinserviette bleibt auf dem Guéridon.

16 Nachschenken nicht vergessen.

Wussten Sie, dass ...
laut den Regeln der ASI (**A**ssociation de la **S**ommellerie **I**nternationale) das Glas beim Einschenken des Rotweines in die Hand genommen wird? Bei besonderen Gläserformen ist das Ausheben der Gläser beim Einschenken des Rotweines oft unerlässlich.

6.6 Dekantieren

Das Depot, das sich im Laufe der Zeit am Boden von Rotweinflaschen bildet, darf auf keinen Fall in das Glas des Gastes gelangen. Daher muss man den Wein vom Depot trennen, indem man den Wein aus der Flasche in eine Karaffe umfüllt. Außerdem wird dem Wein auf diese Weise Sauerstoff zugeführt und er kann so sein Bukett besser entfalten. Je mehr Tannine ein Wein aufweist, umso länger benötigt er für die Entfaltung seiner Geschmacksaromen.

Aufbau des Mise en Place für das Dekantieren auf dem Guéridon

Mise en Place – Guéridon

- Dem Weintyp entsprechende Gläser eindecken.
- Guéridon vorbereiten.
  - Serviertablett mit Stoffserviette/Spitzenpapier
  - Dekantierkorb, mit Stoffserviette ausgelegt
  - Unterteller mit Stoffserviette/Spitzenpapier und Karaffe
  - Weinserviette
  - 1 Brotteller mit Spitzenpapier zum Präsentieren des Korkens
  - 1 Brotteller als Abfallteller
  - 1 weiße Kerze im Kerzenständer, Streichhölzer auf Unterteller und Porzellanaschenbecher zum Ablegen der verwendeten Streichhölzer
  - 1 Reserveglas
  - Servietten zum Reinigen des Flaschenhalses/Flaschenmundes
  - Korkenzieher

Serviceablauf

1 Einstieg: Begrüßung, Vorstellung, Einleitung.

2 Der bestellte Wein wird der Bestellerin bzw. dem Besteller oder der Gästegruppe vorsichtig im Dekantierkorb präsentiert (ohne das Depot aufzuschütteln!).

- Die rechte Hand kann unterstützend eingesetzt werden.
- Präsentation: Rebsorte, Jahrgang, Produzent/-in bzw. Abfüllbetrieb, Herkunft.
- Bei einer Cuvée wird der Name des Weines statt der Rebsorte genannt. Zusätzliche Informationen können gerne gegeben werden.

3 Der bestellte Wein wird präsentiert.

4 Der Korb wird mit der Flaschenöffnung nach rechts auf dem rechten Teil des Guéridons abgestellt.

Manchmal werden die Gläser und die Karaffe durch **Avinieren,** also durch das Ausschwenken mit Wein derselben Güte vorbereitet. Oft wird als Grund dafür genannt, man wolle dadurch die Gläser von Fremdgerüchen befreien, was natürlich falsch ist: Würden Sie für Ihre Gäste Gläser mit Fremdgeruch beim Weinservice einsetzen?

5 Gleich zu Beginn wird die Kerze entzündet, um einen störenden Schwefelgeruch später zu vermeiden.

6 Entfernen der Kapsel durch einen Längsschnitt.

7 Reinigung des Flaschenhalses.

8 Der Korkenzieher wird in der Mitte des Korkens hineingedreht.

9 Lockern des Korkens (durch kurzes Ziehen), geräuschloses Herausziehen und anschließend Kontrolle des Korkens.

10 Präsentieren und Einsetzen des Korkens beim Gast.

11 Reinigen der Öffnung mit der Weinserviette und vorsichtiges Eingießen des Probeschluckes von der im Korb liegenden Weinflasche.

12 Einstellen des Glases mit dem Probeschluck. Der Gast verkostet.

Das Avinieren erfolgt nach dem Probeschluck und wird auf dem Guéridon durchgeführt:

- Eine kleine Menge des Weines in das erste Glas geben.
- Benetzen des gesamten Glases mit dem Wein durch Drehen des Glaskelches auf der Weinserviette.
- Mit demselben Wein nacheinander die anderen Gläser und die Karaffe avinieren. Zum Schluss den Wein in ein Reserveglas leeren.
- Gläser mit einem Tablett bei den Gästen einstellen.

Für sehr alte Rotweine empfiehlt sich eine Karaffe mit kleinerer Öffnung, da diese Weine nicht mehr so viel Sauerstoff vertragen.

Es kann auch das Glas mit der Serviette ausgehoben werden

Durch das Ertränken der brennenden Kerze im heißen Wachs wird eine starke Rauchentwicklung verhindert. Der Docht sollte aber für die nächste Verwendung mit dem Streichholz wieder aufgerichtet werden!

Je größer die Gläser, umso mehr sollte auf die Füllmenge geachtet werden! Bei den klassischen Bordeauxgläsern genügt eine kleine Menge wie auf den Abbildungen.

13 Dekantierkorb vorsichtig um 180 ° zur Mitte hin drehen.

14 Flasche behutsam aus dem Dekantierkorb nehmen.

15 Wein im Schein der Kerze langsam, aber ohne Unterbrechung in die Karaffe umfüllen.

16 Sobald das Depot im Flaschenhals sichtbar wird, das Umfüllen beenden.

17 Karaffe abstellen, Flasche in den Korb zurücklegen und Kerze vorsichtig ablöschen (Docht mit dem gebrauchten Zündholz im Wachs ertränken und wieder aufrichten). Das gebrauchte Streichholz im Aschenbecher ablegen.

18 Einschenken nach der klassischen Reihenfolge. Dabei werden die Gläser von der Servicemitarbeiterin bzw. vom Servicemitarbeiter mit der linken Hand ausgehoben und danach wieder eingesetzt. Achtung: Die Verkosterin bzw. den Verkoster nicht vergessen!

19 Karaffe auf den Unterteller zurückstellen, Weinserviette bleibt auf dem Guéridon.

20 Korkenteller abservieren.

21 Guéridon reinigen.

22 Nachschenken nicht vergessen.

6.7 Schaumweinservice

Mise en Place – Guéridon

- Entsprechende Gläser eindecken.
- Guéridon vorbereiten.
  - Serviertablett mit Stoffserviette/Spitzenpapier
  - Weinkühler (Wasser, Eis) mit Unterteller, Stoffserviette/Spitzenpapier
  - Weinserviette
  - 1 Brotteller mit Spitzenpapier zum Präsentieren des Korkens
  - 1 Brotteller als Abfallteller
  - 1 Reserveglas
  - Servietten zum Reinigen des Flaschenhalses/Flaschenmundes
  - Korkenzieher, Sekt-/Champagnerzange

Serviceablauf

1 Einstieg: Begrüßung, Vorstellung, Einleitung.

2 Bestellter Schaumwein wird der Bestellerin/dem Besteller oder der Gästegruppe präsentiert.

- Die Flasche liegt auf der Weinserviette auf der linken Hand.
- Die rechte Hand kann unterstützend eingesetzt werden.
- Präsentation: Name des Schaumweines.

3 Der bestellte Schaumwein wird den Gästen präsentiert.

4 Flasche auf die Weinserviette stellen. Das Etikett schaut zu den Gästen.

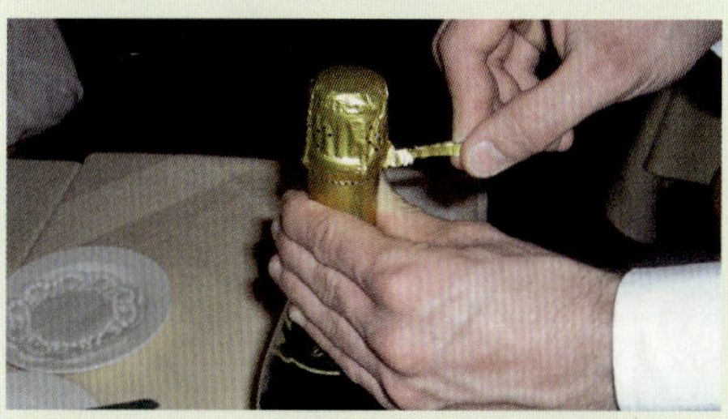

5 Die Kapsel wird mithilfe des Aufreißverschlusses entfernt.

6 Die Agraffe wird geöffnet, der Daumen sichert.

7 Die Flasche wird angehoben und die Weinserviette über den Korken gelegt.

8 Eine Hand hält den Korken, die zweite den Flaschenboden. Durch vorsichtiges Drehen den Korken entfernen. Flasche beim Öffnen schräg halten – Öffnung nicht auf die Gäste richten.

Das Öffnen einer Flasche Schaumwein zählt sicherlich zu den festlichsten Anlässen. Um dies in der angemessenen Form am Gästetisch durchzuführen, bedarf es entsprechender Sorgsamkeit im Umgang mit der Flasche.

Aufbau des Mise en Place beim Schaumweinservice auf dem Guéridon

Zusatzinformationen können bei der Präsentation gerne noch gegeben werden.

Sollte kein Aufreißverschluss auf der Flasche angebracht sein, wird mit dem Kellnermesser des Korkenziehers ein Schrägschnitt gemacht, damit die Kapsel einfach abgehoben werden kann!

Wussten Sie, dass ...
das Überschäumen beim Öffnen der Schaumweinflasche durch zu starkes Rütteln der Flasche oder durch das zu harte Aufsetzen der Flasche auf einen Untergrund (Tisch, Guéridon ...) verursacht wird?

9 Korken prüfen, dann Präsentieren und Einsetzen des Korkens beim Gast.

10 Reinigen der Öffnung mit der Stoffserviette.

11 Einschlagen der Flasche in die Weinserviette.

12 Die weiteren Schritte erfolgen wie beim Weißweinservice, nur werden die Gläser beim Eingießen ausgehoben und schräg gehalten. Einschenken eines Probeschluckes.

13 Nach Gutheißen durch den Gast wird nach der klassischen Reihenfolge eingeschenkt (Achtung: Verkoster/in nicht vergessen!).

14 Flasche in den Kühler stellen, Weinserviette bleibt beim Kühler.

15 Korkenteller abservieren.

16 Guéridon reinigen.

17 Nachschenken nicht vergessen.

Um ein Überschäumen des Glases beim Einschenken zu verhindern, sollte sich zuerst die Mousse (Schaum) setzen, bevor weiter aufgefüllt wird!

Ziele erreicht?

1. Nennen Sie die wichtigsten Aufgabenbereiche der Sommelière bzw. des Sommeliers.
2. Zählen Sie vier Weinflaschenverschlüsse auf.
3. Beschreiben Sie verkaufsfördernde Maßnahmen für Wein im Restaurant.
4. Erklären Sie die Fachbegriffe
   Chambrieren ■ Frappieren ■ Dekantieren ■ Belüften ■ Avinieren
5. Welchen Einfluss hat die Temperatur des Weines auf den Trinkgenuss?

Weinfachausdrücke

Ampelografie Rebsortenkunde
Anthocyane Farbpartikel unter der Beerenschale
Aräometer Mostwaage
aufbessern verbessern des Traubenmostes (siehe dazu Chaptalisation, S. 98)
aufspriten (gespritet) Zusatz von Branntwein, Weinbrand u. Ä.
ausbauen Entwicklung vom Jungwein zum trinkfertigen Wein
ausdünnen reduzieren des Traubengutes
ausgewogen harmonisch

Barrique Eichenfass, meist ca. 225 Liter
biologischer Säureabbau (BSA) Apfel-Milchsäure-Gärung (malolaktische Gärung)
Böckser Geruch nach faulen Eiern
Bodengeschmack Erd- bzw. Mineralienton
Botrytis cinerea Edelschimmelpilz, Edelfäule, Grauschimmel (siehe Prädikatsweine, S. 109)
Braunwerden Oxidation

chaptalisieren Most oder Maische vor der Gärung mit Zucker anreichern (siehe S. 98)
Cuvée Verschnitt von verschiedenen Weinen

Direktträger Hybride, z. B. Rebsorte Noah

entalkoholisiert Alkoholgehalt von maximal 0,5 Vol.-%
Entsäuerung mit kohlensaurem Kalk oder durch biologischen Säureabbau (malolaktische Gärung)
Erziehungsform Art der Rebziehung und des Rebschnittes
Essigstich Weinfehler
Extrakt gelöste Stoffe, die beim Verdampfen zurückbleiben

Federweißer in Gärung befindlicher Most (auch Sturm)
Filtration Reinigung durch diverse Filteranlagen

gebrochen fehlerhaft, trüb (weißer, schwarzer, brauner Bruch)
Geläger Gärrückstände (abgestorbene Hefe, Trübstoffe)
gemischter Satz Wein aus gemischten Trauben in einem Weingarten
Gerbstoffe Tannine (Schale, Kerne, Kämme – adstringierend)

Herbizid chemisches Unkrautbekämpfungsmittel
Hochkultur Rebziehungsart in Österreich

Jungfernlese erster Traubenertrag
Jungfernwein Wein aus erstem Traubenertrag
Jungwein Wein nach der Gärung und vor der Hefeklärung

Kelter, keltern Presse, Pressvorgang
Kleinklima Klimaverhältnisse innerhalb einer Großklimazone
° KMW Klosterneuburger Grade, Maßeinheit zur Angabe des Zuckergehalts im Most

Lage (Riede) Rebfläche
Luftgeschmack Oxidation
Lyraziehung Rebziehungsart

Maischegärung teilweise Vergärung der Rotweinmaische
Massenträger auf hohen Ertrag gerichtete Rebsorten

Öchslegrade Mostgewicht in Öchsle; wird mit der Öchsle-Mostwaage bestimmt
Önologie Weinkunde, Weinbaukunde
Önothek Vinothek, Weinsammlung (meist gehobene Qualität)
oxidativer Ausbau Ausbau bei beschränkter Luftzufuhr; Sortencharakteristik

Rebschnitt beeinflusst den Traubenertrag, erfolgt von Winter bis Frühjahr
reduktiver Ausbau keine Sauerstoffzuführung, Drucktanks, Schwefelung
Refraktometer Zuckermessgerät auf Lichtbrechungsbasis
Restzucker Restsüße, unvergorener Zucker

Sauser noch süßlicher Sturm (auch Federweißer)
Schönung Klärung durch Zugabe diverser Stoffe
Schwefeln Konservierungsmethode
Sortenbukett typischer Sortengeruch
Süßreserve steril eingelagerter, unvergorener Traubensaft

Terroir Boden, Zusammenwirken von Bodenbeschaffenheit, Lage, Mikroklima, Rebsorte un Winzer
Toasting Behandlung (Ausbrennen) eines neuen Holzfasses

verrieselt nur teilweise befruchtete Blüten
Verschnitt Vermischen von Trauben, Most oder Wein
versetzter Wein Zusatz von Kräutern, Zucker, Alkohol usw.
Vinifizierung Kellertechniken zur Weinerzeugung
Vinometer Messinstrument zum Messen des Alkoholgehalts

Weinsteinkristalle ausgeschiedene Weinsäure

Zuckerrest unvergorener Restzucker

Degustationssprache

Das Auge: Farbe – Color

Klarheit		strahlend – klar – matt – trüb
Kohlensäure		perlend – prickelnd – schäumend
Farbtiefe		blass – mittel – intensiv
Farbton	**Weißwein**	graugelb – grüngelb – blassgelb – blassgold – goldgelb – golden – goldbraun – bernstein – braun
	Rotwein	tintenfarben – purpurrot – kirschrot – rubinrot – granatrot – ziegelrot – kupferrot
	Rosé	kirschfarben – himbeerfarben – lachsfarben – zwiebelhautfarben
Konsistenz, Extrakt, Viskosität		gering – mittel – hoch

Die Nase: Geruch – Odor

Reintönigkeit	reintönig – sauber – dumpf – leicht fehlerhaft – Kork – übelriechend
Intensität	verhalten – zart – dezent – gut ausgeprägt – intensiv – wuchtig – aufdringlich
Qualität	komplex – fein – rassig – einfach – plump
Entwicklungsstadium	hefig – jugendlich – gereift – müde – oxidativ
Aromen	blumig – fruchtig – pflanzlich – nussig – erdig – würzig – holzig – Röstaromen – mineralisch – animalisch – chemisch

Der Gaumen: Geschmack – Sapor

Süße	trocken – halbtrocken – süß – extrasüß – edelsüß – besonders süß
Säure	schal – flach – mild – frisch – gut integrierte Säure – stützende Säure – rassig – spitz – nervig – aggressiv – beißend – scharf
Gerbstoffe (Tannine)	weich – samtig – abgerundet – gerbstoffreich – adstringierend
Qualität	gut eingebundene Tannine – spröde Tannine – unreif – sperrig – rau – pelzig – bitter
Körper (Extrakt), Komplexität	dünn – schlank – mittelgewichtig – dicht – extraktreich leer – flach – kraftvoll – würzig
Geschmacksintensität, Alkohol	leicht – angenehm – mittelgewichtig – kräftig – schwer – wuchtig – mächtig – alkoholisch
Geruchskategorien, Aromen	blumig – fruchtig – pflanzlich – nussig – erdig – würzig – holzig – Röstaromen – mineralisch – animalisch – chemisch
Nachhall, Länge	sehr kurz – kurz – mittel – lang – lang anhaltend – harmonisch

Gesamteindruck

Harmonie	harmonisch – elegant – ausgewogen – finessenreich – körperreich – vielschichtig – schwach – unausgewogen – fehlerhaft
Charakter	charakterarm – charmant – süffig – elegant – samtig – rau – rustikal – schwer – kraftvoll – außergewöhnlich
Qualität	fehlerhaft – schwach – mittelmäßig – gut – sehr gut – außergewöhnlich
Trinkreife	unreif – Potenzial – jung – jugendlich – reif – abbauend – abgebaut

Stichwortverzeichnis

Literaturverzeichnis

Dominé, Die Welt der Spirituosen und Cocktails, H. F. Ullmann Verlag, 1. Auflage 2012
Fischer, Leidenschaft mit System: Wein und Speisen, Fackelträger Verlag, 1. Auflage 2010
Gutmayer u. a., Service. Die Grundlagen. Trauner Verlag, Linz, 7., komplett überarbeitete Auflage 2009
Gutmayer u. a., Service. Die Getränke. Trauner Verlag, Linz, 5., aktualisierte Auflage 2010
Henn, 111 Deutsche Weine, die man getrunken haben muss, Emons Verlag, 1. Auflage 2011
Macher u. a., Service, Getränke, Betriebsorganisation. Trauner Verlag, Linz, 6., überarbeitete Auflage 2009
Pigott, Weinwunder Deutschland, DVD Teil I und II, KNM Home Entertainment GmbH 2010
Robinson, Das Oxford Weinlexikon, Hallwag Verlag, 3. Auflage 2007
Robinson, Das Hallwag Handbuch Wein, Hallwag Verlag, 1. Auflage 2010
Homepage www.weinausoesterreich.at, www.wein-plus.eu, www.deutscheweine.de

Bildnachweis

Aboutpixel
S. 133: aboutpixel.de © Joachim Kant, Vesuv
S. 165: aboutpixel.de © Peter Smola
S. 169: aboutpixel.de © Regine Schöttel, Spalte unten
S. 170: aboutpixel.de © Peter Smola (Blauer Zweigelt)
S. 219: aboutpixel.de © weatherwax

Clipdealer
S. 184–186: de.clipdealer.com

Istockphoto
S. 136

Rechteinhaber unbekannt
S. 9, S. 11 (Mineralwasser), S. 14, S. 19, S. 20 (Zapfhähne) S. 22 (Milchpunsch), S. 25, S. 26 (Fairtrade, Foto 1, 2), S. 29 (Foto 4 und Spalte), S. 32 (Foto 6), S. 38 (Foto 1 und Aufgüsse), S. 40 (Foto 2, 3), S. 46 (Etikett), S. 52, S. 56, S. 58 (Foto 1), S. 59–61, S. 63–65, S. 66 (Grafik), S. 67 (Foto 2, 3), S. 68/69, S. 70 (Foto 1, 3), S. 72, S. 77 (Foto 2), S. 79 (unten), S. 80, S. 90, S. 93 (Foto 1, 3–6), S. 94 oben, S. 95, S. 97 (Foto 1, 3), S. 99, S. 101 (Foto 1, 3), S. 104/105, S. 109 (Foto 2), S. 112, S. 113 (oben), S. 116 (großes Foto), S. 117/118, S. 119 (kleine Fotos), S. 120, S. 121, S. 123, S. 124, S. 126 (Reben), S. 127 (Silvaner), S. 128 (Reben), S. 130, S. 132, S 133, S. 134, S. 136, S. 137 (Etikett, großes Foto), S. 138, S. 139 (unten), S. 142 (oben), S. 143/144, S. 146 (Trüffel), S. 147, S. 148 (Foto 2, 3), S. 149, S. 151 (Spalte), S. 152 (Spalte), S. 154–156, S. 158 (Ried, Grafik, Schilfwein), S. 160 (Logo oben), S. 163 (Spalte), S. 164, S. 172, S. 174 (unten), S. 175, S. 187, S. 208, S. 211, S. 213 (oben), S. 214 (Foto 2, 3), S. 216, S. 229, S. 232 (unten), S. 233/234, S. 241 (Foto 2, 3, 4), S. 242 (Foto 2), S. 244 (Foto 1, 2), S. 245.

Rechteinhaber bekannt (Fotos wurden zur Verfügung gestellt)
Andrea Krieger, Wien: S. 15/16, S. 31 (Espressokanne, Polaroid), S. 48 (Foto 2), S. 49/50, S. 58 (Foto 2, 3), S. 78 (unten), S. 79 (oben), S. 82, S. 193 (Foto 2–4).
Jürgen Kirchner, Hollabrunn: S. 57 (Foto 3), S. 139 (oben), S. 201, S. 214 oben, S. 228 oben, S. 246–256.
Erich Stöger, Krems: S. 92, S. 93 (Foto 2), S. 94 (Foto 2, 3), S. 96, S. 97 Mitte, S. 101 (Foto 2), S. 102.
Herbert Krammer, St. Andrä am Zicksee: S. 66 (Foto 2).
Mag. Wolfgang Kraml, Linz: S. 17, S. 22 (Milchfrappé), S. 30 (Karlsbader), S. 32 (Foto 4), S. 58 (Foto 4), S. 160, S. 189 oben, S. 232 (Spalte), S. 241 (außer Foto 2, 3, 4), S. 242, S. 244 unten.
Egon Mark, Innsbruck: S. 141 (Spalte).
Harald Moosbrugger, Dornbirn: S. 78 (Foto 2).
Georg Ferencsin: S. 66 oben, S. 67 oben, S. 243.
Raimund Mayerhofer, Wien: S. 200.
Coca-Cola, Wien: Grafiken S. 20.
Asbach GmbH, Rüdesheim am Rhein: S. 32, S. 76.
Zotter Schokoladen Manufaktur: S. 39, S. 40 (Foto 6, 7).
Deutscher Brauer-Bund: S. 48 oben, S. 54 (Foto 1, 3–10).
Brauunion, Linz: S. 50 (Grafik), S. 54 (Spalte).
Kaffee- und Teeverband, Wien: S. 27–29, S. 30 (Filtermaschine), S. 31 (French-Press-Kanne), S. 34–36, S. 38 (Verkostung), S. 40.
Julius Meinl, Wien: S. 31 (Espressomethode).
Schlumberger, Wien: S. 58 (Foto 1).
Rémy Martin, Deutschland: S. 74/75.
Brennerei Reisetbauer, OÖ: S. 77.
Weingut Wieninger, Wien: S. 103, S. 167.
Weingut Leth, Fels am Wagram: S. 91 (Foto), S. 163.
Weingut Wohlmuth, Südsteiermark: S. 168.
Weingut Jurtschitsch: S. 103
Kempinski Hotels, Genf: S. 207, S. 209, S. 224.
Leo Alzinger, Unterloiben: S. 210.
Fotoagentur Viennaslide: S. 152.
Jens Butz: S. 115 (Spalte), S. 118, S. 174 (oben).
Ulrike Köb, Wien: S. 180.
Österreich Werbung: S. 213 (unten).
Comité Interprofessionel du Vin de Champagne: S. 57 (Foto 2), S. 61, S. 240.
DLG e.V.: S. 181 (oben), S. 183, S. 189 (unten), S. 191, S. 194.
Birgit Prammer: 116 (Spalte).

Alle weiteren Bilder und Grafiken sind Eigentum der TRAUNER Verlag + Buchservice GmbH bzw. wurden von Bildagenturen zugekauft (MEV Verlag GmbH, fotolia.com).